Jan Herrmann

Zugriffskontrolle in serviceorientierten Architekturen

Jan Herrmann

Zugriffskontrolle in serviceorientierten Architekturen
am Beispiel von Geodateninfrastrukturen

Südwestdeutscher Verlag für Hochschulschriften

Impressum/Imprint (nur für Deutschland/only for Germany)
Bibliografische Information der Deutschen Nationalbibliothek: Die Deutsche Nationalbibliothek verzeichnet diese Publikation in der Deutschen Nationalbibliografie; detaillierte bibliografische Daten sind im Internet über http://dnb.d-nb.de abrufbar.
Alle in diesem Buch genannten Marken und Produktnamen unterliegen warenzeichen-, marken- oder patentrechtlichem Schutz bzw. sind Warenzeichen oder eingetragene Warenzeichen der jeweiligen Inhaber. Die Wiedergabe von Marken, Produktnamen, Gebrauchsnamen, Handelsnamen, Warenbezeichnungen u.s.w. in diesem Werk berechtigt auch ohne besondere Kennzeichnung nicht zu der Annahme, dass solche Namen im Sinne der Warenzeichen- und Markenschutzgesetzgebung als frei zu betrachten wären und daher von jedermann benutzt werden dürften.

Coverbild: www.ingimage.com

Verlag: Südwestdeutscher Verlag für Hochschulschriften GmbH & Co. KG
Heinrich-Böcking-Str. 6-8, 66121 Saarbrücken, Deutschland
Telefon +49 681 37 20 271-1, Telefax +49 681 37 20 271-0
Email: info@svh-verlag.de

Zugl.: München, TU, Diss., 2011

Herstellung in Deutschland (siehe letzte Seite)
ISBN: 978-3-8381-3100-9

Imprint (only for USA, GB)
Bibliographic information published by the Deutsche Nationalbibliothek: The Deutsche Nationalbibliothek lists this publication in the Deutsche Nationalbibliografie; detailed bibliographic data are available in the Internet at http://dnb.d-nb.de.
Any brand names and product names mentioned in this book are subject to trademark, brand or patent protection and are trademarks or registered trademarks of their respective holders. The use of brand names, product names, common names, trade names, product descriptions etc. even without a particular marking in this works is in no way to be construed to mean that such names may be regarded as unrestricted in respect of trademark and brand protection legislation and could thus be used by anyone.

Cover image: www.ingimage.com

Publisher: Südwestdeutscher Verlag für Hochschulschriften GmbH & Co. KG
Heinrich-Böcking-Str. 6-8, 66121 Saarbrücken, Germany
Phone +49 681 37 20 271-1, Fax +49 681 37 20 271-0
Email: info@svh-verlag.de

Printed in the U.S.A.
Printed in the U.K. by (see last page)
ISBN: 978-3-8381-3100-9

Copyright © 2012 by the author and Südwestdeutscher Verlag für Hochschulschriften GmbH & Co. KG and licensors
All rights reserved. Saarbrücken 2012

Kurzfassung

In Geodateninfrastrukturen erfolgt die Nutzung und Pflege der verteilt gespeicherten Geodaten über Geo Web Services. Diverse Datenschutzbestimmungen und kommerzielle Interessen machen Zugriffskontrollsysteme erforderlich, deren Aufgabe darin besteht, ausschließlich autorisierte Interaktionen zwischen Nutzern und Diensten zuzulassen.

Einen Schwerpunkt der Arbeit stellt die Entwicklung einer Sprache zur Beschreibung von komplexen, raumbezogenen Zugriffsrechten dar, mit der die in serviceorientierten Geodateninfrastrukturen geforderten Autorisationssemantiken formal definiert werden können. Das auf dem XACML Standard basierende Modell der Sprache kombiniert regel-, rewrite- und rollenbasierte Ansätze und erweitert diese geeignet. Die erarbeiteten Konzepte wurden in die neue XACML v3.0 Spezifikation und zugehörige Profile der Organization for the Advancement of Structured Information Standards (OASIS) integriert. Zudem resultierten die Ergebnisse aus diesem Bereich der Arbeit im GeoXACML Standard und im XACML v3.0 OGC Web Service Profile des Open Geospatial Consortiums (OGC).

Neben der Forschungsfrage, wie Zugriffsrechte für Geo Web Services und Geodaten formal beschrieben und durchgesetzt werden können, wird betrachtet, wie die entstehenden umfangreichen und komplexen Regelwerke über Administrationsdienste verwaltet werden können. Zunächst wird diskutiert, welche Funktionalitäten Administrationsdienste zur Pflege (Geo)XACML v3.0-kodierter Regelwerke anbieten müssen. Anschließend wird ein ebenenbasiertes Administrationsmodell entwickelt, das u.a. beschreibt, wie Zugriffsrechte zu definieren und zu verwalten sind, durch die die möglichen Interaktionen mit Administrationsdiensten gesteuert werden. Über diese Zugriffsrechte können zum einen administrative Aufgaben bzw. Rechte sowohl horizontal als auch vertikal auf verschiedene Rollen aufgeteilt werden und zum anderen Muster für Regelwerksobjekte beschrieben werden, nach denen

Kurzfassung

die Administratoren der darunterliegenden Ebene ihre Rechte definieren müssen. Administrationssysteme, die nach den Vorgaben des ebenenbasierten Administrationsmodells aufgebaut sind, ermöglichen eine sichere und handhabbare Verwaltung der Wissensbasen von Zugriffskontrollsystemen großer serviceorientierter Architekturen.

Danksagung

An dieser Stelle möchte ich mich bei zahlreichen Personen bedanken, die am Gelingen dieser Arbeit beteiligt waren.

Mein tiefster Dank gilt Herrn Prof. Dr. Johann Schlichter, dem Leiter des Lehrstuhls Informatik XI: Angewandte Informatik / Kooperative Systeme der Technischen Universität München. Ich danke ihm dafür, dass er mir die Möglichkeit gegeben hat, in seinem Team zu forschen, mir in allen Phasen meiner Promotion mit Rat und Tat beiseite stand sowie für die kreative Freiheit, die er mir bei der Erstellung dieser Arbeit gelassen hat.

Ein herzlicher Dank gebührt darüber hinaus Herrn Prof. Dr. Gunnar Teege für seine Bereitschaft, die Arbeit als Zweitgutachter zu betreuen und für seine konstruktiven Anmerkungen und Ratschläge. Ebenso danke ich Herrn Dr. Andreas Matheus sowie den Mitgliedern des OASIS XACML TC und der OGC GeoXACML WG, mit denen ich während des gesamten Bearbeitungszeitraums wertvolle Gespräche führen konnte, aus denen zahlreiche wichtige Erkenntnisse hervorgegangen sind.

Des Weiteren möchte ich mich bei meinen Kollegen für die zahlreichen fachlichen Diskussionen und gemeinsamen Freizeitunternehmungen bedanken. Das hervorragende Arbeitsklima am Lehrstuhl war sicherlich ein wichtiger Beitrag zum erfolgreichen Abschluss meiner Promotion.

Neben meinen großartigen Kollegen waren auch meine Familie und mein Freundeskreis immer eine große Stütze. Insbesondere möchte ich meiner Frau Eva und meinem Sohn Niklas ganz besonders für Unterstützung, Zuspruch, Liebe und Verständnis sowie für die notwendige Ablenkung während der langen Entstehungsphase dieser Arbeit danken. Abschließend gebührt ein ganz besonderer Dank meinen Eltern Danièle und Dieter, die mich stets in meinen Entscheidungen unterstützt und immer in optimaler Weise gefördert haben.

Inhaltsverzeichnis

Kurzfassung	i
Danksagung	iii
Inhaltsverzeichnis	v
Abbildungsverzeichnis	xiii
Tabellenverzeichnis	xv
Abkürzungsverzeichnis	xvii

1 Einleitung ... 1
   1.1 Motivation ... 1
   1.2 Zielsetzung ... 2
   1.3 Aufbau ... 3

2 XML Technologien, SOA und Geodateninfrastrukturen ... 7
   2.1 XML Basistechnologien ... 8
      2.1.1 XML und das XML Namensraumkonzept ... 8
      2.1.2 Schemasprachen für XML Dokumente ... 9
         2.1.2.1 Document Type Definition ... 10
         2.1.2.2 XML Schema ... 10
         2.1.2.3 Relax NG ... 13
         2.1.2.4 Schematron ... 14
      2.1.3 XPATH ... 15
      2.1.4 XSLT ... 16
   2.2 Serviceorientierte Architekturen und Web Services ... 17
      2.2.1 Serviceorientierte Architekturen ... 18
      2.2.2 Web Services ... 20

Inhaltsverzeichnis

	2.2.3	XML Technologien in Web Service Architekturen	22
		2.2.3.1 SOAP	22
		2.2.3.2 WSDL	24
		2.2.3.3 UDDI	26
2.3	Geodateninfrastrukturen		27
	2.3.1	Einführung	28
		2.3.1.1 Bestandteile einer Geodateninfrastruktur	28
		2.3.1.2 INSPIRE – die europäische Geodateninfrastruktur	32
	2.3.2	Geodaten	33
		2.3.2.1 Vektordatenmodell	33
		2.3.2.2 Rasterdatenmodell	35
		2.3.2.3 GML	35
	2.3.3	OGC Web Services	39
		2.3.3.1 Überblick	39
		2.3.3.2 OGC Web Service Common	43
		2.3.3.3 OpenGIS Web Feature Service	46
		2.3.3.4 OpenGIS Web Map Service	48
		2.3.3.5 OpenGIS Sensor Observation Service	49
		2.3.3.6 OpenGIS Web Processing Service	51
2.4	IT-Sicherheit in Geodateninfrastrukturen		52
	2.4.1	Allgemeine Sicherheitsanforderungen an GDIs	52
	2.4.2	Service Oriented Security Architecture	54

3 Grundlagen der Modellierung und Durchsetzung von Zugriffsrechten 57

3.1	Entwurfsschritte		57
3.2	Konzeptuelle und logische Rechtemodelle		59
	3.2.1	SAR-basierte Rechtemodelle	60
		3.2.1.1 Konzeptueller Entwurf	60
		3.2.1.2 Logischer Entwurf	62
	3.2.2	View-basierte Rechtemodelle	65
		3.2.2.1 Konzeptueller Entwurf	65
		3.2.2.2 Logischer Entwurf	67
	3.2.3	Tagging-basierte Rechtemodelle	68
		3.2.3.1 Konzeptueller Entwurf	68
		3.2.3.2 Logischer Entwurf	70

Inhaltsverzeichnis

    3.2.4   Regelbasierte Rechtemodelle 70
           3.2.4.1   Konzeptuelle Evaluationskontextmodelle 71
           3.2.4.2   Konzeptuelle Modelle für Zugriffsregeln und Regelwerke 73
    3.2.5   Rewrite-basierte Rechtemodelle 76
           3.2.5.1   Konzeptueller Entwurf 76
           3.2.5.2   Logischer Entwurf 79
    3.2.6   Rollenbasierte Rechtemodelle 80
           3.2.6.1   Konzeptueller Entwurf 80
           3.2.6.2   Logischer Entwurf 83
3.3   XACML v2.0 84
    3.3.1   Komponenten eines XACML-basierten Zugriffskontrollsystems 85
    3.3.2   XACML v2.0 Zugriffsentscheidungsanfragen und -antworten 87
    3.3.3   XACML v2.0 Regelwerke 91
3.4   Profile der XACML v2.0 Spezifikation 98
    3.4.1   XACML v2.0 Multiple Resource Profile 98
    3.4.2   XACML v2.0 Hierarchical Resource Profile 102
    3.4.3   XACML v2.0 Core and Hierarchical RBAC Profile 103

4 Zugriffskontrolle in Geodateninfrastrukturen   109
4.1   Ausgangslage 109
    4.1.1   Charakteristika von Geodateninfrastrukturen 110
    4.1.2   Gründe für Zugriffskontrolle in Geodateninfrastrukturen . 111
4.2   Anforderungen an Zugriffskontrollsysteme für GDIs 112
    4.2.1   Zu unterstützende Zugriffsrechte 113
    4.2.2   Integration eines Zugriffskontrollsystems in die Servicearchitektur einer GDI 121
    4.2.3   Sonstige Anforderungen an das Zugriffskontrollsystem . . . 124
    4.2.4   Zusammenfassung der Anforderungen 127
4.3   Analyse konzeptueller Rechtemodelle 129
    4.3.1   Eignung SAR-basierter Modelle 129
    4.3.2   Eignung View-basierter Modelle 132
    4.3.3   Eignung Tagging-basierter Modelle 133
    4.3.4   Eignung permit/deny regelbasierter Rechtemodelle 135
           4.3.4.1   Evaluationskontextmodelle im GDI Anwendungsfall 135

           4.3.4.2   Mächtigkeit von permit/deny Zugriffsregeln mit Bezug auf SSME Evaluationskontexte   138
    4.3.5 Eignung rewrite-basierter Rechtemodelle   145
    4.3.6 Eignung rollenbasierter Modelle   149
    4.3.7 Fazit   150
4.4 Zugriffskontrolle in GDIs basierend auf dem XACML Standard . .   150
    4.4.1 Grundsätzliche Eignung des XACML Standards   151
    4.4.2 Grundstruktur von XACML Zugriffsentscheidungsanfragen in GDIs   154
    4.4.3 Darstellung von OGC Web Service Nachrichten in XACML v3.0 Zugriffsentscheidungsanfragen   163
           4.4.3.1   Darstellung von OGC Web Service Anfragen unterhalb von <xacml3:Content> Elementen   163
           4.4.3.2   Darstellung von OGC Web Service Anfragen durch <xacml3:Attribute> Elemente   165
           4.4.3.3   Darstellung von OWS Antworten   169
    4.4.4 Die Kontextknoten-Problematik   171
    4.4.5 Raumbezogene Zugriffsrechte   182
           4.4.5.1   Das Geometriemodell des GeoXACML Standards   183
           4.4.5.2   Raumbezogene Literale   184
           4.4.5.3   Selektion raumbezogener Daten   185
           4.4.5.4   Raumbezogene Funktionen des GeoXACML Standards   186
    4.4.6 Modifikation von OGC Web Service Nachrichten durch XACML v3.0 Obligations   187
           4.4.6.1   Repräsentationsform der zu modifizierenden Nachrichten   188
           4.4.6.2   Durchsetzung von Modifikationsanweisungen . . .   190
           4.4.6.3   Definition von Modifikationsanweisungen   191
           4.4.6.4   Rücktransformation   203
           4.4.6.5   Fazit   204
    4.4.7 Das XACML v3.0 OGC Web Service Profile v1.0   206
    4.4.8 Fazit   213

5 Administration XACML-basierter Zugriffskontrollsysteme 215

5.1 Erforderliche Komponenten zur Administration von Regelwerken . 216

    5.1.1 Policy Administration Points 216

    5.1.2 Zugriffskontrollsysteme für die Policy Administration Points 218

        5.1.2.1 Verteilung administrativer Rechte 218

        5.1.2.2 Regelung des gegenseitigen Einflusses kooperierender Administratoren 220

        5.1.2.3 Sicherung der Interoperabilität der Regelwerke . . . 220

        5.1.2.4 Sicherung der effizienten Anwendbarkeit und Analysierbarkeit der Regelwerke 221

5.2 Das ebenenbasierte Administrationsmodell 221

    5.2.1 Definition 222

    5.2.2 Eigenschaften 231

        5.2.2.1 Generische Verwendbarkeit 231

        5.2.2.2 Einfluss und Struktur von E_x-Rechten 231

        5.2.2.3 Horizontale und vertikale Aufteilung der administrativen Aufgaben 234

        5.2.2.4 Beziehungen zwischen E_x-Rechten mit Bezug auf Einfüge-, Update-, Lösch- und Lese-Aktionen . . 239

        5.2.2.5 Beziehungen zwischen E_x-Rollen verschiedener Ebenen 240

5.3 Umsetzung LAM-konformer, XACML v3.0 basierter Administrationssysteme 241

    5.3.1 Grundstruktur LAM-konformer XACML v3.0 E_x-Regelwerke und ihre Speicherung in E_x-Containern 242

    5.3.2 Annahmen zur Konfiguration der Context Handler und zu den Schnittstellen der PAP Komponenten 246

        5.3.2.1 XACML Context Handler in LAM-konformen, XACML-basierten Administrationssystemen 246

        5.3.2.2 Schnittstellen von PAP Komponenten 246

    5.3.3 LAM-konforme XACML v3.0 E_1-Regelwerke 251

        5.3.3.1 Einfüge- & Update-Aktionen auf E_1-Root-PS-Containern 251

        5.3.3.2 Einfüge- & Update-Aktionen auf E_1-PPS-Containern 256

5.3.4 LAM-konforme XACML v3.0 E_x-Regelwerke (x > 1) ... 258
    5.3.4.1 Einfüge- & Update-Aktionen auf E_2-Root-PS-Containern 258
    5.3.4.2 Einfüge- & Update-Aktionen auf E_x-Root-PS-Containern 259
    5.3.4.3 Einfüge- & Update-Aktionen auf E_2-PPS-Containern 260
    5.3.4.4 Einfüge- & Update-Aktionen auf E_x-PPS-Containern 261
5.3.5 Beschreibung und Durchsetzung von XML-Mustern 263
    5.3.5.1 Definition von XML-Mustern unter Verwendung der XACML v3.0 Funktionen 263
    5.3.5.2 Beschreibung von XML-Mustern über Schemadokumente 265
    5.3.5.3 Fazit 266

6 Evaluierung   **269**
6.1 Nutzung von (Geo)XACML v3.0 im GDI Umfeld 269
  6.1.1 Das Beispielszenario 270
  6.1.2 Zugriffsrechte mit Bezug auf bestimmte Rechner, Dienste, Subjekte und Umgebungszustände 272
    6.1.2.1 Zugriffsrechte mit Bezug auf bestimmte Rechner. 272
    6.1.2.2 Zugriffsrechte mit Bezug auf bestimmte Dienste . 273
    6.1.2.3 Zugriffsrechte mit Bezug auf bestimmte Subjekte 274
    6.1.2.4 Zugriffsrechte mit Bezug auf bestimmte Umgebungszustände 276
  6.1.3 Zugriffsrechte mit Bezug auf WFS 1.1 Nachrichten 277
    6.1.3.1 Zugriffsrechte mit Bezug auf Transaction/Insert Anfragen 278
    6.1.3.2 Zugriffsrechte mit Bezug auf GetFeature Anfragen 282
    6.1.3.3 Zugriffsrechte mit Bezug auf Transaction/Delete Anfragen 290
    6.1.3.4 Zugriffsrechte mit Bezug auf Transaction/Update Anfragen 294

6.1.4	Zugriffsrechte mit Bezug auf WMS 1.3 Nachrichten		295
	6.1.4.1 Zugriffsrechte mit Bezug auf GetMap Anfragen		295
	6.1.4.2 Zugriffsrechte mit Bezug auf GetFeatureInfo Anfragen		298
6.1.5	Zugriffsrechte mit Bezug auf SOS 1.0 Nachrichten		300
	6.1.5.1 Zugriffsrechte mit Bezug auf GetObservations Anfragen		300
	6.1.5.2 Zugriffsrechte mit Bezug auf RegisterSensor und InsertObservation Anfragen		303
6.1.6	Zugriffsrechte mit Bezug auf WPS 1.0 Nachrichten		303
6.2	Nutzung des ebenenbasierten Administrationsmodells im GDI Umfeld		305
	6.2.1 Erweiterung der GDI des Beispielszenarios		306
	6.2.2 Definition der Regelwerke auf den verschiedenen Ebenen		307

7 Zusammenfassung und Ausblick — **313**

7.1 Zusammenfassung 313
7.2 Ausblick 315
    7.2.1 Analyse und Optimierung (Geo)XACML v3.0-kodierter Regelwerke 315
    7.2.2 Benutzerschnittstellen für Administrationsdienste 318

Literaturverzeichnis — **321**

A Entity Definitionen — **335**

B Konfiguration der Context Handler des Beispielszenarios — **339**

C Beispiel einer XACML v3.0 Zugriffsentscheidungsanfrage — **341**

Abbildungsverzeichnis

1.1	Aufbau der Arbeit	5
2.1	Typische Interaktionen in einer SOA	19
2.2	Abgrenzung zwischen Orchestrierung und Choreographie	21
2.3	Technologien in serviceorientierten Architekturen	22
2.4	GDI-Hierarchie in Europa	33
2.5	Beispiel für eine Service Oriented Security Architecture	55
3.1	Entwurfsphasen bei der Entwicklung des Rechtemodells eines Zugriffskontrollsystems	59
3.2	Klassifikation von Rechtemodellen	59
3.3	Konzeptueller Entwurf eines SAR-basierten Rechtemodells	60
3.4	Beispiel einer Zugriffskontroll-Liste	64
3.5	Beispiel einer Privilegien-Liste	65
3.6	Konzeptueller Entwurf eines View-basierten Rechtemodells	66
3.7	Konzeptueller Entwurf eines Tagging-basierten Rechtemodels	69
3.8	Konzeptueller Entwurf eines generischen Evaluations-kontextmodells	72
3.9	Konzeptueller Entwurf eines spezifischen Evaluations-kontextmodells	73
3.10	Konzeptuelles Modell von permit/deny Zugriffsregeln und Regelcontainern	73
3.11	Beispiel einer permit/deny Zugriffsregel	75
3.12	Konzeptueller Entwurf eines generischen rewrite-basierten Rechtemodells	77
3.13	Beispiel einer Oracle VPD Modell konformen rewrite Zugriffsregel	78
3.14	Beziehung zwischen den $RBAC_{0\text{-}3}$ Modellen	81
3.15	Entitytypen und Relationen des $RBAC_0$ Modells	82
3.16	Entitytypen und Relationen des $RBAC_1$ Modells	83
3.17	Informationsfluss in einem XACML-basierten Zugriffskontrollsystem	85

Abbildungsverzeichnis

3.18 Das konzeptuelle XACML v2.0 Regelwerksmodell 92
4.1   Beispiel einer einfachen Geodateninfrastruktur 110
4.2   Klassifikation der Ressourcen einer GDI 114
4.3   Mögliche Komponenten zur Initiierung des Zugriffskontrollprozesses 122
4.4   Abstraktes SSME Evaluationskontextmodell 136
4.5   Erweiterung und Reorganisation des Selektionsprädikats einer WFS GetFeature Anfrage 147
4.6   Auszug einer multiplen XACML Zugriffsentscheidungsanfrage vor und nach dem Rewrite 202
4.7   Requirements Klassen des XACML v3.0 OWS Profile v1.0 209
4.8   Spezifikationen zum Aufbau von Zugriffskontrollsystemen für GDIs 214

5.1   Ebenen von Zugriffskontrollsystemen mit in Relation stehenden Wissensbasen 222
5.2   Entitäten des ebenenbasierten Administrationsmodells 225
5.3   Struktur eines E_4-Rechts mit Einfluss auf die möglichen insertRight Aktionen auf sämtlichen darunterliegenden Ebenen 234
5.4   Beispiel für ein restriktives E_1-Rechtemuster 238
5.5   Beziehung zwischen E_x-Rechten mit Bezug auf Einfüge-, Update-, Lösch- und Lese-Aktionen 240
5.6   Grundstruktur LAM-konformer XACML E_x-Regelwerke und ihre Speicherung in E_x-Containern (x > 0) 245
5.7   Schematische Darstellung der Top-Level-Struktur eines minimalen LAM-konformen E_2-Regelwerks 261

6.1   Architektur der GDI des Beispielszenarios inklusive Zugriffskontrollsystem 271
6.2   Das Administrationssystem der GDI des Beispielszenarios 306

Tabellenverzeichnis

3.1 Beispiel einer Zugriffskontroll-Matrix 63
3.2 Beispiel einer Zugriffskontroll-Tabelle 64

4.1 Funktionen zur Formulierung von raumbezogenen Rechtebezügen 117
4.2 Anforderungen an ein Zugriffkontrollsystem in einer GDI im Überblick 128

5.1 Zentrale Basis- und Zusatzfunktionalitäten eines PAP zur Verwaltung von XACML Regelwerken 250

B.1 Konfiguration der Context Handler des Beispielszenarios 340

Abkürzungsverzeichnis

ACS	Access Control System
ADR	Access Decision Request
API	Application Programming Interface
CORBA	Common Object Request Broker Architecture
COTS	Commercial off-the-shelf
CRUD	Create-Read-Update-Delete
CTS	Coordinate Transformation Service
DB(MS)	Datenbank(managementsystem)
DOM	Document Object Model
DTD	Document Type Definition
EGDI	Europäische Geodateninfrastruktur
ER-Modell	Entity-Relationship-Modell
GDI	Geodateninfrastruktur
GDI-BW	Geodateninfrastruktur-Baden-Württemberg
GDI-BY	Geodateninfrastruktur-Bayern
GDI-DE	Geodateninfrastruktur-Deutschland
GeoTIFF	Geo Tagged Image File Format
GeoXACML	Geospatial eXtensible Access Control Markup Language
GML	Geography Markup Language
GPS	Global Positioning System
GPX	GPS Exchange Format
GUI	Graphical User Interface
HDF-EOS	Hierarchical Data Format – Earth Observing System
HTML	Hypertext Markup Language
HTTP	Hypertext Transfer Protocol
INCITS	InterNational Committee for Information Technology Standards
INSPIRE	Infrastructure for Spatial Information in Europe

Abkürzungsverzeichnis

IP	Internet Protocol
ISO	International Organization for Standardization
IT	Informationstechnik
JPEG	Joint Photographic Experts Group
KML	Keyhole Markup Language
KVP	Key-Value-Pair
LAM	Layered Administration Model
LDAP	Lightweight Directory Access Protocol
NFA	Nondeterministic Finite Automaton
NITF	National Imagery Transmission Format
OASIS	Organization for the Advancement of Structured Information Standards
OGC	Open Geospatial Consortium
OWS	OGC Web Service
PAMAP	Permit-As-Much-As-Possible
PAP	Policy Administration Point
PDF	Portable Document Format
PDP	Policy Decision Point
PEP	Policy Enforcement Point
PIP	Policy Information Point
PNG	Portable Network Graphics
POI	Point Of Interest
PPS	Permission PolicySet
RBAC	Role Based Access Control
RelaxNG	REgular LAnguage for XML Next Generation
RPS	RolePolicySet
RuleML	Rule Markup Language
SAR	Subject-Action-Resource
SARE	Subject-Action-Resource-Environment
SensorML	Sensor Model Language
SGML	Standard Generalized Markup Language
SLD	Styled Layer Descriptor
SOA	Service Oriented Architecture
SoD	Separation of Duty
SOS	Sensor Observation Service

Abkürzungsverzeichnis

SQL	Structured Query Language
SRS	Spatial Reference System
SSME	Subject-Service-Message-Environment
SWE	Sensor Web Enablement
TC	Technical Committee
TIFF	Tagged Image File Format
TML	Transducer Markup Language
UDDI	Universal Description, Discovery and Integration
URL	Uniform Resource Locator
VPD	Virtual Private Database
VRML	Virtual Reality Modeling Language
W3C	World Wide Web Consortium
WFS(-T)	Web Feature Service (Transactional)
WGS84	World Geodetic System 1984
WMS	Web Map Service
WPS	Web Processing Service
WSDL	Web Services Description Language
WS-Security	Web-Service-Security
XACL	XML Access Control Language
XACML	eXtensible Access Control Markup Language
XACML-PAWS	XACML-Policy-Administration-Service
XML	eXtensible Markup Language
XPath	XML Path Language
XRD	Extensible Resource Descriptor
XRML	eXtensible rights Markup Language
XSD	XML Schema Definition
XSLT	Extensible Stylesheet Language Transformations

1. Einleitung

Dieses Kapitel führt den Leser in das in dieser Arbeit behandelte Themengebiet ein und stellt die gesetzten Ziele vor. Zudem wird der Aufbau der Arbeit erläutert und ein erster Überblick über die Inhalte der einzelnen Kapitel der vorliegenden Dissertation vermittelt.

1.1. Motivation

Technologische Fortschritte im Bereich der Datenübertragung sowie die Entwicklung standardisierter Protokolle, Datenformate und Dienstschnittstellen haben große, vernetzte IT-Infrastrukturen entstehen lassen. In der Regel werden diese Infrastrukturen gemäß den Vorgaben des serviceorientierten Architekturstils realisiert und stellen eine Fülle unterschiedlichster Dienste zur Verfügung, über die Informationen abgefragt, verwaltet, visualisiert, analysiert usw. werden können.

Mithilfe serviceorientierter Architekturen können die Mitglieder der heutigen Informationsgesellschaft ihren zunehmenden Bedarf an umfangreichen, qualitativ hochwertigen und aktuellen Informationen effizient und ortsunabhängig befriedigen. Außerdem tragen diese Architekturen dazu bei, das Potential existierender Daten und Dienstfunktionalitäten bestmöglich auszuschöpfen und zahlreiche Entscheidungs- und Handlungsprozesse zu optimieren.

Aufgrund ihrer Offenheit sind serviceorientierte Architekturen zahlreichen Angriffsszenarien ausgesetzt. Daher müssen bei ihrem Aufbau geeignete Schutzmechanismen integriert werden, um Sicherheitsziele wie Zugriffskontrolle, Authentifizierung, Verfügbarkeit und Verbindlichkeit zu erreichen. Die vorliegende Arbeit konzentriert sich ausschließlich auf das Themengebiet Zugriffskontrolle und beschäftigt sich mit der Frage, wie sensible Daten und Dienstfunktionalitäten ser-

1. Einleitung

viceorientierter Architekturen vor unerlaubten Zugriffen geschützt werden können. Wie wichtig die Entwicklung und der Einsatz geeigneter, unumgänglicher Autorisationslösungen zum Schutz der Komponenten serviceorientierter Architekturen ist, wird deutlich, wenn man sich die fast täglich erscheinenden Medienberichte über Einbrüche in IT-Systeme und deren z.T. gravierende Konsequenzen vor Auge führt. Die Verwendung ungeeigneter Zugriffskontrollkonzepte und -mechanismen birgt nicht nur Sicherheitsrisiken, sondern auch die Gefahr, dass die mögliche Nutzung der Ressourcen serviceorientierter Architekturen und somit die resultierende Wertschöpfung unnötigerweise eingeschränkt ist.

Wenn in einer serviceorientierten Architektur beispielsweise ein Zugriffskontrollsystem bereitgestellt wird, das nur die Durchsetzung grobgranularer Zugriffsbeschränkungen unterstützt (z.B. Rechte mit Bezug auf einzelne Dienste), wird der Zugriff auf die Funktionalitäten der Dienste und die dahinterliegenden Daten i.d.R. entweder unnötig restriktiv oder zu freizügig geregelt. Letztere Verfahrensweise ist in den meisten Fällen nicht mit den sicherheitspolitischen Vorgaben vereinbar, so dass eigentlich verwendbare Dienstfunktionalitäten und Daten von vielen Anwendergruppen nicht genutzt werden können, wenn nicht ausreichend mächtige Zugriffskontrollsysteme eingesetzt werden.

1.2. Zielsetzung

Ein wesentliches Ziel der vorliegenden Arbeit besteht darin, zu erarbeiten, wie Zugriffskontrollsysteme zu realisieren sind, durch die die Dienste und Daten serviceorientierter Architekturen geeignet vor unautorisierten Zugriffen geschützt werden können. Hierfür muss zunächst geklärt werden, welche Arten von Zugriffsbeschränkungen in serviceorientierten Architekturen typischerweise durchzusetzen sind und welche weiteren Anforderungen an Zugriffskontrollsysteme aus den Charakteristika dieses Anwendungsgebietes resultieren. Anschließend ist zu analysieren, ob und inwieweit existierende Konzepte aus dem Forschungsbereich Zugriffskontrolle bei der Entwicklung von Zugriffskontrollsystemen für serviceorientierte Architekturen verwendet werden können. Sollte sich herausstellen, dass vorhandene Autorisationskonzepte den gegebenen Anforderungen nur teilweise genügen, müssen sie geeignet angepasst, kombiniert und/oder erweitert werden.

Darüber hinaus soll im Rahmen dieser Dissertation erläutert werden, wie umfangreiche, komplexe und verteilte Regelwerke von Zugriffskontrollsystemen großer serviceorientierter Architekturen administriert werden können. Nachdem die Ursachen für die Schwierigkeiten bei der Verwaltung der Zugriffsrechte identifiziert sind, soll ein flexibel einsetzbares und leistungsfähiges Administrationsmodell und eine Schnittstellenbeschreibung für Administrationsdienste erarbeitet werden.

Um die genannten Themenbereiche nicht nur auf einer allgemeinen, abstrakten Ebene zu betrachten, werden die Forschungsfragen am Beispiel einer speziellen Klasse serviceorientierter Architekturen, den sog. Geodateninfrastrukturen, diskutiert. Die Ergebnisse der Untersuchung, wie Zugriffskontrollsysteme in Geodateninfrastrukturen aufgebaut und administriert werden können, lassen sich problemlos generalisieren und auf beliebige andere serviceorientierte Architekturen übertragen.

1.3. Aufbau

Die vorliegende Arbeit gliedert sich in sieben Kapitel und einen Anhang. Nachfolgend wird der Inhalt der Kapitel zwei bis sieben kurz vorgestellt. In Abbildung 1.1 ist der Aufbau dieser Dissertation zudem graphisch dargestellt.

Kapitel 2 führt relevante Grundbegriffe und Technologien aus den Fachrichtungen Informatik und Geoinformatik ein.

Kapitel 3 stellt eine Taxonomie für Zugriffsrechtemodelle vor und beschreibt die bekanntesten Modelle der verschiedenen Kategorien des Klassifikationsschemas.

Kapitel 4 erläutert, wie der Zugriff auf die Ressourcen serviceorientierter Geodateninfrastrukturen kontrolliert werden kann. Zunächst werden die Ergebnisse einer Anforderungsanalyse präsentiert. Anschließend wird untersucht, inwieweit die im vorangegangenen Kapitel eingeführten Rechtemodelle geeignet sind, um die erhobenen rechtespezifischen Anforderungen zu erfüllen. Nach der Evaluation der existierenden Rechtemodelle wird ein neues Rechte- und Evaluationskontext-

1. Einleitung

modell entwickelt, das Konzepte existierender Modelle in sich vereint und geeignet erweitert.

Kapitel 5 beantwortet die Frage, wie die Wissensbasen verteilter Zugriffskontrollsysteme kooperativ administriert werden können. In diesem Zusammenhang wird ein Dienst zur Definition, Pflege, Analyse und Optimierung von Zugriffsrechten vorgestellt. Zudem wird ein Administrationsmodell erarbeitet, auf dessen Basis sich mächtige Administrationssysteme für Zugriffskontrollsysteme realisieren lassen.

Kapitel 6 demonstriert anhand eines umfangreichen Beispielszenarios, wie die in den Kapiteln 4 und 5 erarbeiten Lösungsansätze in serviceorientierten Geodateninfrastrukturen genutzt werden können, um die in diesem Anwendungsgebiet geforderten Zugriffsrechte zu definieren und zu verwalten.

Kapitel 7 fasst die Ergebnisse der vorliegenden Dissertation zusammen und nennt einige interessante Forschungsgebiete, die in weiterführenden Arbeiten zu behandeln sind.

1.3. Aufbau

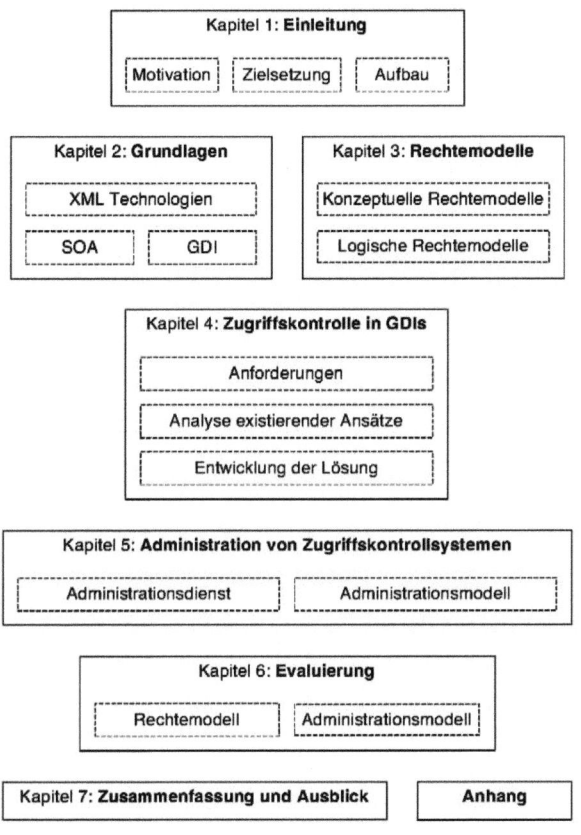

Abbildung 1.1.: Aufbau der Arbeit

2. XML Technologien, SOA und Geodateninfrastrukturen

Dieses Kapitel stellt diverse Grundlagen vor, die für das Verständnis der nachfolgenden Kapitel relevant sind. In Abschnitt 2.1 wird eine kurze Einführung in die eXtensible Markup Language (XML) und in einige XML Basistechnologien wie XML Schema, XPath und XSLT gegeben. Abschnitt 2.2 behandelt das Thema serviceorientierte Architekturen und erläutert den Begriff Web Service, eine bekannte Implementierungsvariante des serviceorientierten Architekturstils, sowie zugehörige XML Anwendungen. Im Anschluss wird eine spezielle Klasse von serviceorientierten Architekturen vorgestellt, die sogenannten Geodateninfrastrukturen (s. 2.3). Neben der Erläuterung des Begriffs Geodateninfrastruktur und der Beschreibung ihrer wesentlichen Komponenten werden populäre Konzepte, Technologien und Dienste beleuchtet, die in diesen Infrastrukturen zum Einsatz kommen. Zum Schluss dieses Kapitels widmet sich Abschnitt 2.4 dem Thema IT-Sicherheit in Geodateninfrastrukturen und führt zentrale Schutzziele und ein flexibles Sicherheitsarchitekturmuster ein.

Durch die Vorstellung der verschiedenen Grundlagen wird Lesern ohne spezielle Vorkenntnisse vermittelt, was sich hinter den einzelnen Begriffen, Konzepten, Sprachen und Technologien verbirgt. Parallel zur Beschreibung der Grundlagen wird erläutert, in welchem Zusammenhang sie in der vorliegenden Arbeit zur Anwendung kommen. Um den Rahmen der Arbeit nicht zu sprengen, werden nur die wichtigsten Aspekte der verschiedenen Bereiche behandelt. Für ausführlichere Informationen zu den einzelnen Grundlagen wird auf die in den entsprechenden Abschnitten aufgeführten Literaturreferenzen verwiesen.

2. XML Technologien, SOA und Geodateninfrastrukturen

2.1. XML Basistechnologien

In diesem Abschnitt werden einige XML Basistechnologien vorgestellt, die für diese Arbeit von Bedeutung sind. Zunächst werden unter 2.1.1 die eXtensible Markup Language und das XML Namensraumkonzept beschrieben. Im Anschluss daran widmen sich die Unterabschnitte 2.1.2 bis 2.1.4 XML-zugehörigen Technologien wie Schemasprachen für XML, XPath und XSLT.

2.1.1. XML und das XML Namensraumkonzept

Die eXtensible Markup Language [MCP+06] ist eine deklarative und flexibel verwendbare Auszeichnungssprache zur Beschreibung strukturierter Daten. XML basiert auf SGML (ISO 8879) [Int86] und wurde vom World Wide Web Consortium (W3C) standardisiert. Dateneinheiten werden, beispielsweise zum Zwecke der Klassifizierung oder Strukturierung, durch XML Elemente und XML Attribute ausgezeichnet. Durch die Schachtelung von XML Elementen können hierarchisch strukturierte XML Dokumente aufgebaut werden. Die XML Spezifikation gibt unter anderem eine Grammatik vor, die festlegt, welchem Muster Auszeichnungselemente (engl. tags) genügen müssen und wie sie verwendet werden dürfen. Dokumente, die die Vorgaben der XML Spezifikation erfüllen, werden als wohlgeformt (engl. well-formed) bezeichnet. Das X in XML steht für Erweiterbarkeit, was bedeutet, dass bei der Erstellung von XML Dokumenten ein frei wählbares Vokabular an XML Elementen und XML Attributen verwendet werden kann (unter Einhaltung der Vorgaben der XML Spezifikation).

Für ein bestimmtes Anwendungsgebiet ist es in vielen Fällen sinnvoll, ein sogenanntes Schema zu definieren, durch das die Vorgaben der XML Spezifikation konkretisiert werden. Solch ein Schema legt das nutzbare Auszeichnungsvokabular und Regeln zu dessen Verwendung fest (Details s. 2.1.2). XML Dokumente, die einem Schema genügen, werden als gültig oder valide (engl. valid) bezeichnet.

Um in einem XML Dokument Auszeichnungselemente unterschiedlicher Anwendungsdomänen konfliktfrei kombinieren zu können, wird das XML Namensraumkonzept verwendet (s. [TLB+06]). Die Grundidee dieses Konzepts besteht darin, Konflikte zwischen domänenspezifischen Auszeichnungselementen zu vermeiden,

2.1. XML Basistechnologien

indem XML Elementnamen und XML Attributnamen um eindeutige Zeichenketten erweitert werden.

Die nachfolgende Aufzählung fasst die wesentlichen Gründe für die Popularität von XML als Format für den Austausch und die Speicherung von Daten zusammen:

- Einfachheit und universelle Lesbarkeit

- Unterstützung der semantischen Markierung von Daten

- Beschreibung der Beziehung von Dateneinheiten

- Separate Beschreibung der Daten und ihrer Repräsentation (im Gegensatz zu HTML)

- Erweiterbarkeit und gezielte Einschränkbarkeit des Auszeichnungsvokabulars durch Schemasprachen

- Kombinierbarkeit von Auszeichnungselementen verschiedener Domänen in einem XML Dokument durch XML Namensräume

- Standardisiertheit und Plattformunabhängigkeit

Aufgrund dieser Eigenschaften und der Verfügbarkeit unterschiedlichster XML Werkzeuge und Frameworks wird der XML Standard in vielen Anwendungsbereichen eingesetzt. XML wird beispielsweise genutzt, um Geoinformationen, Dienstschnittstellen, Dienstanfragen, Dienstantworten und Zugriffsrechte zu beschreiben und wird folglich im Rahmen dieser Arbeit sehr intensiv und in verschiedenen Kontexten verwendet.

2.1.2. Schemasprachen für XML Dokumente

Eine Schemasprache ermöglicht es, ein Dokumentmodell zu definieren, das auch als Schema oder XML Anwendung bezeichnet wird. In einem Schema sind strukturelle und inhaltliche Bedingungen für XML Dokumente festgelegt, durch die die gemeinsamen Eigenschaften einer Klasse von XML Dokumenten beschrieben sind. Beispiele für XML Anwendungen sind XSLT, SOAP, WSDL, GML oder XML Schema selbst (vgl. 2.1.4, 2.2.3.1, 2.2.3.2, 2.3.2.3 und 2.1.2.2). Indem XML Do-

2. XML Technologien, SOA und Geodateninfrastrukturen

kumente, die zwischen verteilten und sich ggf. unbekannten Nutzern ausgetauscht werden, einer standardisierten XML Anwendung genügen, können die empfangenen Dokumente ohne weitere Informationen effizient und eventuell sogar automatisiert weiterverarbeitet werden. Zur Definition einer XML Anwendung können unterschiedlich mächtige Schemasprachen verwendet werden. Nachfolgend werden einige bekannte Repräsentanten dieser Sprachen kurz vorgestellt. Diese kommen in der vorliegenden Arbeit an zahlreichen Stellen zum Einsatz. XML Schema wird beispielsweise verwendet, um die Schnittstellen verschiedener Dienste und das logische Modell von Zugriffsrechten zu definieren (s. 2.3.3 und 3.3). In Abschnitt 5.3.5.2 wird zudem untersucht, ob sich die eingeführten Schemasprachen zur Beschreibung administrativer Rechte eignen.

2.1.2.1. Document Type Definition

Die Syntax und Semantik der Document Type Definition (DTD) Sprache ist in der XML Spezifikation festgelegt (s. 2.8 in [MCP+06]). Mithilfe eines DTD-basierten Schemas kann eine Dokumentklasse beschrieben werden, indem die Reihenfolge, die Verschachtelung der Elemente und die Art des Inhalts von Attributen bestimmt wird. Zur Definition der Dokumentstruktur können Elementtypen (z.B.: <!ELEMENT html (head, body)>), Attributlisten (z.B.: <!ATTLIST img src CDATA ...>, Entities und Notationen deklariert werden. Die DTD Sprache wird in dieser Arbeit aufgrund zahlreicher Schwächen nicht zur Beschreibung von Schemata verwendet und ist an dieser Stelle nur der Vollständigkeit halber erwähnt.

2.1.2.2. XML Schema

Die vom W3C standardisierte XML Schema Sprache [WF04, TMB+04, BPM04] ist eine Nachfolgerin der DTD Sprache, durch die zahlreiche Mängel der Letzteren, wie z.B. die fehlende XML Basiertheit, die zu geringe Ausdrucksstärke und die nicht vorhandene Unterstützung des Namensraumkonzepts behoben wurden. Eine XML Schema Definition (XSD) ist selbst ein XML Dokument und legt die verwendbaren Auszeichnungselemente sowie Regeln zu deren Verwendung fest. Basierend auf einem objektorientierten Vererbungsmodell werden in einer XSD aus vorhandenen Datentypen neue Datentypen definiert, wodurch Bedingungen an die

2.1. XML Basistechnologien

Struktur eines Abschnitts innerhalb eines XML Dokuments formuliert werden.

Listing 2.1 zeigt die Definition eines Datentyps FeatureCollection, der ein Behälter für eine beliebige Anzahl von XML Elementen der Klasse FeatureMemberType ist. Die Klasse FeatureMemberType muss genau ein XML Element der Klasse BuildingType beinhalten. In der Klasse BuildingType ist definiert, welche XML Attribute und XML Kindelemente ein <Building> Element haben kann. Die Reihenfolge der Kindelemente eines <Building> Elements muss der im <xsd:sequence> Element angegebenen Reihenfolge entsprechen. Wie oft ein Kindelement auftreten kann, ist über das minOccurs und maxOccurs Attribut geregelt. Fehlen diese Attribute, so ist ihr default Wert "1". Im Beispiel sind daher die Elemente <Owner>, <YearOfConstruction>, <Lease> und <Location> genau einmal unter jedem <Building> Element vorhanden und nur das <TenantName> Element kann beliebig oft vorkommen.

```
1  <xsd:schema xmlns:xsd="http://www.w3.org/2001/XMLSchema" ...>
2    <xsd:element name="FeatureCollection"
            type="FeatureCollectionType"/>
3    <xsd:complexType name="FeatureCollectionType">
4      <xsd:sequence>
5        <xsd:element name="FeatureMember" type="FeatureMemberType"
6            minOccurs="0" maxOccurs="unbounded"/>
7      </xsd:sequence>
8    </xsd:complexType>
9    <xsd:complexType name="FeatureMemberType">
10     <xsd:sequence>
11       <xsd:element name="Building" type="BuildingType"/>
12     </xsd:sequence>
13   </xsd:complexType>
14   <xsd:complexType name="BuildingType">
15     <xsd:sequence>
16       <xsd:element name="Owner" type="xsd:string"/>
17       <xsd:element name="YearOfConstruction" type="xsd:integer"/>
18       <xsd:element name="Lease" type="xsd:integer"/>
19       <xsd:element name="TenantName" type="xsd:string"
20           minOccurs="0" maxOccurs="unbounded"/>
21       <xsd:element name="Location"
             type="gml:LocationPropertyType"/>
22     </xsd:sequence>
23     <xsd:attribute name="fId" type="xsd:integer"/>
```

2. XML Technologien, SOA und Geodateninfrastrukturen

```
24  </xsd:complexType>
25  </xsd:schema>
```

Listing 2.1: Beispiel einer einfachen XML Schema Definition

Ein dem obigen Schema entsprechendes XML Dokument ist in Listing 2.2 dargestellt.

```
1   <FeatureCollection ...>
2     <FeatureMember>
3       <Building fId="123">
4         <Owner>Alice</Owner>
5         <YearOfConstruction>1981</YearOfConstruction>
6         <Lease>1200</Lease>
7         <TenantName>Jo</TenantName>
8         <Location><gml:Polygon>...</gml:Polygon></Location>
9       </Building>
10    </FeatureMember>
11    <FeatureMember>
12      <Building fId="456">
13        <Owner>Bob</Owner>
14        <YearOfConstruction>1978</YearOfConstruction>
15        <Lease>3000</Lease>
16        <TenantName>Tim</TenantName>
17        <Location><gml:Polygon>...</gml:Polygon></Location>
18      </Building>
19    </FeatureMember>
20  </FeatureCollection>
```

Listing 2.2: Beispiel eines XML Dokuments valide zum Schema aus Listing 2.1

Zusätzlich zu den strukturellen Bedingungen lassen sich über XML Schema Dokumente auch einige einfache inhaltliche Bedingungen, wie beispielsweise Wertebereicheinschränkungen, Eindeutigkeitsbedingungen oder Schüsseleigenschaften festlegen. Außerdem unterstützt XML Schema das Namensraumkonzept, wodurch sich verschiedene Schemata problemlos zu einer neuen XML Anwendung kombinieren lassen.

2.1.2.3. Relax NG

Die Regular Language Description for XML New Generation (RELAX NG) [CM01] ist eine einfache, auf RELAX [Mak01] und TREX [Cla01] basierende Schemasprache, die von der Organization for the Advancement of Structured Information Standards (OASIS) und der International Organization for Standardization (ISO) standardisiert wurde. Über ein XML-kodiertes RELAX-NG Schema wird ein Muster (engl. pattern) für die Struktur und den Inhalt eines XML Dokuments vorgegeben. In Listing 2.3 ist das XML Schema aus Listing 2.1 in Relax NG beschrieben. Die Menge der Instanzen, die zu dem unten abgebildeten RELAX NG Schema valide sind, entspricht der Menge der XML Dokumente, die zum XML Schema Dokument aus Listing 2.1 gültig sind.

```
1  <element name="FeatureCollection" ...>
2      <zeroOrMore>
3          <element name="FeatureMember">
4              <element name="Building">
5                  <element name="Owner">
6                      <data type="string"/>
7                  </element>
8                  <element name="YearOfConstruction">
9                      <data type="integer"/>
10                 </element>
11                 <element name="Lease">
12                     <data type="integer"/>
13                 </element>
14                 <element name="TenantName">
15                     <data type="string"/>
16                 </element>
17                 <element name="Location">
18                     <data type="gml:LocationPropertyType"
19 datatypeLibrary="http://www.opengis.net/gml"/>
20                 </element>
21                 <attribute name="fId">
22                     <data type="integer"/>
23                 </attribute>
24         </element></element></zeroOrMore>
25 </element>
```

Listing 2.3: Beispiel eines einfachen RELAX-NG Schema

2. XML Technologien, SOA und Geodateninfrastrukturen

2.1.2.4. Schematron

Der Schematron Standard [Int06] von ISO/IEC ist eine XML Anwendung, mit der Bedingungen an die Struktur und den Inhalt von XML Dokumenten festgelegt werden können. Im Gegensatz zu den bisher vorgestellten Schemasprachen sind Schematron Dokumente nicht zur Definition von XML Dokumenten konzipiert, sondern werden zur Validierung von existierenden XML Dokumenten verwendet. Anstatt einer formalen Grammatik werden Regeln aufgestellt, die nach Mustern in den Dokumenten suchen. Durch diese Regeln werden Bedingungen formuliert, die sich in anderen Schemasprachen nicht ausdrücken lassen. In der Praxis dienen Schematron Dokumente daher häufig als Ergänzung und nicht als Alternative zu grammatikbasierten Schemadefinitionen. Der Schematron Standard unterstützt nicht nur die Definition komplexer inhaltlicher Bedingungen an die XML Dokumente, sondern ermöglicht auch die einfache Überprüfbarkeit der Validität eines Dokuments zu einem Schematron Schema. Ein Schematron Schema wird automatisiert über ein XSLT Dokument von einem XSLT Prozessor in ein neues XSLT Dokument transformiert (s. 2.1.4), das genutzt wird, um aus dem zu validierenden XML Dokument sogenannte Validierungsberichte zu erzeugen. Es bedarf keiner speziellen Software zur Überprüfung der Schematron Dokumente, da gewöhnliche XSLT Prozessoren verwendet werden können.

Das Beispiel in Listing 2.4 zeigt ein Schematron Schema, das die bereits in Listing 2.1 bzw. 2.3 beschriebene Dokumentklasse definiert. Es besteht aus Validierungsregeln, die sich auf bestimmte Kontextknoten beziehen, zu denen über <assert> Elemente eine Menge an Tests definiert ist.

```
1  <schema xmlns="http://www.ascc.net/xml/schematron">
2  ...
3    <pattern name="example">
4      <rule context="FeatureCollection">
5        <assert test="FeatureMember">
6          A FeatureCollection contains FeatureMembers.
7        </assert>
8        <assert test="count(FeatureMember/Building[@fId])=1">
9          A FeatureMember contains a Building element that shall
             have a fId XML attribute.
10       </assert>
11       <assert test="count(FeatureMember/Owner)=1">
```

2.1. XML Basistechnologien

```
12        A Building contains an Owner element Element
13      </assert>
14      <assert test="count(FeatureMember/YearOfConstruction)=1">
15        A Building contains a YearOfConstruction element
16      </assert>
17      <assert test="count(FeatureMember/Lease)=1">
18        A Building contains a YearOfConstruction element
19      </assert>
20      <assert test="FeatureMember/TenantName">
21        A Building contains TenantName elements
22      </assert>
23      <assert
          test="count(FeatureMember/Location(gml:LocationProperty-
24 Type))=1">
25        A Building contains a Location element of type
            gml:LocationPropertyType
26      </assert>
27    </rule>
28  </pattern>
29 </schema>
```

Listing 2.4: Beispiel eines einfachen Schematron Schemas

2.1.3. XPATH

Die XML Path Language (XPath) [BBC+10] ist eine vom W3C verabschiedete, nicht XML-basierte Sprache, mit der man Teile eines hierarchisch aufgebauten XML Dokuments selektieren kann. Aus Sicht von XPath ist ein XML Dokument ein baumähnliches Konstrukt aus adressierbaren Knoten, wobei zwischen den folgenden sieben Knotenarten unterschieden wird: Element-, Attribut-, Text-, Wurzel-, Kommentar-, Verarbeitungsanweisungs- und Namensraumknoten. Ein XPath Ausdruck setzt sich aus mehreren Lokalisierungsschritten, zusammen, zu denen jeweils ein sogenannter XPath Prädikatausdruck definiert werden kann. Mehrere Lokalisierungsschritte ergeben einen Lokalisierungspfad, der durch das XML Dokument navigiert und bestimmte Knotenmengen selektiert. Durch Prädikatausdrücke zu jedem Lokalisierungsschritt, die u.a. Literale, XPath Ausdrücke oder Funktionen enthalten können, kann die selektierte Knotenmenge weiter eingeschränkt werden. Funktionen erlauben das Durchführen von Berechnungen auf

2. XML Technologien, SOA und Geodateninfrastrukturen

Knoten bzw. Knotenmengen. Die Auswertung eines XPath Ausdrucks ergibt eine Menge an Knoten oder eine Menge sonstiger atomarer XPath Datenobjekte. Listing 2.5 zeigt einen absoluten XPath Ausdruck in abgekürzter Schreibweise, der Mietpreise von Gebäuden abfragt, die nach 1980 gebaut wurden und der Person Alice gehören. Angewandt auf das Beispieldokument aus Listing 2.2 evaluiert der XPath Ausdruck zu dem Wert "1200".

```
1  /FeatureCollection/FeatureMember/Building[YearOfConstruction/text()
   > 1980 and Owner/text() = "Alice"]/Lease/text()
```

Listing 2.5: Beispiel für einen einfachen XPath Ausdruck

Die XPath Technologie wird in der vorliegenden Arbeit intensiv eingesetzt, um beispielsweise den Bezugsrahmen von Zugriffsregeln zu definieren (s. z.B. 3.3.3 oder 4.4.4) und um Vorschriften zur Modifikation von XML Nachrichten zu formulieren (s. 2.1.4 und 4.4.6).

2.1.4. XSLT

Die eXtensible Stylesheet Language Transformation (XSLT) [Kay07] ist eine W3C Recommendation, die vorgibt, wie XML-kodierte Anweisungen zur Transformation von XML Dokumenten beschrieben werden können. Ein XSLT Dokument, auch XSLT Stylesheet genannt, besteht aus einer Reihe von Schablonenregeln (engl.: template rules oder templates), die festlegen, wie ein Ausgabedokument, ausgehend von einem Eingabedokument, erzeugt werden soll. Jede Schablonenregel setzt sich aus einem Muster und einer Folge von Anweisungen zur Erzeugung eines Teils der Ausgabe zusammen. Das in XPath definierte Muster legt fest, für welche Knoten des Quelldokuments die Schablonenregel zur Anwendung kommen soll. Im Beispiel in Listing 2.6 ist eine Schablonenregel dargestellt, die bei beliebigen Element- und Attributknoten des Eingabedokuments zur Anwendung kommt. Im Anweisungsteil der Schablonenregel wird festgelegt, dass jeder dieser Knoten in das Ausgabedokument zu kopieren ist und für seine Attribut- und Kindelementknoten (sofern vorhanden) die Anwendung passender Schablonenregeln erfolgen soll.

```
1  <xsl:transform ...>
2    <xsl:template match="node()|@*">
3      <xsl:copy>
4        <xsl:apply-templates select="node()|@*"/>
5      </xsl:copy>
6    </xsl:template>
7  </xsl:transform>
```

Listing 2.6: Beispiel für ein einfaches XSLT Stylesheet

Die XSLT Technologie wird häufig verwendet, um die Umwandlung eines XML Dokuments in ein HTML oder PDF Dokument zu beschreiben. Der XSLT Standard eignet sich nicht nur zur Formalisierung von Transformationsvorschriften, sondern auch zur Definition von Übersetzungsregeln zwischen verschiedenen XML Anwendungen, die beispielsweise einen interoperablen Datenaustausch ermöglichen. Ferner können über XSLT Stylesheets Transformationen beschrieben werden, durch die XML-kodierte Eingabedokumente an bestimmten Stellen erweitert oder gewisse Teilmengen aus den XML Dokumenten entfernt oder modifiziert werden. Diese Eigenschaft kann in Zugriffskontrollsystemen genutzt werden, um abgefangene Nachrichten geeignet zu verändern (s. 4.4.6).

2.2. Serviceorientierte Architekturen und Web Services

Die vorliegende Arbeit befasst sich mit der Frage, wie Zugriffskontrolle in serviceorientierten Architekturen realisiert werden kann. Abschnitt 2.2.1 gibt einen Überblick darüber, welche Konzepte sich hinter dem serviceorientierten Architekturmuster verbergen und welche Vorteile es mit sich bringt. In Abschnitt 2.2.2 wird der Begriff Web Service eingeführt. Im Anschluss werden einige zentrale XML Technologien vorgestellt, die in Web Service Architekturen zum Einsatz kommen (s. 2.2.3).

2. XML Technologien, SOA und Geodateninfrastrukturen

2.2.1. Serviceorientierte Architekturen

Der Begriff serviceorientierte Architektur (engl. serviceoriented architecture – SOA) bezeichnet ein Paradigma für die Strukturierung und ortsunabhängige Nutzung verteilter Fähigkeiten [MLM+06, S. 8]. Das serviceorientierte Architekturmuster beschreibt, wie über lose gekoppelte Dienste die Bedürfnisse einer Entität (z.B. einer Person, eines Software-Agenten oder eines Dienstes) durch die Fähigkeiten anderer Entitäten einfach befriedigt werden können. Neben dem einfachen Zusammenbringen von Entitäten mit Bedürfnissen und Entitäten mit Fähigkeiten ermöglicht eine SOA, aus vorhandenen Funktionalitäten von ggf. unterschiedlichen Besitzern problemlos neue Funktionalitäten zu generieren und diese bei Bedarf zu erweitern. Die dem SOA Paradigma zugrundeliegenden Prinzipien begünstigen den Aufbau von leicht wartbaren, wiederverwendbaren, modifizierbaren und dynamisch koppelbaren verteilten Systemen.

Im OASIS Referenzmodel für SOA 1.0 [MLM+06] werden die Aspekte Sichtbarkeit, Interaktion und Effekt als Schlüsselkonzepte des SOA Paradigmas herausgestellt. Sichtbarkeit meint dabei, dass sich Entitäten mit Bedürfnissen (die Dienstkonsumenten) und Entitäten mit Fähigkeiten (die Dienstanbieter) "sehen" können müssen, um miteinander in Interaktion treten zu können. Neben der Kenntnis über die Existenz und Verfügbarkeit des Anderen ist ein Wissen über die Fähigkeiten der potentiellen Interaktionspartner notwendig. Es wird davon ausgegangen, dass diese Informationen anhand von Dienstbeschreibungen veröffentlicht werden. Hierzu publizieren die Dienstanbieter ihre Dienstbeschreibungen in geeigneter Syntax und Semantik an öffentlich bekannten Orten, wie beispielsweise in einem Dienstverzeichnis (vgl. Abbildung 2.1). Servicekonsumenten stoßen während der Suche nach einem Dienst auf diese Dienstbeschreibungen und können entscheiden, ob einer der darin beschriebenen Dienste ihre Anforderungen erfüllt. Zudem ermöglichen die in den Dienstbeschreibungen enthaltenen Angaben, wie z.B. die Festlegung des Informationsmodells und des Verhaltensmodells des Dienstes, dass ein Dienstkonsument direkt mit den Diensten in Interaktion treten kann. Die in der Dienstbeschreibung enthaltene Definition des Informationsmodells legt die Syntax und die Semantik der Nachrichten fest, die mit dem Dienst ausgetauscht werden können. Das Verhaltensmodell erläutert u.a. Details über mögliche Interaktionsabläufe mit einem Dienst, da in ihm zeitliche Abhängigkeiten zwischen den aufrufbaren Aktionen festgelegt sind. Im Anschluss an das Publizieren, Suchen und

2.2. Serviceorientierte Architekturen und Web Services

Auffinden der Dienste können direkte Interaktionen zwischen den Dienstkonsumenten und Dienstanbietern stattfinden. Unter Interaktionen werden die bei der Nutzung der verteilten Funktionalitäten auftretenden Aktivitäten verstanden. In vielen Fällen erfolgt die Interaktion nach dem Anfrage/Antwort-Muster, aber auch andere Nachrichtenaustauschkonzepte (engl. message exchange pattern) wie oneway oder broadcast sind möglich.

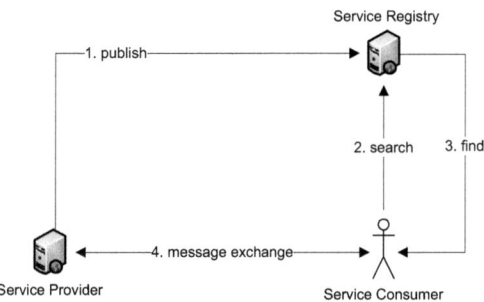

Abbildung 2.1.: Typische Interaktionen in einer SOA

Der Zugriff auf die Funktionalitäten der Dienste erfolgt ausschließlich über die sog. Dienstschnittstellen (engl.: service interfaces). Dank dieser Schnittstellen werden für den Nutzer irrelevante Details der Dienstimplementierungen verborgen, wodurch die der Dienste vereinfacht wird. Interaktionen in einer serviceorientierten Architektur haben das Ziel, Effekte wie Nachrichtenaustausch (z.B. das Erhalten bzw. Zurückgeben von angefragten Informationen) oder Zustandsänderungen an gemeinsam genutzten Objekten zu realisieren.

Herauszustellen ist, dass das serviceorientierte Architekturmuster ein abstraktes Modell darstellt und daher unabhängig von konkreten Standards, Technologien und Implementierungen definiert ist [MLM$^+$06, S. 9]. Eine SOA kann daher beispielsweise über Web Services (s. 2.2.2), CORBA, Enterprise Java Beans oder ähnliche Technologien umgesetzt werden. In der Praxis haben sich Web Services zur Realisierung von SOAs durchgesetzt [Bun06, S. 16]. Auch in dieser Arbeit sind Web Services die einzig relevante Implementierungsvariante des serviceorientierten Architekturmusters. Eine SOA, die basierend auf Web Services implementiert

2. XML Technologien, SOA und Geodateninfrastrukturen

wurde, wird als Web Service Architektur bezeichnet.

2.2.2. Web Services

Die Web Services Architecture Working Group des W3C definiert das Konzept Web Service wie folgt [W3C04]:

„A Web service is a software system identified by a URI [RFC 2396], whose public interfaces and bindings are defined and described using XML. Its definition can be discovered by other software systems. These systems may then interact with the Web service in a manner prescribed by its definition, using XML based messages conveyed by Internet protocols."

Es sei darauf hingewiesen, dass viele verschiedene Definitionen des Begriffs Web Service existieren. Manche Definitionen verknüpfen den Begriff Web Service direkt mit SOAP als genutztem Nachrichtenprotokoll, während andere es völlig offen lassen, welche Transportprotokolle und Kodierungen für den Nachrichtenaustausch zwischen Dienstkonsument und Dienstanbieter verwendet werden.

Web Services werden häufig zu sogenannten Web Service Kompositionen verknüpft, um aggregierte Geschäftsprozesse zu realisieren. Durch die Begriffe Orchestrierung und Choreographie werden zwei unterschiedliche Ansätze zur Komposition von Web Services beschrieben.

Orchestrierung   Eine häufig zitierte Definition des Begriffs Orchestrierung lautet [HB04]:

„An orchestration defines the sequence and conditions in which one Web service invokes other Web services in order to realize some useful function. I.e., an orchestration is the pattern of interactions that a Web service agent must follow in order to achieve its goal."

Durch eine Orchestrierung wird ein ausführbarer Geschäftsprozess beschrieben. Dabei wird die Koordinierung der durch die Orchestrierung festgelegten Interaktionen von einer zentralen Steuerungseinheit übernommen. Die Orchestrierung

2.2. Serviceorientierte Architekturen und Web Services

beinhaltet die Definition der Dienste, ihre Abhängigkeiten und die Bedingungen zum Aufruf. Die Komposition wird aus der Perspektive einer der beteiligten Dienste beschrieben.

Choreographie Können oder sollen Geschäftsprozesse nicht zentral gesteuert werden, sind Konzepte wie Choreographie notwendig. Eine Choreographie regelt den Nachrichtenaustausch zwischen autonomen, kollaborierenden Web Services aus einer globalen Sicht, wobei die Koordination der Interaktionen ohne zentrale Steuerungseinheit erfolgt.

Orchestrierungen sollten sich an die von der Choreographie vorgegebene Schablone zur Kollaboration der Dienste halten. Abbildung 2.2 verdeutlicht die Abgrenzung zwischen den beiden Begriffen. Die Choreographie stellt das Bindeglied zwischen den beiden Orchestrierungen dar. Sie beschreibt die Interaktionen zwischen den Partnern zur Durchführung eines übergreifenden Geschäftsprozesses. Die konkrete Komposition von Web Services bei den Partnern, um ankommende Nachrichten zu verarbeiten bzw. Nachrichten zu generieren, kann dann mit Bezug zu den durch die Choreographie definierten Schnittstellen entwickelt werden [BS10].

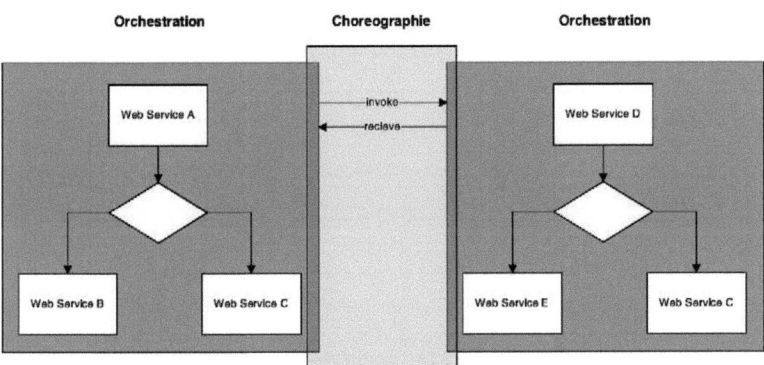

Abbildung 2.2.: Abgrenzung zwischen Orchestrierung und Choreographie (angelehnt an [BS10])

2. XML Technologien, SOA und Geodateninfrastrukturen

2.2.3. XML Technologien in Web Service Architekturen

In Web Service Architekturen müssen Dienstkonsumenten, Verzeichnisdienste und Dienstanbieter interoperabel miteinander kommunizieren. Hierfür werden standardisierte, herstellerunabhängige Nachrichtenformate und Protokolle, wie zum Beispiel SOAP, WSDL und UDDI benötigt, die nachfolgend kurz vorgestellt werden. Abbildung 2.3 ordnet diese Standards in die Familie SOA-bezogener Technologien ein.

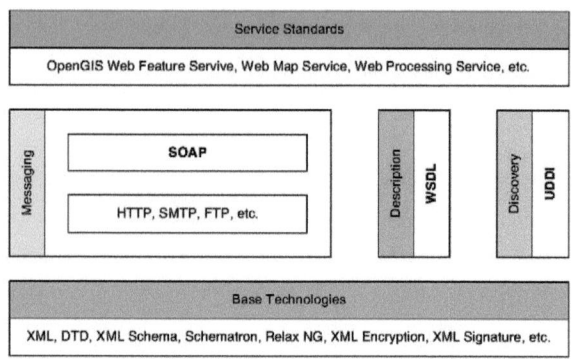

Abbildung 2.3.: Technologien in serviceorientierten Architekturen (angelehnt an [Opi08])

2.2.3.1. SOAP

Zum Austausch von strukturierten Informationen zwischen einem Dienstkonsument und einem Dienstanbieter wird häufig das vom W3C standardisierte, flexibel einsetzbare und auf XML basierende SOAP [1] Protokoll verwendet [GHL+07]. Ein SOAP Sender verschickt eine SOAP Nachricht, die über eine Kette von SOAP intermediaries zum endgültigen SOAP Empfänger gelangt. Listing 2.7 zeigt eine HTTP Nachricht, die eine SOAP Nachricht inklusive eines Anhangs (engl. attachment) enthält.

---

[1] SOAP stellte in der Version 1.1 ursprünglich ein Akronym dar und stand für 'Simple Object Access Protocol'. In der aktuellen Version 1.2 wird es nicht mehr als Akronym verwendet.

2.2. Serviceorientierte Architekturen und Web Services

```
1  POST /anyPath HTTP/1.1
2  Host: www.destination.com
3  Content-Type: Multipart/Related; boundary=MIME\_boundary;
      type=text/xml;
4  --MIME_boundary
5  Content-Type: text/xml; charset=UTF-8 ...
6  <soap:Envelope ...>
7    <soap:Header>
8      <Subject role=next mustUnderstand="true">
9        <username>alice@wonderland.com</username>
10     </Subject>
11   </soap:Header>
12   <soap:Body>
13     <wfs:GetFeature ...>...</GetFeature>
14   </soap:Body>
15 </soap:Envelope>
16 --MIME_boundary
17 Content-Type: image/tiff
18 Content-Transfer-Encoding: base64
19 ...Base64 encoded TIFF image...
```

Listing 2.7: Struktur einer HTTP Nachricht mit SOAP Nachricht und Anhang

Ein <soap:Body> Element ist ein verpflichtendes Kindelement eines <soap:Envelope> Elements und enthält die zwischen dem SOAP Sender und dem endgültigen SOAP Empfänger zu übertragenden anwendungsspezifischen Informationen (z.B. eine Web Service Anfrage oder Antwort). Das optionale <soap:Header> Element kann beliebig viele Kindelemente enthalten, die anwendungsspezifische Kontrollinformationen repräsentieren. In der Praxis wird häufig verlangt, eine SOAP Nachricht zusammen mit Anhängen zu versenden, die beispielsweise Binärdaten beinhalten. Diese Anforderung kann mittels der Vorgaben der "SOAP 1.2 Attachment Feature" Spezifikation [RN04] erfüllt werden.

Im SOAP processing model wird genau festgelegt, wie SOAP Nachrichten zu definieren sind und welche Verarbeitungsschritte die SOAP intermediaries und der endgültige SOAP Empfänger bei Eingang einer SOAP Nachricht durchführen müssen. SOAP intermediaries analysieren in der Regel eine Teilmenge der Header-Blöcke, verändern diese nach Bedarf und leiten die Nachricht an den nächsten Netzwerkknoten auf dem Weg zum eigentlichen Ziel weiter. SOAP ist so definiert,

2. XML Technologien, SOA und Geodateninfrastrukturen

dass beliebige Protokolle für den eigentlichen Transport der SOAP Nachrichten verwendet werden können. Der Begriff "Binding" oder "Protokoll Binding" wird in diesem Zusammenhang verwendet, um das Aufsetzen von SOAP auf ein darunterliegendes Transportprotokoll, wie z.b. HTTP oder SMTP auszudrücken. Beispielsweise beschreibt das in den SOAP Spezifikationen definierte "SOAP over HTTP Binding", wie ein Transport von SOAP Nachrichten über HTTP Nachrichten realisiert werden muss (vgl. Listing 2.7).

Die vorliegende Arbeit widmet sich der Frage, wie der Zugriff auf die Web Services bestimmter serviceorientierter Architekturen kontrolliert werden kann. Viele der zu schützenden Dienste unterstützen SOAP zum Austausch der Anfragen und Antworten. Im Rahmen dieser Arbeit wird SOAP außerdem dazu verwendet, um Nachrichten zwischen dem Administrationsdienst des Zugriffskontrollsystems und den Administratoren zu versenden.

2.2.3.2. WSDL

In Web Service Architekturen wird zur Beschreibung der Dienste häufig die XML basierte Web Services Description Language (WSDL) verwendet [CMR+07]. Durch die Informationen in einem WSDL Dokument wird den Dienstkonsumenten mitgeteilt, welche Funktionalitäten ein Web Service bietet und wie diese zu nutzen sind. Ein WSDL Dokument lässt sich in zwei Bereiche gliedern: Im abstrakten Teil werden über die Elemente <portType><operation>, <message> und <types> die extern verfügbaren Operationen eines Web Service sowie ihre Parameter und Rückgabewerte definiert. Im konkreten Teil wird über <binding><operation> und <service><port> Elemente festgelegt, welche Nachrichtenformate und Transportprotokolle je Operation unterstützt werden und über welche Adressen diese aufrufbar sind. Während der abstrakte Teil also beschreibt, welche Funktionalitäten ein Dienst anbietet, erläutert der konkrete Teil, wo und wie die Funktionalitäten angeboten werden.

Das Listing 2.8 zeigt beispielhaft den Aufbau eines WSDL Dokuments (angelehnt an [CCM+01, Abschnitt 1.1]). Im abstrakten Teil des WSDL Dokuments wird durch das /definitions/portType/operation Element die Funktionalität GetLastTradePrice des Web Service definiert. Für diese Operation wird über das <input> und <output> Element geregelt, dass sie als Eingabe eine Nachricht vom Typ

2.2. Serviceorientierte Architekturen und Web Services

GetLastTradePriceInput erwartet und daraufhin eine Antwortnachricht vom Typ GetLastTradePriceOutput versendet. Angemerkt sei an dieser Stelle, dass durch das Entfernen oder das Verändern der Reihenfolge der <input> und <output> Elemente andere Nachrichtenmuster realisiert werden können, als das hier festgelegte Anfrage/Antwort-Muster. Über die /definitions/message/part Elemente wird für jeden dieser Nachrichtentypen definiert, welche Datenobjekte in diesen Nachrichten enthalten sein können. Dies geschieht, indem die element XML Attribute dieser Elemente auf XML Schema Elementtypdefinitionen verweisen, die unterhalb des /definitions/types/schema Elements beschrieben sind. Im Beispiel wird als Eingabeargument ein Aktienname im String Format erwartet (vgl. das <TickerSymbol> Element) und das Ausgabeobjekt repräsentiert den aktuellen Handelswert dieser Aktie in Form eines float Werts (vgl. das <TradePrice> Element).

```
1  <definitions name="StockQuote" ...>
2    <!-- abstract part -->
3    <portType name="StockQuotePortType">
4      <operation name="GetLastTradePrice">
5        <input message="GetLastTradePriceInput"/>
6        <output message="GetLastTradePriceOutput"/>
7      </operation>
8    </portType>
9    <message name="GetLastTradePriceInput">
10     <part name="body" element="TickerSymbol"/>
11   </message>
12   <message name="GetLastTradePriceOutput">
13     <part name="body" element="TradePrice"/>
14   </message>
15   <types>
16     <schema ...>
17       <element name="TickerSymbol" type="string"/>
18       <element name="TradePrice" type="float">
19     </schema>
20   </types>
21   <!-- concrete part -->
22   <binding name="StockQuoteSoapBinding" type="StockQuotePortType">
23     <soap:binding style="document"
                    transport="http://schemas.xmlsoap.org/soap/http"/>
24     <operation name="GetLastTradePrice">
25       <soap:operation
```

2. XML Technologien, SOA und Geodateninfrastrukturen

```
                 soapAction="http://example.com/GetLastTradePrice"/>
26        <input><soap:body use="literal"/></input>
27        <output><soap:body use="literal"/></output>
28      </operation>
29    </binding>
30    <service name="StockQuoteService">
31      <port name="StockQuotePort" binding="StockQuoteBinding">
32        <soap:address location="http://example.com/stockquote"/>
33      </port></service>
34 </definitions>
```

Listing 2.8: Aufbau eines WSDL Dokuments

Im konkreten Teil des WSDL Dokuments wird über das transport XML Attribut des /definitions/binding/soap:binding Elements festgelegt, dass Nachrichten an den Dienst mittels "SOAP over HTTP" übertragen werden. Das style XML Attribut dieses Elements bringt zum Ausdruck, dass Nachrichten im sogenannten "document style" im <soap:Body> Element übertragen werden. In diesem Fall ist der Web Service dafür verantwortlich, aus dem Dokument in der SOAP Nachricht die Methodenaufrufe, Parameter usw. zu extrahieren. Hätte man dem style XML Attribut den Wert "rpc" zugewiesen, müsste unterhalb des <soap:Body> Elements ein Element mit dem Namen der aufzurufenden Dienstoperation eingefügt werden, dessen Kind(er) die Parameter und Rückgabewerte der Dienstoperation sind. Im /definitions/service Element wird ein Endpunkt, ein sog. Port, durch eine Referenz auf ein /definitions/binding Element gebunden. Zudem wird festgelegt, dass man den Port über die Adresse "http://example.com/stockquote" erreichen kann.

Der WSDL Standard wird im Folgenden an verschiedenen Stellen verwendet. Beispielsweise ist der im Rahmen dieser Arbeit entwickelte Dienst zur Administration von Zugriffskontrollsystemen durch ein WSDL Dokument beschrieben. Zudem sind die angebotenen Funktionen, Datentypen und Zugangsprotokolle der zu schützenden Web Services häufig durch WSDL Dokumente definiert (Details s. 2.3.3).

2.2.3.3. UDDI

Eine Universal Description, Discovery and Integration Registry (UDDI Registry) [CHv+05] ist eine von OASIS standardisierte, über SOAP ansprechbare Verzeichnisdienstklasse. In eine UDDI Registry können Dienstanbieter und Web Services eingetragen werden, so dass potentielle Dienstkonsumenten anschließend nach ihnen suchen können. Aus den sog. UDDI white pages können allgemeine Informationen über die Dienstanbieter erfragt werden (z.B. Firmenname, Kontaktdaten, angebotene Dienste). In den UDDI yellow pages werden Daten zu den Diensten und Anbietern, geordnet nach einem standardisierten Klassifikationsschema, bereitgestellt (vgl. Branchenbuch). Technische Daten über die Dienste, wie beispielsweise ihre WSDL-kodierten Schnittstellenbeschreibungen, werden in den UDDI green pages vorgehalten.

In der vorliegenden Arbeit wird davon ausgegangen, dass Dienste über UDDI Registries oder vergleichbare Verzeichnisdienste, wie z.B. den OGC Catalog Service (s. 2.3.3.1), oder über Internetportale publiziert sind und die Dienstkonsumenten die benötigten Dienstbeschreibungen darüber auffinden können.

2.3. Geodateninfrastrukturen

Im Rahmen dieser Arbeit wird untersucht, wie der Zugriff auf Dienste und Daten von serviceorientierten Architekturen kontrolliert werden kann und wie die dazu benötigten Zugriffspolicen verwaltet werden können. Um diese Forschungsfragen nicht nur auf einer abstrakten, theoretischen Ebene zu betrachten, wird das Anwendungsgebiet auf eine spezielle SOA Klasse eingegrenzt, die sog. Geodateninfrastrukturen (GDI). Der GDI Anwendungsfall weist neben den besonderen Merkmalen von SOAs einige weitere spezielle Charakteristika auf, die aus Sicht der Zugriffskontrollthematik besonders interessant sind und eine spezielle Behandlung erfordern. Die Ergebnisse der Untersuchung, wie Zugriffskontrolle in GDIs zu realisieren ist, lassen sich generalisieren und beantworten daher auch die Frage, wie der Zugriff auf die Ressourcen beliebiger anderer SOAs kontrolliert werden kann.

In den nachfolgenden Abschnitten wird erläutert, was Geodateninfrastrukturen sind und welche Technologien und Standards zu ihrer Umsetzung verwendet werden. In Abschnitt 2.3.1 wird eine grundlegende Einführung in das Themengebiet Geodateninfrastrukturen gegeben. Die Abschnitte 2.3.2 und 2.3.3 widmen sich den zwei wichtigsten Bestandteilen jeder Geodateninfrastruktur, den Geodaten und den Geodiensten.

2. XML Technologien, SOA und Geodateninfrastrukturen

2.3.1. Einführung

2.3.1.1. Bestandteile einer Geodateninfrastruktur

Der Begriff Geodateninfrastruktur bezeichnet eine Sammlung von technischen Komponenten und rechtlichen sowie organisatorischen Maßnahmen, die in ihrer Gesamtheit eine informationstechnische Verarbeitung von raumbezogenen Informationen ermöglichen bzw. vereinfachen. In den nachfolgenden Abschnitten werden die zentralen Bestandteile von Geodateninfrastrukturen vorgestellt. Zu diesen gehören (angelehnt an [FHH+09]):

- Geodaten

- Dienste (z.B. Geodienste, Sicherheitsdienste, E-Commerce-Dienste)

- Metadaten zu Geodaten und Geodiensten

- Geoportale

- Normen und Standards

- Akteure

- rechtliche und organisatorische Rahmenbedingungen

- Hardware- und Netzwerk-Komponenten

Geodaten Geographische Daten – kurz Geodaten – beschreiben Gegenstände, Geländeformen, Infrastruktur usw., wobei als wesentliches Merkmal ein Bezug zu einem bestimmten geographischen Ort bzw. Gebiet vorliegen muss [Her05, S. 22]. In GDIs existieren unterschiedlichste Klassen von Geodaten (z.B. Katasterdaten, Infrastrukturdaten, Umweltdaten usw.), die zur Lösung von Aufgaben in verschiedensten Anwendungsbereichen verwendet werden können (z.B. im Ressourcenmanagement, in der Infrastrukturplanung oder im Umwelt- und Katastrophenschutz). Ebenso vielfältig sind die Datenmodelle der Geodaten und die Formate, in denen sie gespeichert, übertragen und repräsentiert werden (s. 2.3.2).

2.3. Geodateninfrastrukturen

Dienste Geodaten werden in der Regel dezentral erfasst, gespeichert, gepflegt und genutzt. Um die verteilt vorliegenden Geodaten für möglichst viele Nutzer, auch über administrative Grenzen hinweg, auf einfache Weise ortsunabhängig verfügbar zu machen, werden GDIs dienstbasiert aufgebaut, d.h. dem SOA Paradigma folgend. GDIs "erben" daher die unter 2.2.1 aufgeführten Eigenschaften bzw. Stärken von SOAs, wie beispielsweise die einfache Auffindbarkeit, Nutzbarkeit und dynamische Kombinierbarkeit der verteilten Dienste bzw. der durch sie gekapselten Funktionalitäten. In GDIs existiert mit den sog. Geodiensten eine besondere Dienstklasse, die ermöglicht, dass Geodaten webbasiert abgefragt, visualisiert, verwaltet, analysiert, transformiert usw. werden können. Das entscheidende Charakteristikum von Geodiensten ist, dass sie durch geeignete geospezifische Funktionalitäten das Arbeiten mit Geodaten ermöglichen. Beispielsweise unterstützt der OpenGIS Web Feature Service (s. 2.3.3.3) eine raumbezogene Selektion von Geodatenobjekten, wie z.b. die Abfrage aller Gebäudeobjekte innerhalb Bayerns. Im GDI Kontext (vgl. z.B. [FJKS09, S. 3], und auch in dieser Arbeit, wird unter dem Begriff Geodienst ein Geo Web Service verstanden, d.h. ein Web Service der Funktionalitäten zur Nutzung und Pflege von Geodaten bietet. Die Begriffe Geodienst und Geo Web Service werden daher synonym gebraucht. In GDIs werden Geodienste der folgenden Klassen benötigt (vgl. z.B. [Neb04, FJKS09, FHH[+]09, Koo10]:

- Suchdienste, über die – basierend auf den vorhandenen Metadaten – nach benötigten Geodiensten und Geodaten gesucht werden kann

- Darstellungsdienste zum Anzeigen, Navigieren, Überlagern usw. von Geodaten

- Datenzugriffs- und Datenverwaltungsdienste zum Abfragen, Einfügen, Löschen und Modifizieren von Geodaten und den dazugehörigen Metadaten

- Sensordienste

- Analyse-, Berechnungs- und Transformationsdienste für Geodaten

Neben den Geodiensten sind einige weitere Dienstklassen erforderlich. Beispielsweise müssen Sicherheitsdienste und E-Commerce-Dienste eingerichtet werden, um diverse Schutzziele zu erreichen (s. 2.4) und die Berechnung und Erhebung von Entgelten zu ermöglichen.

2. XML Technologien, SOA und Geodateninfrastrukturen

Metadaten Metadaten, d.h. Daten über die Geodatensätze und Geodienste, sind für die Nutzung der Daten und Dienste einer GDI von großer Bedeutung. Letztlich erhalten die Geodaten erst durch die dazugehörigen Metadaten ihren Informationswert [Hub02, S. 19]. Metadaten beschreiben Geodaten und Geodienste beispielsweise anhand von Informationen zur Herkunft, zur Qualität (z.b. zur Aktualität oder Genauigkeit), zum Datenmodell, zur Semantik oder zum zugrundeliegenden Referenzsystem. Die Verfügbarkeit von Metadaten ist gerade in GDIs wichtig, da existierende Geodaten und Geodienste von unterschiedlichen Quellen stammen und daher durch eine große Heterogenität gekennzeichnet sind (z.b. hinsichtlich der Aktualität oder des verwendeten Koordinatensystems) [FJO04, S.7].

Geoportale Über sogenannte Geoportale (s. z.B. www.inspire-geoportal.eu) wird in GDIs ein zentraler Zugangspunkt zu den Geodiensten und Geodaten geschaffen.

Normen und Standards Indem bei der Modellierung und digitalen Erfassung von Geodaten und bei der Implementierung der Dienste standardisierte Spezifikationen verwendet werden, lässt sich die Interoperabilität, d.h. die Kombinierbarkeit, von ursprünglich autonomen Diensten und Daten erreichen. Beispielsweise ermöglicht die Standardisierung der Geodatenmodelle und -formate, dass ein effizienter Austausch von geographischen Informationen ohne umständliche Konvertierungs- und Integrationsprozesse stattfinden kann. Wichtig ist in diesem Zusammenhang, dass sich die beteiligten Akteure einer GDI verbindlich auf eine Menge an Standards und Normen einigen. Neben den grundlegenden Standards des W3C und von OASIS spielen die geospezifischen Standards des Open Geospatial Consortium (OGC) eine zentrale Rolle, um die geforderte Interoperabilität der Daten und Dienste zu erreichen. Das OGC ist ein gemeinnütziger Zusammenschluss von Behörden, Universitäten, führenden Herstellern, Anbietern und Anwendern von Geodaten, Geodiensten und Geoinformationssystemen. Die Mitglieder des OGC schaffen in Konsensprozessen offene Industriestandards, welche die Interoperabilität von Geodaten und Geodiensten vorantreiben. OGC Spezifikationen definieren unter anderem Modelle und Kodierungen für Geodaten sowie Schnittstellen und Protokolle für Geodienste. Sämtliche Standardisierungsaktivitäten im OGC konzentrieren sind auf die Besonderheiten, die sich aus dem Raumbezug der zu verarbeitenden Daten ergeben. Die Mission des OGC ist es,

2.3. Geodateninfrastrukturen

die globale Entwicklung, Förderung und Harmonisierung von offenen Standards und Architekturen anzuführen, die die Kopplung und Integration von Geodaten und Geodiensten sowie eine optimale Wertschöpfung aus den Geodaten ermöglichen [Ree05, S. 1]. Das Technical Commitee 211 der International Organisation for Standardisation ist eine de-jure Standardisierungsorganisation, die sich mit Normierung im Umfeld von digitalen geographischen Informationen befasst. Die beiden Gremien OGC und ISO TC 211 kooperieren eng miteinander. Etablierte OGC Spezifikationen werden beispielsweise durch ISO adaptiert und anschließend als internationale Normen veröffentlicht.

Akteure Über GDIs werden Geodaten und Geodienste für Akteure aus Politik, Verwaltung, Wirtschaft und zunehmend auch aus der Öffentlichkeit zur Verfügung gestellt, um sie bei der Bewältigung ihrer komplexen Arbeits- und Entscheidungsprozesse zu unterstützen. Zu den Akteuren einer GDI zählen unter anderem Anbieter und Nutzer von Daten und Diensten, wie öffentliche Verwaltungen auf lokaler, regionaler, nationaler und internationaler Ebene, IT-Dienstleister dieser Verwaltungen und diverse privatwirtschaftliche Nutzergruppen, wie beispielsweise Ver- und Entsorger, Immobilienbüros oder Versicherungen. Für den Erfolg einer GDI ist es entscheidend, dass bei deren Aufbau die Interessen aller beteiligten Akteuren berücksichtigt werden [Koo10, S. 10].

Rechtliche und organisatorische Rahmenbedingungen In einer GDI ist neben der technischen Infrastruktur ein wohl definierter rechtlicher und organisatorischer Rahmen vorhanden. Beispielsweise müssen durch geeignete Vereinbarungen und rechtliche Vorschriften die Grundlagen zur Bereitstellung und Nutzung von Geodaten und Geodiensten sowohl innerhalb von Verwaltungsgrenzen, als auch über Verwaltungsgrenzen hinweg geschaffen werden (s. z.B das deutsche Geodatenzugangsgesetz [Bun09] oder die Richtlinie 2007/2/EG des Europäischen Parlaments [Eur09]). Zudem sind hierarchische Organisations-, Überwachungs- und Koordinierungsstrukturen für den Aufbau und den Betrieb einer GDI notwendig.

2. XML Technologien, SOA und Geodateninfrastrukturen

2.3.1.2. INSPIRE – die europäische Geodateninfrastruktur

Im Rahmen der INSPIRE-Richtlinie (INfrastructure for SPatial InfoRmation in the European community) wird derzeit eine europäische Geodateninfrastruktur (EGDI) aufgebaut. Das primäre Ziel der EGDI ist es, die verteilten, heterogenen Geodatenbestände der Behörden aller Verwaltungsebenen über geeignete Dienste leicht auffindbar und fach-, institutions- und grenzübergreifend unter klaren Regelungen nutzbar und kombinierbar zu machen. Dadurch dass Daten und Dienste in einer transnationalen, hierarchischen GDI besser verfügbar sind, wird das Informations- und Wertschöpfungspotential der Geodaten und Geodienste aktiviert und zahlreiche Arbeits- und Entscheidungsprozesse in verschiedenen Anwendungsbereichen können optimiert werden [FHH+09, FJKS09]. Beispielsweise verbessert sich durch die organisationsübergreifende Nutzung von Geodiensten die Zusammenarbeit, wodurch die in der Praxis häufig vorzufindende und kostenintensive Mehrfacherhebung bestimmter Geodaten vermieden wird [FJKS09]. Eine vereinfachte Zugänglichkeit von Geodaten und Geodiensten führt zudem zu mehr Transparenz in den Entscheidungsprozessen der öffentlichen Hand. Nicht zu vernachlässigen ist außerdem, dass mit der EGDI wirtschaftliche Impulse geschaffen werden, da neue Produkte und Dienstleistungen auf Basis der EGDI entwickelt bzw. angeboten werden können. Diese bei weitem nicht vollständige Darstellung der Vorteile der EGDI verdeutlicht, dass der Aufbau von Infrastrukturen dieser Art zu fördern und voranzutreiben ist.

Die Grundlage der EGDI bilden die nationalen GDIs der Mitgliedsstaaten (z.B. die GDI-DE oder das UK National Geospatial Data Framework). Diese basieren wiederum auf den regionalen und kommunalen GDIs (s. Abbildung 2.4). Die sog. Durchführungsbestimmungen der Inspire-Richtlinie geben über Verwaltungsebenen hinweg den Rahmen für den Aufbau der EGDI vor. Beispielsweise müssen Geodaten, die unter die Inspire-Richtlinie fallen, gemäß den Durchführungsbestimmungen über entsprechende Dienste zur Verfügung gestellt werden und mittels Metadaten standardisiert dokumentiert werden [FJKS09, S. 9]. Ergänzend zu den Durchführungsbestimmungen werden sog. Technical Guidelines für die Implementierung der Durchführungsbestimmungen bereitgestellt, in denen auf Normen und Standards der ISO und des OGC verwiesen wird [FJKS09, S. 5].

2.3. Geodateninfrastrukturen

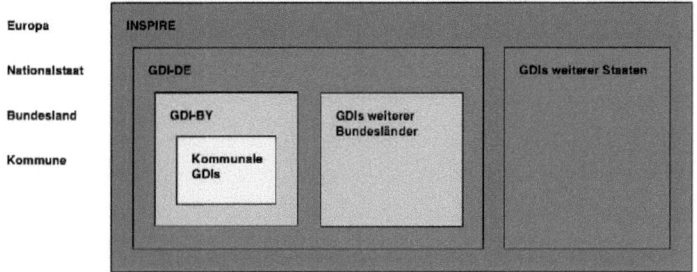

Abbildung 2.4.: GDI-Hierarchie in Europa (angelehnt an [Lan06, S. 4])

2.3.2. Geodaten

Um einen interoperablen Informationsfluss in einer GDI zu ermöglichen, müssen u.a. standardisierte Datenmodelle und Kodierungen für Geodaten und Metadaten festgelegt werden. Nachfolgend wird erläutert, was unter einem Vektor- und Rasterdatenmodell verstanden wird und welche Standards existieren, um diese und ihre Instanzen standardisiert zu beschreiben (vgl. 2.3.2.1 und 2.3.2.2). Im Anschluss wird mit der Geography Markup Language eine generisch einsetzbare und besonders bekannte Sprache zur Definition interoperabler Geodaten(modelle) vorgestellt.

2.3.2.1. Vektordatenmodell

In Geodatenmodellen bezeichnet ein Feature die digitale Repräsentation eines verorteten Objekts (bzw. Phänomens) der realen Welt [Por05, S. 8]. Eine digitale Welt ist somit ein Raum, in dem sich unterscheidbare Features verschiedener Klassen befinden (z.B. Personen, Straßen, Gebäude, Hochdruckgebiete usw.). Ein Feature ist durch eine Menge von Attributen (engl. properties) beschrieben, die über Tupel der Form (Attributname, Datentyp, Wert) festgelegt sind. Raumbezogene Attribute definieren die geometrische Form, Lage, Orientierung und Größe eines Features oder einer ihm zugeordneten Entität. Neben geometrischen Merkmalen kann ein Feature auch zahlreiche nicht-räumliche Eigenschaften besitzen, die als

2. XML Technologien, SOA und Geodateninfrastrukturen

seine Sachdaten bezeichnet werden.

Geodaten können in einem sog. Vektordatenmodell beschrieben werden, in dem die Geometrien der Features (z.B. Punkte, Linien oder Polygone) über eine Menge von Führungspunkten definiert werden [BGZ96, S. 6]. Von einem simple Feature spricht man, wenn die Verbindungen zwischen den Führungspunkten in linear interpolierter Form vorliegen [Her06, S. 12]. In der vorliegenden Arbeit werden ausschließlich simple Features betrachtet. Zur Verbesserung der Lesbarkeit wird daher der Zusatz "simple" im Folgenden weggelassen. Die Führungspunkte der Geometrien sind durch die Angabe ihrer Koordinaten in einem geodätischen Raumbezugssystem (engl. spatial reference system – SRS) eindeutig verortet. Es existieren zahlreiche Raumbezugssysteme, die durch Parameter wie z.B. die Referenzfläche oder die geodätische Abbildung eindeutig bestimmt sind (z.B. das World Geodetic System (WGS84) oder das Gauß-Krüger-Koordinatensystem). Koordinaten, die sich auf ein bestimmtes Raumbezugssystem x beziehen, können durch komplexe Transformationsalgorithmen exakt in ein System y umgerechnet werden, wenn die verwendeten Projektionen, Ellipsoide usw. des Ein- und Ausgangssystems bekannt sind. Detaillierte Informationen zu Raumbezugssystemen und zu geodätischen Transformationen finden sich beispielsweise in [Hub02, S. 205-214].

Die Interoperabilität von vektorbasierten Geodaten verschiedener administrativer Einheiten wird erreicht, indem mittels einer Schemasprache ein auf Standards basierendes Datenmodell festgelegt wird. Für den Transport und die Speicherung der Schemata und Geodaten hat sich die XML-basierte Geography Markup Language (GML) des OGC etabliert [Por05]. Eine kurze Einführung in GML erfolgt in Abschnitt 2.3.2.3. Neben GML existieren zahlreiche weitere Datenformate zur Beschreibung von vektorbasierten Geodatenobjekten, wie beispielsweise die Keyhole Markup Language (KML)[2], das GPS Exchange Format (GPX)[3] oder das proprietäre shape Format[4] der Firma ESRI.

---

[2]http://www.opengeospatial.org/standards/kml
[3]http://www.topografix.com/gpx.asp
[4]http://www.esri.com/library/whitepapers/pdfs/shapefile.pdf

2.3.2.2. Rasterdatenmodell

Bei einem rasterbasierten Geodatenmodell werden die Featuredaten auf konzeptueller Ebene durch eine mehrdimensionale Matrix beschrieben, deren Zellen einen Raumbezug besitzen. Den Zellen der Matrix werden numerische Werte zugewiesen, die beispielsweise die Temperatur, die Vegetationsform oder die Niederschlagsmenge an einem bestimmten Ort zu einem bestimmten Zeitpunkt darstellen. Standardisierte und häufig verwendete Formate für rasterbasierte Geodaten sind beispielsweise das Geographic Tagged Image File Format (GeoTIFF)[5], das Hierarchical Data Format – Earth Observing System (HDF-EOS)[6], das Digital Terrain Elevation Data Format[7] oder das National Imagery Transmission Format (NITF)[8].

2.3.2.3. GML

Die vom OGC standardisierte Geography Markup Language [Por05] ist eine flexibel einsetzbare XML Anwendung, die zur Modellierung, zur Speicherung und zum Austausch von geographischen Informationen verwendet wird. Die grundlegenden Konzepte der GML Spezifikationen stammen aus der ISO 19100 Standardserie und den OpenGIS Abstract Specifications[9]. In einer GML Spezifikation werden unter anderem XML Schemata für geometrische Primitive und für Feature Elemente definiert [Por05, S. 45-88]. Durch den Import der von GML bereitgestellten Schemata, wie z.B. der feature.xsd oder der geometry.xsd, stehen dem Nutzer standardisierte und zum Teil erweiterbare Datentypen zur Verfügung. Mit diesen kann er, unter Berücksichtigung der in einer GML Spezifikation festgelegten Regeln, ein sog. GML Anwendungsschema (engl. application schema) definieren. XML Dokumente, die konform zu einem GML Anwendungsschema sind, werden als GML Dokumente bezeichnet.

Es lassen sich drei verschiedene GML Hauptversionen unterscheiden. Die Versionen der ersten Generation (d.h. GML 1.x) basieren auf DTDs und werden heute kaum mehr verwendet. Die häufig genutzte Version GML 2.1.2 [CCL+02] ist über

---

[5] http://www.remotesensing.org/geotiff/spec/geotiff1.html
[6] http://nsidc.org/data/hdfeos/
[7] https://www1.nga.mil/ProductsServices/TopographicalTerrestrial/DigitalTerrainElevationData
[8] http://www.gwg.nga.mil/ntb/baseline/documents.html
[9] http://www.opengeospatial.org/standards/as

2. XML Technologien, SOA und Geodateninfrastrukturen

die XML Schema Sprache definiert und ermöglicht die Modellierung von zweidimensionalen simple Features [CCL+02, S. 4]. Die aktuellste Version der Spezifikation GML 3.2.1 [Por05] führt u.a. neue geometrische Primitive ein. Beispielsweise lassen sich komplexe Geometrien mit nicht-linearen Interpolationen zwischen den Koordinaten beschreiben (z.b. Splines oder Kreisbögen). Außerdem können Coverages, 3D- und 4D-Geometrien modelliert werden. Im Vergleich zur Version 2.1.2, die 66 Seiten umfasst, besteht die GML 3.2.1 Spezifikation aus 436 Seiten und beschreibt knapp 1000 XML Elemente und Attribute. Um die Anwender durch die gestiegene Komplexität von GML 3.2.1 nicht zu überfordern, wurden zahlreiche GML 3 Profile definiert. Diese vereinfachen die Nutzung der Spezifikation, indem sie für konkrete Anwendungen die Modellierungsmöglichkeiten gezielt einschränken. Beispielsweise besagt das GML Point Profile [LR05], dass nur GML 3 konforme Punktgeometrien definiert werden können. Das weniger restriktive GML 3.1.1 Simple Features Profile Version 1.0.0 [Vre06] schränkt die Menge der unterstützten Geometrietypen auf die in der "OpenGIS Simple Features Implementation Specification Version 1.2" [Her06] festgelegte Menge ein.

Um einen besseren Eindruck von GML zu vermitteln, werden nachfolgend beispielhaft vier Geometrietypen der "OpenGIS Implementation Specification for Geographic information - Simple feature access - Part 1: Common architecture, Version: 1.2.0" in einer GML 2.1.2 konformen Syntax dargestellt.

Point Ein Point ist eine 0-dimensionale Geometrie und repräsentiert genau einen Ort im Raum. Er wird durch eine X- und Y-Koordinate sowie durch die Angabe eines Raumbezugssystems eindeutig beschrieben. Die Kodierung eines Points kann GML 2.1.2 konform wie folgt dargestellt werden (s. Listing 2.9[10]).

```
1 <gml2:Point srsName="&epsg.xml;#4326">
2   <gml2:coordinates decimal="." cs=",">280,300</gml2:coordinates>
3 </gml2:Point>
```

Listing 2.9: Definition einer Point Geometrie in GML 2.1.2

---

[10]Zur Verbesserung der Lesbarkeit werden in Codebeispielen XML Entities verwendet, die in Anhang A definiert sind.

2.3. Geodateninfrastrukturen

Der Wert des srsName XML Attributs definiert, auf welches Raumbezugssystem sich die im <gml2:coordinates> Element angegebenen Koordinaten beziehen (hier: "&epsg.xml;#4326" – d.h. WGS84). Die decimal und cs XML Attribute des <gml2:coordinates> Elements legen fest, welches Zeichen zur Darstellung des Dezimalpunktes bzw. zur Trennung einzelner Koordinatenwerte dient. Anstelle des <gml2:coordinates> Elements kann auch das <gml2:coord> Element verwendet werden, das eine leicht abweichende Formatierung der Koordinaten erwartet [CCL+02, S. 17f].

LineString und LinearRing Ein LineString ist das Ergebnis einer linearen Interpolation zwischen sortierten Punkten. Einen Spezialfall eines LineStrings stellt ein LinearRing dar, bei dem Start- und Endpunkt des Linienzuges identisch sind. Ein LineString wird GML 2.1.2 konform wie folgt kodiert (s. Listing 2.10). Durch das ts XML Attribut ist das Zeichen festgelegt, das zur Trennung der einzelnen Koordinatentupel verwendet wird.

```
1  <gml2:LineString srsName="&epsg.xml;#4326">
2      <gml2:coordinates decimal="." cs="," ts="␣">
3          120,280 200,200 320,240 320,300 240,300 240,340
4      </gml2:coordinates>
5  </gml2:LineString>
```

Listing 2.10: Definition einer LineString Geometrie in GML 2.1.2

Polygon Ein Polygon ist eine planare Fläche, die durch eine äußere und beliebig viele innere Grenzen – repräsentiert durch LinearRings – definiert ist. Innere Grenzen stellen Löcher im Polygon dar. Ein Sonderfall eines Polygons ist ein Rechteck, das auch als Box oder als Envelope bezeichnet wird (s. [CCL+02, S. 18f] und [Por05, S. 60]). Das nachfolgende Listing 2.11 zeigt die Definition einer GML 2.1.2 konformen Polygon Geometrie.

```
1  <gml2:Polygon srsName="&epsg.xml;#4326">
2      <gml2:outerBoundaryIs>
3          <gml2:LinearRing>
4              <gml2:coordinates decimal="." cs="," ts="␣">
5                  140,180 140,240 200,260 220,200 180,180 140,180
```

2. XML Technologien, SOA und Geodateninfrastrukturen

```
 6        </gml2:coordinates>
 7      </gml2:LinearRing>
 8    </gml2:outerBoundaryIs>
 9    <gml2:innerBoundaryIs>
10      <gml2:LinearRing>
11        <gml2:coordinates decimal="." cs="," ts="␣">
12          160,220 180,220 160,200 160,220 160,220
13        </gml2:coordinates></gml2:LinearRing>
14      <gml2:LinearRing>
15        <gml2:coordinates decimal="." cs="," ts="␣">
16          80,210 170,200 150,210 130,230 150,210
17        </gml2:coordinates></gml2:LinearRing>
18    </gml2:innerBoundaryIs>
19 </gml2:Polygon>
```

Listing 2.11: Definition einer Polygon Geometrie in GML 2.1.2

MultiPoint, MultiLineString, Multipolygon In GML werden homogene Mengen von Geometrien mittels eines MultiGeometrietyp Elements kodiert. Dessen Kinder sind eine Menge an GeometrietypMember Elementen, in denen die Geometrien vom Typ Geometrietyp definiert sind. Im nachfolgenden Codebeispiel ist eine MultiPoint Geometrie in GML 2.1.2 Syntax dargestellt (s. Listing 2.12).

```
 1 <gml2:MultiPoint srsName="&epsg.xml;#4326">
 2    <gml2:pointMember>
 3      <gml2:Point>
 4        ...
 5      </gml2:Point>
 6    </pointMember>
 7    <gml2:pointMember>
 8      <gml2:Point>
 9        ...
10      </gml2:Point>
11    </gml2:pointMember>
12    ...
13 </gml2:MultiPoint>
```

Listing 2.12: Definition einer MultiPoint Geometrie in GML 2.1.2

2.3. Geodateninfrastrukturen

GML ist in der vorliegenden Arbeit aus zweierlei Gründen von zentraler Bedeutung. Zum einen werden Geodaten häufig in GML-kodierter Form gespeichert und übertragen. Beispielsweise enthalten Anfragenachrichten an einen Web Feature Service GML-kodierte Daten zur Definition der Selektionsprädikate oder zur Beschreibung der einzufügenden Features und auch die resultierenden Antwortnachrichten sind i.d.R. GML-kodiert (s. 2.3.3.3). Zum anderen eignet sich GML, um Geometrien zu beschreiben, die bei der Definition raumbezogener Zugriffsrechte verwendet werden (s. 4.4.5).

2.3.3. OGC Web Services

2.3.3.1. Überblick

Die Dienste einer GDI lassen sich verschiedenen Oberklassen zuordnen. Im Umfeld von INSPIRE und auch in nationalen und regionalen GDI-Initiativen wird häufig folgende Taxonomie für Geodienste verwendet (s. z.B. [Koo10, Eur08]):

- Downloaddienste

- Darstellungsdienste

- Sensordienste

- Prozessdienste

- Suchdienste

Zu jeder dieser Klassen werden nachfolgend einige Dienste vorgestellt, die alle in den Working Groups des OGC entwickelt wurden und gemäß den INSPIRE Durchführungsbestimmungen für den Aufbau der nationalen, regionalen und kommunalen GDIs heranzuziehen sind (s. z.B. [Neb04, Koo10, Eur08]). Durch die nachfolgende Auflistung soll ein Eindruck vermittelt werden, welche Dienste und Funktionalitäten in GDIs verfügbar sind.

In den Abschnitten 2.3.3.3 bis 2.3.3.6 wird jeweils ein Dienst aus den Klassen Downloaddienst, Darstellungsdienst, Sensordienst und Prozessdienst ausführlicher beschrieben (s. unterstrichene Dienste). Die ausgewählten Dienste vereinen möglichst

2. XML Technologien, SOA und Geodateninfrastrukturen

viele charakteristische Eigenschaften ihrer Klasse in sich und haben innerhalb ihrer Klasse den größten Verbreitungsgrad[11]. Zudem decken sie alle konzeptuellen Merkmale der Dienste einer GDI ab, die aus Zugriffskontrollperspektive interessant sind (z.b. XML- und KVP-kodierte Anfragen, XML-kodierte und rasterbasierte Antwortdaten, call|retrun-by-value und call|return-by-reference, select-, insert-, update-, delete-, push- und process-Anfragetypen usw.). Das in Kapitel 4 erarbeitete Rechtemodell ermöglicht die Definition von Rechten, die sich u.a. auf die verschiedenen Anfrage- und Antworttypen dieser Dienste beziehen. Die ausgewählten Dienste kommen daher in den Fallbeispielen in Kapitel 4 und im Evaluationsteil dieser Arbeit intensiv zum Einsatz (vgl. 6.1). Aus der Kategorie Suchdienst wird kein Repräsentant genauer vorgestellt, da sie den Downloaddiensten konzeptuell sehr ähnlich sind. Hierzu vergleiche man beispielsweise die Schnittstellen eines OpenGIS Web Feature Service mit den Operationen eines OpenGIS Catalog for Web Service.

Downloaddienste

Web Feature Service   Ein OpenGIS Web Feature Service[12] erlaubt, lesend und schreibend auf vektorbasierte Featuredaten zuzugreifen und der Datenbasis des Dienstes neue Features hinzuzufügen (Details s. 2.3.3.3).

Web Coverage Service   Ein OpenGIS Web Coverage Service[13] unterstützt den Zugriff auf mehrdimensionale, gerasterte Geodatenbestände, wie z.B. multi-spektrale Bild- oder Erdbeobachtungsdaten. Im Gegensatz zu einem Web Map Service (s.u.) erlaubt der Web Coverage Service den Zugriff auf die Rohdaten und nicht nur die Abfrage speziell gerenderter und skalierter Grafiken.

Gazetteer Service   Ein OpenGIS Gazetteer Service[14] basiert auf dem Web Feature Service und bietet u.a. die Funktionalität, geographische Koordinaten zu Adressen zurückzuliefern.

---

[11] vgl. http://www.opengeospatial.org/resource/products/stats
[12] http://www.opengeospatial.org/standards/wfs
[13] http://www.opengeospatial.org/standards/wcs
[14] http://portal.opengeospatial.org/files/?artifact_id=15529

2.3. Geodateninfrastrukturen

Darstellungsdienste

Web Map Service Ein OpenGIS Web Map Service[15] erzeugt Kartengrafiken auf Grundlage der Parameter, die in der Anfrage übergeben wurden, (Details s. 2.3.3.4).

Web Terrain Service Ein OpenGIS Web Terrain Service[16] visualisiert Geodaten in einer dreidimensionalen Karte und bietet somit die Möglichkeit, perspektivische Ansichten von Geodaten zu erzeugen.

Web 3D Service Ein OpenGIS Web 3D Service[17] erzeugt aus einer Reihe von dreidimensionalen Geodaten einen sog. 3D-Szenengraphen zu einem bestimmten Raumausschnitt, der z.b. in Form einer Virtual Reality Modeling Language (VRML)[18] oder Extensible 3D Datei (XRD)[19] zurückgeliefert wird.

Sensordienste

Im Rahmen der Sensor Web Enablement (SWE) Initiative des OGC wurden und werden diverse Dienste definiert, die einen interoperablen Zugriff auf Sensoren und Sensordaten in GDIs ermöglichen.

Sensor Observatation Service Ein OpenGIS Sensor Observation Service[20] bietet Funktionen, um auf Messwerte von Sensoren und zugehörige Metadaten zuzugreifen (Details s. 2.3.3.5).

Sensor Planning Service Ein OpenGIS Planning Service[21] ermöglicht die Konfiguration und Steuerung von Sensoren.

---

[15] http://www.opengeospatial.org/standards/wms
[16] http://portal.opengeospatial.org/files/?artifact_id=1072
[17] http://portal.opengeospatial.org/files/?artifact_id=36390
[18] http://www.web3d.org/x3d/specifications
[19] http://www.web3d.org/x3d/specifications/x3d_specification.html
[20] http://www.opengeospatial.org/standards/sos
[21] http://www.opengeospatial.org/standards/sps

2. XML Technologien, SOA und Geodateninfrastrukturen

Sensor Alert Service Über einen OpenGIS Sensor Alert Service[22] können Nutzer Alarmbedingungen festlegen. Meldet ein Sensor ein Ereignis, das eine der definierten Bedingungen erfüllt, wird der entsprechende Nutzer informiert.

Web Notification Service und Sensor Event Service Um eine asynchrone Kommunikation zwischen den Clients und den Sensordiensten zu ermöglichen, wird ein OpenGIS Web Notification Service[23] oder ein OpenGIS Sensor Event Service verwendet[24].

Prozessdienste

Web Processing Service Über einen OpenGIS Web Processing Service[25] können webbasierte, räumliche Analysen von Geodaten sowie Geosimulationen durchgeführt werden, indem über den Dienst auf vordefinierte Rechenvorschriften und Simulationsmodelle zugegriffen wird (Details s. 2.3.3.6).

Coordinate Transformation Service Ein OpenGIS Coordinate Transformation Service (CTS)[26] unterstützt die Transformation von Koordinaten in verschiedene Bezugssysteme. Anzumerken ist allerdings, dass in GDIs häufig bevorzugt wird, dass die verschiedenen Geodienste der GDI die Koordinatentransformationen eigenständig durchführen (s. [Koo10, S. 39]).

Route Service Der OpenGIS Route Service gehört zur Familie der OpenGIS Location Services[27]. Über ihn können Routen zwischen Start- und Zielpunkten berechnet werden, für die bestimmte Bedingungen festgelegt werden können. Eine solche Bedingung könnte beispielsweise fordern, dass die Route an einer Tankstelle vorbeiführen muss.

---

[22] http://portal.opengeospatial.org/files/?artifact_id=15588
[23] http://portal.opengeospatial.org/files/?artifact_id=18776
[24] http://portal.opengeospatial.org/files/?artifact_id=29576
[25] http://www.opengeospatial.org/standards/wps
[26] http://www.opengeospatial.org/standards/ct
[27] http://www.opengeospatial.org/standards/ols

2.3. Geodateninfrastrukturen

Suchdienste

Catalogue Service Alternativ zu einer UDDI Registry kann über einen OpenGIS Catalogue Service[28] auf Metadaten zu Geodiensten und Geodaten zugegriffen werden. Neben der Abfrage von Metadaten können auch Metadatensätze in die Datenbasis einer Catalog Service Instanz eingetragen werden, was entweder pushbasiert (vgl. die transaction/insert Anfrage) oder pull-basiert über die harvest Operation realisiert wird.

2.3.3.2. OGC Web Service Common

Bevor in den nachfolgenden Abschnitten 2.3.3.3 bis 2.3.3.6 einige ausgewählte OGC Web Services (OWS) detaillierter vorgestellt werden, wird in diesem Abschnitt eine kurze Einführung in die Inhalte der OpenGIS Web Service Common Spezifikation (OWS Common) gegeben (s. [Whi07, GW10]). Der OWS Common Standard definiert Vorgaben, die alle existierenden und zukünftigen OWS Spezifikationen erfüllen müssen. So werden beispielsweise grundlegende Operationen und Parameter festgelegt, die allen OGC Web Services gemein sind. Zudem werden Regeln zur Verwendung von verschiedenen Kodierungsformaten und Transportprotokollen formuliert (s.u.). Die Vorschriften der OWS Common Spezifikation verfolgen das Ziel, OWS Spezifikationen soweit wie möglich zu vereinheitlichen und ihren Umfang zu reduzieren, indem gemeinsame Inhalte in der OWS Common Spezifikation definiert werden.

Metadaten zu OGC Web Services Einige OWS Spezifikationen sind bereits vor der Entwicklung des WSDL und UDDI Standards entstanden und daher gibt es in OWS Architekturen einen OGC-spezifischen Mechanismus zum Beschreiben, Publizieren und Auffinden der Fähigkeiten von OGC Web Services. In der OWS Common Spezifikation ist festgelegt, dass jeder OWS die GetCapabilities Operation unterstützen muss und wie das Schema dieses Anfragetyps auszusehen hat. Ein Client erhält nach dem Absenden einer GetCapabilities Anfrage ein XML-kodiertes Capabilities Dokument, das vom Typ ogc:CapabilitiesBaseType sein muss. Dieses Dokument beschreibt den Dienstbetreiber, die Dienstinstanz,

---
[28]http://www.opengeospatial.org/standards/specifications/catalog

2. XML Technologien, SOA und Geodateninfrastrukturen

die unterstützten Anfragetypen sowie die vom Dienst zur Verfügung gestellten Datenklassen. Dadurch dass in einem Capabilities Dokument eine Referenz auf ein WSDL Dokument definiert wird, kann der OGC-spezifische Ansatz zur Beschreibung der Fähigkeiten von Diensten mit dem vom W3C entwickelten Modell in Einklang gebracht werden.

Kodierung von OWS Nachrichten Die OWS Common Spezifikation gibt vor, dass OWS Anfragen entweder in Form von sog. Key-Value-Pair (KVP) Mengen oder in Form von XML Dokumenten beschrieben werden müssen. In einer OWS Spezifikation ist für jede Operation festzulegen, ob sie über KVP-kodierte und/oder über XML-kodierte Anfragenachrichten aufgerufen werden kann. Für die Mehrheit der derzeit definierten Anfragetypen werden oft beide Kodierungsvarianten erlaubt, wobei i.d.R. eine der beiden als optional zu implementieren gekennzeichnet ist. Unterstützt eine Dienstimplementierung zu einem Anfragetyp sowohl eine KVP Kodierung als auch eine XML Kodierung, dann ist es dem Client überlassen, welche Variante er verwenden möchte.

Wie OWS Antwortnachrichten kodiert werden, hängt zum einen von der betrachteten OWS Operation und den Ausgabeformaten ab, die von der Dienstimplementierung unterstützt werden. Zum anderen können die Nutzer über das outputFormat Argument festlegen, welches der vom Dienst angebotenen Ausgabeformate bei der Berechnung der Antwort zu verwenden ist.

Transport von OWS Nachrichten Die OWS Common Spezifikation definiert nicht nur mögliche Kodierungsoptionen für OWS Anfragen, sondern gibt auch Regeln vor, wie OWS Nachrichten an darunterliegende Transportprotokolle zu binden sind. Es wird u.a. festgelegt, wie KVP-kodierte Anfragen über HTTP GET Nachrichten zu versenden sind [GW10, S. 82]: Der searchPath Teil der URL der HTTP GET Anfragen (d.h. der Teil nach dem "?") muss einer Liste von KVPs entsprechen, die durch "&" Symbole separiert werden. Für den Transport von XML-kodierten OWS Nachrichten steht HTTP POST oder SOAP zur Verfügung. Wird SOAP eingesetzt, ist das request/response Nachrichtenparadigma zu nutzen und die XML-kodierten OWS Nachrichten müssen gemäß dem "document/literal style" unterhalb der <soap:Body> Elemente abgebildet werden.

2.3. Geodateninfrastrukturen

Listing 2.13 zeigt eine einfache GetCapabilities Anfrage sowohl in KVP-kodierter Form innerhalb einer HTTP GET Nachricht als auch in XML-kodierter Form innerhalb einer SOAP Nachricht.

```
 1 <!-- KVP encoded GetCapabilities request over HTTP GET -->
 2 GET /WS-Path/?SERVICE=WFS&REQUEST=GetCapabilities&
 3 ACCEPTFORMATS=text/xml
 4 HTTP/1.1
 5 Host: www.example.net
 6
 7 <!-- XML encoded GetCapabilities request over SOAP -->
 8 <soap:Envelope ...>
 9   <soap:Header>...</soap:Header>
10   <soap:Body>
11     <GetCapabilities service="WFS"...>
12       <AcceptFormats>
13         <OutputFormat>text/xml</OutputFormat>
14       </AcceptFormats>
15     </GetCapabilities>
16   </soap:Body>
17 </soap:Evelope>
```

Listing 2.13: Transport einer GetCapabilities Anfrage über HTTP GET und SOAP

OWS ExceptionReports Wenn ein OWS eine ungültige Anfrage erhält oder bei der Bearbeitung einer Anfrage ein Fehler auftritt, muss der OWS entsprechend den Vorgaben der OWS Common Spezifikation einen sog. OWS ExceptionReport erzeugen und an den Nutzer senden. Ein XML-kodiertes ExceptionReport Dokument enthält Exception Elemente, die die aufgetretenen Fehler beschreiben (Details s. owsExceptionReport.xsd in [GW10, Annex B]). Beispielsweise kann in einem Exception Element ein standardisierter ExceptionCode Wert angegeben werden (z.B. OperationNotSupported, MissingParameterValue oder InvalidParameterValue). Kommt SOAP als Transportprotokoll zum Einsatz, müssen die ExceptionReports unterhalb von /soap:Evelope/soap:Body/soap:Fault Elementen eingefügt werden.

2. XML Technologien, SOA und Geodateninfrastrukturen

2.3.3.3. OpenGIS Web Feature Service

Der OpenGIS Web Feature Service (WFS) Version 1.1 [Vre05b][29]) ist ein zustandsloser Dienst, mit dem Geodaten über standardisierte Schnittstellen abgefragt, eingefügt, modifiziert und gelöscht werden können. Die Selektionsausdrücke der verschiedenen Anfragetypen werden durch <ogc:Filter> Elemente definiert, die den Vorgaben der OpenGIS Filter Encoding Specification genügen müssen [Vre05a]. Innerhalb eines <ogc:Filter> Elements können neben diversen Vergleichsoperatoren und logischen Operatoren auch topologische Prädikate, wie z.b. within oder intersects, verwendet werden. Die Operanden dieser Funktionen sind entweder Literale oder XPath-kodierte Referenzen auf entsprechende Dateneinheiten der Features. Die Mehrheit der vom WFS unterstützten Operationen kann über XML- und KVP-kodierte Anfragen aufgerufen werden. Ausnahmen stellen die transaction/insert und die transaction/update Operation dar, die nur über XML-kodierte Anfragen angestoßen werden können. Das Format der Antwortnachrichten wird über das outputFormat Argument in der Anfrage gesteuert. Der Wert dieses Arguments referenziert i.d.R eine der GML Versionen (z.b. "text/xml; subtype=gml/3.1.1"), aber auch andere XML-, Text- oder binary-Formate sind möglich.

In der WFS Spezifikation werden drei unterschiedlich mächtige WFS Klassen definiert: die Basic-WFS Klasse, die XLink-WFS Klasse und die Transactional-WFS Klasse. Ein Basic-WFS unterstützt die Operationen GetCapabilities, DescibeFeatureType und GetFeature und ermöglicht daher ausschließlich lesenden Zugriff auf die vom Dienst angebotenen Geo- und Metadaten. Ein XLink-WFS bietet zusätzlich zu den Funktionalitäten eines Basic-WFS die GetGMLObject Operation an. Ein Transactional-WFS erweitert die Fähigkeiten eines Basic-WFS um die Transaction und LockFeature Operation, wodurch die Datenbasis eines WFS verändert werden kann. Nachfolgend werden die verschiedenen Operationen eines WFS vorgestellt. Für Beispiele zu den verschiedenen Anfragetypen wird auf die WFS Spezifikation verwiesen [Vre05b, S. 24ff].

GetCapabilities Der WFS antwortet bei einer eingehenden GetCapabilities Anfrage mit einem XML-kodierten Capabilities Dokument. Neben allgemeinen In-

---

[29]Im November 2010 ist eine neue Version 2.0 der WFS Spezifikation erschienen. Für diese Arbeit ist allerdings die weit verbreitete Vorgängerversion 1.1 maßgebend.

2.3. Geodateninfrastrukturen

formationen zum Dienst (z.b. Dienstname, Beschreibung, Version) sind in diesem Dokument die angebotenen Operationen sowie Metadaten zu den unterstützten Featureklassen aufgelistet (z.b. Klassenname, Beschreibung, Koordinatensystem).

DescribeFeatureType Als Antwort auf eine DescribeFeatureType Anfrage erhält der Nutzer ein Schemadokument, das die Datenmodelle der Featureklassen beschreibt, die in der Anfrage aufgelistet wurden. Dieses Schemadokument zeigt dem Dienstkonsumenten, welche Struktur und Eigenschaften die abfragbaren Features haben, wodurch er die Projektions- und Selektionsausdrücke seiner Abfragen geeignet definieren kann. Zudem ist dem Nutzer durch das Schemadokument bekannt, welchen Aufbau einzufügende Features aufweisen müssen.

GetFeature Über GetFeature Anfragen sind lesende Zugriffe auf die vom WFS zur Verfügung gestellten Features bzw. auf Teile dieser Features möglich. Eine XML-kodierte GetFeature Anfrage besteht aus einem oder mehreren <Query> Elementen, die einzelne Leseanfragen darstellen. Der Aufbau der <Query> Elemente ähnelt der Struktur von SQL select Anfragen. Über das typeName XML Attribut eines <Query> Elements müssen eine oder mehrere Featureklasse(n) angegeben werden (vgl. SQL: "SELECT ... FROM <typeNameList>"). Beinhaltet das typeName Attribut eine kommaseparierte Liste von Werten, drückt das entsprechende <Query> Element einen Join aus. Unterhalb eines <Query> Elements werden über eine Folge von <PropertyName> oder <XlinkPropertyName> Elementen bestimmte optionale Attributklassen einer Featureklasse ausgewählt (vgl. SQL: "SELECT <PropertyNameList> FROM ..."). Lautet der Wert eines <PropertyName> Elements "*" oder fehlt das <PropertyName> und <XlinkPropertyName> Element, bedeutet dies, dass alle Eigenschaften abgefragt werden sollen. Durch das <XlinkPropertyName> Element können XLinks in Featureeigenschaften dereferenziert werden. Zur Projektion ist anzumerken, dass eine GetFeature Anfrage nicht nur einzelne Eigenschaften von Features, sondern stets (ggf. gefilterte) Featuremengen zurückgeliefert. Zudem muss betont werden, dass der WFS automatisiert Eigenschaften ergänzt, wenn diese im Schema als verpflichtend (engl. mandatory) gekennzeichnet sind. Daher sollten nur optionale Attribute in <PropertyName> und <XlinkPropertyName> Elementen selektiert werden. Das /GetFeature/Query/Filter Element stellt das Pendant zum WHERE-Teil einer SQL SELECT Anfrage dar und sein Schema ist in der OpenGIS Filter Encoding Spe-

2. XML Technologien, SOA und Geodateninfrastrukturen

cification 1.1 [Vre05a] definiert . Als Antwort auf eine GetFeature Anfrage erhält der Dienstkonsument ein Dokument, das eine Menge an – beispielsweise GML-kodierten – Features enthält.

GetGmlObject Über die GetGmlObject Operation kann ein Feature bzw. eine Eigenschaft eines Features über das gml:Id Attribut selektiert werden. Die Antwortnachricht zu einer GetGmlObject Anfrage ist XML-kodiert und beinhaltet das selektierte Feature bzw. Attribut.

Transaction In einer Transaction Anfrage können mehrere schreibende Aktionen auf der Datenbasis eines WFS zusammengefasst werden, wobei die Änderungsoperationen insert, update und delete unterstützt werden. Der Client erhält als Antwort auf eine Transaction Anfrage ein WFS TransactionResponse Dokument, das die Ergebnisse der abgesetzten Transaktionsoperationen zusammenfasst.

LockFeature und GetFeatureWithLock Um einen wechselseitigen Ausschluss zwischen parallel stattfindenden Transaktionen zu erreichen, stehen in einem Transactional-WFS die LockFeature und GetFeatureWithLock Operationen zur Verfügung. Neben der Menge an Features, die zu sperren sind, wird in diesen Operationen auch die maximale Dauer der Sperre festgelegt.

2.3.3.4. OpenGIS Web Map Service

Der OpenGIS Web Map Service (WMS) Version [de 06] erzeugt dynamisch generierte, thematische Karten in den üblichen Bilddatenformaten, wie z.B. PNG, TIFF, JPEG oder SVG. Ein WMS bietet sog. Layer an, die i.d.R. die Features einer bestimmten Klasse in sich vereinen. Nachfolgend werden die von einem WMS unterstützten Anfragetypen vorgestellt.

GetCapabilities Über GetCapabilities Anfragen werden Metadaten zu WMS Instanzen in Form von XML-kodierten OGC Capability Dokumenten abgefragt. Diese Capability Dokumente enthalten beispielsweise Daten zu den unterstützten Layern und den zugehörigen Signaturen (s.u.).

2.3. Geodateninfrastrukturen

GetMap Empfängt ein WMS eine GetMap Anfrage, erzeugt er aus den zur Verfügung stehenden Geodaten eine Karte, die an den Nutzer gesendet wird. Diverse Anfrageparameter steuern, wie das Ausgabedokument dynamisch zu generieren ist [de 06, S. 33ff]. Während das LAYER Argument beispielsweise festlegt, welche Layer in der Grafik visualisiert werden, bestimmt das BBOX Argument den darzustellenden geographischen Ausschnitt der Layer. Über das STYLES Argument wird für jeden Layer eine vordefinierte (oder selbst-definierte[30]) Signatur ausgewählt, durch die festgelegt ist, wie die einzelnen Features eines Layers in der Grafik dargestellt werden (z.b. Visualisiere Straßen durch schwarze Linien in zwei Punkt Dicke).

GetFeatureInfo Die optional zu unterstützende GetFeatureInfo Operation erlaubt es, Informationen zu einem Pixel einer vom WMS dynamisch erzeugten Rastergrafik abzurufen. Dabei erbt die GetFeature Operation die Parameter der GetMap Operation, durch die der Anteil der zu visualisierenden Geodaten bestimmt ist. Über den "i" und "j" Parameter wird das Pixel der Bilddatei festgelegt, zu dem weitere Informationen (falls vorhanden) selektiert werden sollen. Wird beispielsweise ein Pixel ausgewählt, das einen Teil eines Gebäudefeatures darstellt, würde die GetFeatureInfo Anfrage die verfügbaren Daten zu diesem Feature zurückliefern.

2.3.3.5. OpenGIS Sensor Observation Service

Der OpenGIS Sensor Observation Service (SOS) [NP07] ermöglicht die Verwaltung von Sensoren und den Zugriff auf die von ihnen erzeugten Messwerte. Ein Sensor ist eine Entität, die ein Phänomen der Realität beobachtet und Werte zu diesem zurückliefert [BR07]. Der SOS organisiert die von Sensoren zur Verfügung gestellten Beobachtungsdaten in sog. Observation Offerings. Die drei Operationen GetCapabilities, DescribeSensor und GetObservation werden von jedem SOS unterstützt. Darüber hinaus sind in der SOS Spezifikation noch weitere optionale Anfragetypen definiert (z.B. GetFeatureOfInterest oder RegisterSensor). In der aktuellen Version der Spezifikation sind für die verschiedenen Anfragetypen

---

[30]Hierfür muss die WMS Instanz neben der WMS Spezifikation zusätzlich die "OpenGIS Styled Layer Descriptor Profile of the Web Map Service" Spezifikation [Lup07] unterstützen.

2. XML Technologien, SOA und Geodateninfrastrukturen

nur XML Kodierungen festgelegt, aber zukünftig sollen auch KVP Kodierungen standardisiert werden.

GetCapabilities Wenn eine GetCapabilities Anfrage an einen SOS gesendet wird, werden dessen Metadaten, wie z.b. seine Observation Offerings, übertragen (vgl. 2.3.3.2).

DescribeSensor Über DescribeSensor Anfragen können detaillierte Informationen zu den Sensoren abgefragt werden, die in Form von Sensor Model Language Dokumenten (SensorML)[31] oder Transducer Markup Language (TML)[32] Dokumenten übermittelt werden.

GetObservation Durch den Aufruf der GetObservation Operation eines SOS wird auf bestimmte Messwerte der Sensoren zugegriffen. Indem einfache Filterargumente in einer GetObservation Anfrage definiert werden, können bestimmte Sensordaten in Abhängigkeit des Erfassungszeitpunkts und -orts, des Sensors und des Phänomens selektiert werden. Die Antwortnachrichten sind XML-kodiert und stellen Instanzen des Observation & Measurements Modells dar[33]. Die wichtigste Featureklasse dieses Modells heißt Observation, deren Instanzen für Ereignisse stehen, die Messwerte hervorgebracht und an bestimmten Zeitpunkten und Orten stattgefunden haben. Eine Observation kann einem Feature zugeordnet sein, in dem der Sensor, der die Daten aufgezeichnet hat, enthalten ist (z.B. eine Wettermessstation oder ein Satellit).

GetFeatureOfInterest Eine GetFeatureOfInterest Anfrage liefert eine Menge an Features zurück, in denen Sensoren physikalisch enthalten sind.

RegisterSensor Über die RegisterSensor Operation kann ein neuer Sensor in einem SOS registriert werden.

---

[31] http://www.opengeospatial.org/standards/sensorml
[32] http://www.ogcnetwork.net/infomodels/tml
[33] http://portal.opengeospatial.org/files/?artifact_id=41510

2.3. Geodateninfrastrukturen

2.3.3.6. OpenGIS Web Processing Service

Über einen OpenGIS Web Processing Service (WPS) [Sch07] können beliebige Funktionalitäten eines geographischen Informationssystems als sog. Prozesse webbasiert publiziert und aufgerufen werden. Ein Prozess kann beispielsweise einen Algorithmus zur Berechnung der Schnittmenge von zwei Featuregeometrien oder ein komplexes Klimamodell repräsentieren. Die Aufrufargumente und Rückgabewerte der Prozesse werden per Referenz (engl. by reference) oder per Wert (engl. by value) übergeben. Referenzen verweisen auf Ressourcen, die im Web zugreifbar sind und können in Form von URLs angegeben werden. Eine URL kann z.b. eine Pfadangabe oder eine HTTP GET/KVP kodierte Web Service Anfrage darstellen. Die Argumente und Rückgabewerte können sowohl vektorbasierte als auch rasterbasierte Geodaten beschreiben und ihre Datentypen sind über XML Schemata oder Internet Media Type (MIME-Type) Deklarationen definiert. Der Aufruf der Operationen eines WPS erfolgt über HTTP GET, HTTP POST oder SOAP Anfragen. Während Anfragen beim Einsatz von HTTP GET in KVP-kodierter Form zu übertragen sind, müssen sie bei der Nutzung von HTTP POST in XML beschrieben werden. Sollen Nachrichten SOAP-kodiert übertragen werden, muss der SOAP "document style" beim Einfügen der WPS Nachricht unterhalb des <soap:Body> Elements verwendet werden.

Ein WPS muss die folgenden Operationen unterstützen:

GetCapabilities Die GetCapabilities Operation unterstützt die Abfrage von XML-kodierten Metadaten zum WPS, wie z.b. dem Namen und der allgemeinen Beschreibung der von ihm angebotenen Prozesse (vgl. 2.3.3.2).

DescribeProcess Über die DescribeProcess Operation können detaillierte Informationen zu den angebotenen Prozessen der WPS Instanz abgerufen werden (z.B. der Datentyp der Parameter und Rückgabewerte).

Execute Die Execute Operation stößt die Ausführung von Prozessen an. Das "ResponseForm" Argument der Execute Anfrage bestimmt, ob der Output eines Prozesses (z.B. ein GML oder ein GeoTIFF Dokument) in ein XML-kodiertes

2. XML Technologien, SOA und Geodateninfrastrukturen

WPS Antwortdokument eingebettet (vgl. ResponseDocument) oder in Rohform zurückgegeben wird (vgl. RawDataOutput). Das storeExecuteResponse Argument steuert, ob Berechnungsergebnisse per Wert oder per Referenz übergeben werden. In der default Einstellung (d.h. storeExecuteResponse = "false") sind die Berechnungsergebnisse in der Antwortnachricht enthalten. Damit das Ergebnisdokument im Server gespeichert wird und der Client eine Referenz auf dieses erhält (vgl. executeResponseLocation Attribut der Antwort), muss in der Execute Anfrage ein storeExecuteResponse Argument mit dem Wert "true" eingefügt werden. Die Nutzung dieser Funktionalität ist z.B. sinnvoll, wenn die Ausgabedaten eines Prozesses sehr groß sind und als Argumente für den Aufruf weiterer Prozesse dienen.

2.4. IT-Sicherheit in Geodateninfrastrukturen

In den letzten Jahren wurde der Aufbau von GDIs durch zahlreiche Initiativen stark vorangetrieben. Bislang wurden hauptsächlich die von den einzelnen Akteuren bereitzustellenden Basisfunktionalitäten festgelegt sowie organisatorische und rechtliche Rahmenbedingungen geschaffen. Auf technischer Seite konzentriert man sich noch auf grundlegende Aspekte, wie die Harmonisierung von Datenmodellen oder die Auswahl, Definition und Implementierung von Geodiensten. Verhältnismäßig wenig Beachtung findet bisher das Thema IT-Sicherheit, d.h. der Schutz von Daten und IT-Systemen. Insbesondere die Analyse von SOA- und geo-spezifischen Sicherheitsanforderungen und deren Realisierbarkeit wurde bislang vernachlässigt. In den vernetzen, offenen GDIs existieren jedoch zahlreiche Schutzziele, die durch eine geeignete Sicherheitsarchitektur erreicht werden müssen. In Abschnitt 2.4.1 werden grundlegende Sicherheitsanforderungen beschrieben (angelehnt an [Eck09, S. 9ff] und [Bun06, S. 22f]). Im Anschluss wird das in dieser Arbeit verfolgte serviceorientierte Sicherheitsarchitektur-Paradigma erläutert (s. 2.4.2).

2.4.1. Allgemeine Sicherheitsanforderungen an GDIs

Bevor die grundlegenden Sicherheitsanforderungen an eine GDI vorgestellt werden, sei darauf hingewiesen, dass diese weitestgehend den Schutzzielen anderer IT-Infrastrukturen entsprechen. Im Kontext von GDIs ist es allerdings entscheidend,

2.4. IT-Sicherheit in Geodateninfrastrukturen

die zahlreichen Besonderheiten und speziellen Anforderungen des Anwendungsfalls geeignet zu berücksichtigen. Beispielsweise werden in offenen, serviceorientierten GDIs, die sich i.d.R. über viele administrative Domänen erstrecken, zahlreiche spezielle Sicherheitskonzepte benötigt. Zudem sind geeignete Lösungen erforderlich, da raumbezogene Informationen und Funktionalitäten zu schützen sind.

Authentifizierung Authentifizierung (engl. authentication) bezeichnet die Überprüfung, ob eine vorgegebene Identität in der Realität tatsächlich vorliegt. Um nachzuweisen, dass eine behauptete Identität authentisch ist, werden die vom Subjekt angegebenen charakterisierenden Eigenschaften, die sog. Credentials, mit den dem System bekannten Credentials abgeglichen. Als Credentials dienen beispielsweise Passwörter, geheime Schlüssel oder individuelle biometrische Merkmale. Eine erfolgreiche Authentifizierung bestätigt die Authentizität (engl. authenticity), d.h. die "Echtheit" eines Subjekts. Eine allumfassende Authentifizierungslösung für eine GDI muss für die Interoperabilität der heterogenen Authentifizierungsdaten, -protokolle und -technologien sorgen und in der Lage sein, komplexe organisationsübergreifende Föderationsstrukturen technisch abzubilden (s. z.B. OAuth, Shiboleth oder Kerberos). In diesem Zusammenhang spielt die Umsetzung des Single-Sign-On Konzepts eine entscheidende Rolle.

Zugriffskontrolle Zugriffskontrolle (engl. access control) hat das Ziel, ausschließlich autorisierte, d.h. erlaubte Interaktionen zuzulassen. Die Kontrolle der Zugriffe ist erforderlich, um sensible Daten geheim zu halten und unerlaubte, invalide oder unbemerkte Manipulationen oder Löschungen von Daten zu verhindern. Damit es nur zu autorisierten Informationsflüssen zwischen den Entitäten eines Systems kommt, muss ein Zugriffskontrollsystem eingesetzt werden. In der Wissensbasis eines Zugriffskontrollsystems sind Zugriffsrechte definiert, die beschreiben, ob, auf welche Art und Weise und unter welchen Umständen bestimmte aktive Entitäten mit den verschiedenen Ressourcen des Systems interagieren dürfen.

Verfügbarkeit Unter Verfügbarkeit (engl. availability) versteht man, dass benötigte Ressourcen für autorisierte Entitäten ohne Einschränkung zugreifbar und nutzbar sind. Maßnahmen zur Gewährleistung der Verfügbarkeit müssen beispielsweise den Ausfall von Software- und Hardware-Komponenten abfangen oder sog.

2. XML Technologien, SOA und Geodateninfrastrukturen

Denial-of-Service-Angriffe abwenden.

Verbindlichkeit und Nichtabstreitbarkeit Unter dem Begriff Verbindlichkeit (engl. accountability) fasst man die Ziele Authentizität und Nichtabstreitbarkeit (engl. non-repudiation) zusammen. Verbindlichkeit ist dann gewährleistet, wenn einerseits bekannt ist, welche Entität eines Systems eine bestimmte Aktion durchgeführt hat (durch Authentifizierung) und andererseits diese Aktion dank Nachweisen im Nachhinein nicht abgestritten werden kann. Verbindlichkeit kann beispielsweise durch den Einsatz von digitalen Signaturen und Zeitstempeln erreicht werden.

Die Vielfältigkeit der genannten und bei weitem nicht vollständigen Liste an Sicherheitsanforderungen lässt erahnen, dass unterschiedlichste Konzepte und Technologien nötig sind, um mögliche Angriffsszenarien zu eliminieren. In der vorliegenden Arbeit wird ausschließlich das Themengebiet Zugriffskontrolle intensiv behandelt. Es wird davon ausgegangen, dass die übrigen Sicherheitsanforderungen durch den Einsatz geeigneter Technologien bereits in ausreichender Qualität erfüllt werden können. Für den Prozess der Zugriffskontrolle ist von entscheidender Bedeutung, dass vorab eine korrekte Authentifizierung der anfragenden Subjekte stattgefunden hat, das Zugriffskontrollsystem unumgehbar und stets verfügbar ist und die Wissensbasis des Zugriffskontrollsystems vor unautorisierten Zugriffen geschützt ist.

2.4.2. Service Oriented Security Architecture

In der vorliegenden Arbeit wird davon ausgegangen, dass die Sicherheitsanforderungen an eine GDI mittels einer serviceorientierten Sicherheitsarchitektur (engl. Service Oriented Security Architecture – SOSA) erfüllt werden (s. [Opi08]). Jeder Dienst einer SOSA stellt eine kapselbare Sicherheitsfunktionalität zur Verfügung. Über geeignete Sicherheitsdienst-Choreographien und -Orchestrierungen werden diese Dienste zu einer Sicherheitsarchitektur kombiniert, die sämtliche Sicherheitsanforderungen erfüllt (s. Abbildung 2.5).

2.4. IT-Sicherheit in Geodateninfrastrukturen

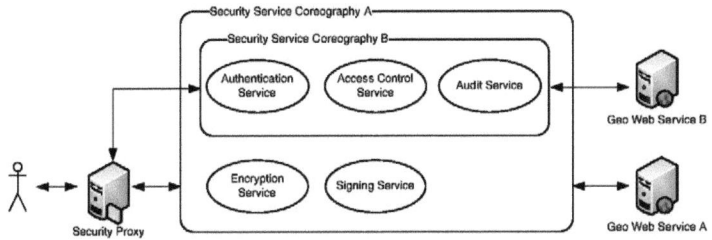

Abbildung 2.5.: Beispiel für eine Service Oriented Security Architecture (angelehnt an [Opi08])

Durch eine serviceorientierte Sicherheitsarchitektur ergeben sich zahlreiche Vorteile. Indem Sicherheitsanforderungen durch Sicherheitsdienste realisiert werden, die als Proxy zwischen die Clients und Geodienste geschaltet werden, müssen existierende Standards sowie Implementierungen von Geodiensten und zugehörigen Clients nicht um sicherheitsspezifischen Code erweitert werden. Geodienste werden ausschließlich durch die vor- bzw. nachgeschalteten Sicherheitsdienste geschützt. Dadurch dass die benötigten Sicherheitsfunktionalitäten auf einzelne Dienste aufgeteilt werden, entfällt die Entwicklung, Implementierung und Verwaltung einer großen, komplexen Softwarekomponente, die alle Sicherheitsanforderungen erfüllt. Ein weiterer Vorteil einer serviceorientierten Sicherheitsarchitektur besteht darin, dass sie dank der Serviceorientierung gut skaliert und leicht anpassbar ist, was gerade in großen, dynamischen GDIs erforderlich ist. Beispielsweise lassen sich die Implementierungen der einzelnen Sicherheitsdienste problemlos modifizieren, solange die Schnittstellen der Dienste unverändert bleiben. Zudem können komplette Sicherheitsdienste einfach ausgetauscht oder je nach Bedarf flexibel und dynamisch kombiniert werden. Weitere Vorteile der serviceorientierten Sicherheitsarchitektur sind die bereits in Abschnitt 2.2.1 genannten positiven Eigenschaften des SOA Paradigmas.

3. Grundlagen der Modellierung und Durchsetzung von Zugriffsrechten

Ein wichtiger Schritt bei der Entwicklung eines Zugriffskontrollsystems ist die Festlegung des Modells der Zugriffsrechte. Es gibt vor, welche Rechte in die Wissensbasis eingetragen und anschließend vom System durchgesetzt werden können. Um zu gewährleisten, dass alle geforderten Rechte definiert werden können, muss ein ausreichend mächtiges Rechtemodell ausgewählt oder – wenn notwendig – neu entwickelt werden.

In Abschnitt 3.1 werden die verschiedenen Phasen beim Entwurf eines Rechtemodells beschrieben. Abschnitt 3.2 gibt einen Überblick, welche konzeptuellen und logischen Modelle in der Praxis verwendet werden. Ein besonders populäres und ausdrucksstarkes Rechtemodell ist in der eXtensible Access Control Markup Language (XACML) v2.0 Spezifikation definiert. Dieses Rechtemodell wird in den Abschnitten 3.3 und 3.4 vorgestellt.

3.1. Entwurfsschritte

Wie beim Entwurf eines Datenbankmodells kann auch beim Entwurf des Rechtemodells eines Zugriffskontrollsystem zwischen drei Phasen verschiedener Abstraktionsstufen unterschieden werden: dem konzeptuellen, dem logischen und dem physischen Entwurf (vgl. Abbildung 3.1).

Vor der Entwurfsphase findet eine Anforderungsanalyse statt, aus der u.a. die zu unterstützenden Rechteklassen und ggf. die umzusetzenden Autorisationsseman-

3. Grundlagen der Modellierung und Durchsetzung von Zugriffsrechten

tiken hervorgehen. Darauf aufbauend wird während des konzeptuellen Entwurfs das sog. konzeptuelle Modell (oder: Schema) der Zugriffsrechte entwickelt und in einer geeigneten Sprache, wie z.B. der grafischen Entity-Relationship-Modell Sprache, dargestellt. Das konzeptuelle Rechtemodell eines Zugriffskontrollsystems legt fest, aus welchen Entitäten eine formale Rechtebeschreibung bestehen kann (bzw. muss), zu welchen Strukturen diese Entitäten zusammengesetzt werden können und wie diese zu interpretieren sind. Es wird auf einem hohen Abstraktionsniveau und daher implementierungsunabhängig definiert.

Während des logischen Entwurfs (auch: Implementationsentwurf) wird das konzeptuelle Rechtemodell in ein logisches Rechtemodell überführt, indem geeignete Datenstrukturen festgelegt werden. Das logische Rechtemodell kann beispielsweise in der XML Schema Sprache über <xs:complexType> Elemente oder in der SQL Data Definition Language über CREATE TABLE Anweisungen beschrieben werden. Ein konzeptuelles Rechtemodell kann auf verschiedene Art und Weise konkretisiert werden, so dass zu einem konzeptuellen Rechtemodell i.d.R. verschiedene logische Rechtemodelle existieren.

Der physische Entwurf stellt die unterste Abstraktionsebene bei der Modellierung von Zugriffsrechten dar. Während dieser Phase wird bestimmt, wie die Zugriffsrechte auf effiziente Weise physikalisch gespeichert werden können. Im Fokus des physischen Entwurfs steht die Abbildung der Datenstrukturen des logischen Modells auf Seiten, Blöcke, Indexstrukturen, usw.

Wenn diese drei Entwurfsphasen abgeschlossen sind, können die Administratoren die geforderten Zugriffsrechte, konform zum entwickelten Modell, in die Wissensbasis des Zugriffskontrollsystems eintragen.

3.2. Konzeptuelle und logische Rechtemodelle

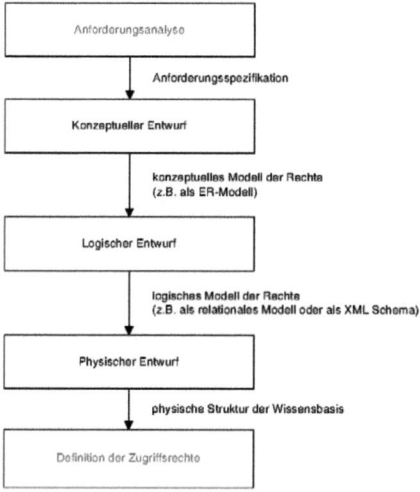

Abbildung 3.1.: Entwurfsphasen bei der Entwicklung des Rechtemodells eines Zugriffskontrollsystems (angelehnt an [KE04, S. 32])

3.2. Konzeptuelle und logische Rechtemodelle

In diesem Abschnitt werden bekannte konzeptuelle und logische Rechtemodelle vorgestellt. Um einen strukturierten und möglichst umfassenden Überblick zu geben, wird das in Abbildung 3.2 dargestellte Klassifikationsschema für Rechtemodell verwendet.

Abbildung 3.2.: Klassifikation von Rechtemodellen

Für jede Rechtemodellklasse wird ein generisches konzeptuelles Modell vorgestellt, das die charakteristischen Eigenschaften von Rechtemodellen dieser Klasse bein-

3. Grundlagen der Modellierung und Durchsetzung von Zugriffsrechten

haltet. Zudem werden exemplarisch einige logische Modelle der einzelnen Modellklassen eingeführt.

3.2.1. SAR-basierte Rechtemodelle

3.2.1.1. Konzeptueller Entwurf

In einem IT-System kann zwischen Entitäten vom Typ Subjekt, Aktion und Ressource unterschieden werden. Das Wort Subjekt ist ein abstrakter Oberbegriff und subsumiert Begriffe wie Person, Agent, Dienst, Prozess usw. Die charakteristische Eigenschaft von Subjekten ist, dass sie Interaktionen mit den Ressourcen des Systems initiieren. Die zu schützenden Einheiten eines Systems werden als Ressourcen bezeichnet. Sie lassen sich Ressourcenklassen, wie z.b. Rechner, Dienst, Datei oder Feature, zuordnen. Für jede Ressourcenklasse sind verschiedene Operationen definiert, die die möglichen Aktionen der Subjekte auf den Ressourcen dieser Klasse beschreiben.

Das zentrale Merkmal der Subject-Action-Resource-basierten Rechtemodelle (kurz: SAR-basierten Rechtemodelle) ist, dass die Struktur der Rechte durch eine ternäre Relation "authorized" festgelegt wird (vgl. Abbildung 3.3). Aus konzeptueller Perspektive sind die Ausprägungen dieser Relation Tupel der Form (subject-id$_i$, action-id$_j$, resource-id$_k$), die die zulässigen Aktionen der Subjekte auf den Ressourcen des Systems beschreiben.

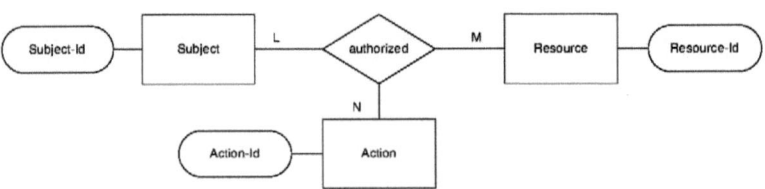

Abbildung 3.3.: Konzeptueller Entwurf eines SAR-basierten Rechtemodells

Verwendet ein Zugriffskontrollsystem ein SAR-basiertes Rechtemodell, muss bei einem Aktionswunsch eines Subjekts die von der geplanten Aktion betroffene Res-

3.2. Konzeptuelle und logische Rechtemodelle

sourcenmenge bestimmt werden, um eine Zugriffsentscheidung berechnen zu können. Zur Ermittlung der involvierten Ressourcen muss entweder die vom Subjekt versendete Anfrage, die vom Dienst berechnete Antwort oder eines der Zwischenergebnisse, die bei der Bearbeitung der Anfrage entstehen, analysiert werden.

Die open world und closed world Annahme Bei der Nutzung eines SAR-basierten Rechtemodells geht man entweder von einer closed world Annahme oder von einer open world Annahme aus. Die closed world Annahme besagt, dass all das verboten ist, was nicht explizit durch die Relation "authorized" erlaubt wird. Bei der open world Annahme gilt hingegen, dass nur die verbotenen Aktionen der Subjekte auf den Ressourcen explizit genannt werden und alle anderen Aktionen implizit autorisiert sind. Die Relation "authorized" ist daher unter der open world Annahme in "not-authorized" umzubenennen. Welche Annahme die geeignete ist, hängt von den zu definierenden Zugriffskontrollsemantiken ab. Die open world Annahme wird beispielsweise herangezogen, wenn nur einige wenige Verbote ausgedrückt werden sollen und ansonsten alles zuzulassen ist.

Zugriffsrechte mit Bezug auf Abstraktionen von Subjekten, Ressourcen und Aktionen Die über eindeutige Identifikatoren repräsentierten Ressourcen, Subjekte und Aktionen müssen nicht zwangsweise atomare, tatsächlich existierende Entitäten sein. Bei der Verwendung eines SAR-basierten Modells ist grundsätzlich flexibel definierbar, was als Subjekt, Ressource und Aktion aufgefasst wird.

Neben den agierenden Subjekten können auch Abstraktionen dieser aktiven Entitäten als Subjekte aufgefasst werden, an die ebenfalls Zugriffsrechte gebunden werden können. Die Gruppe "volljährige deutsche Staatsbürger" ist zum Beispiel die Abstraktion von Personen, die mindestens 18 Jahre alt sind und die deutsche Staatsbürgerschaft besitzen. Die Definition eines Zugriffsrechts, das sich auf die Abstraktion "volljährige deutsche Staatsbürger" bezieht, gilt implizit für alle Subjekte, die zu dieser Abstraktion gehören.

Auch für Ressourcen lassen sich verschiedenste Abstraktionen definieren. Beispielsweise können bestimmte Mengen oder Klassen von Rechnern, Dateien oder Features als Abstraktionen von Ressourcen aufgefasst werden (z.B. "alle Dateien auf Festplatte C" oder "alle Features der Klasse Gebäude"). Angemerkt sei, dass ein-

3. Grundlagen der Modellierung und Durchsetzung von Zugriffsrechten

zelne Instanzen einer Ressourcenklasse bereits eine Abstraktion von Ressourcen darstellen können. Beispielsweise ist eine GML Datei die Abstraktion von den in ihr gespeicherten Featuredaten.

Zusätzlich zu den tatsächlich durchführbaren Aktionen können auch Abstraktionen von Aktionen festgelegt werden. Handelt es sich bei den Ressourcen beispielsweise um Dateien, lassen sich Aktionen wie "insert-at-position", "append", "replace" und ähnliche unter dem abstrakten Oberbegriff "write-action" zusammenfassen.

Grundsätzlich können beliebig viele und sehr komplexe Abstraktionen definiert werden. Wenn sich ein Recht auf die Abstraktionen r_a, s_a und a_a bezieht, die für eine bestimmte Menge von Ressourcen R, Subjekten S und Aktionen A stehen, dann entspricht dieses Recht einer indirekt definierten Menge an Rechten M ($|M|$ = $|R|*|S|*|A|$), die den Tupeln des Kreuzprodukts R × S × A entsprechen. Die Definition von abstraktionsbezogenen Rechten vereinfacht die Administration der Rechte deutlich, da viele individuelle Rechte durch nur ein abstraktionsbezogenes Recht ausgedrückt werden können.

Ein Zugriffskontrollsystem, das ein SAR-basiertes Rechtemodell nutzt, in dem Subjekte, Aktionen oder Ressourcen auch abstrakte Entitäten sein können, muss bei der Berechnung der Zugriffsentscheidung die Zugehörigkeit des anfragenden Subjekts, der beabsichtigten Aktion und der betroffenen Ressourcen zu den in den Rechten genutzten Abstraktionen ermitteln. Die in der Praxis, z.B. in Datenbanksystemen oder Dateisystemdiensten, eingesetzten SAR-basierten Zugriffskontrollsysteme unterstützen in den meisten Fällen ausschließlich die Definition und Durchsetzung von Rechten mit Bezug auf Ressourcen einer Klasse und bieten nur vereinzelt und dann auch nur sehr eingeschränkt die Möglichkeit, Rechte an Abstraktionen von Entitäten zu binden.

3.2.1.2. Logischer Entwurf

Ein konzeptuelles SAR-basiertes Rechtemodell kann in verschiedene logische Modelle überführt werden. Nachfolgend werden einige bekannte Vertreter logischer, SAR-basierter Rechtemodelle kurz vorgestellt.

3.2. Konzeptuelle und logische Rechtemodelle

Zugriffskontroll-Matrix Die in Abbildung 3.3 (s. S. 60) dargestellte Relation "authorized" kann beispielsweise durch eine zweidimensionale Array Datenstruktur mit Feldern vom Typ Liste, die als Zugriffskontroll-Matrix [Lam74] bezeichnet wird, implementiert werden. Die Indizes einer Zugriffskontroll-Matrix sind geeignet auf die IDs der Subjekte und Ressourcen abzubilden. Eine Zeile der Matrix M repräsentiert ein Subjekt "s" und eine Spalte steht für eine Ressource "r". Das Feld M[s,r] der Matrix M ist eine Liste, die die autorisierten Aktionen des Subjekts "s" auf der Ressource "r" ausdrückt (vgl. Tabelle 3.1).

	File A	File B	File P
Eva	read, write		execute
Max		read, write	
Paul	read		

Tabelle 3.1.: Beispiel einer Zugriffskontroll-Matrix

Eine Zugriffskontroll-Matrix besitzt i.d.R. sehr viele Felder, von denen allerdings in den meisten Fällen nur ein relativ kleiner Anteil besetzt ist. Platzsparendere logische Darstellungen der Relation "authorized" des SAR-basierten Rechtemodells sind sog. Zugriffskontroll-Tabellen (engl. access control tables), Zugriffskontroll-Listen (engl. access control lists) oder Privilegien-Listen (engl. privilege oder capability lists).

Zugriffskontroll-Tabelle Eine Zugriffskontroll-Tabelle hat mindestens die drei Spalten "Subject-Id", "Action-Id" und "Resource-Id" und ihre Tupel sind Kombinationen von Primärschlüsseln der Relationen Subject, Action und Resource. Tabelle 3.2 zeigt die in Tabelle 3.1 dargestellte Zugriffskontroll-Matrix in Form einer Zugriffskontroll-Tabelle.

3. Grundlagen der Modellierung und Durchsetzung von Zugriffsrechten

Subject-Id	Action-Id	Resource-Id
Eva	read	File A
Eva	write	File A
Eva	execute	File P
Max	read	File B
Max	write	File B
Paul	read	File A

Tabelle 3.2.: Beispiel einer Zugriffskontroll-Tabelle

Zugriffskontroll-Listen Die Elemente einer Zugriffskontroll-Liste beschreiben, welche Subjekte welche Aktionen auf einer bestimmten Ressource ausführen dürfen (vgl. Abbildung 3.4). Folglich muss in der Wissensbasis des Zugriffskontrollsystems für jede Ressource eine separate Liste verwaltet werden. Die verschiedenen Zugriffskontroll-Listen entsprechen den Spalten einer Zugriffskontroll-Matrix.

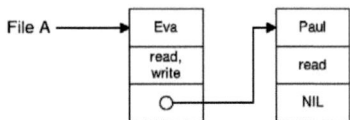

Abbildung 3.4.: Beispiel einer Zugriffskontroll-Liste

Privilegien-Listen Privilegien-Listen sind eine weitere Alternative, um ein konzeptuelles, SAR-basiertes Rechtemodell zu implementieren. Für jedes Subjekt wird eine Liste verwaltet, in der die von diesem Subjekt nutzbaren Ressourcen und die auf diesen ausführbaren Aktionen festgelegt sind (vgl. Abbildung 3.5). Die einzelnen Privilegien-Listen entsprechen den Zeilen einer Zugriffskontroll-Matrix. Privilegien-Listen werden häufig bei den Subjekten und somit nicht in der Wissensbasis des Zugriffskontrollsystems gespeichert. Ist dies der Fall, muss ein Subjekt beim Absetzen einer Aktionsanfrage seine Privilegien-Liste (oder eine Referenz auf diese) als Argument übergeben. Vor der Auswertung der vom Subjekt angebotenen Privilegien-Liste muss im Zugriffskontrollsystem durch geeignete Verfahren überprüft werden, ob die Liste von einer vertrauenswürdigen und autorisierten

3.2. Konzeptuelle und logische Rechtemodelle

Stelle ausgestellt wurde und unverfälscht ist.

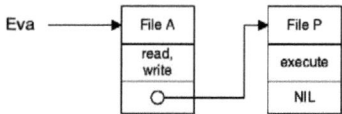

Abbildung 3.5.: Beispiel einer Privilegien-Liste

Jedes der genannten logischen, SAR-basierten Rechtemodelle hat Vor- und Nachteile, so dass für jeden Anwendungsfall individuell entschieden werden muss, welche Variante geeignet ist. Zugriffskontroll-Listen bieten beispielsweise den Vorteil, schnell die Zugriffsrechte auf eine Ressource identifizieren zu können. Um allerdings alle Zugriffsrechte eines Subjekts abzufragen, müssen sämtliche Zugriffskontroll-Listen durchsucht werden. Die umgekehrte Situation liegt bei den Privilegien-Listen vor. Dort sind die Zugriffsrechte eines Subjekts direkt auffindbar, aber zur Bestimmung der Zugriffsrechte auf eine Ressource müssen alle Privilegien-Listen analysiert werden.

3.2.2. View-basierte Rechtemodelle

3.2.2.1. Konzeptueller Entwurf

Die in Zugriffskontrollsystemen von Datenbankmanagementsystemen häufig verwendeten View-basierten Rechtemodelle (z.B. [SLJ02, DDS+02, BFP03]) erweitern SAR-basierte Modelle um die Ressourcenklasse "View" (deutsch: Sicht). Eine View ist durch eine datenselektierende Anfrage, eine sog. View-Erzeugungsvorschrift, beschrieben. In dieser wird über einen Projektions- und Selektionsausdruck festgelegt, welche Teilmenge der Daten über die View zugreifbar ist. Da Subjekte nur über die Views auf die vorhandenen Daten zugreifen können, werden durch die Views gewisse Zugriffsbeschränkungen umgesetzt. Bei der Definition der Erzeugungsvorschriften können zusätzlich Aggregat- oder Gruppierungsfunktionen verwendet werden, um den Informationsgehalt der sichtbaren Daten weiter einzuschränken. Listing 3.1 zeigt eine View-Erzeugungsvorschrift, die den Anteil der

3. Grundlagen der Modellierung und Durchsetzung von Zugriffsrechten

zugreifbaren Studentendaten deutlich einschränkt.

```
1 CREATE VIEW graduatedStudentData AS
2 SELECT s.YearOfGraduation, AVG(s.finalGrade)
3 FROM Student s
4 WHERE s.state = 'graduated'
5 GROUP BY s.YearOfGraduation
```

Listing 3.1: Beispiel für eine View-Erzeugungsvorschrift

Der erste Schritt bei der Definition der Rechte in einem View-basierten Zugriffskontrollsystem ist die Festlegung der View-Erzeugungsvorschriften. Im Modell ist zu beschreiben, welchem Schema diese Vorschriften genügen müssen. Im zweiten Schritt werden Rechte vergeben, die ausdrücken, welches Subjekt welche Aktionen auf den physikalisch existierenden oder zur Laufzeit erzeugten Views ausführen darf (vgl. Abbildung 3.6). Diese Rechte sind Instanzen eines SAR-basierten Modells, in dem die Views (genauer: die eindeutig benannten View-Erzeugungsvorschriften) als abstrakte Ressource aufgefasst werden.

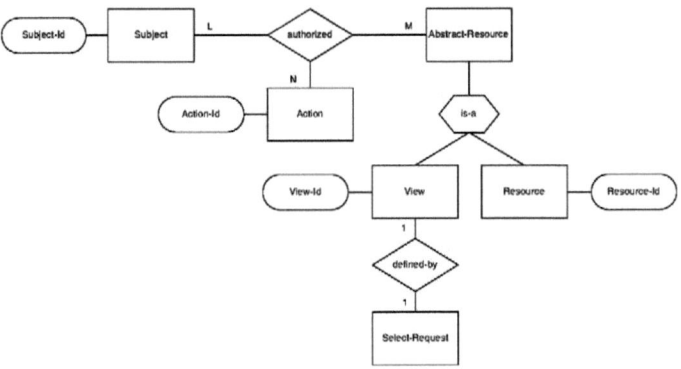

Abbildung 3.6.: Konzeptueller Entwurf eines View-basierten Rechtemodells

View-basierte Rechtemodelle werden in der Praxis üblicherweise verwendet, wenn Rechte zu unterstützen sind, die pro Subjekt die lesend zugreifbare Datenmenge und in speziellen Fällen auch die lösch- oder modifizierbare Datenmenge festlegen.

3.2. Konzeptuelle und logische Rechtemodelle

Anzumerken ist, dass die Menge der definierbaren Views, auf denen schreibende Aktionen stattfinden können, nur ein kleiner Teil der theoretisch beschreibbaren Views ist.

3.2.2.2. Logischer Entwurf

Die Überführung eines konzeptuellen, View-basierten Rechtemodells in ein logisches Modell erfolgt entsprechend der Rechtebeschreibung in zwei Teilschritten:

Zunächst wird das konzeptuelle Modell der View-Erzeugungsvorschriften konkretisiert. Ein Beispiel für ein logisches Modell von Views-Erzeugungsvorschriften ist das Schema des CREATE VIEW Ausdrucks des SQL Standards [Int08], das in vereinfachter Form in Listing 3.2 informell beschrieben ist (für eine formale Definition in BNF s. [Sav03]).

```
1 CREATE VIEW <MyView> as
2 SELECT [distinct] <expr_1> [as alias_1], <expr_2> [as alias_2]...
3 FROM <dataContainer_1>, < dataContainer _2> ...
4 [WHERE <Where-Clause>]
5 [GROUP BY <Group-by-Attribute_1>, < Group-by-Attribute_2> ...]
6 [HAVING <Having-Clause>];
```

Listing 3.2: Informelle Beschreibung eines Modells von View-Erzeugungsvorschriften

Im zweiten Schritt wird das logische Modell von Rechten, durch die die Zugriffe auf die Views gesteuert werden, festgelegt. Dieses Modell entspricht einem der in Abschnitt 3.2.1.2 vorgestellten logischen, SAR-basierten Modelle, da bei Viewbasierten Modellen davon ausgegangen wird, dass die Zugriffsrechte auf die Views Instanzen eines SAR-basierten Rechtemodells sind.

3. Grundlagen der Modellierung und Durchsetzung von Zugriffsrechten

3.2.3. Tagging-basierte Rechtemodelle

3.2.3.1. Konzeptueller Entwurf

Eine weitere Klasse konzeptueller Rechtemodelle stellen die sog. Tagging-basierten Rechtemodelle dar, zu denen beispielsweise das Bell-LaPadula Modell [BL73], das Oracle Label-Security Modell [Nee09] oder das Biba Modell [Bib75] zählen.

Bei Tagging-basierten Modellen werden die existierenden Daten und/oder die Elemente der Schemadefinitionen, die den Daten zugrunde liegen, mit sog. Security-Classification-Tags versehen, die die Vertraulichkeit der Ressourcen(klassen) festlegen. Dieser Vorgang wird als Sicherheitseinstufung der Ressourcen bezeichnet. Beispielsweise können einzelne Ressourcen wie Dateien, Tabellen, Zeilen einer Tabelle oder XML Knoten mit Security-Classification-Tags ausgezeichnet werden. Ein Tag könnte z.B. Werte von eins bis vier annehmen, wobei vier für "streng geheim", drei für "geheim", zwei für "vertraulich" und eins für "unklassifiziert" stehen könnte (vgl. z.B. Bell-Lapadula Modell [BL73, BL75]). Wenn Elemente eines Datenschemas mit Security-Classification-Tags klassifiziert werden, erben die Instanzen dieser Schemaelemente den entsprechenden Security-Classification-Tag.

Parallel zur Sicherheitseinstufung der Ressourcen werden den Subjekten sog. Security-Clearance-Tags zugewiesen. Die Zugriffsentscheidungen werden ermittelt, indem die jeweiligen Security-Clearance-Tags der agierenden Subjekte mit den Security-Classification-Tags der von den Interaktionen betroffenen Ressourcen abgeglichen werden. Vor Beginn des Zugriffskontrollprozesses muss daher ermittelt werden, welche Ressourcen von einer gewünschten Aktion eines Subjekts betroffen sein werden.

Beim Abgleich der Security-Tags werden je nach Modell unterschiedliche Strategien verfolgt. Bei einer sog. "no-read-up" Strategie wird beispielsweise lesender Zugriff nur erlaubt, wenn der Wert des Security-Classification-Tags einer Ressource "r" kleiner gleich dem Wert des Security-Clearance-Tags eines Subjekts "s" ist (d.h. $classification(r) \leq clearance(s) \rightarrow permit\ read$).

3.2. Konzeptuelle und logische Rechtemodelle

Aus den obigen Ausführungen geht hervor, dass Rechte bei Tagging-basierten Modellen in drei Teilschritten über die Relationen assigned$_{ST}$, assigned$_{RT}$ und authorized$_{Strategy}$ beschrieben werden (vgl. Abbildung 3.7).

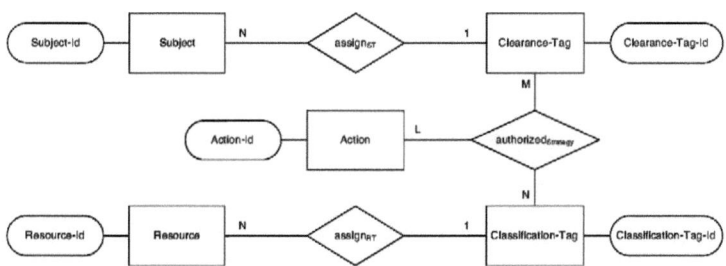

Abbildung 3.7.: Konzeptueller Entwurf eines Tagging-basierten Rechtemodels

Die Vergabe der Rechte kann je nach Anwendungsfall oder in Abhängigkeit des verwendeten Tagging-Modells unterschiedlich gestaltet sein. So kann z.B. ein organisationsübergreifender Administrator die Strategie festlegen, nach der – basierend auf den Security-Clearance-Tags der Subjekte und den Security-Classification-Tags der Ressourcen – eine Zugriffsentscheidung berechnet wird (vgl. die authorized$_{Strategy}$ Relation in Abbildung 3.7). Administratoren in den einzelnen Verwaltungseinheiten einer Organisation weisen anschließend entweder den Subjekten und/oder den Ressourcen bestimmte Security-Tags zu, wodurch der zweite bzw. dritte Teil der Definition der Rechte erfolgt (vgl. assigned$_{ST}$ bzw. assigned$_{RT}$ in Abbildung 3.7). Wenn es sich um eine statische Datenbasis handelt, empfiehlt es sich eventuell, die Security-Classification-Tags zentral durch die Administratoren vergeben zu lassen. Kommen hingegen ständig neue Ressourcen hinzu oder sind diese einer Dynamik unterworfen, könnte es sinnvoll sein, die Sicherheitseinstufung nach einer gewissen Methodik auch von Subjekten durchführen zu lassen. Beispielsweise könnte der Wert des Security-Clearance-Tags eines Subjekts, das der Datenbasis eine Ressource hinzufügt, auch als Wert des Security-Classification-Tags dieser neuen Ressource verwendet werden.

3. Grundlagen der Modellierung und Durchsetzung von Zugriffsrechten

3.2.3.2. Logischer Entwurf

Das in Listing 3.3 aufgeführte relationale Schema stellt ein Beispiel für ein logisches, Tagging-basiertes Rechtemodell dar. Werden die Ressourcen und Subjekte in XML-kodierter Form beschrieben, ist es i.d.R. sinnvoll, das Tagging-basierte Modell beim logischen Entwurf über XML Schemata zu definieren.

```
1 Clearance-Tag: {[Clearance-Tag-Id, ...]}
2 Classification-Tag: {[classification-Tag-Id:integer, ...]}
3 Subject: {[subject-id:integer, Clearance-Tag-Id:integer, ...]}
4 Resource: {[Resource-Id:integer, Classification-Tag-Id:integer,
    ...]}
5 Action: {[Action-Id:integer, ...]}
6 Authorised-Strategy: {[Clearance-Tag-Id:integer,
    Classification-Tag-Id:integer, Action-Id:integer, ...]}
```

Listing 3.3: Logischer Entwurf eines Tagging-basierten Rechtemodells

3.2.4. Regelbasierte Rechtemodelle

In regelbasierten Rechtemodellen werden Autorisationen in Form von sog. Zugriffsregeln abgebildet. Ein Zugriffskontrollsystem, das ein regelbasiertes Rechtemodell verwendet, wird als regelbasiertes Zugriffskontrollsystem[1] bezeichnet. Die Funktionsweise eines solchen Systems lässt sich wie folgt beschreiben: Zu jedem Interaktionswunsch wird eine Zugriffsentscheidungsanfrage (engl. authorisation decision request) generiert, die den aktuellen Evaluationskontext des Zugriffskontrollsystems definiert. Im Zugriffskontrollsystem wird nach Eingang einer Zugriffsentscheidungsanfrage geprüft, welche Regeln im aktuellen Evaluationskontext anwendbar sind. Anschließend wird durch Auswertung der Effekte dieser Regeln eine Zugriffsentscheidung (engl. authorisation decision) berechnet. Diese grobe Skizzierung der Abläufe in einem regelbasierten Zugriffskontrollsystem verdeutlicht, dass neben dem Modell der Zugriffsregeln bzw. des Regelwerks auch ein Modell der Evaluationskontexte festzulegen ist. Beide Modelle stehen in enger Relation zueinander und müssen aufeinander abgestimmt entwickelt werden.

---

[1] In der Literatur wird manchmal auch das Synonym "attributbasiertes Zugriffskontrollsystem" verwendet.

3.2. Konzeptuelle und logische Rechtemodelle

Nachfolgend wird zunächst der konzeptuelle Entwurf von Evaluationskontextmodellen betrachtet. Im Anschluss wird ein generisches konzeptuelles, regelbasiertes Rechtemodell eingeführt. Im Gegensatz zu den vorangegangenen Abschnitten 3.2.1, 3.2.2 und 3.2.3 wird in diesem Abschnitt nur der konzeptuelle Entwurf von regelbasierten Rechtemodellen behandelt. Die Vorstellung eines besonders bekannten logischen, regelbasierten Rechtemodells erfolgt in den Abschnitten 3.3 und 3.4.

3.2.4.1. Konzeptuelle Evaluationskontextmodelle

Der Evaluationskontext eines Zugriffskontrollsystems beschreibt ein Interaktionsprofil und ggf. den aktuellen Zustand einiger Entitäten in der Umgebung des Zugriffskontrollsystems. Ein Interaktionsprofil bringt beispielsweise zum Ausdruck, dass ein Subjekt mit den Eigenschaften "Subject-Id = Alice", "Year-Of-Birth = 1981" und "Gender = female" lesend auf eine Ressource vom Typ Datei zugreifen will, die die Attribute "File-Id = C:\staff \salery.xls", "Owner = root" und "Size = 500" hat. Ergänzend kann im Evaluationskontext der aktuelle Umgebungszustand, z.B. durch Attribute wie "Time = 21:15:23", "Date = 08.05.2010", "Traffic-Load = high" oder "AccessHistory-AcessesLastWeek = 10", dargestellt sein.

Ein konzeptuelles Evaluationskontextmodell legt die Datenstrukturen zur Beschreibung von Interaktionsprofilen und Umgebungszuständen auf einem hohen Abstraktionsniveau fest. Es ist grundsätzlich frei wählbar, welche Entitätstypen in das Modell aufgenommen werden und welche Schemata ihnen zugrundeliegen sollen. Je mehr Informationen in einem Evaluationskontextmodell abgebildet werden, umso mächtigere Regeln können anschließend im Zugriffskontrollsystem realisiert werden (s. Abschnitt 3.2.4.2). Vorausgesetzt ist selbstverständlich, dass diese Informationen zum Zeitpunkt der Zugriffskontrolle auch zur Verfügung stehen bzw. abfragbar sind. Ein konzeptuelles Evaluationskontextmodell kann je nach Bedarf sehr generisch bis maßgeschneidert für einen speziellen Anwendungsfall definiert werden.

Ein relativ generisches Modell ist in Abbildung 3.8 visualisiert. Gemäß diesem Modell ist ein Evaluationskontext durch Entitäten vom Typ Subject, Action, Resource und Environment definiert. Modelle dieser Klasse werden daher nachfolgend als Subject-Action-Resource-Environment Evaluationskontextmodelle bezeichnet (kurz: SARE Modelle). Jede Entität eines SARE-Modell-konformen Evaluations-

3. Grundlagen der Modellierung und Durchsetzung von Zugriffsrechten

kontexts ist durch beliebig viele Entitäten vom Typ Attribute beschrieben, die die drei Eigenschaften Attribute-Id, DataType und AttributeValue besitzen. Die allgemeine Anwendbarkeit dieses Modells ist dem Attribute-Entitätstyp zu verdanken, da über ihn ein Subjekt, eine Aktion, eine Ressource oder der Umgebungszustand durch eine bestimmte Menge von Attributen mit frei wählbaren Namen und Datentypen beschrieben werden kann.

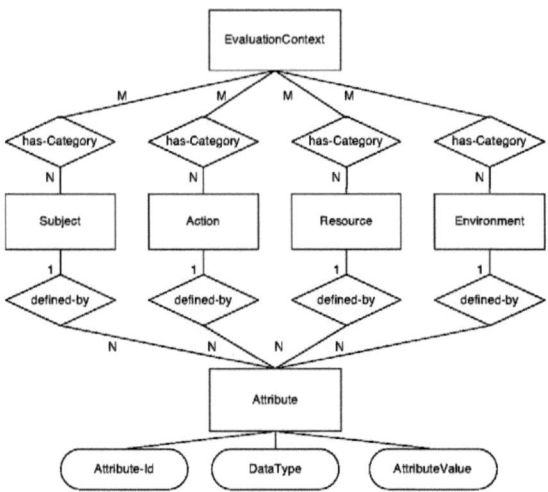

Abbildung 3.8.: Konzeptueller Entwurf eines generischen Evaluationskontextmodells

Ein Beispiel für ein deutlich konkreteres Evaluationskontextmodell ist in Abbildung 3.9 zu sehen. Hierbei handelt es sich um eine Spezialisierung des zuvor abgebildeten Modells, so dass jede Instanz des Modells aus Abbildung 3.9 zugleich eine Instanz des in Abbildung 3.8 vorgestellten Modells ist. Die Umkehrung dieser Aussage ist hingegen nicht gültig, da z.B. Subjekte gemäß dem Modell aus Abbildung 3.8 auch durch Attribute wie "Location = <gml:Point>...</gml:Point>" oder "Profession = Fireman" beschrieben sein können.

3.2. Konzeptuelle und logische Rechtemodelle

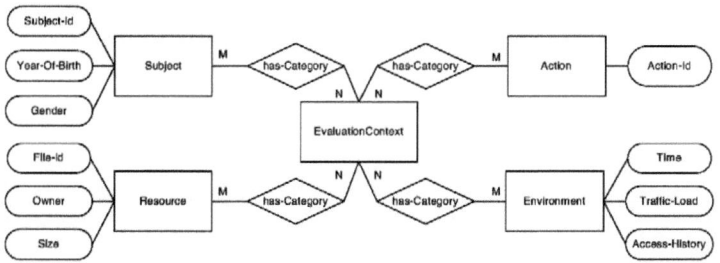

Abbildung 3.9.: Konzeptueller Entwurf eines spezifischen Evaluationskontextmodells

3.2.4.2. Konzeptuelle Modelle für Zugriffsregeln und Regelwerke

Zusätzlich zum Evaluationskontextmodell muss ein dazu passendes Modell der Zugriffsregeln und sonstiger Entitäten des Regelwerks entworfen werden. Auf konzeptueller Ebene kann das Modell einer Zugriffsregel durch ein (Condition-Expression, Effect) Tupel beschrieben werden (vgl. Abbildung 3.10).

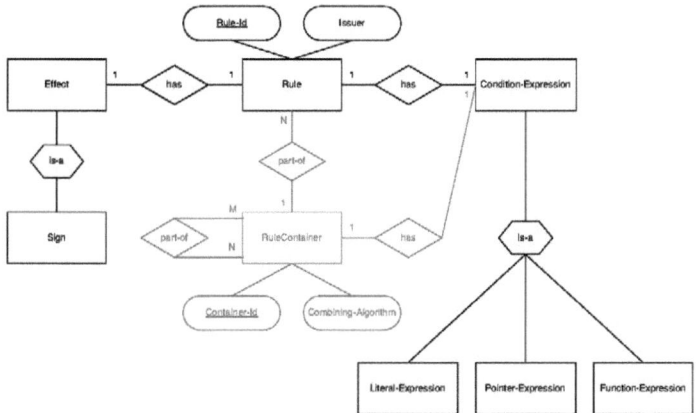

Abbildung 3.10.: Konzeptuelles Modell von permit/deny Zugriffsregeln und Regelcontainern

3. Grundlagen der Modellierung und Durchsetzung von Zugriffsrechten

Eine einfache Zugriffsregel hat den Effekt, dass die Werte "erlaubt" (engl. permit) oder "verboten" (engl. deny) zurückgegeben werden. Diese Werte legen das sog. Vorzeichen einer Regel fest. Man spricht von einer positiven Regel, wenn durch sie eine Erlaubnis ausgedrückt wird, d.h. ihr Effekt die Rückgabe des Wertes "permit" ist. Als negative Regel bezeichnet man Regeln, die für eine Zugriffsbeschränkung bzw. ein Interaktionsverbot stehen und deren Effekt daher die Rückgabe des Werts "deny" ist. Zugriffsregeln, die ausschließlich einen erlaubenden oder verbietenden Effekt haben, werden im Folgenden als permit/deny Regeln bezeichnet.

Der Bedingungsteil einer Regel ist ein beliebig komplexer boolescher Ausdruck, in dem neben ggf. geschachtelten Funktionen auch Literale und Zeiger auf bestimmte Daten in den Evaluationskontexten definiert werden. Die Zeiger sind die Argumente spezieller Dereferenzierungsfunktionen, die dafür sorgen, dass die referenzierten Daten aus dem vorliegenden Evaluationskontext selektiert werden. Durch den Bedingungsausdruck einer Regel kann daher ein Bezug zu Evaluationskontexten mit bestimmten Eigenschaften bzw. zu im Evaluationskontext abgebildeten Entitäten mit bestimmten Eigenschaften hergestellt werden. Wenn der Bedingungsausdruck einer Regel in einem vorliegenden Evaluationskontext zu "true" evaluiert, wird der Effekt der Regel bei der Ermittlung der Zugriffsentscheidung berücksichtigt.

Ausgehend von dem in Abbildung 3.9 visualisierten Evaluationskontextmodell könnte beispielsweise die in Abbildung 3.11 dargestellte Zugriffsregel definiert werden. Die verwendeten Bezeichner EvalCtx.Subject.Subject-Id, EvalCtx.Action.Action-Id, EvalCtx.Resource.File-Id und EvalCtx.Environment.Time sind Zeiger, die auf die entsprechenden Elemente der vorliegenden Evaluationskontextinstanzen verweisen. Die Regel in Abbildung 3.11 legt fest, dass ein Subjekt mit der E-Mail-Adresse "bob@xyz.com" zwischen 08:00 Uhr und 18:00 Uhr lesend auf die Datei mit der ID "C:\staff\salery.xls" zugreifen darf.

3.2. Konzeptuelle und logische Rechtemodelle

```
EFFECT:      "Permit"

CONDITION:   "and(
               string-equal(dereference(EvalCtx.Subject.Subject-Id), bob@xyz.com),
               string-equal(dereference(EvalCtx.Action.Action-Id), read),
               string-equal(dereference(EvalCtx.Resource.File-Id), C:\staff\salery.xls),
               time-is-in-between(dereference(EvalCtx.Environment.time), 8am, 6pm)
             )"
```

Abbildung 3.11.: Beispiel einer permit/deny Zugriffsregel

Zugriffsregeln existieren üblicherweise in schachtelbaren Regelcontainer-Entitäten, die u.a. zur Gruppierung der Zugriffsregeln und zur Strukturierung des Regelwerks genutzt werden können. Auch in Regelcontainer-Entitäten kann häufig ein Bedingungsausdruck festgelegt werden, durch den die Anwendbarkeit des Regelcontainers bestimmt ist. Außerdem kann für jeden Regelcontainer eine konfliktauflösende Strategie festgelegt werden (z.b. deny-overrides, first-applicable, priority-based). Greifen zu einer Zugriffsentscheidungsanfrage mehrere Regeln mit unterschiedlichen Vorzeichen, legt diese Strategie fest, wie aus den Effekten der anwendbaren Regeln eine eindeutige Zugriffsentscheidung zu berechnen ist. Die Menge aller Zugriffsregeln bildet zusammen mit den ggf. existierenden Regelcontainern das Regelwerk des Zugriffskontrollsystems (engl. access control policy).

Wenn bei der Auswertung des Bedingungsausdrucks einer Regel ein Fehler auftritt (z.B. weil die Auswertung der Bedingung aufgrund fehlender Informationen abbricht), wird der Wert "nicht auswertbar" (engl. indeterminate) zurückgegeben. Derartige Fälle sind von Zugriffskontrollsystemen geeignet abzufangen. Außerdem ist festzulegen, wie zu verfahren ist, wenn im Zuge des Zugriffskontrollprozesses, d.h. bei der Evaluation der Regeln, keine Regel greift. Vermeidbar sind solche Situationen, indem entweder eine closed world oder eine open world Annahme gültig ist (vgl. 3.2.1.1) oder aber für jeden Regelcontainer eine positive oder negative default Regel definiert wird. Eine default Regel hat einen Bedingungsausdruck mit dem Wert "true" und greift daher immer. In Kombination mit geeigneten konfliktauflösenden Strategien können default Regeln dafür sorgen, dass open world oder closed world Annahmen für bestimmte Teile der Regelwerke durchgesetzt werden.

3. Grundlagen der Modellierung und Durchsetzung von Zugriffsrechten

3.2.5. Rewrite-basierte Rechtemodelle

3.2.5.1. Konzeptueller Entwurf

In vielen Anwendungsfällen kann durch Modifikation einer nur teilweise autorisierten Anfrage sichergestellt werden, dass sich die veränderte Anfrage nur mehr auf den rechtmäßig zugreifbaren Anteil der existierenden Ressourcen bezieht. Alternativ kann in bestimmten Situationen durch die Modifikation von Antwortnachrichten (i.d.R. durch Löschung von Dateneinheiten) erreicht werden, dass ausschließlich autorisierte Daten an die Subjekte gesendet werden.

Die Instanzen eines rewrite-basierten Rechtemodells legen fest, wann und auf welche Weise abgefangene Anfrage- oder Antwortnachrichten zu modifizieren sind, um gewisse Zugriffsbeschränkungen durchzusetzen. Die verschiedenen rewrite-basierten Rechtemodelle weichen zum Teil stark voneinander ab: Mit einigen lassen sich beispielsweise Rechte beschreiben, durch die Anfragenachrichten verändert werden können (z.B. [Hue11] – s. 3.2.5.2), andere unterstützen dagegen die Definition von Rechten, durch die Antwortnachrichten modifiziert werden können (z.B. [DF03b] – s. 3.2.5.2). Rewrite-basierte Rechtemodelle verwenden außerdem sehr unterschiedliche Modifikationsoperatoren: Während einige Modelle z.B. auf Löschoperatoren basieren (z.B. [DF03b]), durch die Dateneinheiten der Nachrichten gelöscht werden, gestatten andere Modelle, wie Oracle's Virtual Private Database Modell [Hue11] oder das Q-Filter Modell [LLL$^+$04, Luo02], nur Modifikationsanweisungen, die das Einfügen bestimmter Ausdrücke an gewissen Stellen der Nachrichten ermöglichen.

Vereinheitlichend können request- und response-rewrite-basierte Rechtemodelle auf abstrakter Ebene durch das in Abbildung 3.12 dargestellte Modell beschrieben werden. Instanzen des Rewrite-Function-Call Entitätstyps stellen Funktionsaufrufe dar, denen bestimmte Mengen von Argumenten zugeordnet sind. Entitäten vom Typ ConditionExpression legen fest, wann es zur Modifikation einer abgefangenen Nachricht kommen soll. Ist der Bedingungsausdruck in einem bestimmten Evaluationskontext erfüllt, wird die Ausführung einer Menge an Funktionen angestoßen, die zur Folge haben, dass eine Anfrage an einen Dienst oder dessen Antwort verändert wird. Das abgebildete generische Modell verdeutlicht, dass rewrite-basierte Rechtemodelle als eine Weiterentwicklung des permit/deny regelbasierten Modells

3.2. Konzeptuelle und logische Rechtemodelle

verstanden werden können (vgl. 3.2.4.2). In dieser Arbeit werden die Instanzen eines rewrite-basierten Rechtemodells daher als rewrite Regel bezeichnet, die eine beliebige Anzahl funktionaler Effekte haben können, welche die Modifikationsanweisungen definieren.

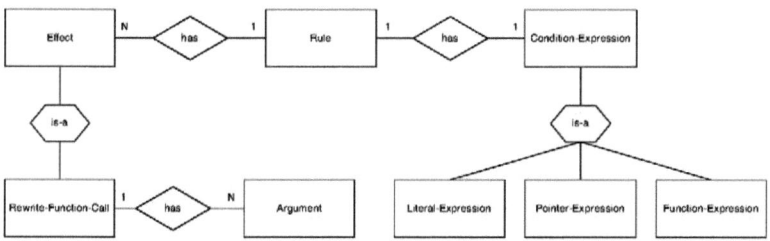

Abbildung 3.12.: Konzeptueller Entwurf eines generischen rewrite-basierten Rechtemodells

Nachfolgend werden zwei in der Praxis verwendete rewrite-basierte Rechtemodelle vorgestellt. Während das erste eingeführte Modell die Definition von rewrite Regeln unterstützt, durch die SQL Anfragenachrichten erweitert werden können, ermöglicht das zweite die Durchsetzung von Modifikationsanweisungen, die das Löschen von Daten in XML-kodierten Antwortdokumenten bewirken.

Beispiel für ein request-rewrite-basiertes Rechtemodell Oracle's Virtual Private Database (VPD) Modell, das in Oracle Datenbanken seit der Version 11g zum Einsatz kommt [Hue11], ist ein request-rewrite-basiertes Rechtemodell. Nach diesem Modell wird ein Zugriffsrecht auf konzeptueller Ebene durch folgendes Tupel beschrieben:

```
(<Condition-Expression>,
 append_where-Expr(<pointer-to-intercepted-request>,
   <additional-Selection-Predicate>))
```

Listing 3.4: Konzeptuelles Modell der Rechte beim Oracle VPD Modell

3. Grundlagen der Modellierung und Durchsetzung von Zugriffsrechten

Durch den Bedingungsausdruck ist definiert, unter welchen Umständen die von den Subjekten festgelegten Selektionsprädikate der Anfragen per Konjunktion um den in der rewrite Regel beschriebenen Selektionsausdruck zu erweitern sind. Anhand eines Bedingungsausdrucks kann z.b. in Abhängigkeit des Aktionstyps oder des Datencontainers, auf den zugegriffen wird, gesteuert werden, ob eine Erweiterung der Anfrage erfolgen muss. Die Vorschrift zum Modifizieren der Anfragen ist durch die Funktion append$_\text{where-Expr}$ festgelegt.

Soll das Subjekt Alice beispielsweise nur auf die Gebäudedaten lesend zugreifen können, deren Besitzer der Staat ist, muss dies VPD Modell konform, wie in Abbildung 3.13 angedeutet, realisiert werden. Durch die abgebildete Regel werden SQL SELECT Anfragen von Alice, die Gebäudedaten aus der Tabelle Building selektieren (z.b. Q := SELECT * FROM Building WHERE price > 1.000.000), in Anfragen umgeschrieben, deren Selektionsprädikat erweitert wurde. Das angehängte Prädikat prüft, ob der Besitzer der Staat ist (z.b. Q' := SELECT * FROM Building WHERE price > 1.000.000 **AND owner** = "state"). Angemerkt sei, dass das Oracle VPD Modell die Erweiterung von Selektionsausdrücken nicht nur bei SELECT Anfragen, sondern auch bei insert, update und delete Anfragen unterstützt.

```
EFFECT:     "append_where-Expr(EvalCtx.SQL-Request, "owner = state")"

CONDITION:  "and(
                string-equal(dereference(EvalCtx.Subject.Subject-Id), Alice),
                string-equal(dereference(EvalCtx.Action.Action-Id), select),
                string-equal(dereference(EvalCtx.Resource.Table-Name), Building)
            )"
```

Abbildung 3.13.: Beispiel einer Oracle VPD Modell konformen rewrite Zugriffsregel

Beispiel für ein response-rewrite-basiertes Rechtemodell Das in [DF03b] vorgestellte Y-Filter Modell stellt ein Beispiel für ein response-rewrite-basiertes Rechtemodell dar. Bei diesem Ansatz werden die Rechte durch nichtdeterministische endliche Automaten (engl. nondeterministic finite automatons – NFAs) beschrieben, die als Y-Filter bezeichnet und aus XPath Ausdrücken erzeugt werden. Mittels eines Y-Filters wird ein Ausgabedokument erzeugt, in dem nur die au-

3.2. Konzeptuelle und logische Rechtemodelle

torisierten Knoten eines abgefangenen, XML-kodierten Antwortdokuments enthalten sind. Hierzu wird die Identität jedes Knotens des abgefangenen Dokuments in Form eines XPath Ausdrucks ermittelt. Der XPath Ausdruck wird als eine Folge von Zustandsübergängen im NFA interpretiert wird. Befindet sich der NFA nach dem "Abgehen" des Pfades zu einem Knoten in einem Endzustand, wird dieser Knoten in das Antwortdokument kopiert (detaillierte Ausführungen s. [DF03b, ADF+03, DF03a]). Etwas vereinfacht ausgedrückt entsprechen die Y-Filter einer Menge an rewrite Regeln, die der in Listing 3.5 angegebenen Form genügen.

```
1 (node-exists(<pointer-to-intercepted-response>, <XPath-Expr>),
2  copy-to-output-doc(<pointer-to-intercepted-response>,
    <XPath-Expr>))
```

Listing 3.5: Konzeptuelles Modell der Rechte beim Y-Filter Modell

3.2.5.2. Logischer Entwurf

Zu den verschiedenen konzeptuellen, rewrite-basierten Rechtemodellen existieren sehr unterschiedliche logische Modelle. Listing 3.6 zeigt beispielhaft das logische Modell, das dem Oracle VPD Ansatz zugrunde liegt. Der Bedingungsausdruck einer Oracle VPD konformen rewrite Regel ist im Wesentlichen durch die Attribute statement_types und object_name der VPD Policy Relation beschrieben (z.B. statement_types = "SELECT" und object_name = "Building"). Die Modifikationsanweisungen werden durch das policy_function Attribut festgelegt (z.B. policy_function = " return "owner = state " "). Das Oracle DBMS sorgt dafür, dass – sofern der Bedingungsausdruck im vorliegenden Evaluationskontext erfüllt ist – der Rückgabewert der im policy_function Attribut angegebenen Funktion per Konjunktion in den Selektionsausdruck der abgefangenen SELECT Anfrage eingebaut wird.

```
1 DBMS_RLS.ADD_POLICY (
2    object_schema          IN VARCHAR2 NULL,
3    object_name            IN VARCHAR2,
4    policy_name            IN VARCHAR2,
5    function_schema        IN VARCHAR2 NULL,
```

3. Grundlagen der Modellierung und Durchsetzung von Zugriffsrechten

```
 6   policy_function         IN VARCHAR2,
 7   statement_types         IN VARCHAR2 NULL,
 8   sec_relevant_cols       IN VARCHAR2,
 9   ...
10  );
11  CREATE OR REPLACE FUNCTION funcName([parameter_var IN dataType,]*)
12    RETURN dataType {IS|AS} return_val dataType
13  BEGIN
14    return_val := aSelectionPredicat; <!-- e.g. "owner='state'"
        -->
15    RETURN return_val;
16  END funcName;
```

Listing 3.6: Logischer Entwurf eines rewrite-basierten Rechtemodells am Beispiel des Oracle VPD Modells [Hue11]

Bei rewrite-basierten Rechtemodellen, die anstatt regelbasierter Modelle NFA-basierte Modelle verwenden, wird das logische Modell der Zugriffsrechte durch spezielle Datenstrukturen beschrieben, die den Aufbau des Automaten vorgeben. Zur Implementierung der Y-Filter wird beispielsweise eine spezielle Hashmap genutzt [Dia05, S. 58ff] und beim verwandten Q-Filter Modell werden die Rechte anhand der Q-Filter Datenstruktur beschrieben [Luo02, S. 43ff].

3.2.6. Rollenbasierte Rechtemodelle

3.2.6.1. Konzeptueller Entwurf

Rollenbasierte Rechtemodelle führen eine Indirektion bei der Vergabe von Berechtigungen an Subjekte ein: Privilegien, d.h. der subjektunabhängige Teil eines Zugriffsrechts (z.B. ein (Ressource, Aktion) Tupel) werden nicht direkt an die eigentlichen Träger der Rechte verliehen, sondern stattdessen an Rollen gebunden, die beispielsweise für gewisse Zuständigkeitsbereiche oder konkrete Aufgaben innerhalb einer Organisationseinheit stehen. Die Rollen werden wiederum Subjekten zugewiesen, die diese Rollen je nach Bedarf aktivieren können.

Die Einführung von Rollen ist dadurch motiviert, dass sich subjektbezogene Rechte häufig ändern und es daher stabiler ist, Privilegien an eine Rolle zu binden, anstatt an einzelne Subjekte. Beispielsweise kann sich das Berechtigungsprofil ei-

3.2. Konzeptuelle und logische Rechtemodelle

nes Mitarbeiters mit jeder Beförderung oder Versetzung ändern. Die Privilegien einer Rolle, wie z.b. Auszubildender oder Führungsebene-3, sind dagegen deutlich beständiger. Stabilere Zugriffsrechte implizieren einen geringeren Administrationsaufwand und reduzieren das Risiko, dass die Wissensbasis des Zugriffskontrollsystems im Laufe der Zeit veraltete oder widersprüchliche Zugriffsrechte enthält.

Erste rollenbasierte Rechtemodelle (engl. role-based access control models – RBAC models) wurden von Lochovsky und Woo [LW88] sowie Farraiolo und Kuhn [FK92] eingeführt. Ausgehend von diesen Arbeiten wurden diverse weiterführende rollenbasierte Modelle entwickelt (z.b. ANSI-INCITS-359-2004 [Int04], Role-Delegation-Modell [CK06] oder Administrative-RBAC-Modelle [SBM99, OSZ06]). Nachfolgend wird das vom InterNational Committee for Information Technology Standards (INCITS) standardisierte RBAC Referenzmodell eingeführt.

Das RBAC Referenzmodell Durch das INCITS RBAC Referenzmodell [Int04] steht ein ausdrucksstarkes und einheitliches rollenbasiertes Rechtemodell für die Implementierung von rollenbasierten Zugriffskontrollsystemen zur Verfügung. Das RBAC Referenzmodell setzt sich aus vier in Relation stehenden Teilmodellen $RBAC_{0-3}$ zusammen (vgl. Abbildung 3.14).

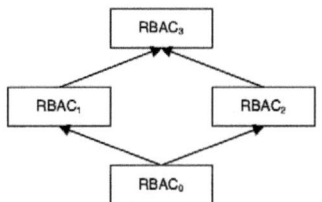

Abbildung 3.14.: Beziehung zwischen den $RBAC_{0-3}$ Modellen

Das $RBAC_0$ Modell $RBAC_0$ ist das Basismodell des RBAC Referenzmodells und besteht aus den Entitätstypen Subject, Role, Privilege und Session. Abbildung 3.15 visualisiert die Beziehungen zwischen diesen Entitätstypen inklusive der zugehörigen Funktionalitäten. Einem Subjekt werden n Rollen zugewiesen und jede Rolle kann m Subjekten zugeteilt werden. Auch die Zuweisungsrelation

3. Grundlagen der Modellierung und Durchsetzung von Zugriffsrechten

zwischen Rollen und Privilegien ist eine m:n Beziehung. Im RBAC Referenzmodell ist nicht konkreter spezifiziert, wie die Privilegien definiert werden. Angenommen wird lediglich, dass sich ein Privileg mindestens auf eine Menge von Aktionen und eine Menge von Ressourcen bezieht. Ein Subjekt kann eine oder mehrere Sessions starten und im Rahmen jeder Session hat er die Möglichkeit, eine Teilmenge der ihm zugewiesenen Rollen zu aktivieren bzw. einnehmen. Durch die Aktivierung von Rollen innerhalb einer Session kann das Subjekt die Privilegien nutzen, die mit diesen Rollen assoziiert sind. Endet die Session, werden die aktivierten Rollen deaktiviert und dem Subjekt stehen die daran geknüpften Privilegien nicht mehr zur Verfügung. Indem Rollen innerhalb einer Session in Abhängigkeit der aktuell zu bewältigenden Aufgaben selektiv aktiert werden, kann das minimalistische Rechtezuteilungsprinzip sehr feingranular umgesetzt werden. Dieses Prinzip fordert, dass Subjekte bei der Durchführung von Aktionen stets nur diejenigen Privilegien besitzen, die zur Erledigung der Aufgaben zwingend benötigt werden.

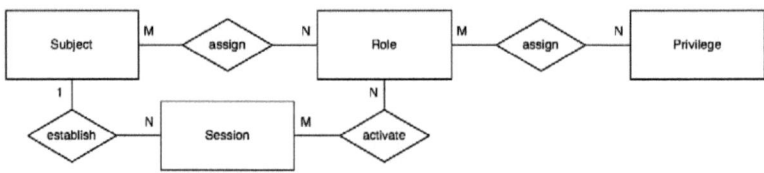

Abbildung 3.15.: Entitytypen und Relationen des $RBAC_0$ Modells (nach [Int04, S. 4])

Das $RBAC_1$ Modell Das als "hierarchical RBAC" oder $RBAC_1$ bezeichnete Modell erweitert das $RBAC_0$ Modell um das Konzept der Rollenhierarchien, die Vererbungsbeziehungen zwischen den Rollen definieren (vgl. Abbildung 3.16). Erbt eine Rolle r_a von einer Rolle r_b, sind alle Privilegien, die der Rolle r_b zugewiesen sind, implizit auch der Rolle r_a zugewiesen. Dieses Vererbungskonzept ist wichtig, weil Zuständigkeiten und Rechte in der Praxis häufig eine hierarchische Abstufung aufweisen. Existierende Organisationsstrukturen und die sich daraus ergebenen Autorisationsstrukturen können somit unmittelbar durch Rollenhierarchien abgebildet werden.

3.2. Konzeptuelle und logische Rechtemodelle

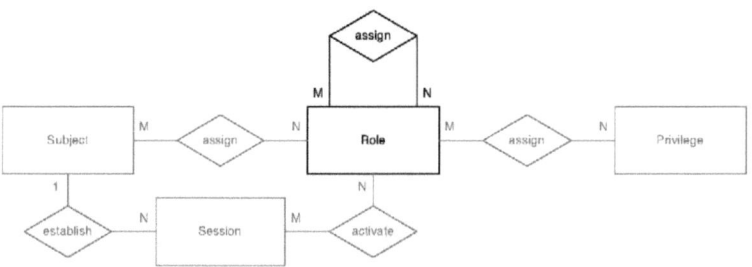

Abbildung 3.16.: Entitytypen und Relationen des $RBAC_1$ Modells (nach [Int04, S. 6])

Das $RBAC_2$ Modell Das $RBAC_2$ Modell erweitert das $RBAC_0$ Basismodell um sogenannte Constraints, die Bedingungen ausdrücken, die vor der Zuweisung und Aktivierung einer Rolle erfüllt sein müssen. Ein Beispiel für solche Bedingungen sind Constraints zur statischen oder dynamischen Aufgabentrennung (engl. Separation of Duty – SoD). Während statische SoD Constraints die Menge der einem Subjekt zuweisbaren Rollen einschränken, limitieren dynamsiche SoD Constraints die gleichzeitig durch ein Subjekt aktivierbaren Rollen.

Das $RBAC_3$ Modell Das $RBAC_3$ Modell kombiniert das $RBAC_1$ und das $RBAC_2$ Modell und unterstützt daher sowohl Rollenhierarchien als auch die Definition von Constraints bei der Zuweisung und/oder Aktivierung von Rollen.

3.2.6.2. Logischer Entwurf

Im Datenbankumfeld können konzeptuelle, rollenbasierte Rechtemodelle beispielsweise durch relationale Schemata implementiert werden. Listing 3.7 zeigt ein einfaches logisches, rollenbasiertes Rechtemodell, das konform zum konzeptuellen $RBAC_1$ Modell ist. Um das konzeptuelle $RBAC_2$ Modell in einer Datenbank zu implementieren, bietet es sich an, die Constraints über Trigger zu realisieren.

```
1 Subject: {[SID:integer, ...]}
2 Role: {[RoID:integer, ...]}
```

3. Grundlagen der Modellierung und Durchsetzung von Zugriffsrechten

```
3  Permission: {[PID:integer, ...]}
4  Session:{[SessionID:integer, SID:integer,...]}
5  assign_S_Ro: {[SID:integer, RoID:integer, ...]}
6  assign_Ro_P: {[RoID:integer, PID:integer, ...]}
7  assign_Ro_Ro: {[RoID:integer, RoID:integer, ...]}
8  activate_Session_Ro: {[SessionID:integer,RoID:integer, ...]}
9  ...]}
```

Listing 3.7: Ein einfaches $RBAC_1$ konformes, logisches, rollenbasiertes Rechtemodell

3.3. XACML v2.0

In der von OASIS im April 2006 verabschiedeten eXtensible Access Control Markup Language (XACML) v2.0 Spezifikation [Mos05] wird ein ausdrucksstarkes, regelbasiertes Rechtemodell und ein dazu passendes Evaluationskontextmodell definiert. Sowohl das Modell der Regelwerke als auch das Modell der Zugriffsentscheidungsanfragen und -antworten ist in XML Schema beschrieben. Folglich werden XACML Regelwerke und Evaluationskontexte in XML Dokumenten festgelegt. Die durch die XACML Spezifikation standardisierten Modelle bieten viele Sprachmittel, um komplexe Zugriffsrechte in verschiedensten Anwendungsumgebungen zu realisieren. Sollten diese in bestimmten Situationen nicht ausreichen, können die XACML Sprachen über standardisierte Mechanismen erweitert werden.

In den nachfolgenden Abschnitten wird eine kurze Einführung in die Version 2.0 des XACML Standards gegeben. Zunächst werden die Komponenten eines XACML-basierten Zugriffskontrollsystems und der zwischen ihnen stattfindende Informationsfluss erläutert (vgl. 3.3.1). Anschließend werden die logischen Modelle von XACML-konformen Zugriffsentscheidungsanfragen und -antworten (vgl. 3.3.2) sowie von XACML v2.0 Zugriffsregeln und Regelcontainer Entitäten (vgl. 3.3.3) vorgestellt. Die Einführung in XACML v2.0 beschränkt sich aufgrund des Umfangs der Spezifikation auf deren wesentliche Inhalte. Für detaillierte Informationen wird auf die XACML v2.0 Spezifikation [Mos05] verwiesen, die als Quelle für die nachfolgenden Ausführungen diente. Dort finden sich neben den normativen Definitionen der Sprachen zur Beschreibung von Regelwerken und Evaluationskontexten auch einige gut dokumentierte Beispiele (vgl. [Mos05, Kapitel 4]).

3.3.1. Komponenten eines XACML-basierten Zugriffskontrollsystems

In der XACML Spezifikation ist neben der Syntax und Semantik der Sprachen zur Definition von Regelwerken und Evaluationskontexten beschrieben, aus welchen Komponenten ein XACML-basiertes Zugriffskontrollsystem mindestens besteht und wie diese miteinander kommunizieren (vgl. Abbildung 3.17). Nachfolgend werden die verschiedenen Einheiten eines XACML-basierten Zugriffskontrollsystems und die wesentlichen Informationsflüsse zwischen ihnen vorgestellt.

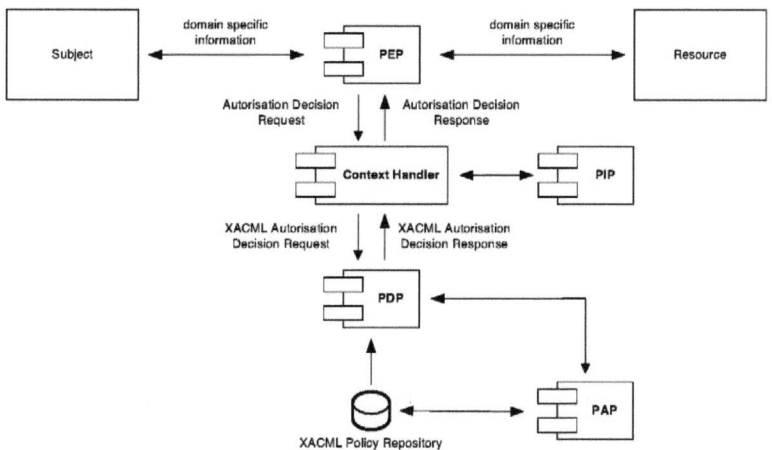

Abbildung 3.17.: Informationsfluss in einem XACML-basierten Zugriffskontrollsystem

Die Administratoren eines Regelwerks können Zugriffsregeln und Regelcontainer über sog. Policy Administration Points (PAPs) definieren. Ein PAP sollte neben geeigneten Schnittstellen zum Abfragen, Einfügen und Modifizieren von Regelwerksobjekten auch Funktionalitäten zum Analysieren und Testen der Wissensbasis eines Zugriffskontrollsystems bieten (Details s. 5.1.1 und 5.3.2.2).

Sobald ein Subjekt mit den geschützten Ressourcen eines Systems interagieren

3. Grundlagen der Modellierung und Durchsetzung von Zugriffsrechten

möchte, wird der Prozess der Zugriffskontrolle eingeleitet. Hierzu sendet der "Wächter" der Ressourcen, der sog. Policy Enforcement Point (PEP) (z.B. ein Dateisystemverwaltungsdienst, ein DBMS, ein Web Server oder ein spezieller Proxy-Dienst), sämtliche ihm zur Verfügung stehenden Informationen zum Interaktionswunsch und zum Umgebungszustand in Form einer Zugriffsentscheidungsanfrage an den XACML Context Handler. In dieser – nicht notwendigerweise XACML-konformen – Zugriffsentscheidungsanfrage sind einige Eigenschaften des anfragenden Subjekts (z.B. sein Username oder seine aktivierten Rollen), die Art der Interaktion (z.B. lesender Zugriff) und die von der Interaktion betroffenen Ressourcen beschrieben (z.B. Datei mit der ID "C:\salery.xls").

Im einfachsten Fall generiert der Context Handler ausschließlich basierend auf den vom PEP übermittelten Informationen eine XACML-konforme Zugriffentscheidungsanfrage (engl. XACML access decision request – kurz: XACML ADR), die an den sog. Policy Decision Point (PDP) gesendet wird. Die XACML Zugriffsentscheidungsanfrage definiert den Evaluationskontext für die anschließende Anwendung des Regelwerks und führt eine Abstraktionsschicht zwischen der zu schützenden Anwendungsumgebung und dem Zugriffskontrollsystem ein. Beispielsweise können Subjekt- und Ressourcendaten vor dem Einfügen in einen XACML Evaluationskontext in andere Datenmodelle transformiert werden, die von irrelevanten Details abstrahieren oder für eine normalisierte Darstellung semantisch identischer, aber syntaktisch verschiedener Daten sorgen. Dank des standardisierten Schemas der XACML Zugriffsentscheidungsanfragen können die Daten im Evaluationskontext über spezielle Zeiger in den Bedingungsausdrücken der Regelwerksobjekte einheitlich referenziert werden (Details s. 3.3.3).

Stellt sich bei der Bearbeitung einer XACML Zugriffsentscheidungsanfrage heraus, dass bestimmte Informationen im Evaluationskontext fehlen, kann der PDP den Context Handler beauftragen, über einen sog. Policy Information Point (PIP) zusätzliche Informationen einzuholen. Angenommen in einer vom PEP gesendeten Zugriffsentscheidungsanfrage ist nur der Benutzername des anfragenden Subjekts enthalten, dann ist auch nur dieser im subjektspezifischen Teil des XACML Evaluationskontexts abgebildet. Beinhaltet das anzuwendende Regelwerk nun eine Regel, die sich auf das Alter des anfragenden Subjekts bezieht, wird der PDP bei der Bearbeitung der Zugriffsentscheidungsanfrage feststellen, dass er zur Auswertung dieser Regel das Geburtsjahr-Attribut des anfragenden Subjekts benötigt.

3.3. XACML v2.0

Er meldet dies dem Context Handler, der daraufhin den PIP damit beauftragt, einen bestimmten Identityprovider zu kontaktieren (z.b. einen LDAP Server), um das Geburtsjahr des Subjekts abzufragen. Zwischen verbundenen PEPs, Context Handlern, PIPs, PDPs und PAPs besteht eine Vertrauensbeziehung. Daher kann ein Context Handler davon ausgehen, dass er vom PEP bzw. vom PIP nur verifizierte Daten erhält und kann diese somit direkt zum Instanzieren der XACML Zugriffsentscheidungsanfragen nutzen.

PDPs können Regelwerke entweder über einen PAP abfragen oder direkt auf das entsprechende Regelwerk Repository zugreifen. Bei Eingang einer XACML-konformen Zugriffsentscheidungsanfrage überprüft der PDP, welche XACML Regeln im aktuellen Evaluationskontext anzuwenden sind, kombiniert deren Effekte entsprechend der im Regelwerk festgelegten RuleCombining Algorithmen und liefert eine XACML Zugriffsentscheidung an den Context Handler zurück. Dieser kann die XACML-konforme Zugriffsentscheidung bei Bedarf in ein spezifisches Format der Anwendungsdomäne transformieren und an den PEP weiterleiten. Der PEP wertet daraufhin das Ergebnis des Zugriffskontrollprozesses aus und reagiert entsprechend (d.h. er erlaubt oder verbietet die Interaktion).

Die XACML Spezifikation macht keine Einschränkungen bezüglich Lage und Anzahl der einzelnen Komponenten eines XACML-basierten Zugriffskontrollsystems. Der PEP, der Context Handler und der PDP können beispielsweise in einer Anwendung realisiert sein, alternativ können sie aber auch repliziert und über verschiedene Server verteilt werden. Ebenso lässt die XACML Spezifikation offen, wie diese Komponenten implementiert werden, so dass ein PDP beispielsweise als eine Servletklasse oder als eigenständiger Web Service realisiert sein kann.

3.3.2. XACML v2.0 Zugriffsentscheidungsanfragen und -antworten

In der XACML Spezifikation ist eine XML Sprache definiert, mit der Zugriffsentscheidungsanfragen an den PDP und die daraus resultierenden Antworten standardisiert beschrieben werden können. Das Modell der XACML v2.0 Zugriffsentscheidungsanfragen ist eine Konkretisierung des konzeptuellen SARE Evaluationskontextmodells aus Abbildung 3.8 (s. S. 72).

87

3. Grundlagen der Modellierung und Durchsetzung von Zugriffsrechten

Die Wurzel jeder XACML Zugriffsentscheidungsanfrage stellt das <xacml2c:Request> Element dar, dessen mögliche Kindelemente <xacml2c:Subject>, <xacml2c:Action>, <xacml2c:Resource> und <xacml2c:Environment> sind. Diese Kindelemente definieren die Grundstruktur der Zugriffsentscheidungsanfrage und legen die sog. Kategorien der Zugriffsentscheidungsanfrage fest.

Unterhalb eines <xacml2c:Subject>, <xacml2c:Action> und <xacml2c:Environment> Elements werden beliebig viele XACML Attribute durch <xacml2c:Attribute> Elemente definiert, die das anfragende Subjekt, die vom Subjekt initiierte Aktion und den Zustand der Umgebung beschreiben. Das AttributeId XML Attribut eines <xacml2c:Attribute> Elements legt den Namen des XACML Attributs fest, das DataType XML Attribut bestimmt seinen Datentyp und das <xacml2c:AtttributeValue> Kindelement definiert seinen Wert.

Unterhalb des <xacml2c:Resource> Elements werden die von einer Interaktion betroffenen Ressourcen beschrieben. Im Gegensatz zu den anderen Kategorien einer XACML Zugriffsentscheidungsanfrage kann unterhalb eines <xacml2c:Resource> Elements zusätzlich (oder alternativ) zu <xacml2c:Attribute> Elementen auch ein <xacml2c:ResourceContent> Element eingefügt werden, das die von einer Interaktion betroffenen Ressourcen in XML-kodierter Form beschreibt. Beispielsweise kann ein XML-kodiertes WFS Antwortdokument, das die angefragten Featuredaten enthält, nativ unterhalb eines <xacml2c:ResourceContent> Elements in die XACML Zugriffsentscheidungsanfrage integriert werden.

Zu betonen ist, dass die XACML Spezifikation vorgibt, dass sich eine an den PDP gesendete Zugriffsentscheidungsanfrage immer auf genau eine Ressource beziehen muss. Sind Informationen zu mehreren Ressourcen unterhalb eines <xacml2c:Resource> Elements abgebildet, werden diese Ressourcen als eine abstrakte, zusammengesetzte Ressource aufgefasst und die resultierende Zugriffsentscheidung bezieht sich auf die Aggregation der Ressourcen. Anfragen, die sich auf eine abstrakte, zusammengesetzte Ressource beziehen, werden als globale XACML Zugriffsentscheidungsanfragen bezeichnet (engl. global XACML access decision requests). Alternativ kann unterhalb eines <xacml2c:Resource> Elements ein spezielles <xacml2c:Attribute> Element mit dem AttributeId Wert "&resource-id;" eingefügt werden, das eine der im Evaluationskontext beschriebenen Ressourcen referenziert. Anfragen dieses Typs nennt man individuelle XACML Zugriffsentscheidungsanfragen (engl. individual XACML access decision requests). Um XACML-

3.3. XACML v2.0

konform eine Zugriffsentscheidungsanfrage zu definieren, die sich auf mehrere Ressourcen bezieht und die Berechnung von separaten Zugriffentscheidungen für jede dieser Ressourcen anstößt, muss das auf dem XACML v2.0 Standard aufbauende XACML v2.0 Multiple Resource Profile verwendet werden (s. 3.4.1).

Ein Beispiel einer globalen XACML Zugriffsentscheidungsanfrage ist in Listing 3.8 visualisiert[2]. Durch diese Anfrage wird der PDP aufgefordert zu prüfen, ob ein Subjekt mit der E-Mail-Adresse "alice@wonderland.com" und aktivierter "staff" Rolle zum aktuellen Zeitpunkt, d.h. um 8:45 Uhr, über eine GetFeature Anfrage lesend auf ein GML Dokument mit Daten zu Atomkraftwerken zugreifen darf.

```
 1 <Request ...>
 2   <Subject>
 3     <Attribute AttributeId="&subject-id;" DataType="&string;">
 4       <AttributeValue>alice@wonderland.com</AttributeValue>
 5     </Attribute>
 6     <Attribute AttributeId="&role;" DataType="&string;">
 7       <AttributeValue>staff</AttributeValue>
 8     </Attribute>
 9   </Subject>
10   <Resource>
11     <ResourceContent>
12       <!-- GML document with nuclear power plant feature data -->
13       <FeatureCollection>
14         <FeatureMember>
15           <NuclearPowerPlant fId="123">
16             <State>active</type>
17             <YearOfConstruction>1992</YearOfConstruction>
18             ...
19         <FeatureMember>
20           <NuclearPowerPlant fId="567">
21             <State>shutdown</type>
22             <YearOfConstruction>1986</YearOfConstruction>
23             ...
24       </FeatureCollection>
25     </ResourceContent>
26   </Resource>
27   <Action>
```

---

[2]Sämtliche XACML Codebeispiele in dieser Arbeit sind aus Lesbarkeitsgründen in etwas vereinfachter Form abgebildet und daher nicht immer valide zu den normativen XACML Schemata.

3. Grundlagen der Modellierung und Durchsetzung von Zugriffsrechten

```
28      <Attribute AttributeId="&action-id;" DataType="&string;">
29          <AttributeValue>read</AttributeValue>
30      </Attribute>
31    </Action>
32    <Environment>
33      <Attribute AttributeId="&current-time;" DataType="&time;">
34          <AttributeValue>08:45:00</AttributeValue>
35      </Attribute>
36    </Environment>
37 </Request>
```

Listing 3.8: Beispiel für den Aufbau einer XACML v2.0 Zugriffsentscheidungsanfrage

Nachdem der PDP Zugriffsentscheidungen berechnet hat, sendet er XACML-konforme Zugriffsentscheidungsantworten an den Context Handler. Das Wurzelelement von XACML Zugriffsentscheidungsantworten stellt das <xacml2c:Response> Element dar, unter dem das Ergebnis und der Status des Zugriffskontrollprozesses über <xacml2c:Result> Elemente beschrieben ist (vgl. Listing 3.9). Mögliche Zugriffsentscheidungen sind "Permit, "Deny," "NotApplicable" oder "Indeterminate". Während "NotApplicable" bedeutet, dass keine Regel anwendbar war, zeigt "Indeterminate" an, dass während der Anwendung des Regelwerks ein Fehler aufgetreten ist. Zudem können in einer XACML Zugriffsentscheidungsantwort unterhalb des <xacml2p:Obligations> Elements mehrere <xacml2p:Obligation> Elemente enthalten sein, die Anweisungen an den Context Handler oder den PEP definieren.

Listing 3.9 zeigt exemplarisch den Aufbau einer negativen XACML Zugriffsentscheidungsantwort, mit der ein PDP auf die Anfrage aus Listing 3.8 reagieren könnte. Das in der Antwort enthaltene <xacml2p:Obligation> Element fordert den Context Handler oder den PEP dazu auf, eine E-Mail an administrator@example.com mit dem Text "unauthorized access attempt" zu versenden (Details s. 3.3.3).

```
1 <Response>
2    <Result>
3       <Decision>Deny</Decision>
4       <Obligations>
5          <Obligation ObligationId="exampleObligation"
                FulFillOn="Deny">
```

3.3. XACML v2.0

```
 6      <AttributeAssignment AttributeId="&send-email-to;"
         DataType="&string;">
 7         administrator@example.com
 8      </AttributeAssignment>
 9      <AttributeAssignment AttributeId="&email-text;"
         DataType="&string;">unauthorized access
         attempt</AttributeAssignment>
10   ...
11 </Response>
```

Listing 3.9: Beispiel für den Aufbau einer XACML v2.0 Zugriffsentscheidungsantwort

Durch den XACML Standard ist ein generisches Evaluationskontextmodell definiert. Welche Informationen der Anwendungsumgebung in einer XACML Zugriffsentscheidungsanfrage abzubilden sind und wie diese – unter Einhaltung der Vorgaben der XACML Spezifikation – beschrieben werden sollen, ist für jeden Anwendungsfall individuell zu entscheiden. Beispielsweise ist festzulegen, welche der zu einem Subjekt bekannten Eigenschaften durch <xacml2c:Attribute> Elemente abgebildet werden und welcher AttributeId und DataType Wert für jedes XACML Attribut zu verwenden ist.

3.3.3. XACML v2.0 Regelwerke

Neben dem logischen Modell der XACML Zugriffsentscheidungsanfragen und -antworten ist in der XACML Spezifikation auch eine passende XML-basierte Sprache zur Beschreibung von Regelwerken definiert. Abbildung 3.18 zeigt das konzeptuelle[3] Modell von XACML v2.0 konformen Regelwerken.

---

[3]Die Visualisierung des logischen Modells von XACML Regelwerken nimmt viel Platz in Anspruch, weshalb an dieser Stelle nur das konzeptuelle Modell gezeigt wird. Das normative logische Modell von XACML v2.0 Regelwerken findet sich unter http://docs.oasis-open.org/xacml/2.0/XACML-CORE/schema_files/.

3. Grundlagen der Modellierung und Durchsetzung von Zugriffsrechten

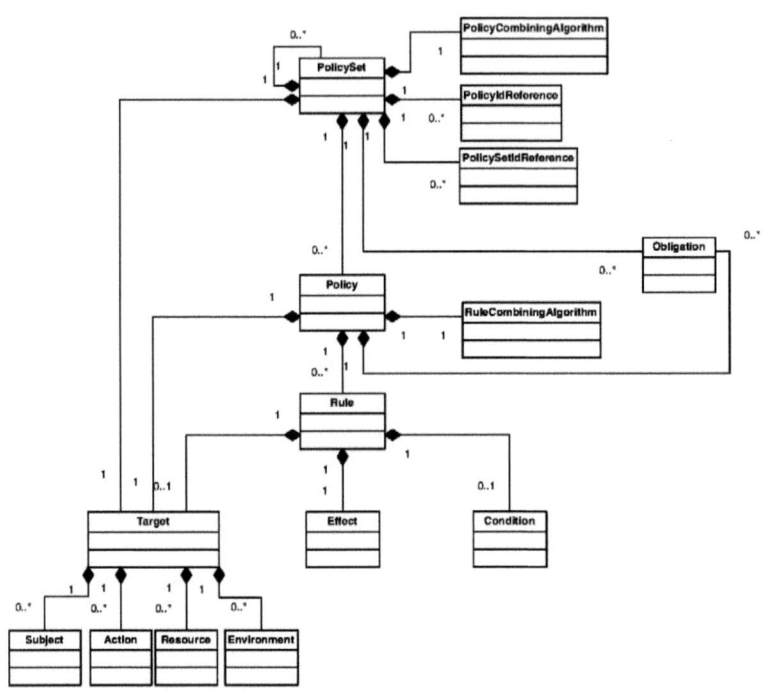

Abbildung 3.18.: Das konzeptuelle XACML v2.0 Regelwerksmodell (nach [Mos05, S. 19])

<xacml2p:Rule> Die <xacml2p:Rule> Elemente stellen die elementaren Einheiten eines XACML Regelwerks dar. Jedes <xacml2p:Rule> Element ist direktes Kind eines <xacml2p:Policy> Elements und besitzt ein Effect XML Attribut, dem entweder der Wert "Permit" oder "Deny" zugewiesen werden kann. Darüber hinaus kann ein <xacml2p:Rule> Element ein <xacml2p:Target> Element und ein <xacml2p:Condition> Element besitzen, durch die der Bedingungsausdruck einer XACML Regel definiert wird.

3.3. XACML v2.0

<xacml2p:Target> und <xacml2p:Condition> Ein <xacml2p:Target> Element besitzt höchstens die vier Kindelemente <xacml2p:Subjects>, <xacml2p:Actions>, <xacml2p:Resources> und <xacml2p:Environments>. In diesen Elementen können ausschließlich einfache Bedingungen definiert werden, da nur einige effizient auswertbare XACML Funktionen zur Verfügung stehen – die sog. XACML Match Functions (s. [Mos05, Abschnitt 7.5]). Im Gegensatz dazu können unterhalb eines <xacml2p:Condition> Elements alle Funktionen des XACML Standards genutzt und beliebig geschachtelt werden.

Die erste Voraussetzung für die Anwendbarkeit einer Regel ist, dass die im <xacml:Target> Element einer Regel definierten Bedingungen erfüllt werden. Das <xacml2p:Target> Element einer Regel ermöglicht schnell zu entscheiden, ob auch der u.U. sehr komplexe Bedingungsausdruck unter dem <xacml2p:Condition> Element ausgewertet werden soll. Evaluiert auch das <xacml2p:Condition> Element im vorliegenden Evaluationskontext zu "true", wird der Effekt der Regel bei der Berechnung der Zugriffsentscheidung berücksichtigt (s.u.). Das <xacml2p:Target> Element dient somit zur Indexierung der Regeln und garantiert die effiziente Durchsetzung großer und komplexer Regelwerke.

Zur Definition der Bedingungsausdrücke werden XACML Funktionen verwendet. Die Argumente der Funktionen sind Literale, dereferenzierte Zeiger oder Rückgabewerte von XACML Funktionen. Literale werden durch <xacml2p:AttributeValue> Elemente festgelegt. Zur Definition von Zeigern stehen in XACML v2.0 die Elemente: <xacml2p:SubjectAttributeDesignator>, <xacml2p:ActionAttributeDesignator>, <xacml2p:ResourceAttributeDesignator> und <xacml2p:EnvironmentAttributeDesignator> (zusammengefasst: <xacml2p:*[Category]*AttributeDesignator>) sowie das <xacml2p:AttributeSelector> Element zur Verfügung.

<xacml2p:*[Category]*AttributeDesignator> und <xacml2p:AttributeSelector> Durch ein <xacml2p:*[Category]*AttributeDesignator> Element werden die Werte von XACML Attributen der Kategorie *[Category]* referenziert, deren AttributeId Werte dem AttributeId Wert des

93

3. Grundlagen der Modellierung und Durchsetzung von Zugriffsrechten

<xacml2p:*[Category]*AttributeDesignator> Elements entsprechen[4]. Beispielsweise zeigt ein <xacml2p:SubjectAttributeDesignator AttributeId = "&subject-id;" ...> Element auf /Request/Subject/Attribute Elemente, deren AttributeId Werte gleich &subject-id; sind. Bei Eingang einer Zugriffsentscheidungsanfrage wertet der PDP die <xacml2p:*[Category]*AttributeDesignator> Elemente aus und erzeugt Multimengen, sog. XACML Bags, die die referenzierten XACML Attribute enthalten.

Über <xacml2p:AttributeSelector> Elemente können Zeiger in Form von XPath Ausdrücken definiert werden. Das RequestContextPath XML Attribut eines <xacml2p:AttributeSelector> Elements ist ein XPath Ausdruck, der – relativ zum /Request/Resource/ResourceContent Knoten – eine bestimmte Menge an Knoten selektiert. Diese Knoten werden zur Instanzierung von XACML Attributen genutzt, die wiederum zur Erzeugung des Bags verwendet werden, zu dem das <xacml2p:AttributeSelector> Element letztendlich evaluiert.

Um die von den <xacml2p:*[Category]*AttributeDesignator> und <xacml2p:AttributeSelector> Elementen "zurückgegebenen" Bags zu verarbeiten, bietet der XACML Standard spezielle Funktionen an, mit denen man z.B. auf die einzelnen Elemente eines Bags zugreifen oder die Anzahl der Elemente in einem Bag bestimmen kann.

<xacml2p:Policy> Ein <xacml2p:Policy> Element ist ein Container für Regeln und dient der Strukturierung von großen Regelwerken. Ein <xacml2p:Policy> Element besitzt ein <xacml2p:Target> Element, das die Anwendbarkeit des <xacml2p:Policy> Elements definiert. Im Gegensatz zu <xacml2p:Rule> Elementen ist unterhalb eines <xacml2p:Policy> Elements kein <xacml2p:Condition> Element erlaubt. Das RuleCombiningAlgId XML Attribut eines <xacml2p:Policy> Elements legt einen konfliktauflösenden Algorithmus fest (z.B. "&deny-overrides;", "&first-applicable;" etc.). Wenn bei der Auswertung einer XACML Zugriffsentscheidungsanfrage mehrere Regeln unterhalb dieses <xacml2p:Policy> Elements anwendbar sind, bestimmt dieser Algorithmus, wie die Ergebnisse der Regeln zu einem Gesamtergebnis kombiniert werden.

---

[4] Man beachte, dass in einer XACML Zugriffsentscheidungsanfrage beliebig viele XACML Attribute mit identischem AttributeId Wert enthalten sein können.

3.3. XACML v2.0

<xacml2p:Obligations> Ein <xacml2p:Policy> Element kann neben seinen <xacml2p:Rule> Kindelementen ein <xacml2p:Obligations> Element mit einer Menge an <xacml2p:Obligation> Kindelementen beinhalten. Die <xacml2p:Obligation> Elemente bieten die Möglichkeit, eine Menge von Anweisungen zu definieren, die vom Context Handler oder vom PEP ausgeführt werden müssen, wenn das <xacml2p:Policy> Element angewendet wurde und die Zugriffsentscheidung einen bestimmten Wert hat. Ein Context Handler oder ein PEP, der eine XACML Zugriffsentscheidung erhält, die <xacml2p:Obligation> Elemente beinhaltet, muss diese erfolgreich ausführen. Versteht er die im <xacml2p:Obligations> Element beschriebenen Anweisungen nicht oder können diese nicht erfolgreich umgesetzt werden, muss der Zugriff verweigert werden. Der XACML Obligation Mechanismus ist sehr generisch definiert und kann zur Lösung verschiedenster Aufgaben genutzt werden. Beispielsweise können in einem Regelwerk <xacml2p:Obligation> Elemente festgelegt werden, die den Context Handler oder den PEP dazu veranlassen, Log-Einträge zu schreiben oder E-Mails zu versenden (vgl. Z. 36-40 in Listing 3.10).

<xacml2p:PolicySet> Ein <xacml2p:PolicySet> Element stellt einen Behälter für <xacml2p:Policy>, <xacml2p:PolicySet>, <xacml2p:PolicySetIdReference> und <xacml2p:PolicyIdReference> Elemente dar. Die beiden zuletzt genannten Elementtypen ermöglichen es, Referenzen auf <xacml2p:Policy> und <xacml2p:PolicySet> Elemente zu definieren, die z.B. auf anderen Festplatten oder Rechnern gespeichert sind. Durch die beliebige Schachtelbarkeit von <xacml2p:PolicySet> Elementen können Regelwerke auf vielfältige Weise strukturiert werden. Zusätzlich zu den bisher erwähnten Kindelementen besitzt ein <xacml2p:PolicySet> Element ein <xacml2p:Target> Element, das die Anwendbarkeit des <xacml2p:PolicySet> Elements festlegt. Auch ein <xacml2p:Obligation> Element mit entsprechenden Kindelementen kann unterhalb eines <xacml2p:PolicySet> Elements definiert werden. Das PolicyCombiningAlgId XML Attribut des <xacml2p:PolicySet> Elements legt fest, wie die möglicherweise in Konflikt stehenden Evaluationsergebnisse der direkt oder per Referenz enthaltenen <xacml2p:Policy> oder <xacml2p:PolicySet> Elemente kombiniert werden.

Listing 3.10 zeigt beispielhaft ein kleines XACML Regelwerk, das einige der oben

3. Grundlagen der Modellierung und Durchsetzung von Zugriffsrechten

vorgestellten XACML Sprachmittel zur Beschreibung von Regelwerken demonstriert. Das Wurzel <xacml2p:PolicySet> Element hat ein leeres Target und kommt daher bei jeder Zugriffsentscheidungsanfrage zum Einsatz. Sein <xacml2p:Policy> Kindelement besitzt ein <xacml2p:Target> Element, das bei lesenden Aktionen von Subjekten mit dem &subject-id; Attributwert gleich "alice@wonderland.com" zu "true" evaluiert. Unterhalb des <xacml2p:Policy> Elements wird eine positive default Regel definiert (vgl. RuleId = "defaultPermitRule"). Zudem wird eine negative Regel festgelegt (vgl. RuleId = "denySomethingRule"), die zur Anwendung kommt, wenn unterhalb des <xacml2p:ResourceContent> Elements des Evaluationskontexts ein NuclearPowerPlant Feature mit fId Attributwert gleich "567" enthalten ist. Darüber hinaus wird unterhalb des <xacml2p:Policy> Elements ein <Obligations> Element definiert, das die Anweisung beschreibt, dass der Context Handler oder der PEP eine E-Mail mit dem Text "unauthorized access attempt" an die Adresse "administrator@example.com" versenden muss, wenn die Zugriffsentscheidung "Deny" lautete (vgl. FulfillOn="Deny").

```
1  <PolicySet PolicyCombiningAlgId="&policy-comb-deny-overrides;"
      ...>
2     <Target/>
3     <Policy PolicyId="example:policy"
          RuleCombiningAlgId="&rule-comb-deny-overrides;">
4        <Target>
5           <Subjects>
6              <Subject>
7                 <SubjectMatch MatchId="&string-equal;">
8                    <AttributeValue
                        DataType="&string;">alice@wonderland.com
9                    </AttributeValue>
10                   <SubjectAttributeDesignator
                        AttributeId="&subject-id;" DataType="&string;"/>
11                </SubjectMatch>
12             </Subject>
13          </Subjects>
14          <Actions>
15             <Action>
16                <ActionMatch MatchId="&string-equal;">
17                   <AttributeValue
                        DataType="&string;">read</AttributeValue>
18                   <ActionAttributeDesignator AttributeId="&action-id;"
```

3.3. XACML v2.0

```
                    DataType="&string;"/>
19              </ActionMatch>
20           </Action>
21        </Actions>
22     </Target>
23     <Rule RuleId="defaultPermitRule" Effect="Permit"/>
24     <Rule RuleId="denySomethingRule" Effect="Deny">
25        <Target>
26           <Resources>
27              <Resource>
28                 <ResourceMatch MatchId="&integer-equal;">
29                    <AttributeValue
                       DataType="&integer;">567</AttributeValue>
30                    <AttributeSelector
                       DataType="&integer;"RequestContextPath="/Feature-
31 Collection/FeatureMember/NuclearPowerPlant/@fId"/>
32                 </ResourceMatch>
33              </Resource>
34           </Resources>
35        </Target>
36     </Rule>
37     <Obligations>
38        <Obligation ObligationId="exampleObligation"
                       FulfillOn="Deny">
39           <AttributeAssignment AttributeId="&send-email-to;"
                       DataType="&string;">administrator@example.com
40           </AttributeAssignment>
41           <AttributeAssignment AttributeId="&email-text;"
                       DataType="&string;">unauthorized access
                       attempt</AttributeAssignment>
42        </Obligation>
43     </Obligations>
44  </Policy>
45 </PolicySet>
```

Listing 3.10: Beispiel für ein einfaches XACML Regelwerk

Verwendet ein PDP dieses Regelwerk bei der Bearbeitung der in Listing 3.8 dargestellten Zugriffsentscheidungsanfrage, dann kommt sowohl die positive als auch die negative Regel zur Anwendung. Aufgrund des im <xacml2p:Policy> Element definierten konfliktauflösenden Algorithmus (&rule-comb-deny-overrides;) evaluiert das Regelwerk zu Deny, so dass der Context Handler vom PDP die in Listing

3. Grundlagen der Modellierung und Durchsetzung von Zugriffsrechten

3.9 visualisierte Zugriffsentscheidungsantwort erhält. Der Context Handler muss die im <xacml2p:Obligation> Element definierte Anweisung erfüllen, da die Zugriffsentscheidung den Wert "Deny" hat.

3.4. Profile der XACML v2.0 Spezifikation

Bei der Entwicklung des XACML Standards wird darauf geachtet, dass er in möglichst vielen Anwendungsdomänen einsetzbar ist. Diese Designentscheidung führt dazu, dass Entwickler von XACML-basierten Zugriffskontrollsystemkomponenten und Administratoren von XACML Regelwerken viele Freiheiten bezüglich der konkreten Nutzung des XACML Standards besitzen. Diese Flexibilität birgt das Risiko, dass die Interoperabilität zwischen verteilten Zugriffskontrollsystemkomponenten oder Regelwerken trotz Konformität zur XACML Spezifikation verloren gehen kann. Um dies zu vermeiden, können die Vorgaben der XACML Basisspezifikation (unter Annahme bestimmter Gegebenheiten) in sog. XACML Profilen konkretisiert werden. Die Verwendung von XACML Profilen vereinfacht die Nutzung von XACML und fördert die Interoperabilität von verteilten XACML Regelwerken und von XACML Komponenten, da sie standardisierte Lösungsmuster für häufig wiederkehrende Probleme beschreiben.

Nachfolgend werden einige XACML v2.0 Profile vorgestellt, die in dieser Arbeit verwendet werden. In Abschnitt 3.4.1 werden zentrale Inhalte des XACML v2.0 Multiple Resource Profiles eingeführt. Abschnitt 3.4.2 fasst relevante Kapitel des XACML v2.0 Hierarchical Resource Profiles zusammen. In Abschnitt 3.4.3 werden die im XACML v2.0 RBAC Profile definierten Vorgaben zur XACML-konformen Implementierung des vom INCITS standardisierten rollenbasierten Rechtemodells $RBAC_0$ und $RBAC_1$ beschrieben. Für ausführlichere Informationen zu den genannten Profilen wird auf die zugehörigen Spezifikationen verwiesen [And05c, And05b, And05a].

3.4.1. XACML v2.0 Multiple Resource Profile

Das XACML v2.0 Multiple Resource Profile [And05c] legt fest, wie eine Zugriffsentscheidungsanfrage zu definieren ist, die sich auf mehrere Ressourcen bezieht und

3.4. Profile der XACML v2.0 Spezifikation

für jede dieser Ressourcen eine separate Zugriffsentscheidung anfordert. Derartige Zugriffsentscheidungsanfragen werden als multiple XACML Zugriffsentscheidungsanfragen bezeichnet (engl. multiple XACML access decision requests). Im XACML v2.0 Multiple Resource Profile ist außerdem beschrieben, wie einzelne Zugriffsentscheidungen zu einer Antwort aggregiert werden können.

Die Verwendung einer multiplen XACML[5] Zugriffsentscheidungsanfrage ist z.B. hilfreich, wenn für bestimmte Knoten eines XML Dokuments, das unterhalb des <xacml2p:ResourceContent> Elements im Evaluationskontext eingefügt wurde, individuelle Zugriffsentscheidungen berechnet werden sollen. Anstatt für jeden Knoten eine individuelle Zugriffsentscheidungsanfrage abzusetzen, kann in einer multiplen Zugriffsentscheidungsanfrage die gewünschte Teilmenge der Knoten unterhalb des <xacml2p:ResourceContent> Elements über einen XPath Ausdruck selektiert werden. Ein Context Handler, der konform zum XACML v2.0 Multiple Resource Profile ist, erzeugt beim Empfang einer solchen multiplen Zugriffsentscheidungsanfrage automatisiert individuelle Zugriffsentscheidungsanfragen für jeden Knoten, auf den sich die multiple Zugriffsentscheidungsanfrage bezieht.

Dank des Konzepts der multiplen Zugriffsentscheidungsanfragen können auf einfache Weise Zugriffsentscheidungen für eine Teilmenge der von der Interaktion betroffenen Ressourcen angefordert werden. Zudem tragen multiple Zugriffsentscheidungsanfragen zur Reduktion des Nachrichtenvolumens bei, da dezentrale PEPs anstatt vieler individueller Anfragen eine multiple Zugriffsentscheidungsanfrage versenden können.

Im XACML v2.0 Multiple Resource Profile sind drei Klassen multipler Zugriffentscheidungsanfragen definiert.

Klasse 1 In diesem Fall wird davon ausgegangen, dass unter dem <xacml2c:Resource> Element der Zugriffsentscheidungsanfrage hierarchisch strukturierte Ressourcen beschrieben sind. Diese können entweder in Form eines XML Dokuments, das unter dem <xacml2c:ResourceContent> Element enthalten ist, oder über <xacml2c:Attribute> Elemente repräsentiert sein. Die

---

[5] Zur Verbesserung der Lesbarkeit wird nachfolgend der Zusatz "XACML" Zugriffsentscheidungsanfrage weggelassen, wenn aus dem Kontext eindeutig hervorgeht, dass es sich um XACML Zugriffsentscheidungsanfragen handelt.

3. Grundlagen der Modellierung und Durchsetzung von Zugriffsrechten

besondere Semantik der multiplen Zugriffsentscheidungsanfrage wird durch zwei spezielle <xacml2c:Attribute> Elemente mit den AttributeId Werten &resource-id; und &scope; ausgedrückt. Das &resource-id; <xacml2c:Attribute> Element identifiziert genau eine Ressource der Hierarchie. Das &scope; <xacml2c:Attribute> Element kann die Werte "Immediate", "Children" oder "Descendants" annehmen und definiert relativ zur Ressource, die durch das &resource-id; <xacml2p:Attribute> Element bestimmt ist, auf welche Ressourcen sich die multiple Zugriffsentscheidungsanfrage bezieht. Die durch das &resource-id; <xacml2c:Attribute> Element spezifizierte Ressource ist stets Teil der Ressourcenmenge, auf die sich die multiple Zugriffsentscheidungsanfrage bezieht.

Das XACML v2.0 Multiple Resource Profile gibt eindeutig vor, wie eine multiple Zugriffsentscheidungsanfrage der Klasse 1 von einem Context Handler in eine Menge von individuellen Zugriffsentscheidungsanfragen zu übersetzen ist. Jede abgeleitete, individuelle Zugriffsentscheidungsanfrage muss, abgesehen von zwei Ausnahmen, identisch zur multiplen Zugriffsentscheidungsanfrage sein. Die einzigen beiden Abweichungen sind, dass zum einen das &scope; <xacml2c:Attribute> Element nicht mehr vorhanden sein darf und zum anderen der Wert des &resource-id; <xacml2c:Attribute> Elements einer individuellen Zugriffsentscheidungsanfrage genau eine Ressource jener Menge identifizieren muss, auf die sich die multiple Zugriffsentscheidungsanfrage bezieht.

Klasse 2 Anfragen der Klasse 1 können definiert werden, wenn die Ressourcen unterhalb von <xacml2c:ResourceContent> Elementen oder durch <xacml2c:Attribute> Elemente dargestellt sind. Bei Anfragen der Klasse 2 geht man davon aus, dass die Ressourcen in XML-kodierter Form unterhalb des <xacml2c:ResourceContent> Elements der Zugriffsentscheidungsanfrage abgebildet sind. Das &resource-id; <xacml2c:Attribute> Element einer multiplen Zugriffsentscheidungsanfrage der Klasse 2 ist ein XPath Ausdruck, der eine Knotenmenge unterhalb des <xacml2c:ResourceContent> Elements referenziert. Die multiple Anfrage fordert für jeden Knoten dieser Ressourcenmenge separate Zugriffsentscheidungen an. Bei der Transformation einer multiplen Anfrage der Klasse 2 in individuelle Anfragen, wird für jeden Knoten der Ressourcenmenge, auf die sich die multiple Anfrage bezieht, eine individuelle Anfrage erzeugt.

3.4. Profile der XACML v2.0 Spezifikation

Der Wert des &ressource-id; <xacml2p:Attribute> Elements einer individuellen Zugriffsentscheidungsanfrage entspricht einem XPath Ausdruck, der auf genau einen XML Knoten der Menge zeigt, die durch das &ressource-id; <xacml2pc:Attribute> Element der multiplen Zugriffsentscheidungsanfrage festgelegt ist.

Klasse 3 Zugriffsentscheidungsanfragen dieser Klasse werden definiert, indem unterhalb des <xacml2p:Request> Elements der Zugriffsentscheidungsanfrage mehr als ein <xacml2p:Resource> Element eingefügt wird. Der Context Handler wandelt Anfragen der Klasse 3 in Zugriffsentscheidungsanfragen um, die nur noch genau ein <xacml2c:Resource> Element unterhalb des <xacml2c:Request> Elements besitzen. Handelt es sich bei diesen Zugriffsentscheidungsanfragen um multiple Zugriffsentscheidungsanfragen der Klasse 1 oder 2, so werden diese entsprechend der oben beschrieben Ableitungsregeln direkt in individuelle Zugriffsentscheidungsanfragen umgewandelt.

Aggregation der Antworten auf eine multiple Zugriffsentscheidungsanfrage
Neben den drei vorgestellten Klassen multipler Zugriffsentscheidungsanfragen sind im XACML v2.0 Multiple Resource Profile Sprachmittel definiert, die es ermöglichen, die Antworten auf eine multiple Zugriffsentscheidungsanfrage zu aggregieren. Dies wird benötigt, da in bestimmten Situationen zwar eine multiple Zugriffsentscheidungsanfrage abgesetzt werden muss, aber dennoch nur eine globale Zugriffsentscheidungsantwort gewünscht ist (Details s. 4.4.4). Damit zu einer multiplen Zugriffsentscheidungsanfrage genau eine Zugriffsentscheidung generiert wird, die unterhalb des <xacml2c:Response> Elements nur ein <xacml2c:Result> Element besitzt, muss in der multiplen Zugriffsentscheidungsanfrage unterhalb des /Request/Resource Elements ein spezielles &scope; <xacml2p:Attribute> Element eingefügt werden, das den Wert "XPath-expression" hat. Dieses XACML Attribut zeigt dem Context Handler an, dass er die individuellen Zugriffsentscheidungsantworten nach einem gewissen Algorithmus aggregieren muss (Details s. [And05c, S. 8]).

3. Grundlagen der Modellierung und Durchsetzung von Zugriffsrechten

3.4.2. XACML v2.0 Hierarchical Resource Profile

In zahlreichen Anwendungsfällen ist es erforderlich, den Zugriff auf hierarchisch strukturierte Ressourcen, wie z.b. XML Dokumente oder Dateisysteme, und auf deren Bestandteile feingranular zu kontrollieren. Bei der Definition von Zugriffsrechten für hierarchisch strukturierte Ressourcen (kurz: hierarchische Ressourcen) ergeben sich zwei Besonderheiten:

Zum einen müssen Rechte mit Bezug auf beliebig wählbare Teilbäume der Hierarchien festeglegt werden können, um die Administration der Zugriffsrechte zu vereinfachen. Zum anderen ist es notwendig, Autorisationen für einzelne Knoten oder Teilbäume der Hierarchie zu beschreiben, die von den Werten anderer Knoten der Hierarchie abhängig sind. Beispielsweise könnte gefordert sein, dass Dateien in einem Ordner "a" nicht zugreifbar sein sollen, wenn im darüberliegenden Ordner eine Datei "b" liegt.

Um die Definition von XACML Regelwerkobjekten zu unterstützen, die sich auf hierarchische Ressourcen und deren Bestandteile beziehen, ist eindeutig zu spezifizieren, wie hierarchische Ressourcen in XACML Zugriffsentscheidungsanfragen zu repräsentieren sind. Außerdem muss bestimmt werden, wie eine Zugriffsentscheidungsanfrage zu formulieren ist, die eine Autorisationsentscheidung für einen bestimmten Teilbaum der hierarchischen Ressource einholt.

Das XACML v2.0 Hierarchical Resource Profile legt zwei Optionen fest, wie hierarchische Ressourcen in eine XACML Zugriffsentscheidungsanfrage integriert und ihre Bestandteile identifiziert werden können:

Zum einen kann eine hierarchische Ressource in einer Zugriffsentscheidungsanfrage beschrieben werden, indem sie in XML-kodierter Form unterhalb des <xacml2c:ResourceContent> Elements eingefügt wird. Das &resource-id; <xacml2c:Attribute> Element der Zugriffsentscheidungsanfrage ist in diesem Fall ein XPath Ausdruck, der auf eine bestimmte Teilmenge der Knoten der hierarchischen Ressource zeigt und dadurch den Bezug der Anfrage festlegt. Ausgehend von dieser Repräsentationsform der hierarchischen Ressource können XACML Regelwerkobjekte, die sich auf die Bestandteile der hierarchischen Ressource beziehen, durch die Verwendung von <xacml2p:AttributeSelector> Elementen und geeigneter XACML Funktionen, wie z.B. der &xpath-node-equal; oder der

3.4. Profile der XACML v2.0 Spezifikation

&xpath-node-match; Funktion, definiert werden.

Zum anderen kann eine hierarchische Ressource in einer XACML Zugriffsentscheidungsanfrage abgebildet werden, indem sie durch eine Menge von speziellen <xacml2p:Attribute> Elementen, wie z.b. &resource-parent; oder &resource-ancestor; <xacml2p:Attribute> Elementen, beschrieben wird. Die Werte dieser Elemente sind i.d.R. URIs, die Identifikatoren der Bestandteile der hierarchischen Ressource darstellen (Details s. [And05b]). Um XACML Regelwerksobjekte zu definieren, die sich auf die Bestandteile von hierarchischen Ressourcen beziehen, die gemäß dieser Darstellungsvariante in der Zugriffsentscheidungsanfrage repräsentiert sind, müssen <xacml2p:ResourceAttributeDesignator> Elemente und Funktionen wie z.B. &anyURI-equal; oder &regexp-uri-match; verwendet werden.

3.4.3. XACML v2.0 Core and Hierarchical RBAC Profile

Ein regelbasiertes Rechtemodell kann in Kombination mit einem rollenbasierten Rechtemodell verwendet werden. Das XACML v2.0 Core and Hierarchical Role Based Access Control (RBAC) Profile (kurz das XACML v2.0 RBAC Profile) [And05a] beschreibt, wie das vom INCITS standardisierte $RBAC_0$ und $RBAC_1$ Modell mit den Sprachmitteln des XACML Standards implementiert werden kann. Die Vorgaben des XACML v2.0 RBAC Profiles sehen drei Einsatzbereiche vor, von denen allerdings nur einer für diese Arbeit von Relevanz ist und nachfolgend vorgestellt wird. Für detailliertere Informationen zu den anderen Anwendungsfällen wird auf die Abschnitte 2.5 und 3 des RBAC XACML v2.0 Profiles verwiesen.

Das XACML v2.0 RBAC Profile legt fest, wie ein XACML Regelwerk zu definieren ist, damit es zur Beantwortung von Fragen folgenden Typs verwendet werden kann: Darf ein Subjekt, das die Rollen r_1, r_2, ..., r_n aktiviert hat, gewisse Aktionen auf bestimmten Ressourcen ausführen? Das Profil geht davon aus, dass außerhalb des Zugriffskontrollsystems sog. Role Enablement Authority Komponenten existieren, in denen die Rollenzuweisung und Aktivierung von Rollen verwaltet wird. Die Role Enablement Authority Komponenten bieten Schnittstellen, die es PEP- oder PIP-Komponenten ermöglichen, die von den agierenden Subjekten aktivierten Rollen zu erfragen. Die von einem Subjekt aktuell genutzten Rollen werden über spezielle &role; <xacml2c:Attribute> Elemente in der Subject Kategorie der Zugriffsentscheidungsanfrage beschrieben. Die Werte dieser &role;

3. Grundlagen der Modellierung und Durchsetzung von Zugriffsrechten

<xacml2c:Attribute> Elemente entsprechen den Rollennamen. Bei der Definition eines Regelwerksobjekts können die Werte der &role; <xacml2c:Attribute> Elemente über <xacml2c:AttributeDesignator> Elemente im Evaluationskontext selektiert werden, wodurch ein Bezug auf bestimmte Rollen hergestellt werden kann.

Das RBAC XACML v2.0 Profile sieht für den Aufbau eines rollenbasierten XACML Regelwerks zwei Klassen von <xacml2p:PolicySet> Elementen vor: Role-Policy-Set Elemente und Permission-Policy-Set Elemente. Über das <xacml2p:Target> Element eines Role-Policy-Set Elements wird geprüft, ob das anfragende Subjekt gewisse Rollen aktiviert hat. Jedes Role-Policy-Set Element beinhaltet neben dem <xacml2p:Target> Element genau ein <xacml2p:PolicySetIdReference> Element, das auf ein Permission-Policy-Set Element verweist. Die Referenzen von Role-Policy-Set Elementen auf Permission-Policy-Set Elemente definieren die Relation assign$_{\text{Role-Permission}}$ (vgl. 3.2.6, S. 83). Erfüllen die von einem anfragenden Subjekt aktivierten Rollen die Bedingungen, die im <Target> eines Role-Policy-Set Elements festgelegt wurden, kommen die im zugehörigen Permission-Policy-Set Element definierten Privilegien zur Anwendung. Zur Unterstützung des Konzepts der Rollenhierarchien des RBAC$_1$ Modells werden in Permission-Policy-Set Elementen Referenzen auf andere Permission-Policy-Set Elemente eingefügt. Um eine korrekte Vererbung der Privilegien in komplexen Rollenhierarchien zu ermöglichen, dürfen in Permission-Policy-Set Elementen keine Bedingungen an &role; <xacml2c:Attribute> Elemente festgelegt werden.

Wird in einem Role-Policy-Set Element geprüft, ob Subjekte beispielsweise die "junior-employee" Rolle aktiviert haben, dann werden im referenzierten Permission-Policy-Set Element die Rechte dieser Rolle beschrieben (z.B. lesender Zugriff auf die Datei "C:\salery.xls" – vgl. Listing 3.11 und 3.12). Zur Realisierung eines zweiten Role-Policy-Set/Permission-Policy-Set Elementpaars für die "senior-employee" Rolle, die alle Rechte der "junior-employee" Rolle erben soll und diese zudem um ein weiteres Privileg erweitert, muss im Permission-Policy-Set Element der "senior-employee" Rolle das zusätzliche Recht definiert werden (z.B. schreibender Zugriff auf die Datei "C:\salery.xls") und eine Referenz auf das Permission-Policy-Set Element der "junior-employee" Rolle gesetzt werden (vgl. Listing 3.13 und 3.14).

3.4. Profile der XACML v2.0 Spezifikation

```
 1  <PolicySet PolicySetId="Role-Policy-Set:junior-employee:role"
       PolicyCombiningAlgId="&permit-overrides;">
 2    <Target>
 3      <Subjects><Subject>
 4        <SubjectMatch MatchId="&anyURI-equal;">
 5          <AttributeValue ...>junior-employee</AttributeValue>
 6          <SubjectAttributeDesignator AttributeId="&role;" .../>
 7        </SubjectMatch>
 8      </Subject></Subjects>
 9    </Target>
10    <!-- Use permissions associated with the junior-employee role
         -->
11    <PolicySetIdReference>Permission-Policy-Set:junior-employee:role
       </PolicySetIdReference>
12  </PolicySet>
```

Listing 3.11: Role-Policy-Set für die "junior-employee" Rolle

```
 1  <PolicySet
       PolicySetId="Permission-Policy-Set:junior-employee:role"
       PolicyCombiningAlgId="&permit-overrides;">
 2    <!-- Permissions specifically for the junior-employee role -->
 3    <Policy RuleCombiningAlgId="&permit-overrides;">
 4      <!-- Permission to read the C:\salery.xls table -->
 5      <Rule Effect="Permit">
 6        <Target>
 7          <Resources><Resource>
 8            <ResourceMatch MatchId="&string-equal;">
 9              <AttributeValue ...>C:\salery.xls</AttributeValue>
10              <ResourceAttributeDesignator
                 AttributeId="&resource-id;"/>
11            </ResourceMatch>
12          </Resource></Resources>
13          <Actions><Action>
14            <ActionMatch MatchId="&string-equal;">
15              <AttributeValue ...>read</AttributeValue>
16              <ActionAttributeDesignator AttributeId="&action-id;"
                 .../>
17  ...
18  </PolicySet>
```

Listing 3.12: Permission-Policy-Set für die "junior-employee" Rolle

3. Grundlagen der Modellierung und Durchsetzung von Zugriffsrechten

```
 1  <PolicySet PolicySetId="Role-Policy-Set:senior-employee:role"
       PolicyCombiningAlgId="&permit-overrides;">
 2    <Target>
 3      <Subjects><Subject>
 4        <SubjectMatch MatchId="&anyURI-equal;">
 5          <AttributeValue ...>senior-employee</AttributeValue>
 6          <SubjectAttributeDesignator AttributeId="&role;" .../>
 7        </SubjectMatch>
 8      </Subject></Subjects>
 9    </Target>
10    <!-- Use permissions associated with the senior-employee role
         -->
11    <PolicySetIdReference>Permission-Policy-Set:senior-employee:role
       </PolicySetIdReference>
12  </PolicySet>
```

Listing 3.13: Role-Policy-Set für die "senior-employee" Rolle

3.4. Profile der XACML v2.0 Spezifikation

```
 1 <PolicySet
     PolicySetId="Permission-Policy-Set:senior-employee:role"
 2 PolicyCombiningAlgId="&permit-overrides;">
 3   <!-- Permissions specifically for the senior-employee role -->
 4   <Policy RuleCombiningAlgId="&permit-overrides;">
 5     <!-- Permission to modify C:\salery.xls -->
 6     <Rule Effect="Permit">
 7       <Target>
 8         <Resources><Resource>
 9           <ResourceMatch MatchId="&string-equal;">
10             <AttributeValue ...>C:\salery.xls</AttributeValue>
11             <ResourceAttributeDesignator
                 AttributeId="&resource-id;"/>
12           </ResourceMatch>
13         </Resource></Resources>
14         <Actions><Action>
15           <ActionMatch MatchId="&string-equal;">
16             <AttributeValue ...>write</AttributeValue>
17             <ActionAttributeDesignator AttributeId="&action-id;"
                 .../>
18           </ActionMatch>
19         </Action></Actions>
20       </Target>
21     </Rule>
22   </Policy>
23   <!-- Inherit permissions associated with junior-employee role
          -->
24   <PolicySetIdReference>Permission-Policy-Set:junior-employee:role
       </PolicySetIdReference>
25 </PolicySet>
```

Listing 3.14: Permission-Policy-Set für die "senior-employee" Rolle

4. Zugriffskontrolle in Geodateninfrastrukturen

Dieses Kapitel beantwortet die Frage, wie der Zugriff auf Daten und Dienste einer Geodateninfrastruktur kontrolliert werden kann. Abschnitt 4.1 fasst die aus Perspektive eines Zugriffskontrollsystems relevanten Charakteristika des Anwendungsgebiets zusammen und erläutert, weshalb Zugriffe auf die Ressourcen einer GDI beschränkt werden müssen. Anschließend werden in Abschnitt 4.2 zahlreiche Anforderungen aufgeführt, die ein Zugriffskontrollsystem erfüllen muss, um für den Einsatz in GDIs geeignet zu sein. In Abschnitt 4.3 wird untersucht, inwieweit die im letzten Kapitel vorgestellten konzeptuellen Rechtemodelle den Anforderungen des GDI Anwendungsfalls genügen. Wie sich zeigen wird, muss ein Zugriffskontrollsystem für eine GDI auf einem hybriden Rechtemodell basieren, das die Merkmale der regel-, rewrite- und rollenbasierten Rechtemodelle in sich vereint. Abschnitt 4.4 betrachtet, wie das geforderte hybride, konzeptuelle Rechtemodell mit den Sprachmitteln des XACML Standards (und zugehöriger Profile) implementiert werden kann. In diesem Zusammenhang werden die im Rahmen dieser Arbeit entwickelten Modifikationen der existierenden XACML Spezifikationen beschrieben und zusätzlich benötigte Erweiterungen vorgestellt.

4.1. Ausgangslage

Bei der Entwicklung eines Zugriffskontrollsystems für eine GDI ist es wichtig, die besonderen Merkmale dieser Infrastrukturen (s. 4.4.1) und die Gründe, weshalb die Zugriffe auf Daten und Dienste einzuschränken sind (s. 4.4.2), zu berücksichtigen.

4. Zugriffskontrolle in Geodateninfrastrukturen

4.1.1. Charakteristika von Geodateninfrastrukturen

Geodateninfrastrukturen sind offene, serviceorientierte Architekturen, deren zentrale Bestandteile Geodaten und Geo Web Services sind. Die Geodaten werden dezentral gespeichert und mittels Geo Web Services über administrative Grenzen hinweg von den verschiedenen Nutzergruppen verwaltet und genutzt (vgl. Abbildung 4.1). Die in einer GDI verfügbaren Geo Web Services werden von unabhängigen Organisationseinheiten betrieben und sind i.d.R. basierend auf den OGC Service Standards implementiert (vgl. [Neb04, Koo10, Eur08]). Präziser formuliert steht der Ausdruck "Zugriffskontrolle in GDIs" daher für "Zugriffskontrolle für OGC Web Services und die dahinterliegenden Geodatenquellen".

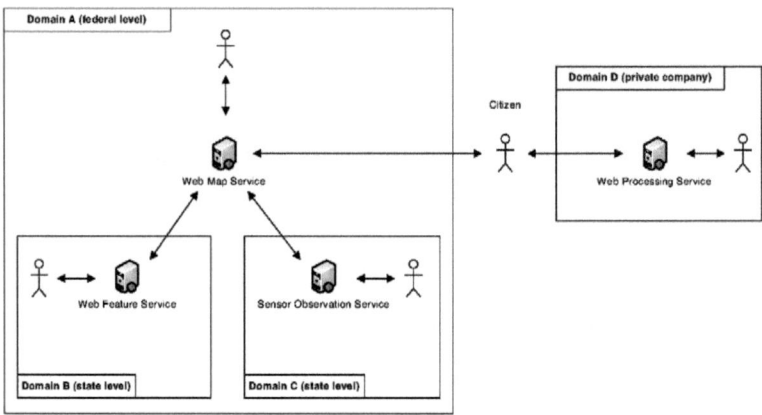

Abbildung 4.1.: Beispiel einer einfachen Geodateninfrastruktur

Die nachfolgend aufgelisteten Aspekte fassen die Besonderheiten von OGC Web Services zusammen, die beim Entwurf eines Zugriffskontrollsystems für eine GDI adäquat berücksichtigt werden müssen:

- OWS Nachrichten werden über verschiedene Transportprotokolle übertragen (z.B. HTTP GET, HTTP POST oder SOAP).
- OWS basieren auf dem request/response Nachrichtenmuster.

4.1. Ausgangslage

- OWS Anfragen sind XML- oder KVP-kodiert.

- OWS Antworten sind XML Dokumente oder rasterbasierte Bilddaten und in vielen Fällen steht der Antworttyp erst zur Laufzeit fest (engl. late binding).

- OWS bieten vielfältige Funktionalitäten, um raumbezogene Featuredaten anzufragen, zu verwalten und zu verarbeiten.

- Geodaten kommen sowohl in Anfrage- als auch in Antwortdokumenten vor, sind in unterschiedlichen Raumbezugssystemen erfasst und in verschiedenen Formaten kodiert.

4.1.2. Gründe für Zugriffskontrolle in Geodateninfrastrukturen

In Geodateninfrastrukturen besteht aus unterschiedlichen Gründen der Bedarf, den Zugriff auf die Dienste und Daten zu regulieren:

IT-sicherheitspolitische Motive Die sensiblen Daten einer GDI müssen vor unautorisierten Lese-Zugriffen geschützt werden. Zudem muss sichergestellt werden, dass keine ungewollten Einfüge-, Schreib- oder Lösch-Aktionen auf den Datenquellen der Dienste durchgeführt werden.

Integritätssicherung Modifizierende Aktionen sollen außerdem kontrolliert werden, um die Konsistenz der Daten zu gewährleisten. Aktionen, durch die die Datenbasis der Dienste modifiziert wird, sollen nur dann autorisiert werden, wenn sie definierte semantische Integritätsbedingungen erfüllen. Die Integritätssicherung findet i.d.R. in Datenbankmanagementsystemen statt, aber in bestimmten Szenarien ist es sinnvoll oder notwendig, sie im Zugriffskontrollsystem umzusetzen.

Kommerzielle Ziele Die Bereitstellung von Daten und Diensten in einer GDI verfolgt in vielen Fällen (auch) kommerzielle Ziele. Zur Wahrung wirtschaftlicher Interessen, die z.B. in Entgelt- oder Lizenzvereinbarungen festgeschrieben sind, wird ein Zugriffskontrollsystem benötigt. Dieses muss dafür sorgen, dass Subjekte

4. Zugriffskontrolle in Geodateninfrastrukturen

nur den Anteil der kostenpflichtigen Daten und Dienstfunktionalitäten nutzen dürfen, für den sie auch bezahlt haben.

Schutz vor Überforderung Die Einschränkung des Zugriffs kann auch das Ziel verfolgen, den nicht benötigten Anteil der Daten und Funktionalitäten auszublenden, um eine Überforderung der Nutzer zu vermeiden. Das Zugriffskontrollsystem wird in diesem Fall dazu verwendet, (freiwillige) Zugriffsbeschränkungen durchzusetzen, wodurch individuelle und bedarfsgerechte Sichten auf die Daten und Dienstfunktionalitäten zur Verfügung gestellt werden.

Sicherung der Leistungsfähigkeit Ein weiterer Grund, weshalb die Zugriffe auf die Ressourcen einer GDI zu regulieren sind, hängt mit der Sicherung der Leistungsfähigkeit der Infrastruktur zusammen. In gewissen Situationen (z.B. in einem Katastrophenfall) sollen beispielsweise ausschließlich hoch priorisierte Nutzer (z.B. die Einsatzkräfte des Katastrophenmanagements) auf die Dienste und Daten einer GDI zugreifen können, um ihnen bestmögliche Performance bei der Nutzung der Infrastruktur zu garantieren.

4.2. Anforderungen an Zugriffskontrollsysteme für GDIs

Zugriffskontrollsysteme für GDIs müssen zahlreiche Anforderungen erfüllen, um für den Einsatz in diesen Infrastrukturen geeignet zu sein. In Abschnitt 4.2.1 wird erläutert, welche Autorisationsklassen in einem Zugriffskontrollsystem definierbar und durchsetzbar sein müssen Ein geeignetes Zugriffskontrollsystem muss zudem auf bestimmte Weise in die Web Service Architektur einer GDI integriert werden und zahlreiche strukturelle und funktionale Voraussetzungen erfüllen (s. 4.2.2 und 4.2.3).

Die nachfolgend aufgeführten Anforderungen an Zugriffskontrollsysteme für GDIs wurden einer Vielzahl unterschiedlicher und unabhängiger Quellen entnommen und mehrfach bestätigt. Wichtige Erkenntnisse brachten beispielsweise umfassende Sekundärliteratur-Recherchen, zahlreiche Experteninterviews, standardisierte

4.2. Anforderungen an Zugriffskontrollsysteme für GDIs

Befragungen und die Mitarbeit am OGC OWS-6[1] Projekt (s. z.B. [DFS08, Mat05, DFP+08, QK08, CA08, ACD+08, HM09, Her07, Bis09, Eck09]). Die Arbeitsgruppensitzungen der OGC GeoXACML Working Group, der OGC Security Decision Working Group und des OASIS XACML Technical Committee sowie zahlreiche themenspezifische Sitzungen bei Konferenzen waren ebenfalls wichtige Quellen zur Identifikation von neuen oder zur Bestätigung bereits ermittelter Anforderungen. Einen wertvollen Beitrag lieferte zudem die Analyse von Gesetzen, Richtlinien und behördlichen Auflagen zur Zugreifbarkeit von Geodaten und Geodiensten, wie sie z.B. im deutschen Geodatenzugangsgesetz [Bun09] oder in Datenschutzbestimmungen der INPIRE Initiative verankert sind [Eur09].

4.2.1. Zu unterstützende Zugriffsrechte

Um die in GDIs geforderten Zugriffsbeschränkungen zu realisieren, müssen bei der Definition der Rechte komplexe Bezüge auf bestimmte Subjekte, Aktionen, Ressourcen und Umgebungszustände hergestellt werden (s. Anforderung A1 bis A7). Neben den verschiedenen Bezugsarten müssen zudem sowohl positive als auch negative Rechte unterstützt werden, damit die häufig benötigten Ausnahmeregelungen einfach umsetzbar sind (s. Anforderung A8).

Anforderung A1: Unterstützung von Rechten mit Bezug auf einzelne Ressourcen der GDI In GDIs müssen Zugriffsrechte durchsetzbar sein, die sich auf einzelne Ressourcen, wie z.B. einen Rechner, einen Dienst, einen Datencontainer, ein Feature oder eine Dateneinheit eines Features, beziehen. Abbildung 4.2 zeigt das in dieser Arbeit herangezogen Klassifikationsschema für die Ressourcen einer GDI. Die Taxonomie wird durch die direkten Unterklassen der Klasse "Resource" definiert. Je nach Anwendungsfall existieren unterschiedliche Spezialisierungen zu diesen Klassen, von denen einige in der Grafik exemplarisch dargestellt sind.

---

[1]Die jährlich stattfindenden "OWS Phase X testbeds" (kurz: (OWS-X) sind Teil des OGC Interoperability Programs, durch das die Entwicklung, Evaluierung und das Testen von neuen und zukünftigen OGC Spezifikationen vorangetrieben wird. Die OWS-X Projekte basieren auf praxisrelevanten Problemstellungen der Sponsoren und behandeln sehr unterschiedliche Themenfelder im Umfeld von Geodateninfrastrukturen.

4. Zugriffskontrolle in Geodateninfrastrukturen

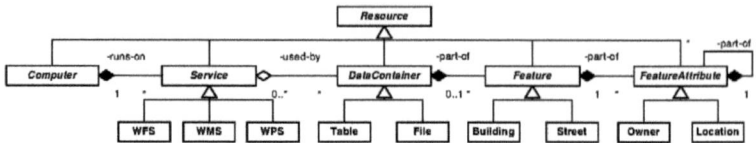

Abbildung 4.2.: Klassifikation der Ressourcen einer GDI (inkl. Beispielen für Subklassen)

Die Unterstützung von Zugriffsrechten mit Bezug auf einzelne Ressourcen der verschiedenen Klassen ist aus zweierlei Gründen wichtig:

Zum einen wird durch die Definition von Rechten mit Bezug auf einzelne, feingranulare Ressourcen, wie z.b. ein Feature oder ein Attribut eines Features, eine differenzierte Festlegung der autorisierten Zugriffe ermöglicht. Könnten ausschließlich Rechte mit Bezug auf einzelne, grobgranulare Ressourcen, wie z.B. einen Rechner oder einen Dienst, beschrieben werden, bestünde die Gefahr, dass der Zugriff auf feingranulare Ressourcen unnötig restriktiv oder zu freizügig geregelt ist.

Zum anderen müssen aber auch Rechte mit Bezug auf einzelne, grobgranulare Ressourcen unterstützt werden. Durch sie kann in einem einzigen Recht eine unter Umständen sehr große Menge an Rechten implizit definiert werden, die sich auf die in part-of Relation stehenden Ressourcen beziehen. Aggregationsbeziehungen bestehen zwischen den Instanzen der Ressourcenklassen Rechner und Dienst, Datencontainer und Feature, Feature und Attribut sowie zwischen Attribut und Attribut. Zudem ergibt sich durch ein Recht mit Bezug auf eine grobgranulare Ressource r der Vorteil, dass sich die Autorisationssemantik nicht nur auf die aktuell mit r in Relation stehenden Ressourcen bezieht, sondern auch auf die zukünftig mit r in Beziehung stehenden Entitäten. Beispielsweise erlaubt ein Recht, das lesende Zugriffe auf eine Gebäudetabelle gestattet, indirekt auch den Zugriff auf alle Attribute von Gebäudefeatures, die aktuell und zukünftig in dieser Tabelle erfasst sind bzw. werden.

Zusammenfassend lässt sich festhalten, dass durch die Unterstützung von Rechten mit Bezug auf einzelne, feingranulare Ressourcen der Zugriff auf die Ressourcen gemäß dem minimalistischen Rechtezuteilungsprinzip, d.h. weder zu restriktiv

4.2. Anforderungen an Zugriffskontrollsysteme für GDIs

noch zu freizügig, gesteuert werden kann. Durch Rechte mit Bezug auf einzelne, grobgranulare Ressourcen vereinfacht sich die Definition der Wissensbasis eines Zugriffskontrollsystems, da solche Rechte eine direkte und stabile Beschreibung bestimmter Autorisationssemantiken ermöglichen und sich zudem auf viele, in einer Aggregationsbeziehung stehende Ressourcen beziehen können. "Direkt" meint, dass diese Rechte entsprechend ihrer Semantik unmittelbar formal beschrieben werden können und nicht erst in eine (möglichst) äquivalente Form übersetzt werden müssen, die vom Rechtemodell unterstützt wird.

Anforderung A2: Unterstützung von Rechten mit Bezug auf einzelne Dienst-, Feature- und Attributklassen In einer GDI werden zudem Rechte benötigt, die sich auf einzelne Dienst-, Feature- und Attributklassen beziehen. Eine Klasse kann als Abstraktion einer Menge von Objekten aufgefasst werden, die gewisse strukturelle Gemeinsamkeiten aufweisen. Ein klassenbezogenes Recht (z.B. mit Bezug auf die Gebäudefeatureklasse) entspricht daher einer Menge an implizit definierten Rechten, die den Zugriff auf alle existierenden oder zukünftigen Instanzen dieser Klasse (z.B. alle Gebäudefeatures) auf dieselbe Weise regeln.

Klassenbezogene Rechte werden benötigt, da sie eine direkte Formulierung häufig geforderter Autorisationssemantiken ermöglichen (z.B. Alice darf Dienste vom Typ WFS nutzen, Alice darf Features der Klasse Gebäude sehen, Alice darf das Preisattribut von Gebäuden sehen). Darüber hinaus vereinfachen klassenbezogene Rechte die Administration der Wissensbasis eines Zugriffskontrollsystems, da sich ein klassenbezogenes Recht auf alle aktuell und zukünftig existierende Instanzen einer Klasse bezieht.

Anforderung A3: Unterstützung von Rechten mit Bezug auf Ressourcen mit bestimmten Eigenschaften Im GDI Anwendungsfall müssen außerdem Rechte festgelegt werden können, die sich auf Ressourcen mit bestimmten Eigenschaften beziehen (z.B. Gebäudefeatures, die einer bestimmten Person gehören, die weniger kosten als der Durchschnitt oder die nach einem Stichtag gebaut wurden). Bei der Beschreibung von Rechten dieser Art müssen komplexe Bedingungen definierbar sein, die sich auf beliebige Eigenschaften der Ressourcen beziehen.

4. Zugriffskontrolle in Geodateninfrastrukturen

Die Anforderungen A1 und A2 sind als Spezialfälle dieser Anforderung zu interpretieren[2]. Ein Recht mit Bezug auf eine Ressourcenklasse k (vgl. Anforderung A2) kontrolliert den Zugriff auf Ressourcen, deren class-of Eigenschaften den Wert k haben. Ein Recht, dass sich auf eine einzelne Ressource bezieht (vgl. Anforderung A1), drückt die Bedingung aus, dass die Ressource einen bestimmten Schlüsselattributwert haben muss.

Eine Besonderheit des GDI Anwendungsfalls besteht darin, dass Rechte zu beschreiben sind, deren Bedingungen sich auf raumbezogene Eigenschaften der Ressourcen beziehen. Beispielsweise ist in GDIs häufig gefordert, den Zugriff auf eine Menge von Gebäudefeatures einzuschränken, deren "Lage"-Attribute bestimmte Eigenschaften haben (z.B. Gebäude, die innerhalb eines Sperrgebiets liegen). Zur Definition von Bedingungen, die sich auf raumbezogene Attribute beziehen, werden die in Tabelle 4.1 aufgelisteten topologischen (z.B. within, overlaps, intersects, touches), konstruktiv-geometrischen (z.B. buffer, union) und skalar-geometrischen Funktionen (z.B. distance, area oder length) benötigt. Durch die Nutzung konstruktiv-geometrischer und skalar-geometrischer Funktionen kann beispielsweise der Zugriff auf angefragte Gebäudefeatures erlaubt werden, wenn sie im Umkreis von 10 km um einen bestimmten Bezugspunkt liegen oder wenn die konvexe Hülle aller angefragten Gebäudefeatures kleiner als 5000 m^2 ist. Rechte, die ihren Bezug mittels der in Tabelle 4.1 aufgeführten Funktionen definieren, werden im Folgenden als raumbezogene Rechte bezeichnet.

---

[2]Die Anforderungen A1 und A2 wurden dennoch als separate Anforderungen aufgeführt, da hierdurch die Analyse der Rechtemodelle in Abschnitt 4.3 geeignet unterstützt wird. Manche Modelle unterstützen beispielsweise Anforderung A1 aber nicht Anforderung A3.

4.2. Anforderungen an Zugriffskontrollsysteme für GDIs

Topological Functions	Constructive Geometric Functions	Miscellaneous Functions
equals	buffer	distance
disjoint	boundary	isWithinDistance
touches	union	length
crosses	intersection	area
within	difference	
contains	symDifference	
overlaps	centroid	
intersects	convexHull	

Tabelle 4.1.: Funktionen zur Formulierung von raumbezogenen Rechtebezügen

Durch Rechte, die sich auf Ressourcen mit bestimmten Eigenschaften beziehen, können komplexe Autorisationssemantiken direkt ausgedrückt werden. Diese Rechte können sich zudem entweder gezielt auf eine große Menge an Ressourcen oder nur auf einige wenige Instanzen beziehen. Die genannten Aspekte vereinfachen die Administration der Wissensbasis eines Zugriffskontrollsystems und stellen sicher, dass das minimalistische Rechtezuteilungsprinzip eingehalten werden kann.

Autorisationen, die sich auf Ressourcen mit bestimmten Eigenschaften beziehen sollen, sind ohne die Festlegung komplexer Bedingungen bei der Definition der Rechte nicht praktikabel realisierbar. Beispielsweise kann eine Berechtigung, die sich auf Ressourcen mit bestimmten Eigenschaften E beziehen soll, nicht durch n individuelle Rechte ausgedrückt werden, die sich jeweils auf genau eine der Ressourcen mit den Eigenschaften E beziehen. Durch derartige Übersetzung der eigentlich auszudrückenden Rechte verändert sich i.d.R. ihre Semantik. Um dieser Veränderung entgegenzuwirken, müssten die Administratoren die Wissensbasis des Zugriffskontrollsystems ständig anpassen, was eine kaum handhabbare administrative Aufgabe darstellt. Soll z.B. ein Recht wie "Erlaube lesenden Zugriff auf Gebäudefeatures mit einem aktuellen Verkaufspreis unter einer Million Euro" ohne die Festlegung komplexer Bedingungen definiert werden, müsste der Administrator dieses Recht in eine Menge an individuellen Rechten übersetzen, die sich jeweils auf eines der Gebäude beziehen, die derzeit weniger als eine Million Euro

4. Zugriffskontrolle in Geodateninfrastrukturen

kosten. Da sich die Grundgesamtheit der Ressourcen und deren Zustand im Laufe der Zeit üblicherweise verändern, müsste der Administrator diese Rechte ständig anpassen, um eine ungewollte Verfälschung der Zugriffskontrollsemantik zu verhindern. Hierfür müsste er laufend prüfen, welche Gebäude aktuell weniger als eine Million Euro kosten und der Wissensbasis entsprechend Rechte hinzufügen oder entfernen. Würde die Wissensbasis die aktuelle Situation nicht widerspiegeln, wären entweder einige Gebäude unerlaubterweise lesend zugreifbar oder aber einige Gebäude, die zugreifbar sein sollten, wären unnötigerweise zugriffsbeschränkt.

Die Ausführungen des letzten Absatzes verdeutlichen, dass in GDIs Zugriffsrechte unterstützt werden müssen, deren Bedingungen sich auf (raumbezogene) Eigenschaften der Ressourcen beziehen. Ein Übersetzen von Rechten mit Bezug auf bestimmte Mengen von Ressourcen in individuelle Rechte ist aufgrund der damit verbundenen administrativen Schwierigkeiten nicht praktikabel. Auf Rechte dieser Art zu verzichten, ist ebenfalls keine akzeptable Lösung, da dies übermäßig restriktive bzw. freizügige Zugriffsregelungen auf die Ressourcen der GDI implizieren würde.

Anforderung A4: Unterstützung von Rechten mit Bezug auf Subjekte mit gewissen Eigenschaften Im GDI Anwendungsfall sind Rechte zu unterstützen, die sich auf Subjekte mit bestimmten Eigenschaften beziehen. Der Bezug dieser Rechte wird durch Bedingungen über den Eigenschaften der Subjekte definiert (z.B. die Eigenschaften "Alter", "Staatsangehörigkeit", "aktivierte Rollen" oder "aktuelle Position"). Am Beispiel der Eigenschaft "aktuelle Position" wird deutlich, dass auch zur Definition von Rechten, die sich auf Subjekte mit gewissen Eigenschaften beziehen, die in Tabelle 4.1 aufgeführten raumbezogenen Funktionen verwendbar sein müssen (z.B. Erlaube den Zugriff auf bestimmte Ressourcen der GDI, wenn sich das Subjekt aktuell in Deutschland aufhält).

Wenn Rechte mit Bezug auf Subjekte mit gewissen Eigenschaften definierbar sind, können komplexe Zugriffsrechte direkt ausgedrückt werden, wodurch sich die Definition und Verwaltung der Wissensbasis eines Zugriffskontrollsystems signifikant vereinfacht. Könnten Rechte dieser Art nicht definiert werden, wären Zugriffsrechte, die sich zum Beispiel auf alle Volljährigen, auf alle Subjekte mit Führerschein usw. beziehen, überhaupt nicht oder nur durch Übersetzung und daher nur mit hohem administrativen Aufwand umsetzbar (vgl. S. 117).

4.2. Anforderungen an Zugriffskontrollsysteme für GDIs

Anforderung A5: Unterstützung von Rechten mit Bezug auf Aktionen mit bestimmten Eigenschaften In einem Zugriffskontrollsystem für eine GDI muss die Durchsetzung von Rechten unterstützt werden, durch die gesteuert wird, welche Aktionen über die Dienste ausführbar sind. Es müssen Rechte definierbar sein, die sich auf Aktionen beliebiger Klassen beziehen. Auf Rechtmäßigkeit zu überprüfen sind beispielsweise Aktionen zur Nutzung und Pflege der Datenbasis der Dienste (z.b. Lese-, Einfüge-, Schreib- oder Löschaktionen) und Aktionen, die ausschließlich auf den übergebenen Argumenten arbeiten (z.b. Operationen zur Koordinatensystemtransformation, zur Verscheidung oder zur geospezifischen Analyse von Geodaten).

In bestimmten Anwendungsfällen besitzen die Aktionen Eigenschaften. Ist dies der Fall, muss die Definition von Rechten unterstützt werden, die sich auf Aktionen mit gewissen Eigenschaften beziehen. Beispielsweise gehören die von einem WFS-T zur Verfügung gestellten Operationen insert, update und delete zur Klasse "Transaction" und haben somit aus konzeptueller Sicht den class-of Attributwert "Transaction". Ein Recht, das einem Subjekt erlaubt, Aktionen der Klasse "Transaction" auf einem WFS durchzuführen, drückt implizit aus, dass das Subjekt die Operationen insert, update und delete ausführen darf. Dadurch dass Rechte definierbar sind, die sich gezielt auf Aktionen mit bestimmten Eigenschaften beziehen, können die geforderten Zugriffskontrollsemantiken natürlich und auf kompakte Weise ausgedrückt werden, wodurch sich die Definition und Verwaltung der Zugriffsrechte vereinfacht.

Anforderung A6: Unterstützung von Rechten mit Bezug auf Umgebungszustände mit bestimmten Eigenschaften In GDIs müssen häufig Zugriffsrechte definiert werden, die sich auf Umgebungszustände mit bestimmten Eigenschaften beziehen. Der Zustand der Umgebung des Zugriffskontrollsystems kann z.b. durch Attribute wie "current-time", "current-date", "access-history" oder über komplexe anwendungsfallspezifische Zustandsvariablen beschrieben sein.

Im Rahmen des OWS-6 Projektes war beispielsweise gefordert, Zugriffsrechte umzusetzen, die Akteuren des Katastrophenmanagements (z.B. Feuerwehrleuten) nur dann lesenden Zugriff auf angefragte Featuredaten gewähren, wenn sich die Features innerhalb oder in unmittelbarer Nähe eines aktuellen Katastrophengebietes befinden. Informationen über aktuell vorliegende Katastrophen und deren Aus-

4. Zugriffskontrolle in Geodateninfrastrukturen

dehnungsflächen wurden im OWS-6 Projekt durch XML Dokumente beschrieben, die einen Teil des Umgebungszustands des Zugriffkontrollsystems definierten (s. [HM09]). An diesem Beispiel wird deutlich, dass auch bei Definition von Rechten mit Bezug auf Umgebungszustände mit bestimmten Eigenschaften raumbezogene Funktionen verwendbar sein müssen (vgl. Tabelle 4.1).

Anforderung A7: Unterstützung von Rechten mit Bezug auf Anfrageargumente mit bestimmten Eigenschaften Beim Aufruf der Methoden der Dienste einer GDI müssen i.d.r. zahlreiche Argumente übergeben werden. Eine update Operation erfordert beispielsweise die Übermittlung eines Projektions- und Selektionsausdrucks, durch den die zu modifizierenden Features (bzw. Teile der Features) beschrieben werden. Zudem müssen beim Aufruf einer update Operation diejenigen Featuredaten übergeben werden, die den ausgewählten Anteil der vorhandenen Daten ersetzen werden.

Um diverse Sicherheitsziele, kommerzielle Interessen und semantische Integritätsbedingungen durchzusetzen, müssen in einer GDI Rechte definierbar sein, die sich auf die beim Aufruf übergebenen Argumente beziehen und prüfen, ob diese Argumente gewisse Eigenschaften besitzen. Um Bezüge zu raumbezogenen Anfrageargumenten mit bestimmten Eigenschaften herstellen zu können, müssen die unter Anforderung A3 aufgelisteten raumbezogenen Funktionen bei der Definition der Bedingungen verwendbar sein. Beispielsweise kann gewünscht sein, dass Alice, die im Vermessungsamt der Region A arbeitet, nur Gebäudedaten einfügen darf, die innerhalb der Region A liegen.

Anforderung A8: Unterstützung von positiven und negativen Rechten Bei der Definition von Zugriffsrechten müssen häufig Ausnahmeregelungen umgesetzt werden, die den Bezugsrahmen bereits definierter Rechte einschränken. Beispielsweise könnte, ausgehend von einer closed world Annahme, ein Recht definiert worden sein, das allen volljährigen Personen lesenden Zugriff auf Gebäudedaten erlaubt. Eine Ausnahmeregelung könnte nun festlegen, dass volljährige Subjekte, die Alice heißen, von diesem Recht auszuschließen sind.

Ausnahmeregelungen können z.B. umgesetzt werden, indem die bereits in der Wissensbasis existierenden Rechte, die von der Ausnahmeregelung betroffen sind,

4.2. Anforderungen an Zugriffskontrollsysteme für GDIs

entsprechend angepasst werden. Im Beispiel müsste das existierende Recht so modifiziert werden, dass es sich nur mehr auf Subjekte bezieht, die volljährig sind und nicht Alice heißen. Diese Verfahrensweise ist zwar anzustreben, aber leider nicht immer anwendbar. Beispielsweise kann es vorkommen, dass bereits existierende Rechte nicht verändert werden können, da sie von Administratoren einer anderen Domäne definiert und nur über eine Referenz in die lokale Wissensbasis "importiert" wurden. Problematisch an der Anpassung der existierenden Rechte ist zudem, dass komplexe administrative Arbeitsschritte notwendig sein können und die in der Wissensbasis definierten Rechte womöglich schlechter verständlich werden.

Alternativ können Ausnahmeregelungen realisiert werden, indem das Zugriffskontrollsystem die parallele Definition von positiven und negativen Rechten und das Festlegen geeigneter konfliktauflösender Strategien unterstützt. Die im obigen Beispiel geforderte Autorisationssemantik könnte in einem solchen Zugriffskontrollsystem durch ein positives Recht, das sich auf die volljährige Personen bezieht, und durch ein negatives Recht, das sich auf Subjekte mit dem Namen Alice bezieht, umgesetzt werden. Zudem müsste eine konfliktauflösende Strategie, wie z.B. "deny-overrides", definiert werden, damit das negative das positive Recht überschreibt.

Festzuhalten ist, dass im GDI Anwendungsfall sowohl positive als auch negative Rechte zu unterstützen sind, um Ausnahmeregelungen einfach und über verteilte, sich referenzierende Wissensbasen hinweg durchzusetzen. Ergänzend muss es möglich sein, geeignete konfliktauflösende Algorithmen festzulegen, um die zur Laufzeit möglicherweise auftretenden Konflikte durch widersprüchliche Rechte zu beheben.

4.2.2. Integration eines Zugriffskontrollsystems in die Servicearchitektur einer GDI

Abbildung 4.3 stellt diejenigen Komponenten nummeriert dar, in denen der Zugriffskontrollprozess initiiert und ggf. auch durchgeführt werden kann. Jede der mit "ACS" (für: Access Control System) gekennzeichneten Entitäten stellt entweder ein vollwertiges Zugriffskontrollsystem dar, in dem der gesamte Zugriffskontrollprozess abläuft, oder repräsentiert eine PEP Komponente eines verteilten Zugriffskontroll-

4. Zugriffskontrolle in Geodateninfrastrukturen

systems, die den Zugriffskontrollprozess ausschließlich initiiert. Die verschiedenen ACS Entitäten stehen für konzeptuell unterschiedliche Fälle. Beispielsweise kann ein Zugriffskontrollsystem (bzw. der PEP) vor, im oder hinter den zu schützenden Diensten der GDI integriert werden und kann auf Clientrechnern, auf speziellen Proxyrechnern oder auf Servern laufen. Die mit "Service-" markierten Komponenten stehen für beliebige (OGC) Web Services, für Datenbankmanagementsysteme oder für Dateisystemverwaltungsdienste des Betriebssystems.

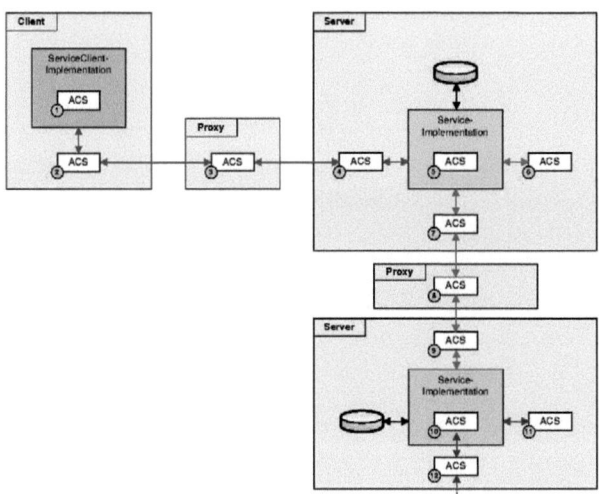

Abbildung 4.3.: Mögliche Komponenten zur Initiierung des Zugriffskontrollprozesses

Die nachfolgend beschriebenen Anforderungen führen dazu, dass sich die Anzahl der Komponenten, in denen der Zugriffskontrollprozess in GDIs tatsächlich eingeleitet oder durchgeführt werden kann, deutlich reduziert.

Anforderung A9: Keine Ansprüche an Softwareausstattung und Konfiguration der Clientrechner Subjekte sollen über gewöhnliche Browser oder dienstspezifische Clients auf die Dienste einer GDI zugreifen können. Man kann nicht davon ausgehen, dass auf den Clientrechnern Zugriffskontrollsysteme oder PEP

4.2. Anforderungen an Zugriffskontrollsysteme für GDIs

Komponenten, die ein Zugriffskontrollsystem aufrufen, installiert sind. Diese Anforderung hat zur Folge, dass der Zugriffskontrollprozess in GDIs nicht in den Komponenten 1 und 2 initiiert oder durchgeführt werden kann.

Anforderung A10: Der Zugriffskontrollprozess darf nicht "hinter" dem Dienst stattfinden Findet der Zugriffskontrollprozess in den Komponenten 6 bis 12 statt, müssen sich die Zugriffsrechte auf die vom Dienst generierten Unteranfragen (und deren "Ableitungen") und die zugehörigen Antworten beziehen (vgl. grüne und rote Pfeile in Abbildung 4.3). Dieser Ansatz ist aus zweierlei Gründen problematisch. Zum einen ist diese Strategie nicht anwendbar, wenn die Datenquellen des Dienstes einer anderen administrativen Domäne angehören. Zum anderen lassen sich in den Komponenten 6 bis 12 keine Rechte mehr durchsetzen, die ausschließlich auf den zwischen Client und Dienst ausgetauschten Nachrichten überprüft werden können. Beispielsweise lassen sich Anfragen an einen Dienst, die keine Unteranfragen nach sich ziehen (z.B. wps:Excecute, cts:TransformCoordinates oder ogc:GetCapabilities) in Zugriffskontrollsystemen "hinter" dem Dienst nicht überprüfen. Aufgrund dieser Nachteile kann der Zugriffskontrollprozess in GDIs nicht in den Komponenten 6 bis 12 initiiert werden.

Anforderung A11: Unabhängigkeit der unterstützten Rechte von den Zugriffskontrollfähigkeiten der Dienstimplementierungen Die in einer GDI verwendeten Dienstimplementierungen stammen von verschiedenen Herstellern und ihre Zugriffskontrollfähigkeiten sind sehr heterogen. Oft bieten die Implementierungen überhaupt keine Lösungen, um Zugriffsbeschränkungen durchzusetzen, oder sie unterstützen nur sehr grobgranulare Mechanismen mit geringer Mächtigkeit, wie z.B. Zugriffskontrolle ausschließlich in Abhängigkeit der Identität des anfragenden Subjekts. Es kann nicht vorausgesetzt oder gefordert werden, dass alle in einer GDI verwendeten Dienste ein ausreichend mächtiges Zugriffskontrollsystem integriert haben oder Zugriffsentscheidungsanfragen an ein solches absetzen. Die Konsequenz ist, dass der Zugriffskontrollprozess in GDIs nicht in den Komponenten 5 und 10 initiiert oder durchgeführt werden kann.

4. Zugriffskontrolle in Geodateninfrastrukturen

Fazit Aus den Anforderungen A9, A10 und A11 folgt, dass der Zugriffskontrollprozess in GDIs nur in den Komponenten 3 oder 4 eingeleitet bzw. durchgeführt werden kann. Welche Variante vorzuziehen ist, muss in Abhängigkeit der speziellen Gegebenheiten und Anforderungen eines Anwendungsfalls individuell entschieden werden. Beispielsweise bietet die Durchführung der Zugriffskontrolle in der Komponente 4 eventuell Performancevorteile, da der Zugriffskontrollprozess über lokale Methodenaufrufe gestartet wird. Die Integration des Zugriffskontrollsystems in die Komponente 3 kann dagegen z.b. aufgrund von Skalierbarkeits- und Verfügbarkeitsaspekten favorisiert werden, da das Zugriffskontrollsystem hierdurch einfach replizierbar und auf mehrere Proxies verteilbar wird. Die Durchsetzung der Zugriffskontrolle in Komponente 3 bietet zudem die Möglichkeit, den Betrieb und die Wartung des Zugriffskontrollsystems an eine andere Organisationseinheit, z.B. einen speziellen Security-Dienstleister, zu übergeben.

Aufgrund der losen Kopplung zwischen den Komponenten 3 bzw. 4 und dem zu schützenden Dienst sind im Zugriffskontrollsystem, neben Daten zu Subjekten und Umgebungszuständen, nur die ausgetauschten Nachrichten direkt verfügbar. Ein geeignetes Rechtemodell muss daher die Definition von Zugriffsrechten unterstützen, die alle in GDIs geforderten, ressourcenspezifischen Autorisationssemantiken ausschließlich durch den Bezug auf die Daten der Anfragen oder Antworten realisieren. In den Abschnitten 4.3.4 und 4.3.5 wird ein solches Modell erarbeitet und es wird erläutert, wann die Durchsetzung der Zugriffskontrolle in den Komponenten 3 oder 4 anfragebasiert, antwortbasiert oder sowohl anfrage- als auch antwortbasiert erfolgen muss.

4.2.3. Sonstige Anforderungen an das Zugriffskontrollsystem

Neben den zu unterstützenden Zugriffsrechten und den Vorgaben, wo der Zugriffskontrollprozess initiiert werden muss, existieren noch einige weitere allgemeine Anforderungen an ein Zugriffskontrollsystem für eine GDI, die in diesem Abschnitt zusammengefasst werden.

Anforderung A12: Lose Kopplung zwischen dem Zugriffskontrollsystem und weiteren Sicherheitsdiensten Im letzten Abschnitt wurde aufgezeigt, dass ein Zugriffskontrollsystem außerhalb der zu schützenden Dienste zu realisieren ist und

4.2. Anforderungen an Zugriffskontrollsysteme für GDIs

die zwischen Clients und Diensten ausgetauschten Nachrichten abfangen muss. Darüber hinaus wird verlangt, dass ein Zugriffskontrollsystem für eine GDI als eigenständiger Dienst (bzw. als Komposition von Diensten) realisiert wird, der (die) lose mit den anderen Diensten der Sicherheitsarchitektur gekoppelt ist. Diese Forderung entspricht dem serviceorientierten Sicherheitsarchitektur-Paradigma und ist durch die mit diesem Architekturstil einhergehenden Vorteile begründet (z.b. flexible Kombinierbarkeit des Zugriffskontrolldienstes mit Authentifizierungsdiensten oder einfache Austauschbarkeit sämtlicher Sicherheitsdienste – vgl. 2.4.2). Zu betonen ist, dass diese Anforderung nicht ausdrückt, dass die Komponenten eines Zugriffskontrollsystems, wie z.b. der PEP oder der PDP, als Web Services realisiert werden müssen.

Anforderung A13: Unterstützung der PAMAP-Strategie Bei der Nutzung der Daten und Dienste einer GDI kann es vorkommen, dass die von einem Subjekt beabsichtigte Aktion nur teilweise autorisiert ist. In solch einem Fall ist es häufig wünschenswert, dass die Aktion nicht komplett verweigert wird, sondern zumindest der autorisierte Anteil der Anfrage gestattet wird. Angenommen ein Subjekt möchte lesend auf 100.000 Gebäudefeature-Datensätze zugreifen, von denen nur ein Datensatz einer Zugriffsbeschränkung unterliegt. Das Zugriffskontrollsystem sollte in diesem Fall in der Lage sein, entweder die Featuremenge in der Antwortnachricht um das zugriffsbeschränkte Feature zu reduzieren oder die Anfrage derart zu modifizieren, dass die Antwort das zugriffsbeschränkte Feature nicht mehr enthält.

Die soeben beschriebene Funktionalität wird nachfolgend als die PAMAP-Strategie bezeichnet (engl. Permit-As-Much-As-Possible strategy). Mittels eines Zugriffskontrollsystems, das die PAMAP-Strategie unterstützt, kann zumindest der autorisierte Anteil eines Interaktionswunsches erlaubt werden, indem die abgefangene Anfrage- oder Antwortnachricht im Zugriffskontrollsystem geeignet modifiziert wird. Zu beachten ist, dass die PAMAP-Strategie nur bei der Kontrolle von Interaktionen sinnvoll anwendbar ist, die sich auf mehrere Ressourcen beziehen oder mehrere Aktionen anstoßen (z.B. eine Menge von Features oder Dateneinheiten). Wird die PAMAP-Strategie verfolgt, muss für jeden Anwendungsfall individuell entschieden werden, ob anfragende Subjekte über die Veränderung der Anfragen bzw. der Antworten in Kenntnis gesetzt werden oder

4. Zugriffskontrolle in Geodateninfrastrukturen

ob diese unbemerkt stattfindet.

Anforderung A14: Implementierung des Zugriffskontrollsystems und der Wissensbasis basierend auf Standards In den verschiedenen administrativen Domänen einer GDI existieren i.d.R. separate Zugriffskontrollsysteme, die allerdings auf vielfältige Art und Weise miteinander in Relation stehen können. Beispielsweise werden in der Wissensbasis eines Zugriffskontrollsystems einer untergeordneter Organisationseinheiten häufig Verweise definiert, die Objekte der Wissensbasen übergeordneter Institutionen "importieren". Zudem werden die Komponenten von Zugriffskontrollsystemen häufig auf verteilten Systemen betrieben, um z.b. Synergieeffekte durch die kooperative Nutzung von PEP, PDP und PAP Entitäten zu erzielen.

Die Wissensbasen lassen sich einfach miteinander kombinieren, indem ein einheitliches, standardisiertes Rechtemodell zur Beschreibung der geforderten Authorisationen verwendet wird. Um dezentrale Zugriffskontrollsysteme einfach zu realisieren, werden standardisierte Schnittstellen für PEP, PDP und PAP Komponenten benötigt. Die Verwendung von Standards bei der Entwicklung des Zugriffskontrollsystems und bei der Definition der Zugriffsrechte ermöglicht den gewünschten Grad an Interoperabilität und bringt darüber hinaus die durch Standardisierung üblicherweise angestrebten Vorteile mit sich (z.B. die Verfügbarkeit erprobter und performanter Implementierungen).

Anforderung A15: Aufzeichnung der Interaktionen und des Verhaltens des Zugriffskontrollsystems Das Zugriffskontrollsystem sollte einen Auditing-Dienst der serviceorientierten Sicherheitsarchitektur aufrufen, der festhält, welche Interaktionen im Zugriffskontrollsystem überprüft werden, welche Teile der Wissensbasis wann zur Anwendung kommen und welche Effekte die Durchsetzung der Rechte auf den Informationsfluss zwischen Client und Dienst hat. Alternativ zum Auditing-Dienst kann die Protokollierung dieser Informationen auch direkt im Zugriffskontrollsystem erfolgen. Mittels der aufgezeichneten Daten kann das Verhalten des Zugriffskontrollsystems analysiert werden, wodurch möglicherweise Fehler in der Definition der Wissensbasis aufgedeckt werden können.

4.2. Anforderungen an Zugriffskontrollsysteme für GDIs

Anforderung A16: Implementierungsspezifische Anforderungen Bei der Implementierung der Komponenten eines Zugriffskontrollsystems für eine GDI müssen folgende nicht-funktionale Anforderungen berücksichtigt werden:

- Einfachheit der Implementierung
- Robustheit der Implementierung
- Performanz der Implementierung
- Skalierbarkeit der Implementierung

4.2.4. Zusammenfassung der Anforderungen

In den vorangegangenen Abschnitten wurden zahlreiche Anforderungen beschrieben, die ein Zugriffskontrollsystem erfüllen muss, um die Zugriffe auf die Dienste und Daten einer GDI geeignet zu beschränken. Die untenstehende Tabelle 4.2 listet sämtliche Anforderungen zusammenfassend auf.

In Abschnitt 4.3 wird untersucht, ob eines der unter 3.2 vorgestellten, konzeptuellen Rechtemodelle die beschriebenen Anforderungen erfüllt. Um eine differenzierte Analyse der Rechtemodelle zu ermöglichen, wurden die Anforderungen A1, A2 und A3 in Abhängigkeit der Ressourcenklasse zusätzlich in separate "Unter"-Anforderungen unterteilt. Die Anforderung, raumbezogene Rechte zu unterstützen, ist nicht eigens aufgeführt, da sie Teil der Anforderungen A3, A4, A7 und A8 ist.

4. Zugriffskontrolle in Geodateninfrastrukturen

ID	Anforderung
A1	Unterstützung von Rechten mit Bezug auf einzelne Ressourcen unterschiedlicher Klassen
A1.1	Unterstützung von Rechten mit Bezug auf einzelne Rechner
A1.2	Unterstützung von Rechten mit Bezug auf einzelne Dienste
A1.3	Unterstützung von Rechten mit Bezug auf einzelne Datencontainer
A1.4	Unterstützung von Rechten mit Bezug auf einzelne Features
A1.5	Unterstützung von Rechten mit Bezug auf einzelne Attribute
A2	Unterstützung von Rechten mit Bezug auf einzelne Dienst-, Feature- und Attributklassen
A2.1	Unterstützung von Rechten mit Bezug auf einzelne Dienstklassen
A2.2	Unterstützung von Rechten mit Bezug auf einzelne Featureklassen
A2.3	Unterstützung von Rechten mit Bezug auf einzelne Attributklassen
A3	Unterstützung von Rechten mit Bezug auf Ressourcen mit bestimmten Eigenschaften
A3.1	Unterstützung von Rechten mit Bezug auf Rechner mit bestimmten Eigenschaften
A3.2	Unterstützung von Rechten mit Bezug auf Dienste mit bestimmten Eigenschaften
A3.3	Unterstützung von Rechten mit Bezug auf Datencontainer mit bestimmten Eigenschaften
A3.4	Unterstützung von Rechten mit Bezug auf Features mit bestimmten Eigenschaften
A3.5	Unterstützung von Rechten mit Bezug auf Attribute mit bestimmten Eigenschaften
A4	Unterstützung von Rechten mit Bezug auf Subjekte mit bestimmten Eigenschaften
A5	Unterstützung von Rechten mit Bezug auf Aktionen mit bestimmten Eigenschaften
A6	Unterstützung von Rechten mit Bezug auf Umgebungszustände mit bestimmten Eigenschaften
A7	Unterstützung von Rechten mit Bezug auf Anfrageargumente mit bestimmten Eigenschaften
A8	Unterstützung von positiven und negativen Rechten
A9	Keine Ansprüche an Softwareausstattung und Konfiguration der Clientrechner
A10	Der Zugriffskontrollprozess darf nicht "hinter" dem Dienst stattfinden
A11	Unabhängigkeit der unterstützten Rechte von den Zugriffskontrollfähigkeiten der Dienstimplementierungen
A12	Lose Kopplung zwischen dem Zugriffskontrollsystem und weiteren Sicherheitsdiensten
A13	Unterstützung der PAMAP-Strategie
A14	Implementierung des Zugriffskontrollsystems und der Wissensbasis basierend auf Standards
A15	Aufzeichnung der Interaktionen und des Verhaltens des Zugriffskontrollsystems
A16	Implementierungsspezifische Anforderungen

Tabelle 4.2.: Anforderungen an ein Zugriffkontrollsystem in einer GDI im Überblick

4.3. Analyse konzeptueller Rechtemodelle

Abschließend sei angemerkt, dass die in einem Zugriffskontrollsystem für eine GDI tatsächlich zu implementierenden Rechte von zahlreichen Faktoren abhängen, wie z.b. von der Art der zu schützenden Daten und Dienste, den geltenden gesetzlichen Regelungen oder den zugrunde liegenden Verwaltungsstrukturen. Die genauen Anforderungen eines konkreten Anwendungsfalls sind auch innerhalb des GDI Anwendungsgebiets sehr unterschiedlich und zudem variabel. Es ist anzuraten, in einer GDI nur Zugriffskontrollsysteme einzusetzen, die sämtliche der in Tabelle 4.2 genannten Anforderungen erfüllen. Nur so kann das Risiko minimiert werden, dass ein Zugriffskontrollsystem komplett ausgetauscht werden muss, sobald veränderte Rahmenbedingungen zu neuen Anforderungen an das Autorisationssystem führen, die sich durch einfache Erweiterungen der Wissensbasis nicht realisieren lassen.

4.3. Analyse konzeptueller Rechtemodelle

In den nachfolgenden Abschnitten wird untersucht, inwieweit die in Abschnitt 3.2 vorgestellten konzeptuellen Rechtemodelle den Anforderungen des GDI Anwendungsfalls genügen. Ziel dieser Analyse ist es, ein oder mehrere geeignete konzeptuelle Modelle zu identifizieren, von denen ausgehend ein ausreichend mächtiges logisches Rechtemodell abgeleitet werden kann. Ist ein konzeptuelles Model für den GDI Anwendungsfall nicht geeignet, sind auch sämtliche von diesem Modell abgeleiteten logischen Modelle nicht brauchbar.

4.3.1. Eignung SAR-basierter Modelle

Rechte mit Bezug auf einzelne Ressourcen unterschiedlicher Klassen In GDIs ist es erforderlich, Zugriffsrechte mit Bezug auf einzelne Ressourcen unterschiedlicher Ressourcenklassen auszudrücken (vgl. Anforderung A1.1 bis A1.5). Rechte, die Instanzen eines SAR-basierten Modells sind (kurz: SAR-Rechte), erfüllen diese Anforderung, da sie für jede Ressource (d.h. jeden Rechner, jeden Dienst, jeden Datencontainer, jedes Feature und jedes Attribut eines Features) einzeln festlegen, welche Aktionen ein Subjekt auf ihr ausführen darf.

4. Zugriffskontrolle in Geodateninfrastrukturen

Rechte mit Bezug auf Subjekte, Aktionen oder Ressourcen mit bestimmten Eigenschaften Problematisch ist jedoch, dass SAR-basierte Modelle ausschließlich die Definition von Rechten mit Bezug auf einzelne Subjekte, Aktionen und Ressourcen unterstützen. Rechte, die sich auf eine Menge von Subjekten, Aktionen oder Ressourcen mit bestimmten Eigenschaften beziehen (vgl. Anforderung A2 bis A5), werden nicht oder nur durch behelfsmäßige Erweiterungen für einige Spezialfälle unterstützt.

Für solch eine provisorische Lösung müssen für die Mengen der Ressourcen, Subjekte und Aktionen spezielle Bezeichner – sog. abstrakte Bezeichner – eingeführt werden, die anschließend bei der Definition von SAR-Rechten, d.h. in (s, a, r) Tupeln, verwendet werden können. Beispielsweise drückt das Tupel ("$s_{volljährig}$", "a_{lesen}", "$r_{Gebäude\ in\ Bayern}$") ein Recht aus, das volljährigen Subjekten lesenden Zugriff auf Gebäude in Bayern gestattet.

Damit SAR-Rechte mit abstrakten Bezeichner korrekt durchgesetzt werden, muss das Zugriffskontrollsystem bei einer Aktion eines Subjekts auf einer bestimmten Ressource prüfen, ob das Subjekt, die Aktion und die von der Aktion betroffenen Ressourcen "Mitglied" einer der Mengen sind, für die die abstrakten Bezeichner stehen. Um beispielsweise das im letzten Absatz erwähnte Recht durchzusetzen, muss das Zugriffskontrollsystem für jedes anfragende Subjekt feststellen, ob es der Gruppe der Volljährigen angehört und für jedes angefragte Feature ermitteln, ob es sich um ein in Bayern liegendes Gebäude handelt.

Durch abstrakte Bezeichner für bestimmte Mengen von Entitäten und dazu passende Mechanismen zur Ermittlung der Zugehörigkeit zu diesen Mengen wird nachgeahmt, was über die Bedingungsausdrücke von Zugriffsregeln direkt festlegbar ist. Der entscheidende Nachteil der erläuterten behelfsmäßigen Erweiterung des SAR-basierten Modells ist allerdings, dass die abstrakten Bezeichner explizit festgelegt werden müssen und der Mechanismus zur Durchsetzung der Zugriffsrechte entsprechend zu realisieren ist. Im Gegensatz zum regelbasierten Modell können die Administratoren die Entitätsmengen, auf die sich ihre Rechte beziehen sollen, nicht selbst definieren. Sie können lediglich die vorgegebenen abstrakten Bezeichner zur Definition mengenbezogener Rechte nutzen. SAR-basierte Rechtemodelle unterstützen daher nur ansatzweise die Definition von Rechten mit Bezug auf bestimmte Mengen von Subjekten, Aktionen und Ressourcen, weshalb die Anforderungen A2 bis A5 nicht erfüllt sind.

4.3. Analyse konzeptueller Rechtemodelle

Da Rechte mit Bezug auf Entitäten mit bestimmten Eigenschaften nicht unterstützt werden, müssen die Rechte für jedes Subjekt, jede Ressource und jede Aktion einzeln festlegt werden. Dies führt angesichts der großen Anzahl von Subjekten und Ressourcen in einer GDI zu schwer handhabbaren administrativen Aufgaben. Zur mangelhaften Skalierbarkeit kommt erschwerend hinzu, dass sich die Subjekte, Ressourcen und auch die Rechte des Systems häufig ändern, was die administrativen Probleme zusätzlich verschärft. Wie unter 4.2.1 bereits mehrfach erwähnt, führt das explizite Übersetzen von mengenbezogenen Rechten in individuelle Rechte i.d.R. zudem zu einer Veränderung der Semantik der Rechte, die sich nur durch extrem aufwendige administrative Prozesse vermeiden lässt (s. S. 117).

Rechte mit Bezug auf Umgebungszustände mit bestimmten Eigenschaften
Ein weiterer Nachteil eines SAR-basierten Modells besteht darin, dass keine Rechte unterstützt werden, die sich auf Umgebungszustände mit bestimmten Eigenschaften beziehen (vgl. Anforderung A6). Selbst wenn ein SAR-basiertes Modell um zusätzliche Entitätstypen für die einzelnen Umgebungszustandsvariablen erweitert werden würde, ließen sich Rechte mit Bezug auf gewisse Umgebungszustande nicht geeignet realisieren. Das Grundproblem besteht darin, dass der Umgebungszustand i.d.R. über zahlreiche Variablen mit großen oder stetigen Wertebereichen definiert ist (z.B. Uhrzeit oder Systemauslastung) und über SAR-Rechte, wie oben erläutert, nur ansatzweise ein Bezug auf Mengen von Entitäten mit bestimmten Eigenschaften hergestellt werden kann. Einziger Ausweg ist daher die Definition individueller Rechte mit Bezug auf die einzelnen Merkmalsausprägungen der verschiedenen Umgebungszustandsvariablen, was bei stetigen Wertebereichen nicht praktikabel ist.

Rechte mit Bezug auf Anfragargumente mit bestimmten Eigenschaften
Eine weitere konzeptuelle Schwäche SAR-basierter Modelle besteht darin, dass keine Rechte mit Bezug auf die in Dienstanfragen übergebenen Argumente definiert werden können (vgl. Anforderung A7). Beispielsweise lässt sich der Zugriff bei insert oder update Aktionen nicht in Abhängigkeit des Inhalts der einzufügenden Daten steuern.

4. Zugriffskontrolle in Geodateninfrastrukturen

Durchsetzung der Zugriffskontrolle auf den Dienstanfragen oder -antworten
Die Verwendung eines SAR-basierten Modells setzt voraus, dass im Zugriffskontrollsystem ein Mechanismus implementiert ist, der ermittelt, welche Ressourcen von den Interaktionen betroffenen sind. Bei Löschanfragen (z.B. Lösche alle Gebäudefeatures in Bayern) muss beispielsweise die Menge der zu löschenden Features ermittelt werden.

Je nach betrachteter Aktion und Ressourcenklasse kann die Identifikation der betroffenen Ressourcen nicht immer basierend auf der Anfrage oder der Antwort erfolgen. Häufig müssen die Zwischenergebnisse, die bei der Bearbeitung der Anfragen entstehen, analysiert werden oder es müssen zusätzliche Anfragen vom Zugriffskontrollsystem an die Dienste gesendet werden. Dies steht allerdings im Widerspruch zu der in Abschnitt 4.2.2 beschriebenen Anforderung, dass es möglich sein muss, Zugriffskontrollentscheidungen ausschließlich ausgehend von Subjekt- und Umgebungszustandsdaten sowie den abgefangenen Nachrichten, die zwischen Subjekt und Dienst ausgetauscht werden, zu berechnen (vgl. 4.2.2).

Fazit In diesem Abschnitt wurden zahlreiche konzeptuelle Schwächen SAR-basierter Modelle herausgearbeitet. Aufgrund der daraus resultierenden Probleme und Einschränkungen eignet sich ein SAR-basiertes Rechtemodell nicht für die Verwendung in einem Zugriffskontrollsystem für eine GDI.

4.3.2. Eignung View-basierter Modelle

Rechte mit Bezug auf Features oder Attribute mit bestimmten Eigenschaften View-basierte Rechtemodelle erweitern SAR-basierte Modelle, da sie zusätzlich die Definition von Rechten unterstützen, die sich auf Features oder Attribute mit bestimmten Eigenschaften beziehen. Im Gegensatz zu den SAR-basierten Modellen erfüllen View-basierte Modelle daher die Anforderung A2.2, A2.3, A3.4 und A3.5.

Rechte mit Bezug auf Subjekte, Aktionen, Umgebungszustände und Anfrageargumente mit bestimmten Eigenschaften Abgesehen von dieser Verbesserung weisen View-basierte Rechtemodelle die gleichen konzeptuellen Schwächen

4.3. Analyse konzeptueller Rechtemodelle

wie SAR-basierte Modelle auf. Es lassen sich auch hier keine Zugriffsrechte mit Bezug auf Subjekte, Aktionen, Umgebungszustände und Anfrageargumente mit bestimmten Eigenschaften formulieren (vgl. Anforderung A4 bis A7).

Unabhängigkeit der unterstützten Rechte von den Zugriffskontrollfähigkeiten der Dienstimplementierungen Problematisch ist zudem, dass Zugriffskontrollsysteme, die View-basierte Rechtemodelle verwenden, i.d.R. in die Implementierung eines Datenbankmanagementsystems oder eines Web Services integriert werden, was der Anforderung A11 aus Abschnitt 4.2.2 widerspricht.

Fazit Aufgrund der aufgeführten Schwächen sollte ein Zugriffskontrollsystem für eine GDI nicht auf einem View-basierten Rechtemodell beruhen.

4.3.3. Eignung Tagging-basierter Modelle

Rechte mit Bezug auf einzelne Ressourcen unterschiedlicher Klassen Rechte, die konform zu einem Tagging-basierten Modell sind, können sich auf einzelne Ressourcen unterschiedlicher Klassen beziehen (vgl. Anforderung A1). Hierfür müssen die zu schützenden Rechner, Dienste, Datencontainer, Features und Attribute mit Sicherheitstags versehen werden. Im GDI Anwendungsfall ist die Auszeichnung der Ressourcen mit Sicherheitstags allerdings in dreierlei Hinsicht problematisch:

Wenn der zu schützende Dienst und die von ihm genutzten Datenquellen zu unterschiedlichen administrativen Domänen gehören, können die Featuredaten in diesen Datenquellen i.d.R. nicht um fremde Sicherheitstags erweitert werden. Bei Sensordiensten ergibt sich die Schwierigkeit, dass die Featuredaten in Echtzeit entstehen und daher ebenfalls nicht mit Sicherheitstags ausgezeichnet werden können. Ein drittes Hindernis besteht darin, dass die Vergabe der Sicherheitstags i.d.R. für jede Ressource und jedes Subjekt einzeln stattfinden muss, was bei Millionen von Ressourcen, die sich zudem häufig ändern, eine kaum zu bewältigende administrative Aufgabe darstellt.

4. Zugriffskontrolle in Geodateninfrastrukturen

Rechte mit Bezug auf Ressourcen und Subjekte mit bestimmten Eigenschaften Auf Grundlage eines Tagging-basierten Modells können keine Rechte mit Bezug auf Mengen von Ressourcen und/oder Subjekten definiert werden (vgl. Anforderung A2, A3 und A4). Im günstigsten Fall unterstützt der Administrationsdienst die Vergabe von Tags, indem über ihn Vorschriften festgelegt werden können, welchen Entitäten welcher Tag zugeordnet werden soll. Wenn die Subjekte und Ressourcen anschließend gemäß dieser Vorschriften automatisiert mit Tags versehen werden, kommt es allerdings zur Übersetzung der mengenbezogenen Auszeichnungsvorschriften, was – wie bereits unter Anforderung A3 (s. S. 117) ausführlich erläutert – entweder eine Veränderung der beabsichtigten Authorisationssemantik oder gravierende administrative Probleme zur Folge hat.

Rechte mit Bezug auf Umgebungszustände und Anfrageargumente mit bestimmten Eigenschaften Ein weiteres Manko der Tagging-basierten Modelle besteht darin, dass keine Rechte mit Bezug auf Umgebungszustände und Anfrageargumente beschrieben werden können (vgl. Anforderungen A6 und A7).

Unabhängigkeit der unterstützten Rechte von den Zugriffskontrollfähigkeiten der Dienstimplementierungen Eine ungenügende Eigenschaft der Tagging-basierten Modelle ist zudem, dass der Prozess der Zugriffskontrolle bei löschenden oder modifizierenden Anfragen auf den Zwischenergebnissen durchgeführt werden muss, die bei der Bearbeitung der Anfragen entstehen. Nur anhand dieser Zwischenergebnisse können die von einer Interaktion betroffenen Ressourcen und damit die Sicherheitstags, die zur Berechnung der Zugriffsentscheidung relevant sind, identifiziert werden. Um eine Durchsetzung der Rechte basierend auf den Zwischenergebnissen der Anfragebearbeitung zu ermöglichen, muss die Implementierung des Tagging-basierten Zugriffskontrollsystems in die Implementierung des Web Services oder des Datenbankmanagementsystems integriert werden, was im Widerspruch zur Anforderung A11 in Abschnitt 4.2.2 steht.

Fazit Die in diesem Abschnitt aufgeführten Schwächen der Tagging-basierten Rechtemodelle zeigen, dass ein Zugriffskontrollsystem für eine GDI nicht auf einem Modell dieser Klasse basieren kann.

4.3. Analyse konzeptueller Rechtemodelle

4.3.4. Eignung permit/deny regelbasierter Rechtemodelle

In diesem Abschnitt wird untersucht, ob ein Zugriffskontrollsystem, dessen Wissensbasis aus permit/deny Zugriffsregeln besteht, die Anforderungen des GDI Anwendungsfalls erfüllt. In Abschnitt 4.3.4.1 wird zunächst betrachtet, wie das konzeptuelle Evaluationskontextmodell zu definieren ist, um einen geeigneten Rahmen für die Definition der Zugriffsregeln zu bieten. Anschließend wird in Abschnitt 4.3.4.2 analysiert, welche der in GDIs geforderten Zugriffsrechte sich durch permit/deny Zugriffsregeln definieren lassen, die sich auf Instanzen des in Abschnitt 4.3.4.1 erarbeiteten Evaluationskontextmodells beziehen.

4.3.4.1. Evaluationskontextmodelle im GDI Anwendungsfall

Im GDI Anwendungsfall stehen zur Instanzierung eines Evaluationskontextmodells Daten zum Subjekt, zum Dienst, zum Umgebungszustand sowie die abgefangene OWS Anfrage- oder Antwortnachricht zur Verfügung (vgl. 4.2.2). Sämtliche Informationen, die zu diesen Entitäten im PEP vorhanden sind, müssen im Evaluationskontext abgebildet werden, um die in GDIs geforderten Rechte zu realisieren (Details s. 4.3.4.2 und 4.3.5). In einem Zugriffskontrollsystem für eine GDI ist daher ein Evaluationskontextmodell zu verwenden, das das in Abbildung 4.4 visualisierte abstrakte Evaluationskontextmodell konkretisiert. Modelle dieser Klasse werden nachfolgend als Subject-Service-Message-Environment Evaluationskontextmodelle bezeichnet (kurz: SSME Modelle).

Ein SSME Modell kann entweder auf Grundlage einer abgefangenen Anfrage- oder Antwortnachricht instanziert werden. Je nach Art der Interaktion und der umzusetzenden Rechte ist für jeden Anwendungsfall individuell festzulegen, ob der Zugriffskontrollprozess auf einem anfrage- oder antwortbasiert erzeugten SSME Evaluationskontext durchgeführt werden soll bzw. muss (Details s. 4.3.4.2 und 4.3.5).

4. Zugriffskontrolle in Geodateninfrastrukturen

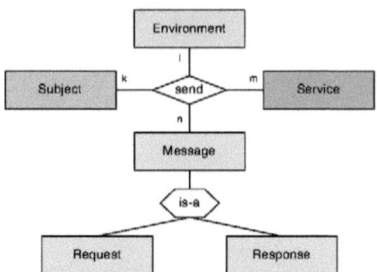

Abbildung 4.4.: Abstraktes SSME Evaluationskontextmodell

Eine Instanz des Entitätstyps Subject beschreibt ein Subjekt, das eine Interaktion initiiert hat. Es kann beispielsweise über Attribute wie "subject-id", "activated-roles", "authentication-method", "used-machine", "year-of-birth" und "current-location" beschrieben sein.

Eine Instanz des Entitätstyps Service drückt die Eigenschaften des Dienstes aus, mit dem das Subjekt interagieren möchte. Typische Eigenschaften einer Service Entität sind "service-class", "ip-address" und "port-number". Bei einem anfrage-/antwortbasierten Nachrichtenmuster werden die Rollen der beiden beteiligten Entitäten während der Interaktion als konstant angesehen. Unabhängig davon, ob das Subjekt eine Anfrage an den Dienst sendet oder eine Antwort von diesem erhält, ist das Subjekt die Entität, durch die die Interaktion initiiert wurde, und der Service ist die Einheit, die Anfragen empfängt und daraufhin Antwortnachrichten versendet.

Der Entitätstyp Message kann entweder vom Unterklassetyp Request oder Response sein und repräsentiert je nach betrachtetem Dienst- und Nachrichtentyp verschiedenartige Informationen. Aus einer Request Entität (und in vielen Fällen auch aus der Response Entität) geht die Aktion hervor, die das Subjekt durchführen möchte. Zudem beschreibt eine Request Entität die Argumente, die beim Aufruf einer Operation eines Dienstes übergeben werden sollen. Im Fall von datenselektierenden Anfragen enthalten die Response Entitäten die angefragten Featuredaten. Neben den Daten zur Nachricht selbst können in einer Message Entität darüber hinaus auch Daten zum verwendeten Transportprotokoll, Verschlüsslungsalgorithmus, Signaturverfahren usw. abgebildet werden.

4.3. Analyse konzeptueller Rechtemodelle

Eine Instanz des Entitätstyps Environment repräsentiert den Umgebungszustand zum Interaktionszeitpunkt durch Attribute wie "Current-Time", "System-Load", "Access-History" oder "Disaster-State".

Bei dem in Abbildung 4.4 visualisierten SSME Evaluationskontextmodell handelt es sich um ein abstraktes konzeptuelles Modell. Die konkrete Modellierung der einzelnen Entitätstypen und ihrer verschiedenen Unterklassen ist stark vom Anwendungsfall abhängig. Beispielsweise werden Request Entitätstypen in OGC Web Service Architekturen durch komplexe XML Schemata oder durch KVP-Datentypen beschrieben, die sich in Abhängigkeit des betrachteten Dienstes i.d.R. stark unterscheiden. Aufgrund der Abhängigkeit vom Anwendungsfall ist die Beschreibung des SSME Modells bewusst abstrakt gehalten und muss bei Verwendung geeignet konkretisiert werden (s. z.B. 4.4.2, 4.4.7 und 6.1.1). Gemein ist jedem abgeleiteten SSME Modell, dass es mindestens die vier Entitätstypen Subject, Service, Message und Environment beinhaltet.

Die wichtigste Eigenschaft von SSME Modellen ist, dass die abgefangenen Anfragen oder Antworten im jeweiligen Evaluationskontext des Zugriffskontrollsystems abgebildet werden. Diese Vorgehensweise bringt entscheidende Vorteile im Vergleich zu den klassischen Subject-Action-Resource-Environment-basierten Evaluationskontextmodellen mit sich (vgl. 3.2.4.1). Zum einen erlaubt die Repräsentation der abgefangenen Nachrichten in Evaluationskontexten, dass sehr ausdrucksstarke Rechte mit Bezug auf beliebige Daten der Anfragen definiert werden können (Details s. 4.3.4.2 und 4.3.5). Zum anderen müssen zur Berechnung der Zugriffsentscheidung die von einer Aktion betroffenen Ressourcen nicht mehr explizit ermittelt werden, was bei der Verwendung von Subject-**Action-Resource**-Environment-basierten Evaluationskontextmodellen oder bei Tagging- und SAR-basierten Rechtemodellen der Fall ist. Ein SSME Evaluationskontext kann stattdessen auf Grundlage der abgefangenen Nachricht und der Daten zum Subjekt, zum Dienst und zum Umgebungszustand auf generische und effiziente Weise instanziert werden.

4. Zugriffskontrolle in Geodateninfrastrukturen

4.3.4.2. Mächtigkeit von permit/deny Zugriffsregeln mit Bezug auf SSME Evaluationskontexte

In diesem Abschnitt wird untersucht, ob die in GDIs geforderten Zugriffsrechte durch permit/deny Zugriffsregeln, die sich auf SSME Evaluationskontexte beziehen, definiert werden können.

Unterstützung von positiven und negativen Rechten Per Definition lassen sich durch permit/deny Zugriffsregeln sowohl positive als auch negative Rechte explizit ausdrücken (vgl. Anforderung A8). Indem positive und negative Regeln sowie konfliktauflösende Algorithmen parallel definiert werden, können umzusetzenden Ausnahmeregelungen, ohne Modifikation bereits definierter Rechte, einfach realisiert werden.

Unterstützung von raumbezogenen Rechten Wenn bei der Definition der Bedingungsausdrücke der Regeln raumbezogene Funktionen (vgl. Tabelle 4.1 auf S. 117), raumbezogene Literale sowie Zeiger auf raumbezogene Attribute der Subject-, Service-, Environment- und Message-Entitäten festgelegt werden können, lassen sich die in GDIs geforderten raumbezogenen Autorisationssemantiken beschreiben und durchsetzen (vgl. Forderung nach raumbezogenen Rechten in den Anforderungen A3 bis A7).

Über den Bedingungsausdruck einer Regel lässt sich ein Bezug auf Evaluationskontexte mit bestimmten Eigenschaften herstellen. Nachfolgend wird aufgezeigt, welche Bezüge sich durch permit/deny Zugriffsregeln realisieren lassen, deren Zeiger auf Daten in SSME Evaluationskontexten verweisen.

Rechte mit Bezug auf Subjekte und Umgebungszustände mit bestimmten Eigenschaften Definiert man in einer Regelbedingung Zeiger auf die subjekt- und umgebungszustandsspezifischen Daten der SSME Evaluationskontexte, wird dadurch ein Bezug der Regel auf Subjekte und Umgebungszustände mit bestimmten Eigenschaften hergestellt (vgl. Anforderungen A4 und A6). Beispielsweise stellt folgendes, in Pseudocode angegebenes Bedingungsausdrucksfragment einer Regel den Bezug auf Subjekte mit einem Subject-Id Attributwert gleich "Alice"

4.3. Analyse konzeptueller Rechtemodelle

und auf Umgebungszustände mit einem Current-Month Attributwert gleich "December" her (s. Listing 4.1).

```
1 ...and(
2 string-equal(dereference(EvalCTX.Subject.Subject-Id), "Alice"),
3 string-equal(dereference(EvalCTX.Environment.Current-Month),
       "December")
4 )...
```

Listing 4.1: Bezug auf Subjekte und Umgebungszustände mit bestimmten Eigenschaften

Rechte mit Bezug auf Aktionen mit bestimmten Eigenschaften Um Rechte zu unterstützen, die sich auf Aktionen mit bestimmten Eigenschaften beziehen (vgl. Anforderungen A5), müssen im Bedingungsausdruck einer Regel Zeiger definiert werden, die geeignete Dateneinheiten der in den SSME Evaluationskontexten abgebildeten OWS Anfragen oder Antworten referenzieren. Durch das unten angegebene Bedingungsausdrucksfragment wird beispielsweise der Bezug auf beliebige modifizierende WFS Anfragen hergestellt (s. Listing 4.2). Das im Pseudocode selektierte Class-Of Attribut entspricht bei anfragebasierter Zugriffskontrolle dem Wurzelelementknoten einer XML-kodierten OWS Anfrage oder dem service KVP einer KVP-kodierten OWS Anfrage. Handelt es sich bei der im Evaluationskontext enthaltenen Nachricht um eine XML-kodierte OWS Antwort, sind auch in ihr Knoten referenzierbar, die Aufschluss über die zugrunde liegende Aktion geben.

```
1 ...and(
2 string-equal(dereference(EvalCTX.Message.Type), "request"),
3 string-equal(dereference(EvalCTX.Message.Action.Class-Of),
4       "transaction"))...
```

Listing 4.2: Bezug auf Aktionen mit bestimmten Eigenschaften

Rechte mit Bezug auf Anfrageargumente mit bestimmten Eigenschaften Durch Zugriffsregeln, die sich auf SSME Evaluationskontexte beziehen, können Rechte mit Bezug auf Anfrageargumente mit bestimmten Eigenschaften (vgl.

4. Zugriffskontrolle in Geodateninfrastrukturen

Anforderung A7) einfach unterstützt werden, da die Anfragen inklusive ihrer Argumente in den Evaluationskontexten abgebildet sind. In den Bedingungsausdrücken der Regeln müssen lediglich geeignete Zeiger definiert werden, die die Daten der Argumente referenzieren. Das unten abgebildete Bedingungsausdrucksfragment stellt den Bezug auf WFS insert Anfragen her, die beabsichtigen, der Datenbasis eines WFS ein Feature der Klasse Building hinzuzufügen (s. Listing 4.3).

```
1  ...and(
2  string-equal(dereference(EvalCTX.Msg.Type), "request"),
3  string-equal(dereference(EvalCTX.Msg.Action), "insert"),
4  string-equal((dereference(EvalCTX.Msg.FeatureToInsert.Class-Of)),
5           "Building"))...
```

Listing 4.3: Bezug auf Anfrageargumente mit bestimmten Eigenschaften

Rechte mit Bezug auf Rechner und Dienste mit bestimmten Eigenschaften
Informationen zu den von den Subjekten und Diensten verwendeten Rechnern sind durch Attribute der Subject- und Service-Entitäten beschrieben. Durch Regeln, in denen Referenzen auf die rechnerspezifischen Daten der Evaluationskontexte definiert sind, werden Rechte mit Bezug auf Rechner mit bestimmten Eigenschaften realisiert (vgl. Anforderungen A1.1 und A3.1). Durch Referenzen auf die Attribute der Service-Entitäten der SSME Evaluationskontexte können Regeln mit Bezug auf Dienste mit bestimmten Eigenschaften festgelegt werden (vgl. Anforderungen A1.2, A2.1 und A3.2,). Das nachfolgend abgebildete Bedingungsausdrucksfragment zeigt, wie ein Bezug auf Dienste hergestellt werden kann, die der Klasse WFS angehören und auf einem Rechner mit der IP-Adresse "123.123.123.123" laufen (s. Listing 4.4).

```
1  ...and(
2  string-equal(dereference(EvalCTX.Service.Class-Of), "WFS"),
3  string-equal(dereference(EvalCTX.Service.Host-Ip),
        "123.123.123.123"))...
```

Listing 4.4: Bezug auf Rechner und Dienste mit bestimmten Eigenschaften

4.3. Analyse konzeptueller Rechtemodelle

Im Fall von OGC Web Services kann der Bezug auf die Dienstklasse anstatt durch Bedingungen über den Eigenschaften der Service Entitäten (s. Listing 4.4) auch durch Bedingungen über den Attributen der Message Entitäten hergestellt werden. Sind in den SSME Evaluationskontexten XML-kodierte OWS Anfragen enthalten, muss der Bezug auf Dienste einer bestimmten Klasse über Zeiger auf die /*/@service XML Attribute der Anfragen realisiert werden. Handelt es sich um KVP-kodierte Anfragen, müssen die Referenzen auf die service KVPs der Anfragen verweisen.

Rechte mit Bezug auf Datencontainer mit bestimmten Eigenschaften Die Definition von Rechten mit Bezug auf Datencontainer setzt voraus, dass der Dienst nicht von diesen Rechten abstrahiert und sie per Argument in der Anfrage spezifiziert werden. Ist dies der Fall, lassen sich Regeln mit Bezug auf Datencontainer durch Zeiger definieren, die auf die Daten der entsprechenden Argumente verweisen (vgl. Anforderung A1.3). Gehen aus der Anfrage zudem einige Eigenschaften der von der Aktion betroffenen Datencontainern hervor, kann durch Zeiger auf diese Informationen ein Bezug auf Datencontainer mit bestimmten Eigenschaften hergestellt werden (vgl. Anforderung A3.3).

Rechte mit Bezug auf einzelne Feature- und Attributklassen Sofern ein Anfragetyp Projektionsausdrücke unterstützt, kann durch Bedingungen über den Daten der Projektionsausdrücke ein Bezug auf Feature- und Attributklassen hergestellt werden (vgl. Anforderungen A2.2 und A2.3). Die Mächtigkeit der definierbaren Bezüge ist dabei vom Schema der Projektsausdrücke des jeweiligen Anfragetyps abhängig (Details s. 6.1). Das nachfolgend abgebildete Bedingungsausdrucksfragment bezieht sich auf Projektionsausdrücke von WFS GetFeature Anfragen und prüft, ob sich die Anfragen auf die Featureklasse Building und die Attributklasse Owner beziehen (s. Listing 4.5).

```
1 ...and(
2    string-equal(dereference(EvalCTX.Message.Type), "request"),
3    string-equal(dereference(EvalCTX.Message.Action),
        "wfs:GetFeature"),
4    string-equal(dereference(EvalCTX.Message.Filter.FeatureType),
        "Buidling"),
```

4. Zugriffskontrolle in Geodateninfrastrukturen

```
5    string-equal(dereference(EvalCTX.Message.Filter.Property.Name),
        "Owner")
6    )...
```

Listing 4.5: Bezug auf einzelne Feature- und Attributklassen

Unter gewissen Umständen (z.b. wenn ein Anfragetyp die Projektion nur auf die Klasse und nicht auf die Attributklassen unterstützt) kann es sinnvoll oder notwendig sein, den Bezug auf einzelne Feature- oder Attributklassen nicht durch Bedingungen über den Daten der abgefangenen Anfragen herzustellen, sondern Regeln mit Bezug auf die XML-kodierten OWS Antwortdaten zu definieren (Details s. 4.4.3.3 und 6.1). In den Bedingungsausdrücken müssen dann Referenzen auf die Knoten der Antworten definiert werden, aus denen die Feature- und Attributklassen der angefragten Ressourcen hervorgehen.

Rechte mit Bezug auf Features und Attribute der Features mit bestimmten Eigenschaften Um Regeln mit Bezug auf Features oder Attribute mit bestimmten Eigenschaften zu definieren (vgl. Anforderung A1.4, A1.5, A3.4 und A3.5), sind zwei verschiedene Ansätze denkbar:

Eine mögliche Vorgehensweise besteht darin, Bedingungen über den Selektionsausdrücken der Anfragen festzulegen. Um beispielsweise den Bezug einer Regel auf ein Gebäudefeature mit dem Feature-Id Attributwert "123" herzustellen, muss geprüft werden, ob im Selektionsausdruck der Anfrage ein sicher zu erfüllendes Prädikat "Feature-Id = 123" enthalten ist. Gebäudefeature-Anfragen, die durch diese Regel autorisiert werden, müssen daher stets Selektionsausdrücke verwenden, die dem Muster "selection-predicate := and(Feature-Id="123",... <other-predicate>)" entsprechen. Einerseits garantiert diese Vorgehensweise zwar, dass sich Anfragen, die diese Bedingung erfüllen, nur auf das Feature mit dem Feature-Id Attributwert "123" beziehen. Andererseits hat dieser Ansatz aber den gravierenden Nachteil, dass dieses Feature ausschließlich über Selektionsausdrücke dieser Form zugreifbar ist. Diese Einschränkung ist in der Praxis nicht hinnehmbar, da die Nutzer maximale Freiheiten bei der Definition der Selektionsausdrücke haben müssen.

Ein weiterer möglicher Ansatz, um Regeln mit Bezug auf bestimmte Features oder Attribute zu definieren, besteht darin, Bedingungen über den Daten der abgefangenen Antwortnachrichten festzulegen. Diese Verfahrenweise ist allerdings bei

4.3. Analyse konzeptueller Rechtemodelle

Einfüge-, Lösch-, Updateanfragen u.ä. sowie bei Anfragen, die nicht-XML-kodierte Antworten zur Folge haben, nicht anwendbar (Details s. 4.4.3.3). Bei Interaktionen dieser Klassen muss der Zugriffskontrollprozess auf den Anfragen an den Dienst stattfinden. Selbst bei lesenden Anfragen mit XML-kodierten Antwortdokumenten birgt der Ansatz, Regeln antwortbasiert zu definieren, entscheidende Probleme. Es können nur Bedingungen beschrieben werden, die sich auf diejenigen Dateneinheiten der Antworten beziehen, die gemäß dem Schema der Antwortnachrichten immer vorhanden sein müssen. Die Definition antwortbasierter Regeln, die sich auf optionale Featuredaten beziehen, ist nicht sinnvoll, da die referenzierten Informationen in der Antwortnachricht fehlen können, wenn sie vom Nutzer nicht selektiert wurden. Ein Nichtvorhandensein von Daten, auf die sich eine Regelbedingung bezieht, bedeutet, dass die Regel nicht auswertbar ist und die durch sie ausgedrückte Autorisationssemantik somit nicht durchgesetzt wird.

Die Einschränkung, dass sich Zeiger auf Daten beziehen müssen, die sicher in den Antwortdokumenten enthalten sind, ist im GDI Anwendungsfall zu restriktiv, da die Featureattribute mehrheitlich optional sind und somit zahlreiche der in GDIs geforderten Rechte nicht realisiert werden können. Sollte beispielsweise eine antwortbasierte Regel prüfen, ob die über eine WFS GetFeature Operation angefragten Gebäudefeatures in Bayern liegen, käme diese Regel ungewollter Weise nicht zur Anwendung, wenn das Subjekt die location Attribute der Gebäudefeatures nicht selektiert. Ein weiterer Nachteil des Bezugs von Regeln auf abgefangene Antwortnachrichten besteht darin, dass der Dienst mit ggf. aufwendig auszuwertenden Anfragen belastet wird, die sich im Nachhinein als unautorisiert herausstellen können.

Aus den letzten Absätzen geht hervor, dass die Anforderungen A1.4, A1.5, A3.4 und A3.5 anhand von permit/deny Zugriffsregeln, die sich auf SSME Evaluationskontexte beziehen, im Allgemeinen nicht geeignet erfüllt werden können.

Der nachfolgende Abschnitt 4.3.5 wird zeigen, dass rewrite Regeln einen geeigneten Ausweg aus dieser unbefriedigenden Situation bieten. Dank der funktionalen Effekte von rewrite Regeln können abgefangene Nachrichten geeignet modifiziert werden, wodurch die geforderten Rechte mit Bezug auf Features oder Attribute mit bestimmten Eigenschaften realisiert werden können.

4. Zugriffskontrolle in Geodateninfrastrukturen

Unterstützung der PAMAP-Strategie durch das Zugriffskontrollsystem
Geht in einem Zugriffskontrollsystem, dessen Wissensbasis aus permit/deny Regeln besteht, eine Zugriffsentscheidungsanfrage ein, die sich auf eine abgefangene Nachricht bezieht, kann anhand des Ergebnisses des Zugriffskontrollprozesses die Weiterleitung der Nachricht entweder erlaubt oder verboten werden. Die PAMAP-Strategie wird durch Zugriffsentscheidungsanfragen dieser Art bzw. durch die entsprechenden Zugriffsentscheidungen nicht unterstützt (vgl. Anforderung A13). Laut PAMAP-Strategie muss die Anfrage oder Antwort vom Zugriffskontrollsystem bei einer nur teilweise autorisierten Interaktion eines Subjekts mit einem Dienst derart modifiziert werden, dass nach der Weiterleitung der umgeschriebenen Nachricht zumindest der autorisierte Anteil der gewünschten Interaktion zustande kommt (vgl. 4.2.3).

Folgender Ansatz kann in Erwägung gezogen werden, um eine Modifikation der abgefangenen Nachrichten über permit/deny Regeln zu steuern und dadurch die PAMAP-Strategie zu ermöglichen. Anstatt eine Zugriffsentscheidungsanfrage zu erzeugen, die sich auf die abgefangene Nachricht als Ganzes bezieht, werden Zugriffsentscheidungsanfragen mit Bezug auf die einzelnen Dateneinheiten der Nachrichten generiert. Dadurch wird für jede Dateneinheit der Nachricht eine individuelle Zugriffsentscheidung berechnet. Wenn eine individuelle Zugriffsentscheidung den Wert "deny" hat, wird die Dateneinheit, auf die sich die Zugriffsentscheidung bezieht, aus der Nachricht herausgefiltert.

Wenn man dieses Vorgehen auf Anfragen anwendet, kann die PAMAP-Strategie ansatzweise durchgesetzt werden. Beispielsweise können einzelne <Query> Elemente, die in einer GetFeature Anfrage gebündelt sind, herausgefiltert werden, wenn der Evaluationskontext bestimmte Bedingungen erfüllt. Das Löschen dieser Elemente hat zur Folge, dass nur die Schnittmenge der abgesetzten und der gemäß der Wissensbasis autorisierten <Query> Elemente an den Dienst weitergeleitet werden. Die genauere Untersuchung zeigt allerdings, dass die PAMAP-Strategie durch das Löschen von Elementen aus abgefangenen Anfragen nur sehr rudimentär realisiert werden kann. Zum Beispiel kann durch das Löschen von Teilen einer Leseanfrage nicht erreicht werden, dass nur die Schnittmenge der angefragten und zugreifbaren Features zurückgegeben wird (s. 4.3.5).

Die PAMAP-Strategie kann auch durch die Generierung individueller Zugriffsentscheidungsanfragen für jede Dateneinheit der Antwortnachricht und das anschlie-

4.3. Analyse konzeptueller Rechtemodelle

ßende Löschen der gemäß der permit/deny Regeln zugriffsbeschränkten Dateneinheiten aus der Antwort nicht geeignet realisiert werden, da die bereits oben erwähnten Probleme antwortbasierter Regeln auftreten. Beispielsweise ist die antwortbasierte Realisierung der PAMAP-Strategie für Lösch-, Einfüge- oder Updateanfragen nicht praktikabel und zudem können in den Antwortdokumenten Informationen fehlen, auf die sich die Bedingungsausdrücke der Regeln beziehen müssen, um den gewünschten Bezug herstellen zu können.

Damit die PAMAP-Strategie dennoch geeignet realisiert werden kann, muss neben der Löschung von Daten aus den Anfragen auch eine Erweiterung der Selektionsausdrücke der Anfragen unterstützt werden. Über permit/deny Regeln können diese Erweiterungen nicht realisiert werden, aber die im nachfolgenden Abschnitt analysierten rewrite Zugriffsregeln bieten auch hierfür eine geeignete Lösung, da durch sie mächtige Modifikationsanweisungen explizit definiert werden können.

4.3.5. Eignung rewrite-basierter Rechtemodelle

Im letzten Abschnitt wurde gezeigt, dass die meisten der in GDIs geforderten Rechte durch permit/deny Zugriffsregeln, die sich auf SSME Evaluationskontexte beziehen, unterstützt werden. Die Schwächen des permit/deny Regelmodells liegen allerdings darin, dass Rechte mit Bezug auf Features oder Featureattribute mit bestimmten Eigenschaften nicht geeignet realisierbar sind (vgl. Anforderung A1.4, A1.5, A3.4 und A3.5) und die PAMAP-Strategie nicht befriedigend durchgesetzt werden kann (vgl. Anforderung A13). Nachfolgend wird analysiert, ob die beschriebenen Einschränkungen durch ein rewrite-basiertes Rechtemodell, d.h. durch die Erweiterung von permit/deny Regeln um beliebige funktionale Effekte, behoben werden können. Dabei wird betrachtet, welche Autorisationssemantiken durch die Modifikation von bestimmten Teilen der Anfragen realisiert werden können und wann die Antwortnachrichten modifiziert werden müssen.

Löschen von Daten der Selektionsausdrücke der Anfragen Subjekte können die Daten, die von der Interaktion betroffen sein sollen, über beliebige formulierte Selektionsausdrücke auswählen. Da nicht bekannt ist, wie die Subjekte die Daten selektieren, können Daten aus den Selektionsausdrücken durch rewrite Regeln nicht gezielt gelöscht werden. Aus diesem Grund kann der Zugriff auf Features oder

4. Zugriffskontrolle in Geodateninfrastrukturen

Attribute mit bestimmten Eigenschaften durch rewrite Regeln, die Daten aus den Selektionsausdrücken der Anfragen löschen, nicht geeignet kontrolliert werden.

Modifikation der Selektionsausdrücke der Anfragen Durch rewrite Regeln, die die Selektionsausdrücke der abgefangenen Anfragen per Konjunktion um zusätzliche Prädikate erweitern, kann der Bezug einer Anfrage auf Features oder Attribute mit bestimmten Eigenschaften allerdings flexibel eingeschränkt werden. Die Begrenzung auf eine bestimmte Teilmenge der Features oder Attribute wird durch die hinzuzufügenden Prädikate definiert. Indem man beispielsweise den Ausdruck string-equal(Building/Owner, "state") per Konjunktion an die Selektionsausdrücke von Lese- oder Löschanfragen anhängt, wird der Bezug dieser Anfragen gezielt auf Gebäudefeature reduziert, die dem Staat gehören.

Durch die Erweiterung von Selektionsausdrücken um zusätzliche Prädikate wird nicht nur die geforderte Unterstützung von Rechten mit Bezug auf Features oder Attribute mit bestimmten Eigenschaften, sondern auch die Realisierung der PAMAP-Strategie auf der Feature- und Attributebene erreicht. Die Menge der Features oder Attribute, die eigentlich von den Anfragen betroffen gewesen wären, wird gezielt auf den autorisierten Anteil beschränkt.

Um Selektionsausdrücke gemäß der geforderten Rechte umzuschreiben, müssen in rewrite Regeln Modifikationsanweisungen definiert werden können, durch die nicht nur Einfüge- und Löscheffekte, sondern auch eine Reorganisation der Daten in den Selektionsausdrücken erreicht wird. Soll z.B. ein vom Subjekt spezifizierter Selektionsausdruck "within(Building/Location, "Polygon$_{Germany}$")" um den Ausdruck "string-equal(Building/Owner, "state")" erweitert werden, dann muss das vom Subjekt festgelegte Selektionsprädikat an einer neuen Stelle im Anfragebaum eingehängt werden (vgl. Abbildung 4.5 – Details s. 4.4.6).

Neben dem Hinzufügen statisch definierter Ausdrücke und dem Verschieben von bereits im Selektionsausdruck definierten Prädikaten muss es zudem möglich sein, beliebige Daten des Evaluationskontexts zu selektieren und diese im Selektionsausdruck einzufügen. Beispielsweise kann gefordert sein, dass das anfragende Subjekt nur dann lesend auf Gebäudefeaturedaten zugreifen darf, wenn es der Besitzer dieser Gebäude ist. Hierfür müssen die Selektionsausdrücke von An-

4.3. Analyse konzeptueller Rechtemodelle

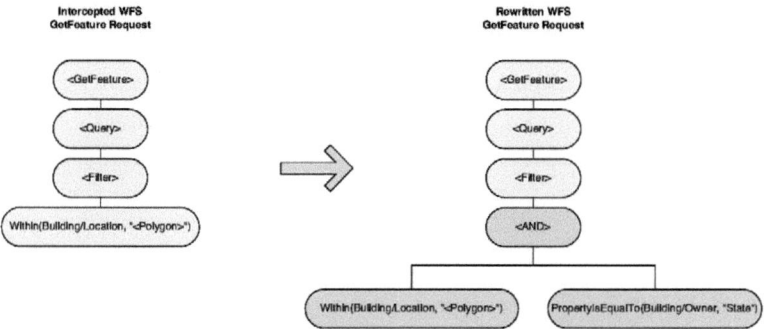

Abbildung 4.5.: Erweiterung und Reorganisation des Selektionsprädikats einer WFS GetFeature Anfrage

fragen, die sich auf Gebäudefeaturedaten beziehen, per AND um das folgende Prädikat erweitert werden: "string-equal(dereference(EvalCtx.Subject.Subject-Id), "Building/owner")". Das Zugriffskontrollsystem muss vor dem Hinzufügen dieses Prädikates dafür sorgen, dass die Dereferenzierungsfunktion ausgewertet wird und somit der Wert des Subject-Id Attributs des aktuell agierenden Subjekts in den Ausdruck integriert wird (s. auch 6.1.3.2).

Modifikation der Projektionsausdrücke der Anfragen Durch die Modifikation des Projektionsausdrucks einer Anfrage kann die Menge der Feature- und Attributklassen, die von einer Interaktion betroffen sind, gezielt eingeschränkt oder verändert werden. Wenn man z.B. aus einer WFS GetFeature Anfrage einige <PropertyName> Elemente löscht, die optionale Featureattributklassen auswählen, wird die Antwort keine Daten dieser Attributklassen enthalten (Details s. 6.1.3).

Modifikation sonstiger Argumente und Daten der Anfragen OWS Anfragen können neben Projektions- und Selektionsausdrücken zahlreiche weitere Argumente besitzen, die ebenfalls gelöscht oder modifiziert werden können, um bestimmte Autorisationssemantiken zu realisieren. Darüber hinaus besteht die Möglichkeit, bisher nicht vorhandene, optionale Argumente hinzuzufügen, um gewisse Rechte durchzusetzen. Je nach Semantik der veränderten oder hinzugefügten Datenein-

4. Zugriffskontrolle in Geodateninfrastrukturen

heiten lassen sich sehr unterschiedliche Zugriffsbeschränkungen realisieren. Beispielsweise kann bei einer WFS GetFeature Anfrage die Version der angefragten Features über das FeatureVersion Argument spezifiziert werden. Durch das Verändern oder Hinzufügen dieses Arguments (falls es in der Anfrage nicht enthalten ist) lässt sich gezielt steuern, welche Subjekte welche Versionen der angefragten Features sehen dürfen (s. Beispiel in 6.1.3.2).

Modifikation der Antworten Grundsätzlich gilt, dass die Mächtigkeit der Autorisationssemantiken, die sich durch anfragebasierte rewrite Regel definieren lassen, durch die Ausdruckskraft der Anfragesprachen der Dienste limitiert ist. Bei OGC Web Services existieren beispielsweise einige Anfragetypen, die keine oder nur sehr einfache Selektions- und Projektionsausdrücke unterstützen (z.b. GetObservation beim SOS oder Execute beim WPS). In solchen Fällen können die gewünschten Zugriffsbeschränkungen unter Umständen nicht durch Modifikation der Anfragen realisiert werden.

Liegen jedoch XML-kodierte Antworten vor, lassen sich viele der nicht anfragebasiert durchsetzbaren Zugriffsrechte durch rewrite Regeln realisieren, die sich auf die Dateneinheiten dieser Antworten beziehen (s. Beispiele in 6.1.3 und 6.1.5). GetObservation Anfragen an einen SOS besitzen beispielsweise keine Selektionsprädikate, weshalb diese Anfragen auch nicht derart modifiziert werden können, dass nur Features mit bestimmten Eigenschaften an die Nutzer übermittelt werden. Um in derartigen Fällen dennoch Rechte mit Bezug auf Features oder Dateneinheiten mit bestimmten Eigenschaften zu definieren und zugleich die PAMAP-Strategie geeignet zu realisieren, muss die Definition der Rechte über rewrite Regeln mit Bezug auf die Antwortdokumente erfolgen.

Bei manchen Anfragearten hat man die Wahl, ob ein durchzusetzendes Recht über eine anfrage- oder eine antwortbasierte rewrite Regel festgelegt werden soll. Um eine unnötige Belastung des betroffenen Dienstes zu vermeiden, sollte die anfragebasierte Regeldefinition grundsätzlich bevorzugt werden.

Im Fall von OGC Web Services existieren vereinzelte Anfragetypen (z.B. der GetMap Anfragetyp), die nur sehr einfache Selektionsausdrücke unterstützen und gleichzeitig nicht-XML-kodierte Antwortdaten zurückliefern. Für diese Anfragetypen können gewisse Zugriffsbeschränkungen mit Bezug auf Features oder deren

4.3. Analyse konzeptueller Rechtemodelle

Dateneinheiten nicht definiert werden, so dass vom minimalistischen Rechtezuteilungsprinzip etwas abgewichen werden muss (Details s. 6.1.4.1).

Fazit   Rewrite Regeln erweitern permit/deny Regeln um funktionale Effekte. Alle Anforderungen, die durch permit/deny Regeln realisierbar sind, lassen sich somit auch durch rewrite Regeln erfüllen. Wie in diesem Abschnitt ausführlich erläutert wurde, können durch rewrite Regeln, in denen ausdrucksstarke Modifikationsanweisungen beschreibbar sind, zudem Rechte mit Bezug auf bestimmte Features und Attribute unterstützt werden (vgl. Anforderung A1.4, A1.5, A3.4 und A3.5). Außerdem ermöglichen rewrite Regeln, die PAMAP-Strategie geeignet zu realisieren (vgl. Anforderung A13).

4.3.6. Eignung rollenbasierter Modelle

Durch die Verwendung eines rollenbasierten Rechtemodells ergeben sich gerade in den großen und schnell wachsenden GDIs diverse administrative und funktionale Vorteile (z.B. verbesserte Stabilität der Rechte, Vererbbarkeit von Rechten und selektive Aktivierbarkeit von Rollen – vgl. 3.2.6). Um von diesen Vorteilen zu profitieren, sollten Zugriffskontrollsysteme für GDIs Rechtemodelle verwenden, die eine Kombination eines regel-, rewrite- und rollenbasierten Rechtemodells darstellen.

Ein Zugriffskontrollsystem, das ein solches hybrides Rechtemodell verwendet, ist darauf angewiesen, dass ein Dienst zur Verwaltung der Rollen und Sessions in der Sicherheitsarchitektur bzw. im System selbst existiert. Die in der Praxis verwendeten Authentifizierungsdienste haben häufig Rollenverwaltungssysteme integriert, was in dieser Arbeit nachfolgend vorausgesetzt wird. In diesen Rollenverwaltungssystemen werden die Relationen "assign-Subject-Role" und "activate-Session-Role" (vgl. 3.2.6) des RBAC Modells definiert und verwaltet.

Außerdem wird in dieser Arbeit davon ausgegangen, dass der PEP die von einem Subjekt aktivierten Rollen entweder direkt über die Anfragenachricht mitgeteilt bekommt oder Informationen darüber explizit bei einem Rollenverwaltungssystem erfragen kann. Aufgrund dieser Annahme sind die von den Subjekten aktivierten Rollen stets im subjektspezifischen Teil der SSME Evaluationskontexte beschrieben. Dadurch können in den Bedingungsausdrücken der Regelwerkobjek-

4. Zugriffskontrolle in Geodateninfrastrukturen

te Zeiger auf diese Informationen definiert werden, so dass sich die Regeln gezielt auf bestimmte Rollen beziehen können. Beispielsweise legt die Bedingung "stringequal(dereference(evalctx.subject.role), "staff-GDI-DE")" fest, dass die Privilegien, die an diese rollenbasierte Regel gebunden sind, nur von Subjekten genutzt werden können, die die Rolle "staff-GDI-DE" aktiviert haben. Die Regel definiert somit ein Tupel der Relation "assign-Role-Permission".

Um die Relation assign-Role-Role im Regelwerk zu definieren, kann das Regelwerk in Rollen- und Privilegienregelcontainer unterteilt werden. Durch Referenzen aus einem Privilegienregelcontainer auf andere Privilegienregelcontainer kann die Rollenhierarchie umgesetzt werden (vgl. 3.4.3 und 5.3.1).

4.3.7. Fazit

In den vorangegangenen Abschnitten wurde analysiert, inwiefern sich verschiedene konzeptuelle Rechtemodelle für den GDI Anwendungsfall eignen. Es konnte gezeigt werden, dass weder SAR-basierte, noch View-basierte, noch Tagging-basierte Modelle geeignet sind, um das Modell der in GDIs benötigten Zugriffsrechte zu beschreiben. Stattdessen wird ein hybrides Rechtemodell benötigt, das eine Kombination eines regel-, rewrite- und rollenbasierten Rechtemodells sein muss. Die Instanzen dieses hybriden Rechtemodells müssen sich auf SSME Evaluationskontexte beziehen, um die geforderten Autorisationssemantiken zu realisieren. Neben einem geeigneten Rechte- und Evaluationskontextmodell wurde herausgearbeitet, dass die Mehrheit der geforderten Rechte anfragebasiert durchgesetzt werden kann und nur in speziellen Fällen Rechte mit Bezug auf die Antwortnachrichten definiert werden müssen.

4.4. Zugriffskontrolle in GDIs basierend auf dem XACML Standard

In diesem Abschnitt wird betrachtet, wie, das in Zugriffskontrollsystemen für GDIs geforderte hybride konzeptuelle Rechtemodell und das zugehörige SSME Evaluationskontextmodell basierend auf dem XACML Standard implementiert werden

4.4. Zugriffskontrolle in GDIs basierend auf dem XACML Standard

kann. Unter 4.4.1 wird argumentiert, weshalb die XACML Spezifikation und die zugehörigen Profile ein geeigneter Ausgangspunkt sind, um basierend auf ihren Vorgaben das logische Modell der Regelwerke und SSME Evaluationskontexte zu definieren. Trotz der grundsätzlichen Eignung des XACML v2.0 Standards und seiner Profile weisen die Spezifikationen einige Schwächen auf, wenn sie zur Implementierung eines Zugriffskontrollsystems für eine GDI herangezogen werden. Diese Mängel werden in den Abschnitten 4.4.2 bis 4.4.7 erläutert. Parallel dazu werden die im Rahmen dieser Arbeit entwickelten Verbesserungsvorschläge und Erweiterungen vorgestellt. Diese beheben die identifizierten Schwachpunkte der Spezifikationen und ermöglichen es, XACML-basiert ein Zugriffskontrollsystem für eine serviceorientierte GDI zu realisieren, das sämtliche Anforderungen des Anwendungsgebiets erfüllt.

Die erarbeiteten Änderungsvorschläge wurden dem XACML Technical Commitee (XACML TC) zugesandt [Her09b, Her09a, HM09]. Nach Diskussion und Verteidigung[3] sind die vorgeschlagenen Modifikationen in die neue XACML 3.0 Version [Ris10a] sowie in die 3.0 Versionen der XACML Profile eingeflossen [Ris10c, LLR10]. Zudem führten die erarbeiteten Forschungsergebnisse zu neuen OGC Spezifikationen: den GeoXACML v1.0 [HM08] und v3.0 [HM11] Implementation Specifications (s. 4.4.5) und dem XACML v3.0 OGC Web Service Profile [Her11a] inklusive zugehöriger Extension Spezifikationen [Her11c, Her11d, Her11b, Her11e] (s. 4.4.7).

Um die in den nachfolgenden Abschnitten vorgestellten Ergebnisse der Analyse der Eignung von XACML sowie die daraus resultierenden Schlussfolgerungen im Detail nachzuvollziehen, wird dem interessierten Leser die Lektüre der XACML Spezifikation v2.0 [Mos05], des XACML v2.0 Multiple Resource Profiles [And05c] und des XACML v2.0 Hierarchical Resource Profiles [And05b] empfohlen.

4.4.1. Grundsätzliche Eignung des XACML Standards

Nachfolgend werden einige zentrale Merkmale des XACML Standards und zugehöriger Profile aufgezählt, die verdeutlichen, dass die XACML Spezifikationen

---
[3]vgl.   diverse   Mail-Threads   unter   http://lists.oasis-open.org/archives/xacml/ und   XACML   TC   Meeting   und   Telekonferenz   Protokolle   unter http://www.oasis-open.org/apps/org/workgroup/xacml/documents.php

4. Zugriffskontrolle in Geodateninfrastrukturen

eine geeignete Basis für die Implementierung eines Zugriffskontrollsystems für eine GDI darstellen.

Ausdrucksstärke und Qualität Der XACML Standard wird von einer großen, offenen Community von Experten verschiedenster Anwendungsdomänen kooperativ entwickelt und genutzt[4]. Dieses Umfeld trägt dazu bei, dass die XACML Spezifikationen eine hohe Qualität und einen beträchtlichen Funktionsumfang aufweisen. Zahlreiche Erfahrungsberichte von XACML Anwendern bestätigen, dass XACML-basierte Zugriffskontrollsysteme sehr mächtig, leicht verteilbar und in großen, schnell wachsenden Umgebungen gut skalierbar sind[5].

Die XACML Spezifikation legt ein generisches Evaluationskontextmodell fest, von dem sich komplexe, informationsreiche Evaluationskontextmodelle ableiten lassen. Durch die Definition von XACML Zugriffsregeln und XACML Regelcontainern lassen sich mächtige Regelwerke aufbauen. Insbesondere durch die Unterstützung ausdrucksstarker Bedingungen in den XACML Regelwerksobjekten, die sich flexibel auf die Daten der XACML Evaluationskontexte beziehen, lassen sich komplexe Autorisationssemantiken beschreiben. Über das "Effect" XML Attribut der <xacml2p:Rule> Elemente können sowohl positive als auch negative Zugriffsrechte nativ ausgedrückt werden. In Kombination mit den konfliktauflösenden Algorithmen, die in <xacml2p:Policy> und <xacml2p:PolicySet> Elementen spezifizierbar sind, lassen sich die geforderten Ausnahmeregelungen einfach umsetzen. In Abschnitt 4.3.5 wurde herausgearbeitet, dass rewrite Regeln erforderlich sind. XACML Regeln sind zwar als permit/deny Regeln konzipiert, aber über die <xacml2p:Obligation> Elemente können in XACML Regelcontainern funktionale Effekte definiert werden (Details siehe 4.4.6). Dank des XACML v2.0 RBAC Profils existiert zudem bereits eine Lösung, wie das dem XACML Standard zugrunde liegende, regelbasierte Rechtemodell mit dem rollenbasierten Rechtemodell kombiniert werden kann.

---

[4]vgl. Mitgliederverzeichnis des XACML Technical Commity unter www.oasis-open.org/committees/daycount/tc/xacml.html

[5]vgl. z.B.: http://www.kuppingercole.com/events/n40111, http://www.oasis-open.org/news/pr-/eight-companies-demonstrate-interoperability-of-xacml-oasis-standard-at-catalyst-conference, http://www.axiomatics.com/component/docman/doc_download/6-the-xacml-enabled-gateway-the-entrance-to-a-new-soa-ecosystem.html, http://www.axiomatics.com/interesting-links/61-analysts/24-silos.html

4.4. Zugriffskontrolle in GDIs basierend auf dem XACML Standard

Interoperabilität verteilter XACML Zugriffskontrollsysteme und Regelwerke Neben den funktionalen Eigenschaften der XACML Modelle ist die Standardisiertheit der XACML Spezifikationen ein weiterer wichtiger Grund, weshalb sie einen geeigneten Ausgangspunkt für die Entwicklung eines Zugriffskontrollsystems für eine GDI darstellen. Dadurch dass die XACML Sprache zur Beschreibung von Zugriffsentscheidungsanfragen und -antworten standardisiert ist, wird eine interoperable Kommunikation zwischen verteilten Context Handlern, PEP-[6] und PDP-Komponenten, unabhängig von ihren Herstellern, über administrative Grenzen hinweg ermöglicht. Durch die standardisierte Sprache zur Beschreibung von Regeln und Regelcontainern können Teile eines XACML-basierten Regelwerks problemlos dezentral gespeichert und administriert, einfach ausgetauscht und importiert oder über XACML Referenzen dynamisch kombiniert werden. In kooperativen Umgebungen bringt die Einigung auf eine gemeinsam genutzte Regelwerkssprache wie XACML zudem deutliche administrative Vorteile mit sich, da alle Administratoren dieselbe ausdrucksstarke Sprache "sprechen und verstehen".

Verfügbarkeit von XACML Implementierungen und XACML-bezogenen Werkzeugen Die Verwendung und Fortschreibung der XACML Spezifikation und ihrer Profile durch eine große Community hat zahlreiche erprobte, zuverlässige und performante Implementierung des Standards und zugehöriger Werkzeuge hervorgebracht. Diverse XACML-konforme COTS (engl. Commercial Off-The-Shelf) und Open Source Softwareprodukte tragen dazu bei, dass der Aufbau und die Verwaltung XACML-basierter Zugriffskontrollsysteme signifikant vereinfacht werden.

Flexible Verwendbarkeit und Erweiterbarkeit Ein zentrales Designprinzip bei der Entwicklung von XACML besteht darin, dass der Standard in unterschiedlichsten Systemumgebungen und Anwendungsszenarien einsetzbar sein soll. Neben der Sprache zur Beschreibung von Regelwerken, Zugriffsentscheidungsanfragen und -antworten tragen die in der XACML Spezifikation beschriebene abstrakte Referenzarchitektur und das zugehörige Datenflussmodell entscheidend zur flexiblen Verwendbarkeit bei. Falls die Mächtigkeit der generischen XACML Sprachen in bestimmten Anwendungsfällen nicht ausreichend sein sollte, lässt sich der Funk-

---

[6]Unter der Annahme, dass in den PEP-Komponenten XACML Context Handler integriert sind.

4. Zugriffskontrolle in Geodateninfrastrukturen

tionsumfang der Sprachen durch standardisierte Erweiterungsmöglichkeiten bedarfsgerecht anpassen. Sofern es der Anwendungsfall erfordert, können beispielsweise neue Selektoren, Datentypen, Funktionen oder konfliktauflösende Algorithmen hinzugefügt werden (s. 4.4.4 bis 4.4.6).

XACML im Vergleich mit anderen Regelbeschreibungssprachen Neben der Regelbeschreibungssprache des XACML Standards existieren zahlreiche weitere Sprachen, um Zugriffsregeln zu definieren (z.b. XACL [HK00], XRML [Con01], WS-SecurityPolicy [NGG$^+$07] usw.). Diese Sprachen sind häufig proprietäre, schwer bzw. nicht erweiterbare Entwicklungen und/oder wurden maßgeschneidert für einen bestimmten Anwendungsfall entworfen, so dass sie nicht ausreichend generisch verwendbar sind. Im Zuge der Recherchen zu dieser Arbeit wurde festgestellt, dass keine alternative Sprache zur Beschreibung von Zugriffsregeln hinsichtlich Mächtigkeit und Flexibilität mit der Regelbeschreibungssprache des XACML Standards vergleichbar ist. Auch Sprachen zur Formulierung von Geschäftsregeln (engl. business rules) und Ableitungsregeln oder generische Regelbeschreibungssprachen (z.B. Rule Markup Language (RuleML) [BPT$^+$11]), die im Gegensatz zu XACML nicht explizit für die Definition von Zugriffsregeln entwickelt wurden, sind keine Alternativen, da ihnen spezielles Vokabular fehlt, das zur Beschreibung von Zugriffskontrollregelwerken benötigt wird.

Aufgrund der in diesem Abschnitt aufgeführten Charakteristika des XACML Standards, seiner Popularität und dem Mangel an Alternativen wird XACML als geeigneter Kandidat erachtet, auf dessen Basis das geforderte logische Rechtemodell und das SSME Evaluationskontextmodell eines Zugriffskontrollsystems für eine GDI implementiert werden kann.

4.4.2. Grundstruktur von XACML Zugriffsentscheidungsanfragen in GDIs

In Abschnitt 135 wurde herausgearbeitet, dass in einem Zugriffskontrollsystem für eine GDI SSME-konforme Evaluationskontexte erzeugt werden müssen, um die im GDI Anwendungsfall geforderten Rechte zu realisieren. Das dem XACML v2.0 Standard zugrunde liegende konzeptuelle Evaluationskontextmodell gehört

4.4. Zugriffskontrolle in GDIs basierend auf dem XACML Standard

der Klasse der SARE Evaluationskontextmodelle an (vgl. 3.3.2 und 3.2.4.1), was zu Problemen führt, wenn ein konzeptuelles SSME Evaluationskontextmodell in ein XACML v2.0 basiertes, logisches Modell überführen werden soll.

Problem 1: Ungeeignete Kategorien der XACML v2.0 Zugriffsentscheidungsanfragen Die Grundstruktur einer XACML v2.0 Zugriffsentscheidungsanfrage ist durch die Elemente <xacml2c:Subject>, <xacml2c:Action>, <xacml2c:Resource> und <xacml2c:Environment> definiert (vgl. 3.3.2). Problematisch an diesen Zugriffsentscheidungsanfragekategorien ist zum einen, dass die Request Entitäten der SSME Evaluationskontexte keinem dieser Elemente semantisch korrekt zugeordnet werden können. Eine Web Service Anfrage ist beispielsweise unterhalb des <xacml2c:Resource> Elements nicht geeignet abgebildet, da sie im Allgemeinen nicht die von der Interaktion betroffenen Ressourcen beschreibt, sondern maximal einen Projektions- und Selektionsausdruck, die den Anteil der Ressourcen spezifizieren, der von der Interaktion betroffen sein soll. Eine weitere Schwierigkeit besteht darin, dass eine Web Service Anfrage auch Informationen zu den auszuführenden Aktionen repräsentiert, die eigentlich unter dem <xacml2c:Action> Element abgebildet werden müssten. Die zahlreichen Argumente, die eine Web Service Anfrage enthält, lassen sich ebenfalls nicht semantisch korrekt in eine der in XACML v2.0 verfügbaren Kategorien einordnen.

Problem 2: XML-kodierte Entitäten können nur unterhalb von <xacml2c:Ressource> Elementen abgebildet werden Eine weitere Schwäche des Schemas von XACML v2.0 Zugriffsentscheidungsanfragen besteht darin, dass sich maximal eine XML-kodierte Entität eines SSME Evaluationskontexts unterhalb eines /xacml2c:Request/xacml2c:Resource/xacml2c:ResourceContent Elements nativ (d.h. ebenfalls XML-kodiert) abbilden lässt. Im GDI Anwendungsfall sind allerdings die Entitäten vom Typ Subject, Request, Response und Environment allesamt häufig durch komplexe XML Dokumente beschrieben (vgl. 4.2.1 und 2.3.3). Unterhalb des <ResourceContent> Elements kann, obwohl es inhaltlich nicht zutreffend ist, stets nur eine dieser Entitäten abgebildet werden. Die übrigen Entitäten müssen über <xacml2c:Attribute> Elemente in der XACML v2.0 Zugriffsentscheidungsanfrage beschrieben werden. Im nachfolgenden Abschnitt 4.4.3 wird gezeigt, dass sich ausdrucksstarke Zugriffsregeln nur dann definieren lassen, wenn die XML-kodierten Entitäten eines SSME Evaluationskontextes in ih-

4. Zugriffskontrolle in Geodateninfrastrukturen

rer ursprünglichen Form (d.h. XML-kodiert) in die XACML v2.0 Zugriffsentscheidungsanfragen eingefügt werden. Eine Darstellung der Dateneinheiten der XML Dokumente durch eine Menge an <xacml2c:Attribute> Elementen würde zu signifikanten Einschränkungen der definierbaren Rechte führen. Um diese Einschränkungen zu vermeiden, müssten unterhalb von <xacml2c:Subject> und <xacml2c:Environment> Elementen <Content> Kindelemente (vergleichbar dem <xacml2c:ResourceContent> Element) zugelassen werden, unter denen komplexe, hierarchisch strukturierte XML Dokumente eingefügt werden können, die das anfragende Subjekt oder den Umgebungszustand beschreiben.

Lösung Um ein SSME Evaluationskontextmodell geeignet in XACML beschreiben zu können, muss die Grundstruktur der XACML Zugriffsentscheidungsanfragen flexibler definiert werden. Anstatt fest vorzuschreiben, dass ein <xacml2c:Request> Element die vier Kindelemente <xacml2c:Subject>, <xacml2c:Action>, <xacml2c:Resource> und <xacml2c:Environment> haben muss, sollten unterhalb eines <Request> Elements beliebige Kategorien erlaubt sein. Dadurch könnten die verschieden Entitäten eines SSME Evaluationskontexts in geeigneten Kategorien einer XACML Zugriffsentscheidungsanfrage repräsentiert werden. In jeder dieser frei definierbaren Kategorien sollte ein <Content> Element zur Verfügung stehen, unter dem eine XML-kodierte Entität direkt eingefügt werden kann. Dadurch könnten XML-kodierte Entitäten eines SSME Evaluationskontexts nativ im XACML Evaluationskontext dargestellt werden.

4.4. Zugriffskontrolle in GDIs basierend auf dem XACML Standard

Dem XACML TC wurde der geschilderte Vorschlag unterbreitet und nach ausgiebiger Erläuterung und Diskussion wurde er in die neue 3.0 Version der XACML Spezifikation aufgenommen[7].

Das Schema von XACML v3.0 Zugriffsentscheidungsanfragen und -antworten
Gemäß dem neuen Modell von XACML v3.0 Zugriffsentscheidungsanfragen kann ein <xacml3:Request> Element nun eine beliebige, anwendungsfallspezifisch festzulegende Anzahl an <xacml3:Attributes> Elementen haben, durch die die Kategorien der Zugriffsentscheidungsanfragen definiert werden. Die Kategorie, für die ein <xacml3:Attributes> Elements steht, wird durch sein Category XML Attribut festgelegt. Beispielsweise stellt ein <xacml3:Attributes Category="&environment;"> Element das Pendant zum <xacml2c:Environment> Element dar. Jedes <xacml3:Attributes> Element kann beliebig viele <xacml3:Attribute> Kindelemente und einen <xacml3:Content> Kindknoten besitzen. Dank der <xacml3:Content> Elemente können alle XML-kodierten Entitäten eines SSME Evaluationskontexts nativ unterhalb einer geeigneten Kategorie einer XACML v3.0 Zugriffsentscheidungsanfrage dargestellt werden.

In Listing 4.6 ist ein XACML v3.0 konformer SSME Evaluationskontext beschrieben. Unterhalb der <xacml3:Attributes> Elemente der Kategorien &access-subject;, &recipient-subject;, &message; und &environment; sind die Subject-, Service-, Request- und Environment-Entitäten des SSME Evaluationskontexts dargestellt. Das anfragende Subjekt wird durch die &subject-id;, &role; und &access-subject:ip-address; <xacml3:Attribute> Elemente unterhalb des <xacml3:Attributes> Elements der Kategorie &access-subject; beschrieben. Informationen zum Dienst, an den das Subjekt seine Anfrage gerichtet hat, werden durch die <xacml3:Attribute> Elemente &recipient-subject:ip-address; und &Port; unterhalb des <xacml3:Attributes> Elements der Kategorie &recipient-subject; dargestellt. Das <xacml3:Attributes> Element der Kategorie &message; beschreibt die abgefangene WFS GetFeature Anfrage, die in XML-kodierter Form unterhalb eines <xacml3:Content> Elements abgebildet ist. Zudem sind unterhalb dieses <xacml3:Attributes> Elements die <xacml3:Attribute>

---

[7]s. [Her09b], entsprechende Mail-Threads (http://lists.oasis-open.org/archives/xacml/) und Protokolle der XACML TC Telekonferenzen (http://www.oasis-open.org/apps/org/workgroup/xacml/documents.php)

4. Zugriffskontrolle in Geodateninfrastrukturen

Elemente &message-type;, &original-message-encoding;, &used-requirements-class; und &multiple-content-selector; enthalten. Details zur Semantik dieser Elemente werden in den Abschnitten 4.4.4 und 4.4.7 erläutert. Unterhalb des <xacml3:Content> Elements des <xacml3:Attributes> Elements der Kategorie &environment; ist der aktuelle Umgebungszustand in XML-kodierter Form beschrieben. Im Beispiel repräsentiert dieser die aktuelle Katastrophenlage.

```
1  <Request
       xmlns="urn:oasis:names:tc:xacml:3.0:core:schema:wd-17"...>
2      <Attributes Category="&access-subject;">
3          <Attribute AttributeId="&subject-id;"
               IncludeInResult="true">
4              <AttributeValue
                   DataType="&string;">bob@fdny.com</AttributeValue>
5          </Attribute>
6          <Attribute AttributeId="&role;" IncludeInResult="true">
7              <AttributeValue
                   DataType="&string;">fireman</AttributeValue>
8          </Attribute>
9          <Attribute AttributeId="&access-subject:ip-address;"
               IncludeInResult="false">
10             <AttributeValue
                   DataType="&string;">123.123.123.123</AttributeValue>
11         </Attribute>
12     </Attributes>
13     <Attributes Category="&recipient-subject;">
14         <Attribute AttributeId="&recipient-subject:ip-address;"
               IncludeInResult="false">
15             <AttributeValue
                   DataType="&string;">123.84.116.35</AttributeValue>
16         </Attribute>
17         <Attribute AttributeId="&Port;" IncludeInResult="false">
18             <AttributeValue DataType="&string;">1234</AttributeValue>
19         </Attribute>
20     </Attributes>
21     <Attributes Category="&message;">
22         <Content>
23             <wfs:GetFeature ...>
24                 <wfs:Query typeName="Buidling" handle="2">
25                     <wfs:PropertyName>Owner</wfs:PropertyName>
26                     <wfs:PropertyName>Price</wfs:PropertyName>
```

4.4. Zugriffskontrolle in GDIs basierend auf dem XACML Standard

```
27         <ogc:Filter xmlns="http://www.opengis.net/ogc">
28           <ogc:Or>
29             <ogc:PropertyIsEqualTo>
30               <ogc:PropertyName>Owner</ogc:PropertyName>
31               <ogc:Literal>state</ogc:Literal>
32             </ogc:PropertyIsEqualTo>
33             <ogc:PropertyIsEqualTo>
34               <ogc:PropertyName>Owner</ogc:PropertyName>
35               <ogc:Literal>Joe Mayer</ogc:Literal>
36             </ogc:PropertyIsEqualTo>
37           </ogc:Or>
38         </ogc:Filter>
39       </wfs:Query>
40     </wfs:GetFeature>
41   </Content>
42   <Attribute IncludeInResult="true"
        AttributeId="&message-type;">
43     <AttributeValue
        DataType="&string;">&request;</AttributeValue>
44   </Attribute>
45   <Attribute IncludeInResult="true"
        AttributeId="&original-message-encoding;">
46     <AttributeValue DataType="&string;">&xml;</AttributeValue>
47   </Attribute>
48   <Attribute IncludeInResult="true"
        AttributeId="&used-requirements-class;">
49     <AttributeValue
        DataType="&string;">&xop;/RC/1.5</AttributeValue>
50   </Attribute>
51   <Attribute IncludeInResult="true"
        AttributeId="&multiple-content-selector;">
52     <AttributeValue
        DataType="&string;">/wfs:GetFeature/Query</Attr.Value>
53   </Attribute>
54   ...
55 </Attributes>
56 <Attributes Category="&environment;">
57   <Content xmlns="http://www.example.net/disasterSchema"...>
58     <Disasters>
59       <Disaster>
60         <Location><gml:Polygon>...</gml:Polygon></Location>
61         <Type>fire</Type>
62         <State>active</State>
```

4. Zugriffskontrolle in Geodateninfrastrukturen

```
63        </Disaster>
64      </Disasters>
65    </Content>
66  </Attributes>
67 </Request>
```

Listing 4.6: Beispiel für einen XACML v3.0 konformen SSME Evaluationskontext

Das neue Modell der XACML v3.0 Zugriffsentscheidungsanfragen ist sehr generisch definiert und lässt daher viele Freiheiten, wie die einzelnen Entitätstypen eines konzeptuellen SSME Modells in XACML implementiert werden. Der logische Entwurf eines SSME Evaluationskontextmodells ist erst beendet, wenn die AttributeId Werte und Datentypen der möglichen <xacml3:Attribute> Elemente festgelegt wurden und die XML Schemata, die vorgeben, welche XML Dokumente unterhalb der <xacml3:Content> Elemente eingefügt werden können, definiert bzw. ausgewählt wurden.

Parallel zum Update des Schemas der Zugriffsentscheidungsanfragen wurde auch das Schema der Zugriffsentscheidungsantworten erneuert. Für das <xacml3:Attribute> Element wurde ein neues, verpflichtendes IncludeInResult XML Attribut eingeführt. Wenn der Wert dieses Attributs "true" ist, erscheint das zugehörige <xacml3:Attribute> Element unterhalb eines /xacml3:Response/xacml3:Result/xacml3:Attributes Elements einer Zugriffskontrollentscheidung. Indem XACML Attribute der Zugriffsentscheidungsanfrage in die Zugriffsentscheidungsantwort kopiert werden, wird unter anderem ermöglicht, dass der Context Handler – im Falle einer multiplen XACML Zugriffsentscheidungsanfrage – die einzelnen Zugriffsentscheidungsantworten den entsprechenden Anfragen bzw. Ressourcen zuordnen kann. Das zu diesem Zwecke in XACML v2.0 vorgesehene /xacml2c:Response/xacml2c:Result/@resource-id XML Attribut wird durch diese neue Vorgehensweise obsolet und ist daher im Schema der Zugriffsentscheidungsantworten des XACML v3.0 Standards nicht mehr enthalten.

Das Schema von XACML v3.0 <AttributeDesignator> und <AttributeSelector> Elementen Das Redesign des XACML v2.0 Evaluationskontextmodells hat Konsequenzen auf das Schema der Regelwerke. Eine wichtige Auswirkung besteht darin, dass das Schema von Zeigerelementen angepasst werden musste,

4.4. Zugriffskontrolle in GDIs basierend auf dem XACML Standard

um Daten in XACML v3.0 konformen Evaluationskontexten referenzieren zu können. Anstatt der <xacml2p:*[Category]*AttributeDesignator> Elemente gibt es in XACML v3.0 nur mehr ein <xacml3:AttributeDesignator> Element. Sein Category XML Attribut definiert die Kategorie der Zugriffsentscheidungsanfrage, aus der die Werte der <xacml3:Attribute> Elemente selektiert werden sollen. Sein AttributeId XML Attribut definiert den Zeiger auf eine bestimmte Menge an <xacml3:Attribute> Elementen. Aufgrund des neuen Schemas der Zugriffsentscheidungsanfragen musste auch die Definition des <xacml2c:AttributeSelector> Elements angepasst werden. Das neue Category XML Attribut eines <xacml3:AttributeSelector> Elements spezifiziert, über welchem <xacml3:Content> Element sein XPath Ausdruck ausgewertet werden soll. Erwähnt sei bereits an dieser Stelle, dass die Definition des XPath Ausdrucks im <AttributeSelector> Element aus funktionalen Gründen nicht mehr durch das ResourceContentSelector XML Attribut erfolgt, sondern über das Path und ContextSelectorId XML Attribut (Details s. 4.4.4).

Neben der Unterstützung von frei definierbaren Kategorien und beliebig vielen XML-kodierten Entitäten hat das neue XACML v3.0 Evaluationskontextschema und seine Konsequenzen auf die XACML Zeigerelemente noch eine weitere positive Auswirkung. Unterhalb der <xacml3:Target> Elemente der Regelwerksobjekte können nun Bedingungen definiert werden, durch die Daten aus verschiedenen Kategorien einer Zugriffsentscheidungsanfrage miteinander verglichen werden können. Dies war über ein XACML v2.0 <Target> Element nicht möglich, da unterhalb seiner <xacml2c:Subject>, <xacml2c:Action>, <xacml2c:Resource> und <xacml2c:Environment> Elemente nur <xacml2p:*[Category]*AttributeDesignator> Elemente der entsprechenden Kategorie genutzt werden konnten. Diese Einschränkung ließ beispielsweise nicht zu, unterhalb eines /xacml2p:Rule/xacml2p:Target/xacml2p:Subject Elements die Bedingung zu formulieren, dass das anfragende Subjekt auch der Besitzer der Ressource sein muss (d.h. string-equal(dereference(EvalCTX.Subject.Subject-Id), dereference(EvalCTX.Resource.Owner-Id)).

Anpassung der XACML Profile Aufgrund der Änderungen am Schema der XACML Zugriffsentscheidungsanfragen und -antworten sowie der Zeigerelemente mussten auch die XACML Profile angepasst werden. Im Zuge dieser Harmonisie-

4. Zugriffskontrolle in Geodateninfrastrukturen

rung wurden die im Rahmen dieser Arbeit aufgedeckten, unklaren und fehlerhaften Formulierungen im XACML v2.0 Multiple Resource Profile und im XACML v2.0 Hierarchical Resource Profile korrigiert. Darüber hinaus wurden einige neu entwickelte, funktionale Erweiterungen in diese Profile integriert.

Um den Rahmen der Arbeit nicht zu sprengen, wird nicht detaillierter auf die erarbeiteten Verbesserungen der beiden Profile eingegangen. Ausführlichere Informationen zu den Mängeln der 2.0 Versionen der Profile können dem übermittelten Change Request Dokument [Her09a] und dem Engineering Report zum OWS-6 Projekt [HM09] entnommen werden. In diesen Dokumenten und den zugehörigen Mail-Threads[8] werden neben den Schwächen der Profile auch die erarbeiteten Verbesserungsvorschläge ausführlich erläutert, die inzwischen in die neuen 3.0 Versionen der Profile eingearbeitet wurden (s. [Ris10c] und [LLR10]). Zum besseren Verständnis der nachfolgenden Abschnitte sei an dieser Stelle lediglich angemerkt, dass das im XACML v2.0 Multiple Ressource Profile verwendete &resource-id; XACML Attribut im neuen XACML v3.0 Multiple Decision Profile v1.0[9] durch das &multiple-content-selector; XACML Attribut ersetzt wurde. Der Wert dieses XACML Attributs definiert einen XPath Ausdruck, der eine Menge an Knoten unterhalb eines <Content> Elements einer bestimmten Kategorie referenziert und dadurch eine multiple Zugriffsentscheidungsanfrage definiert. Aus einer multiplen Zugriffsentscheidungsanfrage werden für jeden Knoten der Menge, auf die sich diese Anfrage bezieht, individuelle Zugriffsentscheidungsanfragen erzeugt. Das &content-selector;[10] XACML Attribut einer individuellen Zugriffsentscheidungsanfrage dient zur Identifikation des Knotens, für den eine Zugriffsentscheidung eingeholt werden soll.

---

[8]s. http://lists.oasis-open.org/archives/xacml/
[9]Im Zuge des Updates der Profile wurde der Titel des Profils von "XACML v2.0 Multiple Resource Profile" in "XACML v3.0 Multiple Decision Profile" umbenannt, da diese Bezeichnung den Inhalt des Profils besser beschreibt.
[10]Man beachte den Unterschied zwischen dem &multiple-content-selector; XACML Attribut einer multiplen Zugriffsentscheidungsanfrage und dem &content-selector; XACML Attribut einer individuellen Zugriffsentscheidungsanfrage.

4.4. Zugriffskontrolle in GDIs basierend auf dem XACML Standard

4.4.3. Darstellung von OWS Nachrichten in XACML v3.0 Zugriffsentscheidungsanfragen

In OGC Web Service Architekturen werden XML- oder KVP-kodierte Anfragen ausgetauscht und die versendeten OWS Antworten sind entweder XML-kodiert oder liegen in einem nicht-XML-kodierten Rasterdatenformat vor (vgl. 4.1.1 und 2.3.3.2). Die Anfrage- und Antwortdokumente werden über HTTP GET, HTTP POST oder über SOAP Nachrichten transportiert. Die Konfiguration der XACML Context Handler bestimmt, wie die aus Transportnachrichten extrahierten OWS Anfragen und Antworten in XACML Zugriffsentscheidungsanfragen dargestellt werden. Den Administratoren der Regelwerke müssen diese Konfigurationen bekannt sein, um Regelwerksobjekte definieren zu können, die sich auf die Repräsentation der OWS Nachrichten im Evaluationskontext beziehen.

In einem XACML v3.0 konformen SSME Evaluationskontext wird eine abgefangene OWS Nachricht unterhalb eines <xacml3:Attributes> Elements der Kategorie &message; dargestellt. Festzulegen ist, ob die OWS Nachricht unterhalb dieses Elements durch eine Menge von <xacml:Attribute> Elementen oder/und durch ein <xacml3:Content> Element beschrieben werden soll. Nachfolgend werden in Abhängigkeit des Nachrichtentyps (d.h. Anfrage oder Antwort) und der Kodierung der Nachricht die Vor- und Nachteile der <xacml3:Attribute> bzw. <xacml3:Content> Element basierten Darstellungsform zusammengefasst und zahlreiche Schlussfolgerungen gezogen. Umfassende Ausführungen dazu finden sich im GeoXACML Engineering Report des OWS-6-Projekts [HM09].

4.4.3.1. Darstellung von OWS Anfragen durch <xacml3:Content> Elemente

Eine abgefangene OGC Web Service Anfrage kann in XML-kodierter Form unterhalb eines <xacml3:Content> Elements in der &message; Kategorie einer XACML v3.0 Zugriffsentscheidungsanfrage dargestellt werden.

XML Anfrage unterhalb eines <xacml3:Content> Elements Wenn die von einem Subjekt abgesendete OWS Anfrage XML-kodiert ist, kann der Context Handler sie in unveränderter Form direkt unterhalb des <xacml3:Content> Ele-

4. Zugriffskontrolle in Geodateninfrastrukturen

ments einfügen.

KVP Anfrage unterhalb eines <xacml3:Content> Elements Handelt es sich bei der abgefangenen OWS Anfrage um eine KVP-kodierte Nachricht, muss der Context Handler die Nachricht – gemäß bestimmten Vorschriften – in eine XML-kodierte Form transformieren, damit sie unterhalb eines <xacml3:Content> Elements eingefügt werden kann.

OWS Spezifikationen, die KVP-kodierte Anfragetypen unterstützen, definieren zusätzlich XML Schemata, anhand derer äquivalente, XML-kodierte Anfragen erzeugt werden können[11]. Die Menge der in KVP Kodierung beschreibbaren Anfragen ist stets eine Teilmenge der in XML Kodierung definierbaren Anfragen. Es ist daher möglich, jede KVP-kodierte Anfrage – unter den Vorgaben der jeweiligen OWS Spezifikation – in eine XML-kodierte Anfrage zu transformieren, die anschließend unterhalb eines <xacml3:Content> Elements in die Zugriffskontrollentscheidungsanfrage eingefügt werden kann (s. 4.4.7).

Bewertung Die XML-basierte Repräsentation von XML- oder KVP-kodierten Anfragen unterhalb von <xacml3:Content> Elementen ermöglicht die Definition sehr mächtiger Zugriffsrechte. Über <xacml3:AttributeSelector> Elemente lassen sich einzelne XML Knoten oder Knotenmengen flexibel und beliebig feingranular selektieren und anschließend über die in den Bedingungsausdrücken der Regelwerksobjekte verwendeten Funktionen analysieren. Dadurch können sehr differenzierte Bezüge der XACML Regelwerksobjekte auf bestimmte OWS Anfragen hergestellt werden (Details siehe 4.4.4 und 6.1). Die Abbildung von XML- oder KVP-kodierten OWS Anfragen auf die selbe Repräsentationsform im XACML Evaluationskontext ist zudem vorteilhaft, da eine Normalisierung der heterogen kodierten Nachrichten erreicht wird, wodurch sich die Definition der Regelwerke deutlich vereinfacht.

---

[11] Beim WMS 1.3 ist das zugehörige XML Schema nicht in der Spezifikation selbst, sondern in den Dokumenten [de 02] und [Lup07] definiert.

4.4. Zugriffskontrolle in GDIs basierend auf dem XACML Standard

4.4.3.2. Darstellung von OWS Anfragen durch <xacml3:Attribute> Elemente

Eine OWS Anfrage kann alternativ oder parallel zur Repräsentation unterhalb eines <xacml3:Content> Elements auch durch eine Menge von <xacml3:Attribute> Elementen in einem XACML Evaluationskontext repräsentiert werden.

KVP Anfrage unterhalb von <xacml3:Attribute> Elementen Handelt es sich bei der abgefangenen OWS Anfrage um eine KVP-kodierte Nachricht, kann sie durch eine Menge von <xacml3:Attribute> Elementen (i.d.R. eines je KVP) im Evaluationskontext dargestellt werden. Für jeden OWS Anfragetyp muss festgelegt und standardisiert werden, wie die einzelnen KVPs im Evaluationskontext auf XACML Attribute abzubilden sind (z.B. Festlegung der zu verwendenden AttributeId und DataType XML Attributwerte). Nur wenn dies eindeutig definiert ist, können die Administratoren über <xacml3:AttributeDesignator> Elemente Bezüge auf die Werte der KVPs bzw. <xacml3:Attribute> Elemente im XACML Evaluationskontext herstellen.

Die Festlegung der AttributeId Werte der <xacml3:Attribute> Elemente, die die einzelnen KVPs der OWS repräsentieren, kann über eine generische, d.h. vom KVP-Typ unabhängige Vorschrift, erfolgen. Gemäß dieser Vorschrift muss ein <xacml3:Attribute> Element, das ein KVP beschreibt, einen AttributeId XML Attributwert haben, der der Konkatenation eines urn-offsets und dem Schlüsselnamen des KVPs in Großbuchstaben entspricht. Durch das urn-offset wird erreicht, dass die AttributIds global eindeutig sind. Besonders wichtig ist die Vorgabe, dass die Schlüsselnamen der KVPs in Großbuchstaben in die AttributeId Werte eingehen, da die OWS Spezifikationen es im Allgemeinen den anfragenden Subjekten überlassen, ob sie die einzelnen Buchstaben der Schlüsselnamen der KVPs in Groß- oder Kleinschreibung angeben. Bei der Auswertung der <xacml3:AttributeDesignator> Elemente wird allerdings der AttributeDesignator/@AttributeId Wert – in Abhängigkeit von Groß- und Kleinschreibung – auf Gleichheit mit den Werten der Attribute/@AttributeId Werte getestet. Es ist daher entscheidend, die KVP Schlüsselnamen zu normalisieren, damit die Administratoren die AttributeDesignator/@AttributeId Werte korrekt definieren können. Diese Normalisierung muss nicht zwangsweise im Context Handler durchgeführt

4. Zugriffskontrolle in Geodateninfrastrukturen

werden, sondern kann auch über entsprechende Normalisierungsfunktionen für strings in den Regelwerksobjekten erreicht werden. Diese Vorgehensweise führt allerdings dazu, dass die Definition der Regelwerke komplizierter wird und diese umfangreicher werden. Daher wird im Rahmen dieser Arbeit davon ausgegangen, dass der beschriebene Normalisierungsvorgang im Context Handler durchgeführt wird.

Neben den AttributeId Werten ist festzulegen, welche DataType XML Attributwerte die <xacml3:Attribute> Elemente haben müssen, die zu den KVPs erzeugt werden. Die Datentypen der KVPs gehen aus den entsprechenden OWS Spezifikationen hervor und für jedes KVP muss individuell definiert werden, welchen XACML Datentyp das entsprechende XACML Attribut haben soll. Eine generische Vorschrift (z.B. Nutze den Datentyp &string;) ist ungeeignet, da die Werte der <xacml3:Attribute> Elemente nach dem Dereferenzieren erst gecastet werden müssten, um in den typsicheren XACML Funktionen weiterverarbeitet werden zu können. Dieses casts müssten für jedes <xacml3:AttributeDesignator> Element explizit festgelegt werden, was die Definition der Regelwerke erschweren würde. Die Verwendung des &string; Datentyps sollte daher bei der Abbildung von KVP-Typen nur dann genutzt werden, wenn eine der folgenden drei Bedingungen erfüllt ist:

Das zu repräsentierende KVP

- ist vom Datentyp &string;,

- ist ein sog. vendor specific KVP und daher von unbekanntem Datentyp oder

- hat einen Datentyp, der nicht von der XACML Spezifikation unterstützt wird (Details s. 4.4.5).

Die Werte der für jedes KVP anzulegenden <xacml3:Attribute> Elemente entsprechen i.d.R. den Werten der KVPs. Nur in speziellen Fällen muss eine Expansion stattfinden (Details s. 4.4.7). Eine Normalisierung der Werte der KVPs in Großbuchstaben, wie sie im Fall der KVP Schlüsselnamen notwendig ist, darf nicht erfolgen, da KVP Werte laut den OWS Spezifikationen case-sensitive anzugeben sind.

4.4. Zugriffskontrolle in GDIs basierend auf dem XACML Standard

Bewertung Die Werte der KVPs und in diesem Fall somit auch die Werte der <xacml3:Attribute> Elemente sind i.d.R. komplexe Objekte (z.b. kommaseparierte Listen oder XML Fragmente), deren Dateneinheiten nicht über <xacml3:AttributeDesignator> Elemente selektiert werden können. Daher können keine XACML Bedingungsausdrücke definiert werden, durch die geprüft wird, ob einzelne Datenelemente eines komplexen KVP- bzw. XACML-Attributwerts gewisse Eigenschaften erfüllen. Im Gegensatz zur <xacml3:Content> Element basierten Repräsentationsform, bei der dank der <xacml3:AttributeSlector> Elemente eine flexible Selektier- und Auswertbarkeit der Daten unterhalb der <xacml3:Content> Elemente möglich ist, kommt es durch die <xacml3:Attribute> Element basierte Darstellung von KVPs zu signifikanten Einschränkungen der definierbaren Rechten.

XML Anfrage unterhalb von <xacml3:Attribute> Elementen Um eine XML-kodierte OWS Anfrage durch eine Menge von <xacml3:Attribute> Elementen zu beschreiben, sind folgende zwei Vorgehensweisen denkbar:

Eine Möglichkeit besteht darin, die XML-kodierte OWS Anfrage in eine KVP-kodierte Anfrage zu transformieren und sie dann, wie oben beschrieben, durch jeweils ein <xacml3:Attribute> Element pro KVP in der Zugriffsentscheidungsanfrage darzustellen. Vorraussetzung hierfür ist, dass in der OWS Spezifikation, die den entsprechenden Anfragetyp beschreibt, neben der XML Kodierung auch eine KVP Kodierung festgelegt ist, da nur dann eine standardisierte Transformation von XML nach KVP möglich ist. Ausgehend von den Vorgaben der entsprechenden OWS Spezifikation sind Vorschriften zu definieren, wie aus den Knoten der XML-kodierten Anfragen KVPs zu erzeugen sind (Details s. 4.4.7).

Bei bestimmten OWS Anfragetypen kann es vorkommen, dass eine XML-kodierte Anfrage überhaupt nicht oder nur teilweise in eine KVP-kodierte Form transformiert werden kann, was diverse Einschränkungen der definierbaren Autorisationssemantiken zur Folge hat. Die Umwandlung in KVPs scheitert z.b. daran, dass einige OWS Anfragetypen nur eine XML Kodierung zulassen oder die KVP-kodierten Anfragen einiger Anfragetypen weniger mächtig sind als ihre XML Pendants. Beim WFS 1.1 können z.B. Einfüge- oder Update-Aktionen nur über XML-kodierte <Transaction> Anfragen erreicht werden und KVP-kodierte GetFeature Anfragen erlauben, im Gegensatz zu XML-kodierten GetFeature Anfragen, keine Bündelung mehrerer Leseanfragen (vgl. Multiplizität der <Query> Elemente einer <GetFeature> Anfrage).

Eine weitere mögliche Vorgehensweise, um XML-kodierte Anfragen durch <xacml3:Attribute> Elemente zu repräsentieren, besteht darin, sie knotenweise zu zerlegen und für jeden Knoten ein <xacml3:Attribute> Element anzulegen. Dieses Verfahren führt allerdings zum Verlust der semantischen Beziehungen zwischen den hierarchisch strukturierten Knoten und hat daher ebenfalls signifikante Einschränkungen der definierbaren Rechte zur Folge.

Unabhängig davon, ob die erste oder die zweite Vorgehensweise verfolgt wird, kommt bei beiden Varianten der Nachteil hinzu, dass die Werte der erzeugten <xacml3:Attribute> Elemente nicht feingranular über <xacml:AttributeDesignator> Elemente selektiert werden können, was neben den bereits erwähnten Restriktionen zu weiteren Einschränkungen der definierbaren Rechte führt.

Fazit zur Repräsentation von OWS Anfragen durch <xacml3:Attribute> Elemente Zusammenfassend ist festzuhalten, dass KVP-kodierte Anfragen zwar verlustfrei durch <xacml3:Attribute> Elemente dargestellt werden können, fehlende Referenzierungsmöglichkeiten aber zu einer Einschränkung der definierbaren Rechte bei komplexen <xacm3:Attribute> Werten führen. XML-kodierte Anfragen lassen sich nicht immer oder unter Umständen nur partiell durch <xacml3:Attribute> Elemente repräsentieren, wodurch es zu ersten Limitierungen der definierbaren Rechte kommt. Zudem treten Einschränkungen der definierbaren Autorisationssemantiken auf, da Selektionsmöglichkeiten in nicht atomaren <xacml3:Attribute> Elementen fehlen. Um möglichst ausdrucksstarke Zugriffsregeln zu unterstützen, ist daher die <xacml3:Content> Element basierte Darstellungsvariante der <xacml3:Attribute> Element basierten Repräsentationsform vorzuziehen. Trotz ihrer Schwächen ist die <xacml3:Attribute> Element basierte Darstellungsform aber in gewissen Szenarien durchaus sinnvoll einsetzbar. Dies ist z.B. der Fall, wenn nur Zugriffsregeln zu definieren sind, die sich ausschließlich auf diejenigen Informationen der Anfrage beziehen, die durch <xacml3:Attribute> Elemente mit atomaren Werten repräsentiert werden können (z.B. das service oder request KVP der OWS Anfragen).

4.4. Zugriffskontrolle in GDIs basierend auf dem XACML Standard

Zu betonen ist, dass die in diesem Abschnitt herausgearbeiteten Erkenntnisse auch für die Repräsentation von Subject-, Service- und Environment-Entitäten in Zugriffsentscheidungsanfragen gelten. Um maximal ausdrucksstarke Zugriffsrechte zu unterstützen, sind daher auch die Daten zu diesen Entitäten in XML-kodierter Form unterhalb eines <xacml3:Content> Elements der entsprechenden Kategorie abzubilden.

4.4.3.3. Darstellung von OWS Antworten

Die Analyse in den Abschnitten 4.3.4 und 4.3.5 hat gezeigt, dass die Mehrheit der Zugriffsrechte anfragebasiert durchgesetzt werden kann. Lassen sich bestimmte Autorisationssemantiken in einzelnen Sonderfällen nicht anfragebasiert formulieren, können sie unter Umständen durch Regeln mit Bezug auf die Antwortnachrichten realisiert werden. Wie bereits unter 4.3.5 erwähnt, kann eine derartige Situation beispielsweise eintreten, wenn die benötigten Modifikationen der Anfragen von der Anfragesprache nicht unterstützt werden oder wenn die selektierten Features aus der OWS Anfrage nicht hervorgehen (vgl. z.B. GetObservation SOS Anfragen).

OWS Antworten sind entweder XML-kodiert oder liegen in einem nicht-XML-kodierten Rasterdatenformat vor. Mit dem <xacml3:Content> Element und den <xacml3:Attribute> Elementen stehen zwei Darstellungsoptionen für OWS Antworten in Zugriffsentscheidungsanfragen zur Verfügung. Nachfolgend werden die verschiedenen, sich daraus ergebenden Fälle betrachtet.

XML Antwort unterhalb eines <xacml3:Content> Elements Hat ein PEP eine XML-kodierte OWS Antwort abgefangen, kann der Context Handler sie in unveränderter Form direkt unterhalb eines <xacml3:Content> Elements der Kategorie &message; einfügen. Dadurch kann über <xacml3:AttributeSelector> Elemente in den Regelwerksobjekten flexibel auf sämtliche Knoten der Antwortdokumente zugegriffen werden, was die Definition komplexer Autorisationssemantiken ermöglicht.

4. Zugriffskontrolle in Geodateninfrastrukturen

XML Antwort unterhalb von <xacml3:Attribute> Elementen Unter 4.4.3.2 wurde herausgearbeitet, dass die Transformation einer XML-kodierten Anfrage in eine KVP-kodierte Anfrage und ihre anschließende Repräsentation durch eine Menge von <xacml3:Attribute> Elementen zu diversen Einschränkungen der hinterher definierbaren Rechte führt. Im Fall von Antworten kommt es ebenfalls zu diesen Einschränkungen und erschwerend kommt hinzu, dass OWS Spezifikationen keine KVP Kodierung für Antwortnachrichten definieren. Daher müsste zunächst für jeden Dienst und jeden Antworttyp eine geeignete Lösung zur Abbildung von XML Antworten auf <xacml3:Attribute> Elemente entwickelt und standardisiert werden. Angesichts des Aufwands und der dennoch auftretenden Einschränkungen der definierbaren Autorisationssemantiken wird diese Vorgehensweise als ungeeignet erachtet und daher nicht weiter verfolgt.

Transformation nicht-XML-kodierter Antworten Im Fall von OGC Web Services handelt es sich bei nicht-XML-kodierten Antwortdokumenten i.d.R. um dynamisch erzeugte Rasterdatendokumente (z.B. GeoTIFF oder JPEG2000 Dokumente). Es ist theoretisch vorstellbar, geeignete Abbildungsvorschriften zu definieren, die festlegen, wie die Rasterdaten über <xacml3:Attribute> Elemente oder durch XML Dokumente unterhalb von <xacml3:Content> Elementen im Evaluationskontext zu repräsentieren sind. Fragwürdig ist jedoch, ob durch Regeln, die sich auf ggf. dynamisch erzeugte Pixel mit bestimmten Eigenschaften beziehen, sinnvolle Rechte durchgesetzt werden können. Zur Klärung dieser Frage sind weiterführende Untersuchungen notwendig. Aus der im Rahmen dieser Arbeit durchgeführten Anforderungsanalyse (vgl. 4.2) lässt sich kein Bedarf an Rechten mit Bezug auf Dateneinheiten nicht-XML-kodierter OWS Antworten ableiten. Es wird daher davon ausgegangen, dass nicht-XML-kodierte OWS Antwortnachrichten nicht in XACML Zugriffsentscheidungsanfragen abgebildet werden müssen.

Fazit In speziellen Situationen kann die Repräsentation von OWS Antworten in XACML Zugriffsentscheidungsanfragen gefordert sein. Die Ausführungen in diesem Abschnitt haben gezeigt, dass XML-kodierte OWS Antworten unterhalb von <xacml3:Content> Elementen geeignet in XACML Zugriffsentscheidungsanfragen abgebildet werden können. Zur Durchsetzung der in GDIs geforderten Rechte ist es nicht notwendig, nicht-XML-kodierte OWS Antwortnachrichten in Zugriffsentscheidungsanfragen zu repräsentieren.

4.4.4. Die Kontextknoten-Problematik

Um in XACML Regelwerken ausdrucksstarke Autorisationssemantiken festzulegen, müssen Informationen zu einer abgefangenen OWS Nachricht, zum aktuellen Umgebungszustand und zu den Interaktionspartnern (Subjekt und Dienst) in XML-kodierter Form unterhalb von <xacml3:Content> Elementen der entsprechenden Kategorien einer XACML Zugriffsentscheidungsanfrage abgebildet werden. Regelwerksobjekte, die sich auf Knoten unterhalb der <xacml3:Content> Elemente beziehen sollen, müssen in den Bedingungsausdrücken <AttributeSelector> Elemente verwenden. Bei der Deklaration eines <AttributeSelector> Elements muss über sein category XML Attribut ein <Content> Element einer bestimmten Kategorie ausgewählt werden. Das Path XML Attribut des <AttributeSelector> Elements ist ein XPath Ausdruck, der bestimmt, welche Knoten aus diesem <Content> Element selektiert werden sollen. Das Ergebnis der Evaluation dieses XPath Ausdrucks wird zur Instanziierung eines XACML Bags genutzt, der anschließend durch die den <AttributeSelector> umgebenden Funktionen weiterverarbeitet wird.

Unter Ausnutzung der Mächtigkeit der XPath 2.0 Sprache kann durch den im <AttributeSelector> Element definierten XPath Ausdruck geprüft werden, ob sich unterhalb eines <xacml3:Content> Elements Knoten mit bestimmten Eigenschaften befinden. Beispielsweise wird durch den XPath Ausdruck des <AttributeSelector> Elements in Listing 4.7 geprüft, ob im Evaluationskontext eine abgefangene WFS GetFeature Antwort enthalten ist, in der mindestens ein <Building> Knoten enthalten ist, dessen "Building-Type" Attribut den Wert "NuclearPowerPlant" hat.

```
1  ...<Apply FunctionId=&boolean-equal;>
2      <AttributeValue Datatype="&boolean;" >true</AttributeValue>
3      <Apply FunctionId=&boolean-one-and-only;>
4          <AttributeSelector Category="&message;"
              DataType="&boolean;"
              Path="count(/FeatureCollection/Feature-
5  Member/Building[./Building-Type/text() =
              "NuclearPowerPlant"]) > 0" /></Apply></Apply>...
```

Listing 4.7: Beispiel für die Verwendung eines <AttributeSelector> Elements

4. Zugriffskontrolle in Geodateninfrastrukturen

Hervorzuheben ist, dass zur Definition der Prädikate eines XPath Ausdrucks nur die XPath 2.0 Funktionen und Datentypen zur Verfügung stehen. Außerdem können die Argumente dieser Funktionen nur Literale oder Referenzen auf Knoten sein, die Nachfahren des <xacml3:Content> Elements sind, auf das sich das <AttributeSelector> Element bezieht. Es ist daher beispielsweise nicht möglich, durch den XPath Ausdruck eines <AttributeSelector> Elements zu prüfen, ob in den Antworten auf WFS GetFeature Anfragen ein Gebäudefeature enthalten ist, das in Bayern liegt und dessen Besitzer dem anfragenden Subjekt entspricht. In Listing 4.8 ist ein Bedingungsfragment dargestellt, das diese Semantik zwar beschreibt, der verwendete XPath Ausdruck ist aber ungültig, da weder die benötigte within Funktion in XPath v2.0 zur Verfügung steht noch ein Literal vom Datentyp Polygon definiert werden kann. Zudem können in einem XPath Ausdruck keine <AttributeDesignator> Elemente verwendet werden.

```
1 ...
2 <AttributeSelector category="&message;" Datatype="&integer;"
     Path="count(FeatureCollection/FeatureMember/Building[./Location
     within "<Polygon>...</...>" and Owner/text() =
     <AttributeDesignator category="&access-subject;
     DataType="&integer;" AttributeId="&subject-id;" />] )"/>
3 ...
```

Listing 4.8: <AttributeSelector> Element mit ungültigem XPath Ausdruck

Zur Beschreibung zahlreicher, in GDIs geforderter Autorisationssemantiken werden Funktionen benötigt, die nicht im XPath 2.0 Sprachumfang enthalten sind. Zudem müssen häufig Rechte umgesetzt werden, zu deren Definition Zeigervariablen erforderlich sind, die auf <xacml3:Attribute> Elemente oder auf Nachfahrenknoten von <xacml3:Content> Elementen anderer Kategorien verweisen. Um XACML Regelwerksobjekte festzulegen, die Rechte dieser Art ausdrücken, müssen die innerhalb des XPath Ausdrucks nicht definierbaren Bedingungen mit den Sprachmitteln des XACML Standards realisiert werden. Dieser bietet deutlich mehr Funktionen als die XPath 2.0 Sprache und zudem ist die Menge der XACML Funktionen standardisiert erweiterbar (z.B. um raumbezogene Funktionen – s. 4.4.5). Darüber hinaus stehen die XACML Zeigerelemente <AttributeSelector> und <AttributeDesignator> zur Verfügung, anhand derer sich die Werte von <xacml3:Attribute> Elementen bzw. die Knoten von <xacml3:Content> Ele-

4.4. Zugriffskontrolle in GDIs basierend auf dem XACML Standard

menten verschiedener Kategorien selektieren lassen.

Mit den Sprachmitteln des XACML v2.0 Standards können zwar deutlich ausdrucksstärkere Bedingungen als über die XPath Ausdrücke definiert werden, aber bei genauerer Betrachtung zeigt sich, dass die Menge der definierbaren Bedingungen über den Knoten XML-kodierter Entitäten eines SSME Evaluationskontexts immer noch zu stark limitiert ist, um die in GDIs geforderten Rechte beschreiben zu können. Bevor allgemein erläutert wird, welche relativ häufig benötigten Bedingungen in XACML v2.0 nicht implementiert werden können, wird zunächst an einem Beispiel gezeigt, wo die Ursache liegt, dass in bestimmten Fällen der gewünschte Bezug der Regelwerksobjekte nicht hergestellt werden kann.

In Listing 4.9 ist ein Regelwerk visualisiert, das versucht, die Weiterleitung eines Dokuments mit Gebäudedaten nur dann zu erlauben, wenn darin ausschließlich Gebäude beschrieben sind, deren Besitzer dem anfragenden Subjekt entsprechen oder deren Sicherheitseinstufung kleiner ist als die des anfragenden Subjekts. Die Autorisationssemantik fordert daher, dass sämtliche Gebäudefeatures innerhalb dieses Dokuments mindestens eine der beiden Bedingungen erfüllen.

```
1  <Policy RuleCombingAlgId="&permit-overrides;">
2    <Rule Effect="Permit">
3      <Condition>
4        <Apply FunctionId="&or;">
5          <Apply FunctionId="&any-of;">
6            <AttributeValue
                  DataType="&string;">&string-equal;</AttributeValue>
7            <AttributeSelector Category="&message;"
                  DataType="&string;"
                  Path="/FeatureCollection/FeatureMember/Building/Ow-
8  ner/text()"/>
9            <AttributeDesignator Category="&access-subject;"
                  AttributeId="&subject-id;" DataType="&string;"/>
10         </Apply>
11         <Apply FunctionId="&any-of;">
12           <AttributeValue
                  DataType="&string;">&integer-less-than;</Attr.Value>
13           <AttributeSelector Category="&message;"
                  DataType="&integer;"
                  Path="/FeatureCollection/FeatureMember/Building/Sec-
14 Classification/text()"/>
```

4. Zugriffskontrolle in Geodateninfrastrukturen

```
15        <AttributeDesignator Category="&access-subject;"
                               DataType="&integer;"
                               AttributeId="&subject:sec-clearance;"/>
16      </Apply>
17     </Apply>
18    </Condition>
19   </Rule>
20   <!-- default deny rule -->
21   <Rule Effect="Deny"/>
22 </Policy>
```

Listing 4.9: Beispiel-Regelwerk – fehlerhafter Versuch

Das in Listing 4.9 definierte Regelwerk setzt die geforderte Semantik nicht um. Der Zugriff wird fälschlicherweise bereits erlaubt, wenn nur ein einziges Gebäudefeature im abgefangen Dokument dem anfragenden Subjekt gehört oder eine geringere Sicherheitseinstufung als das anfragende Subjekt aufweist. Geht man von der in Listing 4.10 angegebenen globalen Zugriffsentscheidungsanfrage aus, evaluieren beide &any-of; Funktionen zu "true", die positive Regel greift und das Dokument würde unbeabsichtigt weitergeleitet werden. Entsprechend der geforderten Semantik hätte die Weiterleitung allerdings nicht erlaubt werden dürfen, da das Gebäude B keine der beiden Bedingungen erfüllt. Wie sich leicht zeigen lässt, kann die gewünschte Semantik auch nicht durch Änderung des Vorzeichens der Regel oder durch Verwendung der ∧, &all-of; oder ¬ XACML Funktionen realisiert werden.

```
 1 <Request>
 2   <Attributes Category="&access-subject;">
 3     <Attribute AttributeId="&access-subject;">
 4       <AttributeValue DataType="&string;">Alice</AttributeValue>
 5     </Attribute>
 6     <Attribute AttributeId="&subject-sec-clearance;">
 7       <AttributeValue DataType="&integer;">1</AttributeValue>
 8     </Attribute>
 9   </Attributes>
10   ...
11   <Attributes Category="&message;">
12     <xacml3:Content>
13       <FeatureCollection ...>
14         <FeatureMember>
```

4.4. Zugriffskontrolle in GDIs basierend auf dem XACML Standard

```
15            <Building fId="A">
16              <Owner>Alice</Owner>
17              <Sec-Classification>0</Sec-Classification>
18            </Building>
19          </FeatureMember>
20          <FeatureMember>
21            <Building fId="B">
22              <Owner>Bob</Owner>
23              <Sec-Classification>4</Sec-Classification>
24            </Building>
25          </FeatureMember>
26        </FeatureCollection>
27      </Content>
28      ...
29    </Attributes>
30    ...
31 </Request>
```

Listing 4.10: Ausschnitt einer XACML Zugriffsentscheidungsanfrage

Die im Beispiel geforderte Semantik kann mit den Sprachmitteln des XACML v2.0 Standards nicht ausgedrückt werden. Zur Definition der geforderten Bedingung müssen Zeiger auf die &access-subject; und &subject-sec-clearance; <xacml3:Attribute> Elemente im Evaluationskontext definiert werden. Dies bedeutet, dass die Bedingung außerhalb des XPath Ausdrucks eines <AttributeSelector> Elements umgesetzt werden muss. Folglich ist es unumgänglich, zwei <AttributeDesignator> und zwei <AttributeSelector> Elemente zu definieren (vgl. Z. 5-14 in Listing 4.9). Die <AttributeSelector> Elemente werden allerdings unabhängig voneinander ausgewertet, wodurch die Information über die semantische Zusammengehörigkeiten der "Owner" und "Sec-Classification" Attribute der einzelnen Gebäudefeature verloren geht. Dies führt dazu, dass die zweiteilige Bedingung nicht mehr realisiert werden kann.

Allgemein formuliert lassen sich mit den Sprachmitteln des XACML v2.0 Standards Autorisationssemantiken mit nachfolgenden Charakteristika *nicht* definieren:

1. Das zu realisierende Recht bezieht sich auf Knoten von einem Typ "K_b", von dessen Nachfahrenknoten (mind. zwei Knoten) gewisse Eigenschaften gefordert werden.

4. Zugriffskontrolle in Geodateninfrastrukturen

2. Die Relation zwischen einem Knoten vom Typ "K_b" und einem seiner Vorfahrenknoten muss N:1 sein.

3. Die Definition der gewünschten Bedingungen kann nicht über einen XPath 2.0 Ausdruck eines <AttributeSelector> Elements definiert werden, weshalb mindestens zwei <AttributeSelector> Elemente verwendet werden müssen.

Im Beispiel sind alle drei Charakteristika erfüllt, weshalb die geforderte Autorisationssemantik nicht realisiert werden kann. Merkmal 1 ist gegeben, da von Knoten vom Typ "Building" zwei Eigenschaften gefordert werden. Unter einem <FeatureCollection> Knoten können beliebig viele <Building> Knoten enthalten sein, so dass auch Merkmal 2 zutrifft. Das zu definierende Recht weist zudem Merkmal 3 auf, da zur Definition der Bedingung <AttributeDesignator> Elemente benötigt werden.

Im GDI Umfeld ist häufig die Definition von Rechten gefordert, die alle drei oben genannten Merkmale erfüllen. Um Rechte dieser Art dennoch in XACML definieren zu können, wurde im Rahmen dieser Arbeit eine geeignete Erweiterung erarbeitet, evaluiert und dem XACML TC vorgestellt (s. [Her09b] [HM09]). Nach ausführlichen Diskussionen[12] wurde der unterbreitete Vorschlag in leicht modifizierter Form in die XACML 3.0 Spezifikation aufgenommen. Nachfolgend wird die entwickelte Erweiterung kurz vorgestellt.

Um die Ausdruckskraft von XACML Regelwerken zu verbessern, wurde das Schema des <AttributeSelector> Elements um das ContextSelectorId XML Attribut erweitert. Durch dieses optionale ContextSelectorId XML Attribut kann der Kontextknoten für die Auswertung des <AttributeSelector> Elements gesetzt werden, indem ein <xacml3:Attribute> Element referenziert wird, dessen Wert den Kontextknoten identifiziert. Das durch das ContextSelectorId XML Attribute referenzierte <xacml3:Attribute> Element muss vom Datentyp &xpathExpression; sein. Der Wert dieses <xacml3:Attribute> Elements muss genau einen Knoten unterhalb des <xacml3:Content> Elements selektieren, auf das sich das <AttributeSelector> Element bezieht. Ist das ContextSelectorId XML Attribut nicht vorhanden, ist der Kontextknoten, wie bereits unter XACML v2.0 festgelegt, das

---

[12]s. diverse Mail-Threads (http://lists.oasis-open.org/archives/xacml/) und Protokolle der XACML TC Telekonferenzen (http://www.oasis-open.org/apps/org/workgroup/xacml/documents.php)

4.4. Zugriffskontrolle in GDIs basierend auf dem XACML Standard

einzige Kind des entsprechenden <xacml3:Content> Elements.

Dank des neuen Schemas der <xacml3:AttributeSelector> Elemente können Bedingungen relativ zu beliebigen Kontextknoten definiert werden. Es wird davon ausgegangen, dass die Definition der Kontextknoten über <xacml3:Attribute> Elemente der Zugriffsentscheidungsanfragen erfolgt. Mit den Funktionalitäten des XACML v3.0 Multiple Decision Profiles können die benötigten Kontextknoten beispielsweise über &multiple-content-selector; <xacml3:Attribute> Elemente[13] einer multiplen Zugriffsentscheidungsanfrage definiert werden. Jede individuelle Zugriffsentscheidungsanfrage, die von der multiplen Zugriffsentscheidungsanfrage abgeleitet wird, bezieht sich in jeder Kategorie auf genau einen dieser Kontextknoten (vgl. Wert des &content-selector; <xacml3:Attribute> Elemente der verschiedenen Kategorien). Indem das ContextSelectorId XML Attribute eines <xacml3:AttributeSelector> Elements den Wert &content-selector; erhält, wird der XPath Ausdruck des <AttributeSelector> Elements relativ zu dem Knoten ausgewertet, auf den sich die individuelle Zugriffsentscheidungsanfrage bezieht. Auf diese Art und Weise lassen sich verschiedene <AttributeSelector> Elemente in einem XACML Regelwerksobjekt definieren, die relativ zum gleichen Kontextknoten ausgewertet werden.

Das neue xacml3:AttributeSeletor/@ContextSelectorId XML Attributs und geeignete multiple bzw. individuelle Zugriffsentscheidungsanfragen führen zu einer deutlich verbesserten Ausdruckskraft von XACML v3.0 Regelwerken. Um dies zu verdeutlichen, ist in Listing 4.11 ein Regelwerk visualisiert, das die eingangs geforderte Autorisationssemantik implementiert.

Es wird davon ausgegangen, dass der Context Handler zu abgefangenen Nachrichten multiple Zugriffsentscheidungsanfragen erzeugt, deren &multiple-content-selector; <xacml3:Attribute> Elemente den Wert "//* | //*/attribute::*" haben.

Durch die Zeilen 5-10 kommt die Regel nur zur Anwendung, wenn die Werte der &content-selector; <xacml3:Attribute> Elemente der individuellen Zugriffsentscheidungsanfragen auf /FeatureCollection/FeatureMember/-Building Knoten der GetFeature Antwort zeigen (z.B. /FeatureCollection[1]/FeatureMember[1]/Building[1] oder /FeatureCollection[1]/FeatureMember[2]/Building[1]). Solch ein Test ist bei der Verwendung des neuen

---

[13]In XACML v2.0 war dies das &resource-id; <xacml2c:Attribute> Element.

4. Zugriffskontrolle in Geodateninfrastrukturen

<xacml3:AttributeSelector> Elements mit gesetztem ContextSelectorId Wert i.d.R. sinnvoll, da er gewährleistet, dass der Ausdruck unterhalb der <xacml3:Condition> nur dann ausgewertet wird, wenn sich die individuellen Zugriffsentscheidungsanfragen auf Kontextknoten beziehen, für die das Regelwerksobjekt Zugriffsrechte beschreibt.

In den Zeilen 14 und 26 kommt die neue Funktionalität des <xacml3:AttributeSelector> Elements zu Anwendung, so dass die Selektion der Textknoten der <Owner> und <Sec-Classification> Elemente relativ zum selben <Building> Kontextknoten realisiert wird.

Geht man von einer individuellen Zugriffsentscheidungsanfrage aus, die die in Listing 4.10 dargestellte WFS GetFeature Antwort enthält, und nimmt ferner an, dass sie sich auf den FeatureCollection[1]/FeatureMember[1]/Building[1] Elementknoten der OWS Antwort bezieht, dann kommt die positive Regel mit Id gleich "123" zur Anwendung, da der <Building fId="A"> Elementknoten beide in der Regel definierten Bedingungen erfüllt. Eine individuelle Zugriffsentscheidungsanfrage, die sich auf den <Building fId="B"> Elementknoten bezieht, würde dagegen wie gewünscht eine negative Zugriffskontrollentscheidung hervorbringen, da die positive Regel nicht zur Anwendung kommt.

```
1  <Policy RuleCombingAlgId="&permit-overrides;">
2    <Rule Effect="Permit" Id="123">
3      <Target>
4        <AnyOf><AllOf>
5          <Match MatchId="&xpath-node-equal;">
6            <AttributeValue DataType="&xpath;"
                 XPathCategory="&message;">
7              /FeatureCollection/FeatureMember/Building
8            </AttributeValue>
9            <AttributeDesignator AttributeId="&content-selector;"
                 DataType="&xpath;" Category="&message;"/>
10         </Match>
11       </AllOf></AnyOf>
12     </Target>
13     <Condition>
14       <Apply FunctionId="&or;">
15         <Apply FunctionId="&string-equal;">
16           <Apply FunctionId="&string-one-and-only;">
```

4.4. Zugriffskontrolle in GDIs basierend auf dem XACML Standard

```
17        <AttributeSelector Category="&message;"
              DataType="&string;"
              ContextSelectorId="&content-selector;"
              Path="Owner/text()"/>
18        <AttributeDesignator Category=&access-subject;
              AttributeId=&subject-id; DataType="&string;"/>
19      </Apply>
20     </Apply>
21     <Apply FunktionId="&integer-less-than;" >
22       <Apply FunctionId="&integer-one-and-only;" >
23         <AttributeSelector Category="&message;"
              DataType="&integer;"
              ContextSelectorId="&content-selector;"
              Path="Sec-Classification/text()" />
24         <AttributeDesignator Category="&accesss-subject;"
              AttributeId="&subject-sec-clearance;"
              DataType="&integer;" />
25       </Apply>
26     </Apply>
27    </Apply>
28   </Condition>
29  </Rule>
30  <!-- default deny rule -->
31  <Rule Effect="Deny"/>
32 </Policy>
```

Listing 4.11: Beispiel zur Nutzung der neuen Funktionalität des <xacml3:AttributeSelector> Elements

In der positiven Regel in Listing 4.11 wurde die &xpath-node-equal; Funktion genutzt (s. Z. 5), um den Bezug auf Knoten vom Typ "Building"herzustellen. Bei einer großen Anzahl von Kontextknoten führt diese Vorgehensweise ggf. zu einem unnötigen Overhead, da die in den &content-selector; <xacml3:Attribute> Elementen spezifizierten XPath Ausdrücke gegen den XML Baum unterhalb der <xacml3:Content> Elemente ausgewertet werden müssen. Effizienter ist es unter Umständen, die &reg-exp-match; Funktion zu nutzen, da diese nur die beiden Argumente gegeneinander auswerten muss und keine Operationen auf dem DOM der Zugriffsentscheidungsanfrage erfordert. Die Verwendung dieser Funktion setzt allerdings voraus, dass das Schema der &content-selector; <xacml3:Attribute> Werte eindeutig definiert ist. Hierzu wurde ein an die Clarke Notation und die URI Generic Syntax [BLFM05] angelehntes Schema vorgeschlagen, um

4. Zugriffskontrolle in Geodateninfrastrukturen

Knoten-Identifikatoren eindeutig beschreiben zu können. Dieses Schema wurde in Abschnitt 2.2.1 des neuen XACML v3.0 Hierarchical Resource Profil definiert und im XACML v3.0 OWS profile v1.0 konkretisiert (s. Abschnitt 6.3.3 in [Her11a]). Wenn die Werte von &content-selector; <xacml3:Attribute> Elementen diesem Schema genügen (z.B. /FeatureCollection[1]/FeatureMember[1]/Building[1]) und zudem eine eindeutige Verwendung der Namespace Prefixe definiert ist, lassen sich &content-selector; <xacml3:Attribute> Werte gegen reguläre Ausdrücke auswerten. Untenstehendes Listing 4.12 definiert einen Abgleich, der inhaltlich identisch zu den Zeilen 5-10 aus Listing 4.11 ist und anstelle dieser Zeilen hätte definiert werden können.

```
1 <Match MatchId="&xpath-regexp-match;" >
2   <AttributeDesignator AttributeId="&content-selector;"
      DataType="&xpath;" />
3   <AttributeValue DataType="&string;">
4     /FeatureCollection[\d+]/FeatureMember[\d+]/Building[\d+]
5   </AttributeValue>
6 </Match>
```

Listing 4.12: Herstellung des Bezugs auf Kontextknoten über die &string-regexpmatch; Funktion

Unter Abschnitt 4.4.4 wurde erwähnt, dass die bei der Anwendung des Regelwerks zur Verfügung stehenden Kontextknoten durch die Zugriffskontrollentscheidungsanfragen definiert sind. Anstatt die Menge der in den einzelnen Kategorien benötigten Kontextknoten über die &multiple-content-selector; <xacml3:Attribute> Elemente einer multiplen Zugriffsentscheidungsanfrage festzulegen, könnte die Definition der Kontextknoten auch in das Regelwerk verlagert werden. Hierzu müsste die XACML Spezifikation u.a. um ein For-Schleife-Konstrukt und einen speziellen &node; Datentyp erweitert werden. In Listing 4.13 ist das Prinzip eines solchen For-Schleife-Konstrukts angedeutet.

```
1 ...
2 <Apply FunctionId="&for-each-Bag-element;">
3   <Apply FunctionId="&map;">
4     <Function FunctionId="&getXPathIdentifikator;"/>
5     <AttributeSelector Category="&message;" DataType="&node;"
        Path="FeatureCollection/FeatureMember/Buidling" />
```

4.4. Zugriffskontrolle in GDIs basierend auf dem XACML Standard

```
 6   </Apply>
 7   <LoopVariable AttributeId="&myLoopVar;:i" DataType="&xpath;" />
 8   ...
 9   <!-- example how to use the loop variable -->
10   <AttributeSelector Category="&message;" DataType="&string;"
         ContextSelectorId="&myLoopVar;:i" Path="anyNode/.../text()"
         />
11   </Apply>
12   ...
```

Listing 4.13: Prinzip eines For-Schleife-Konstrukts

Das erste Argument der &for-each-Bag-element; Funktion ist ein Bag aus Elementen eines bestimmten Typs (s. Z. 3-6). Im Beispiel ist dies ein Bag vom Typ &xpath;, der von der ↦ Funktion zurückgegeben wird. Die ↦ Funktion erzeugt den XPath Bag, indem sie die XPath Identifikatoren der Elemente eines &node; Bags durch die Funktion &getXPathIdentifikator; ermittelt.

Das zweite Argument der &for-each-Bag-element Funktion ist die Definition der Schleifenvariablen. Das AttributeId und DataType XML Attribut legt den Namen und den Datentyp der Schleifenvariablen fest. Ihr Wert &myLoopVar;:i wird bei jeder Iteration mit einem Wert des XPath Bags belegt.

Durch das For-Schleife-Konstrukt (genauer: durch das <xacml3:AttributeSelector> Element in Zeile 5) können Kontextknoten explizit in einem Regelwerksobjekt festgelegt werden. Indem dem &ContextSelectorId; XML Attribut eines <AttributeSelector> Elements der Name der Schleifenvariable zugewiesen wird (s. Z. 10), lassen sich Bedingungen relativ zu den lokal (d.h. innerhalb des Regelwerks) definierten Kontextknoten beschreiben.

Der Vorteil eines solchen Schleifenkonstrukts besteht darin, dass die Regeladministratoren die Kontextknoten nach Bedarf selbst bestimmen können und nicht auf die geeignete Erzeugung von multiplen Zugriffsentscheidungsanfragen im Context Handler angewiesen sind. Eine Unterstützung von Schleifenkonstrukten dieser Art bedarf zahlreicher Erweiterungen und Veränderungen der XACML Spezifikation. Nach Vorstellung dieser Alternative im XACML TC und der sich anschließenden Diskussion[14] wurde entschieden, diese weitreichenden Änderungen erst in die Nachfolgeversionen von XACML v3.0 aufzunehmen, um den Standardisierungs-

---
[14]s. Mail-Thread unter http://lists.oasis-open.org/archives/xacml/201101/msg00022.html

4. Zugriffskontrolle in Geodateninfrastrukturen

prozess der Version 3.0 nicht zu sehr in die Länge zu ziehen. Wird die XACML 3.0 Spezifikation verwendet, sind Kontextknoten daher stets über multiple bzw. individuelle Zugriffsentscheidungsanfragen zu spezifizieren. Um eine geeignete Erzeugung von multiplen Zugriffsentscheidungsanfragen zu gewährleisten, kann ein PAP dem Context Handler nach Analyse des Regelwerks automatisiert geeignete Konfigurationsparameter mitteilen. Solch ein Automatismus stellt zum einen sicher, dass für alle bei der Definition der Regelwerksobjekte herangezogenen Kontextknoten individuelle Zugriffsentscheidungsanfragen abgesetzt werden und vermeidet zum anderen, dass unnötige individuelle Zugriffsentscheidungsanfragen übermittelt werden.

Fazit Da bei der Verwendung des XACML v2.0 Standards die Mächtigkeit der definierbaren Rechte mit Bezug auf die Knoten unterhalb der <xacml3:Content> Elemente stark eingeschränkt ist, wurde eine geeignete Erweiterung des <AttributeSelector> Elements entwickelt, durch die Bedingungen relativ zu beliebigen Kontextknoten definiert werden können. Das neue Schema des <xacml3:AttributeSelector> Elements leistet einen entscheidenden Beitrag, dass die in GDIs geforderten Rechte in XACML v3.0 definiert werden können. Einige Beispiele zur Nutzung des <xacml3:AttributeSelector> Elements im Zusammenspiel mit geeigneten multiplen und individuellen Zugriffsentscheidungsanfragen sind in den Abschnitten 6.1 und 6.2 enthalten. Detailliere Informationen zum neuen <xacml3:AttributeSelector> Element sowie zu den Mechanismen zur Erzeugung multipler und Ableitung individueller Zugriffsentscheidungsanfragen sind in der XACML v3.0 Spezifikation sowie im XACML v3.0 Multiple Descision Profil zu finden (s. [Ris10a] und [Ris10c]). Eine weitere interessante Quelle, um die Entwicklung der Lösung nachzuvollziehen, stellen zudem die Mail-Threads im XACML TC Mailinglist-Archiv dar (s. http://lists.oasis-open.org/archives/xacml/).

4.4.5. Raumbezogene Zugriffsrechte

Aus den in Abschnitt 4.2 aufgelisteten Anforderungen geht hervor, dass Zugriffskontrollsysteme für GDIs die Definition und Durchsetzung von raumbezogenen Zugriffsrechten unterstützen müssen. Basierend auf dem XACML v.2.0 und v3.0

4.4. Zugriffskontrolle in GDIs basierend auf dem XACML Standard

Standard können allerdings keine raumbezogenen Rechte formuliert werden, da die Spezifikationen weder raumbezogene Datentypen, noch Zeiger auf Geometriedaten, noch topologische, konstruktiv-geometrische oder skalar-geometrische Funktionen unterstützen. XACML bietet allerdings eine Reihe von standardisierten Erweiterungsmöglichkeiten, durch die Sprachmittel ergänzt werden können, mit denen sich die geforderten raumbezogenen Bedingungen in den Regelwerksobjekten definieren lassen.

Aufbauend auf den Arbeiten von Matheus [Mat05] und Herrmann [Her05, Her07] wurde gemeinsam mit Herrn Matheus eine raumbezogene Erweiterung von XACML entwickelt, die im Februar 2008 unter dem Namen GeoXACML v1.0 vom OGC standardisiert wurde. Aktuell befindet sich mit GeoXACML v3.0^{15} [HM11] eine Nachfolgerversion im Standardisierungsprozess, in der im Wesentlichen geeignete Anpassungen vorgenommen wurden, um die Neuerungen der XACML v3.0 Spezifikation zu berücksichtigen (z.B. Anpassung der Beispiele an die neue XACML v3.0 Syntax und Definition der &geometry-from-string; Konstruktor-Funktion – s. 4.4.5.3). Nachfolgend werden die zentralen Charakteristika der GeoXACML v3.0 Spezifikation zusammengefasst. Die Versionsnummer wird nur dann explizit genannt, wenn es sich um Inhalte handelt, die nicht bereits in der GeoXACML Version 1.0 enthalten waren. Für ausführlichere Informationen wird auf die GeoXACML v1.0 bzw. v3.0 Spezifikation inklusive der zugehörigen Extensions verwiesen [HM08, HM11].

4.4.5.1. Das Geometriemodell des GeoXACML Standards

Der GeoXACML Standard erweitert die Menge der XACML Datentypen um den urn:ogc:def:dataType:geoxacml:1.0:geometry Datentyp (kurz: &geometry;). Das Geometriemodell, das dem &geometry; Datentyp zugrunde liegt, basiert auf der OpenGIS Simple Feature Specification Version 1.2 [Her06]. Daher werden zwei- und dreidimensionale Geometrien vom Typ Point, LineString, Polygon, Multi-Point, Multi-LineString, Multi-Polygon und Multi-Geometry unterstützt.

Angemerkt sei, dass bei der Entwicklung von GeoXACML bewusst darauf verzichtet wurde, XACML um einzelne Datentypen für jeden Geometrietyp zu erweitern.

---

^{15}Die Nachfolgerversion von GeoXACML v1.0 wurde direkt GeoXACML v3.0 genannt, um konform mit der Versionsnummer ihrer Basisspezifikation (XACML v3.0) zu sein.

4. Zugriffskontrolle in Geodateninfrastrukturen

Dies würde die Definition raumbezogener Regelwerke unnötig erschweren und zu Problemen bei der Unterstützung konstruktiv-geometrischer Funktionen führen. Die XACML Spezifikation fordert typsichere Funktionen, weshalb der Datentyp der Rückgabewerte der Funktionen zum Definitionszeitpunkt feststehen muss. Bei konstruktiv-geometrischen Funktionen, wie z.b. intersect(Polygon A, Polygon B), die die Schnittmenge von zwei Geometrien berechnen und in Abhängigkeit der Argumente eine Point-, LineString-, Polygon-, Multi-Point-, Multi-LineString-, Multi-Polygon- oder Multi-Geometry-Geometrie zurückgeben, kann als Rückgabewert im Voraus allerdings kein spezifischer Datentyp, sondern nur der generische Oberklassetyp &geometry; festgelegt werden. Die Verwendung des Oberklassetyps hat zudem den Vorteil, dass die GeoXACML Spezifikation bei Änderungen am Geometriemodell nicht um neue raumbezogene Datentypen erweitert werden muss. Sollen beispielsweise zukünftig auch nicht simple Geometrien, wie z.B. Kreise oder Kurven, in raumbezogenen Zugriffsregeln unterstützt werden, muss die Menge der GeoXACML Datentypen nicht angepasst werden. Stattdessen genügt es, die Referenz auf das dem &geometry; Datentyp zugrundeliegende Geometriemodell umzusetzen (z.B. auf die aktuell in Entwicklung befindliche Nachfolgerversion von OpenGIS Simple Feature Specification Version 1.2).

Zugunsten einer einfachen und stabilen GeoXACML Spezifikation und aufgrund der genannten Probleme bei konstruktiv-geometrischen Funktionen wurde die Menge der XACML Datentypen daher ausschließlich um den &geometry; Datentyp erweitert. Durch die Einführung des Geometrie-Oberklassetyps &geometry; ist die Basis für die raumbezogene Erweiterung von XACML geschaffen.

4.4.5.2. Raumbezogene Literale

Über den &geometry; Datentyp lassen sich raumbezogene Literale in den Bedingungsausdrücken der Regelwerksobjekte definieren. Hierfür muss das DataType XML Attribut eines <xacml3:AttributeValue> Elements mit dem Wert &geometry; belegt werden. Unterhalb des <xacml3:AttributeValue> Elements befindet sich die Beschreibung der Geometrie. Die unterstützten Kodierungen von GeoXACML Geometrien sind in den sog. GeoXACML Extension Spezifikationen festgelegt. Derzeit wird durch die GeoXACML Extensions A und B eine GML 2 und GML 3 Kodierung unterstützt. Verwendet man beispielsweise die

4.4. Zugriffskontrolle in GDIs basierend auf dem XACML Standard

GeoXACML Extension B, muss unterhalb eines <xacml3:AttributeValue> Elements die Beschreibung einer GML 3 konformen Geometrie, wie z.B. <gml:Point><gml:pos>3512280.93 5410246.16</gml:pos> </gml:Point>, als Kindelement eingefügt werden.

4.4.5.3. Selektion raumbezogener Daten

Um die raumbezogenen Daten eines XACML Evaluationskontexts zu selektieren, müssen in den Regelwerksobjekten entweder <xacml3:AttributeDesignator> oder <xacml3:AttributeSelector> Elemente verwendet werden, deren DataType XML Attribute den Wert &geometry; haben.

Ein <xacml3:AttributeDesignator> Element kann Geometrien selektieren, indem es auf XACML Attribute verweist, unterhalb derer eine Geometrie definiert ist. Im Zuge der Auswertung eines <xacml3:AttributeDesignator DataType="&geometry;" ...> Elements wird zu jedem referenzierten <xacml3:AttributeValue DataType="&geometry;"> Element eine &string; Repräsentation aus seinen Nachfahren (d.h. dem Wurzelelement der Geometrie und seinen Nachfahren) erzeugt, indem z.b. die JDOM transform Funktion angewendet wird. Ausgehend von der &string; basierten Beschreibung der Geometrie wird das GeoXACML Geometrieobjekt durch Anwendung der &geometry-from-string; Konstruktor-Funktion (s. Kap 7 in [HM11]) erzeugt und dem Bag hinzugefügt, zu dem der <xacml3:AttributeDesignator> evaluiert. Selektiert ein <xacml3:AttributeDesignator> Element Geometrien, die im Evaluationskontext durch <xacml3:Attribute> Elemente vom Datentyp &string; beschrieben sind, muss aus dem entstehenden &string; Bag ein &geometry; Bag erzeugt werden. Zur Realisierung dieses casts müssen die Funktionen ↦ und &geometry-from-string; genutzt werden.

Um Geometrien über ein <xacml3:AttributeSelector> Element zu selektieren, muss dessen Path XML Attribut auf die Wurzelelemente von XML-kodierten Geometriedefinitionen unterhalb eines <xacml3:Content> Elements einer bestimmten Kategorie verweisen. Bei der Auswertung eines <xacml3:AttributeSelector Datatype="geometry;" ...> Elements werden aus den referenzierten Wurzelelementen und ihren Nachfahren &string; Repräsentationen erzeugt (z.B. über die JDOM transform Funktion). Aus diesen &string; Repräsentationen werden dann über die

185

4. Zugriffskontrolle in Geodateninfrastrukturen

&geometry-from-string; Funktion der GeoXACML v3.0 Spezifikation Geometrieobjekte instanziert und dem Bag hinzugefügt.

Angemerkt sei an dieser Stelle, dass in der XACML v2.0 Spezifikation nicht eindeutig definiert ist, ob und wie XML Elementknoten über <xacml2p:AttributeSelector> Elemente selektiert werden können. Dem XACML TC wurde ein Verbesserungsvorschlag hinsichtlich der unpräzisen Definition des <AttributeSelector> Elements unterbreitet (vgl. Change Request 13 in [Her09b]), der nach Diskussion in die neue XACML v3.0 Version aufgenommen wurde. In der neuen XACML v3.0 Spezifikation ist nun ausdrücklich und konsistent spezifiziert, dass es möglich sein muss, über <xacml3:AttributeSelector> Elemente beliebige XML Knotentypen unterhalb von <xacml3:Content> Elementen zu selektieren. Zudem ist festgelegt, wie aus den referenzierten Knotenmengen Objekte zu erzeugen sind (Details s. 7.3.7 in [Ris10a]).

4.4.5.4. Raumbezogene Funktionen des GeoXACML Standards

Der GeoXACML Standard unterstützt die in einem Zugriffskontrollsystem für eine GDI geforderten topologischen (intersects, overlaps, touches usw.), konstruktivgeometrischen (buffer, union, intersection usw.) und skalar-geometrischen (distance, area usw.) Funktionen (vgl. Tabelle 4.1 in Abschnitt 4.2.1). Darüber hinaus werden Funktionen definiert, durch die

- XACML Bags mit &geometry; Elementen verarbeitet werden können,

- spezielle raumbezogene Merkmale überprüft werden können (z.B. isClosed oder isSimple) und

- skalare Werte in verschiedene Distanz- und Flächenmaße konvertiert werden können (s. Kapitel 8 in [HM08, HM08]).

Im Zuge der Erweiterung der XACML Funktionen um die raumbezogenen Funktionen wurde deutlich, dass die Higher-Order-Bag-Functions des XACML v2.0 Standards, wie z.B. die &any-of;, &all-of; oder ↦ Funktion, nicht ausreichend flexibel definiert sind (vgl. Change Request 6 in [Her09b]). Handelt es sich bei den Argumenten dieser Funktionen um Funktionsbezeichner, die für Funktionen ohne inversen Partner stehen oder mehr als zwei bzw. nur ein Argument erfordern

4.4. Zugriffskontrolle in GDIs basierend auf dem XACML Standard

(wie dies bei einigen GeoXACML Funktionen der Fall ist), ist die Definition der Higher-Order-Bag-Functions zu restriktiv und daher ungeeignet (Details s. Change Request 18 in [Her09b] und zugehörige Maithreads[16]). Um GeoXACML Funktionen dennoch als Argumente der Higher-Order-Bag-Functions nutzen zu können und um die flexible Verwendbarkeit der Higher-Order-Bag-Functions unter beliebigen Erweiterungen der XACML Funktionen allgemein zu sichern, wurde ein entsprechender Verbesserungsvorschlag erarbeitet (vgl. Change Request 18 und 19 in [Her09b]), der nach Verteidigung im XACML TC in die neue XACML v3.0 Version integriert wurde (Details s. 8.1.5 in [Ris10a]).

Fazit Zusammenfassend ist festzuhalten, dass sich die in GDIs geforderten raumbezogenen Zugriffsrechte durch den GeoXACML Standard definieren lassen. Dies ist dem &geometry; Datentyp, der Unterstützung von Zeigern auf Geometriedaten und dem großen Repertoire an raumbezogenen Funktionen in GeoXACML zu verdanken.

4.4.6. Modifikation von OWS Nachrichten durch XACML v3.0 Obligations

In den Abschnitten 4.3.4.2 und 4.3.5 wurde erläutert, dass sich durch die Modifikation abgefangener Web Service Anfragen oder Antworten zahlreiche Autorisationssemantiken durchsetzen lassen und die PAMAP-Strategie geeignet realisiert werden kann. Um das Umschreiben der Nachrichten über das Regelwerk zu steuern, werden rewrite Zugriffsregeln benötigt, deren funktionale Effekte für geeignete Modifikationen sorgen.

In diesem Abschnitt wird zunächst erläutert, auf welche Repräsentationsform der Nachrichten sich die Modifikationsanweisungen beziehen sollten und wie diese Anweisungen durchzusetzen sind (s. 4.4.6.1 und 4.4.6.2). Im Anschluss wird untersucht, wie rewrite Regeln (bzw. allgemein: rewrite Regelwerksobjekte) mit den Sprachmitteln des XACML Standards definiert werden können (s. 4.4.6.3). Abschließend wird betrachtet, wie die modifizierten Nachrichten in das Format der abgefangenen Nachricht zurücktransformiert und schließlich verwendet wer-

---
[16]http://lists.oasis-open.org/archives/xacml/

4. Zugriffskontrolle in Geodateninfrastrukturen

den können (s. 4.4.6.4).

4.4.6.1. Repräsentationsform der zu modifizierenden Nachrichten

Die in rewrite Regelwerksobjekten definierten Modifikationsanweisungen legen fest, wie abgefangene Nachrichten umzuschreiben sind. Um die in GDIs geforderten rewrite Rechte definieren zu können, muss eine geeignete Repräsentationsform der zu modifizierenden Nachrichten gewählt werden.

Ursprüngliche vs. evaluationskontextspezifische Repräsentationsform In einem XACML-basierten Zugriffskontrollsystem liegt eine abgefangene Nachricht in mindestens zwei Repräsentationsformen vor: Einerseits in dem Format, wie sie vom Subjekt bzw. Dienst ursprünglich abgesendet wurde, und andererseits in dem Format, wie sie im XACML Evaluationskontext dargestellt wird. Aus zweierlei Gründen ist es von Vorteil, wenn sich die im Regelwerk definierten Modifikationsanweisungen auf die Repräsentation der Nachrichten im Evaluationskontext beziehen.

Zum einen ist die Definition der Anweisungen dadurch unabhängig von der ursprünglichen Kodierung der Nachrichten. Zahlreiche OGC Web Services unterstützen häufig sowohl KVP- als auch XML-kodierte Anfragen, wobei ein Subjekt beim Erzeugen seiner Anfragen nach Belieben eine der beiden Optionen auswählen kann. Würden sich die Modifikationsanweisungen auf die ursprüngliche Repräsentationsform der Nachrichten beziehen, müssten sie stets in zwei Versionen spezifiziert werden – d.h. sowohl für KVP-kodierte als auch für XML-kodierte Nachrichten. Wenn der Context Handler bei der Erzeugung der Evaluationskontexte allerdings dafür sorgt, dass unterschiedlich kodierte Nachrichten in derselben Repräsentationsform im Evaluationskontext abgebildet werden, müssen die Administratoren des Regelwerks nur eine Version der Modifikationsanweisungen definieren.

Der zweite Vorteil, rewrite Regelwerksobjekte mit Bezug auf die evaluationskontextspezifische Repräsentationsform zu definieren, besteht darin, dass bei der Beschreibung der Modifikationsanweisungen von derselben Repräsentationsform der Nachrichten ausgegangen werden kann wie bei der Definition der Bedingungsaus-

4.4. Zugriffskontrolle in GDIs basierend auf dem XACML Standard

drücke der rewrite Regelwerksobjekte.

Die genannten Vorteile tragen zur Vereinfachung der Regelwerksadministration bei, weshalb im Folgenden davon ausgegangen wird, dass sich die Modifikationsanweisungen auf die Repräsentation der Nachrichten in den Evaluationskontexten beziehen.

Darstellung durch ein <xacml3:Content> Element vs. <xacml3:Attribute> Elemente In Abschnitt 4.4.3 wurde erläutert, dass eine abgefangene Nachricht im XACML Evaluationskontext – unabhängig von ihrer ursprünglichen Kodierung – entweder in XML-kodierter Form unterhalb eines <xacml3:Content> Elements oder durch eine Menge von <xacml3:Attribute> Elementen dargestellt werden kann. Um OWS Anfragen oder Antworten mittels XACML Regelwerksobjekten zu modifizieren, müssen diese vollständig im Evaluationskontext beschrieben sein. Diese Anforderung ist im Allgemeinen nur dann erfüllt, wenn die Nachrichten in XML-kodierter Form unterhalb eines <xacml3:Content> Elements der Kategorie &message; abgebildet werden (vgl. 4.4.3).

In speziellen Fällen ist es möglich, eine OWS Anfrage auch über <xacml3:Attribute> Elemente vollständig im Evaluationskontext zu repräsentieren. Dadurch wird allerdings die Menge der definierbaren rewrite Regeln stark eingeschränkt, da einzelne Dateneinheiten eines komplexen XACML Attributs nicht selektierbar sind (vgl. 4.4.3.2). Es kann nicht immer ausreichend präzise definiert werden, wann die Modifikationsanweisungen zur Anwendung kommen sollen. Zudem können in den Modifikationsanweisungen keine Bezüge auf einzelne Dateneinheiten komplexer <xacml3:Attribute> Elemente definiert werden.

Aufgrund der genannten Vor- und Nachteile wird im Folgenden davon ausgegangen, dass der Context Handler eine abgefangene Nachricht in XML-kodierter Form unterhalb eines <xacml3:Content> Elements in die XACML Zugriffsentscheidungsanfrage einfügt, wenn rewrite Regelwerksobjekte für den entsprechenden Nachrichtentyp unterstützt werden sollen.

Das im nächsten Abschnitt vorgestellte Konzept zur Beschreibung von Modifikationsanweisungen ist ausreichend generisch, um auch das Umschreiben von OWS Anfragen zu unterstützen, die durch <xacml3:Attribute> Elemente vollständig

4. Zugriffskontrolle in Geodateninfrastrukturen

im XACML Evaluationskontext abgebildet sind (z.B. durch Löschen, Ersetzen oder Hinzufügen einzelner <xacml3:Attribute> Elemente). In Abschnitt 6.1.4 wird anhand einiger Beispiele gezeigt, wie rewrite Regeln dieser Art definiert werden können und zu welchen Einschränkungen es aufgrund der fehlenden Selektionsmöglichkeit einzelner Dateneinheiten komplexer <xacml3:Attribute> Elemente kommt.

Globale vs. individuelle vs. multiple Zugriffsentscheidungsanfragen Die Mächtigkeit der definierbaren rewrite Regelwerksobjekte ist davon abhängig, ob eine abgefangene Nachricht in eine globale, individuelle oder multiple XACML Zugriffsentscheidungsanfrage eingefügt wird. Durch das in Abschnitt 4.4.6.3 vorgestellte Konzept lassen sich Modifikationsanweisungen beschreiben, die sich auf beliebige Arten von XACML Zugriffsentscheidungsanfragen beziehen. Empfohlen wird jedoch, im PEP oder im Context Handler multiple XACML Zugriffsentscheidungsanfragen zu generieren, da sich somit deutlich mächtigere rewrite Regelwerksobjekte realisieren lassen. Durch multiple XACML Zugriffsentscheidungsanfragen wird eine Menge an Kontextknoten definiert, relativ zu denen über das neue <xacml3:AttributeSelector> Element bestimmte Knotenmengen selektiert werden können. Mittels Bedingungsausdrücken, die sich auf diese relativ selektierten Knotenmengen beziehen, lässt sich die Anwendbarkeit von rewrite Regelwerksobjekten sehr differenziert steuern. Zudem können relativ zu den Kontextknoten Teilbäume selektiert werden, die anschließend als Argumente an Modifikationsanweisungen übergeben werden (Details s. 4.4.6.3).

4.4.6.2. Durchsetzung von Modifikationsanweisungen

Ein Context Handler, der vom PDP eine Menge an Modifikationsanweisungen erhält, sollte diese wie folgt abarbeiten: Durch die erste Anweisung wird die vom PEP oder Context Handler erzeugte globale oder multiple Zugriffsentscheidungsanfrage a in eine Zugriffsentscheidungsanfrage a' transformiert. Die zweite Modifikationsanweisung wird auf der Zugriffsentscheidungsanfrage a' durchgeführt und gibt a" zurück usw. Nach der seriellen Abarbeitung aller an den Context Handler gesendeten Modifikationsanweisungen entsteht eine modifizierte Zugriffsentscheidungsanfrage, in der die evaluationskontextspezifische Darstellung der abgefangenen OWS Nachricht gemäß den festgelegten rewrite Rechten modifiziert wurde

4.4. Zugriffskontrolle in GDIs basierend auf dem XACML Standard

(vgl. die Nachfahren des <xacml3:Attributes Category="&message;" ...> Elements).

Erzeugt ein PEP oder ein Context Handler eine multiple Zugriffsentscheidungsanfrage, müssen die durchzusetzenden Modifikationsanweisungen diese Anfrage umschreiben. Dadurch wird gewährleistet, dass sich eine Folge von Modifikationsanweisungen stets auf dieselbe multiple Zugriffsentscheidungsanfrage bezieht. Im Fall multipler Zugriffsentscheidungsanfragen müssen sich die in den rewrite Regelwerksobjekten definierten funktionalen Effekte folglich auf multiple Zugriffsentscheidungsanfragen beziehen. Die Bedingungsausdrücke dieser rewrite Regelwerksobjekte beziehen sich hingegen auf die individuellen Zugriffsentscheidungsanfragen, die aus den multiplen Anfragen abgeleitetet werden (Details s. S. 202).

4.4.6.3. Definition von Modifikationsanweisungen

In XACML v2.0 Regelcontainerelementen lassen sich über <xacml2p:Obligation> Elemente beliebige Anweisungsfolgen definieren. Diese Anweisungsfolgen werden an den Context Handler übergeben, wenn das übergeordnete Regelwerksobjekt im Zuge der Bearbeitung einer Zugriffsentscheidungsanfrage zur Anwendung kommt. Der Context Handler ist dafür verantwortlich, die in den <xacml2p:Obligation> Elementen definierten Anweisungen auszuführen, wenn die Zugriffsentscheidung einen bestimmten Wert hat (vgl. 3.3.3). Diese Kurzzusammenfassung des XACML Obligation Mechanismus verdeutlicht, dass er sich eignet, um ein rewrite-basiertes Rechtemodell XACML-konform zu implementieren. Nachfolgend wird analysiert, wie XACML rewrite Regelwerksobjekte und die in ihnen enthaltenen rewrite <Obligation> Elemente zu definieren sind, so dass abgefangene OWS Nachrichten entsprechend der geforderten Autorisationssemantiken umgeschrieben werden.

Steuerung der Anwendbarkeit von XACML rewrite Regelwerksobjekten
Mit dem Bedingungsausdruck eines XACML rewrite Regelwerksobjekts wird festgelegt, in welchen Fällen die in den Evaluationskontexten enthaltenen OWS Nachrichten umzuschreiben sind. Die Ausdrücke sind derart zu definieren, dass sie zu "true" evaluieren, wenn die abgefangenen Nachrichten nur teilweise autorisiert sind oder aus der Nachricht nicht hervorgeht, ob sie zu 0 % oder zu 100 % autorisiert ist.

4. Zugriffskontrolle in Geodateninfrastrukturen

Die XACML v2.0 Spezifikation unterstützt <xacml2p:Obligation> Elemente nur unterhalb von <xacml2p:Policy> und <xacml2p:PolicySet> Elementen. Dieser Umstand führt zu einer signifikanten Einschränkung der in rewrite Regelwerksobjekten definierbaren Bedingungsausdrücke, da weder in einem <xacml2p:Policy> Element noch in einem <xacml2p:PolicySet> Element ein <xacml2p:Condition> Element verwendet werden kann. Um dennoch differenziert zu steuern, wann bestimmte Modifikationsanweisungen zur Anwendung kommen sollen, kann behelfsmäßig für jedes <xacml2p:Rule> Element ein umhüllendes <xacml2p:Policy> Element definiert werden, welches in seinem <xacml2p:Obligations> Element die funktionalen Effekte festlegt. Diese Verfahrensweise wird als ungeeignet erachtet, da sie die Regelwerkdefinition erschwert und das Volumen des Regelwerks unnötig vergrößert.

Um ein rewrite-basiertes Rechtemodell mit den Sprachmitteln des XACML Standards geeigneter zu implementieren, wurde dem XACML TC der Vorschlag unterbreitet, <Obligations> Elemente auch unterhalb von <Rule> Elementen zuzulassen (vgl. Change Request 4 [Her09b]). Nach Erläuterung und Diskussion des Änderungsvorschlags wurde das Schema des <xacml3:Rule> Elements entsprechend angepasst. In den <xacml3:Rule> Elementen können nun durch <Obligations> Elemente direkt Modifikationsanweisungen definiert werden. Da in <xacml3:Rule> Elementen neben den Modifikationsanweisungen zusätzlich mächtige Bedingungsausdrücke über <xacml3:Condition> Elemente festlegbar sind, kann sehr gezielt gesteuert werden, wann es zur Modifikation einer abgefangenen OWS Nachricht kommen soll.

Im Zuge des Updates der XACML v2.0 Spezifikation auf die Version 3.0 wurde das <xacml2p:Obligations> Element in <xacml3:ObligationExpressions> Element umbenannt. Ein <xacml3:ObligationExpressions> Element hat ein oder beliebig viele <xacml3:ObligationExpression> Elemente als Kinder, die wiederum eine Menge an <xacml3:AttributeAssignmentExpression> Elementen als Nachfahren haben. Über <xacml3:AttributeAssignmentExpression> Elemente können Wertzuweisungen an <xacml3:Attribute> Elemente definiert werden. Ein XACML v3.0 konformer PDP erzeugt bei der Bearbeitung einer XACML Zugriffsentscheidungsanfrage, ausgehend von den anwendbaren <xacml3:ObligationExpressions> Elementen, eine Menge an <xacml3:Obligations> Elementen. Hierbei wandelt er

4.4. Zugriffskontrolle in GDIs basierend auf dem XACML Standard

die enthaltenen <xacml3:AttributeAssignmentExpression> Elemente in <xacml3:AttributeAssignment> Elemente um (Details siehe 7.16 in [Ris10a]).

Die Sprache zur Definition der Modifikationsanweisungen Um eine flexible Nutzbarkeit des Obligation Mechanismus zu gewährleisten, ist in der XACML v3.0 Spezifikation nicht konkreter festgelegt, wie <xacml3:ObligationExpressions> und <xacml3:AttributeAssignmentExpression> Elemente zu nutzen sind. Zur Definition von Anweisungen, die die im Evaluationskontext enthaltenen OWS Nachrichten umschreiben, bietet es sich an, unterhalb der <xacml3:AttributeAssignmentExpression> Elemente <xacml3:AttributeValue> Elemente zu definieren, deren Werte Folgen von Modifikationsanweisungen sind. Zu untersuchen ist, in welcher Sprache die Anweisungsfolgen unter diesen <xacml3:AttributeValue> Elementen festzulegen sind. Eine geeignete Sprache muss die Definition der in Abschnitt 4.3.5 geforderten Modifikationsanweisungen unterstützen (z.B. Lösch-, Modifikations- oder Reorganisationsanweisungen – vgl. S. 147). Genauer betrachtet wurden drei Sprachen zur Beschreibung von Modifikationsanweisungen:

Option A

Im Rahmen dieser Arbeit wurde prototypisch eine speziell für den vorliegenden Anwendungsfall geeignete, XML-basierte Sprache zur Beschreibung von Modifikationsanweisungen entwickelt. Diese stellt neben den üblichen Sprachmitteln, wie z.B. Kontrollflussstrukturen, Variablen oder Wertzuweisungen, diverse Methoden zur Modifikation von XML Dokumenten zur Verfügung. Die von der Sprache unterstützten Methoden basieren auf dem Funktionsumfang bekannter XML APIs (z.B. der Java JDOM API) und ermöglichen daher elementare Operationen auf XML Dokumenten. Zudem werden Sprachmittel unterstützt, um XML Fragmente aus XACML Attributen und Bags zu konstruieren und Referenzen auf beliebige Knoten der XACML Evaluationskontexte zu definieren.

Um diese Sprache zu evaluieren, wurden einige der in GDIs häufig geforderten Modifikationsanweisungen mit ihr beschrieben. Es zeigte sich, dass die Verwendung elementarer Operationen auf XML Dokumenten sehr flexibel ist, die Definition der Modifikationsanweisungen aber schnell aufwendig und komplex wird. Ein weiterer Nachteil dieser neu entwickelten Sprache besteht darin, dass sie erst zu standar-

4. Zugriffskontrolle in Geodateninfrastrukturen

disieren wäre, um die interoperable Verarbeitung von Modifikationsanweisungen zu gewährleisten. Nur wenn der Context Handler die Sprache versteht, in der die Modifikationsanweisungen im XACML Regelwerk definiert wurden, können diese korrekt durchgesetzt werden. Aufgrund der erwähnten Nachteile wurde Option A verworfen.

Option B

Eine alternative Vorgehensweise besteht darin, eine Java Klassendefinition unter einem <xacml3:AttributeAssignmentExpression> Element unterzubringen. In dieser Klasse werden die Methoden, die zur Beschreibung der Modifikationsanweisungen benötigt werden, festgelegt (bzw. eingebunden). Zudem werden in der main Methode dieser Klasse die Modifikationsanweisungen definiert. Zusätzliche <xacml3:AttributeAssignmentExpression> Elemente ermöglichen die Definition von Argumenten, die der kompilierten Klasse beim Ausführen übergeben werden.

Indem eine Java Klassendefinition unterhalb eines rewrite <xacml3:ObligationExpression> Elements eingefügt wird, kann ein XACML Context Handler die Klasse zur Laufzeit laden und die spezifizierte Anweisungsfolge korrekt abarbeiten. Im Gegensatz zur Option A muss keine Sprache zur Definition der Modifikationsanweisungen explizit standardisiert werden, da alle zur Durchsetzung der rewrite Vorschriften benötigten Informationen in der Klassendefinition enthalten sind. Durch die Verwendung von Java wird zudem eine bekannte und sehr mächtige Sprache zur Definition der Modifikationsanweisungen verwendet. Der entscheidende Nachteil dieser Vorgehensweise besteht allerdings darin, dass die Anweisungen auf einem sehr niedrigen Abstraktionsniveau und in einer generischen Sprache definiert werden müssen.

Option C

Die dritte betrachtete Sprache zur formalen Beschreibung von Modifikationsanweisungen ist die XSL-Subsprache XSLT (vgl. 2.1.4). Bei dieser Option wird unterhalb eines rewrite <xacml3:ObligationExpression> Elements ein sog. &xslt-rewrite-stylesheet; <xacml3:AttributeAssignmentExpression> Element definiert, in dem die Anweisungen zum Umschreiben von abgefangenen OWS Nachrichten in Form eines XSLT Stylesheets festgelegt sind. Erhält

4.4. Zugriffskontrolle in GDIs basierend auf dem XACML Standard

ein Context Handler eine Zugriffsentscheidung mit &xslt-rewrite-stylesheet; <xacml3:AttributeAssignment> Elementen, lässt er diese von einem XSLT Prozessor auswerten, wodurch die im Evaluationskontext enthaltene OWS Nachricht entsprechend der im Stylesheet definierten Semantik transformiert wird. Durch weitere <xacml3:AttributeAssignmentExpression> Elemente unterhalb eines rewrite <xacml3:ObligationExpression> Elements lassen sich Argumente definieren, die über den unten vorgestellten Mechanismus an die Stylesheets übergeben werden. Diese Argumente können entweder anhand statisch festgelegter Werte oder durch dereferenzierte XACML Zeiger initialisiert werden.

Analysen und Tests dieser drei Optionen ergaben, dass Option C die geeignetste Vorgehensweise darstellt. XSLT-basiert lassen sich die geforderten Modifikationsanweisungen intuitiv und kompakt formal beschreiben. Zudem ist die XSLT Sprache standardisiert und es existieren bereits zahlreiche Implementierungen zur effizienten Verarbeitung von XSLT Dokumenten.

XSLT-basierte Definition von Modifikationsanweisungen Gemäß Option C muss unterhalb eines rewrite <xacml3:ObligationExpression> Elements ein &xslt-rewrite-stylesheet; <xacml3:AttributeAssignmentExpression> Element enthalten sein, durch das die Modifikationsanweisungen in Form eines XSLT Stylesheets beschrieben sind. Zur Definition von Argumenten, die einem XSLT Stylesheet übergeben werden sollen, werden sog. xslt-argument <xacml3:AttributeAssignmentExpression> Elemente unterhalb eines rewrite <xacml3:ObligationExpression> Elements eingefügt. Die Übergabe von im XACML Code festgelegten Argumenten an ein XSLT Stylesheet ist durch folgendes Verfahren realisiert:

Zu jedem xslt-argument <xacml3:AttributeAssignmentExpression> Element muss im XSLT Stylesheet ein <xsl:param> Element definiert werden. Der "AttributeId" XML Attributwert eines xslt-argument <xacml3:AttributeAssignmentExpression> Elements muss identisch mit dem "name" XML Attributwert eines <xslt:param> Elements im XSLT Stylesheet sein. Gültige "AttributeId" bzw. "name" XML Attributwerte beginnen entweder mit dem &init-select-node-argument; oder &init-text-node-argument; Präfix. Ein Context Handler nutzt die Werte der vom PDP erzeugten xslt-

4. Zugriffskontrolle in Geodateninfrastrukturen

argument <AttributeAssignment> Elemente der Zugriffsentscheidungsantwort, um die zugehörigen <xsl:param> Elemente in den XSLT Stylesheets zu "initialisieren". Das Präfix der AttributeAssignment/@AttributeId Werte bestimmt, wie der Context Handler das entsprechende <xsl:param> Element "initialisieren" muss. Beginnt der AttributeAssignment/@AttributeId Wert mit &init-selectnode-argument;, wird der Wert des AttributeAssignment/AttributeValue/text() Knotens verwendet, um den Wert des zugehörigen xsl:param/@select Knotens zu belegen (s. Z. 26 in Listing 4.14). Beginnt der AttributeAssignment/@AttributeId Wert hingegen mit &init-text-node-argument;, wird der Wert des AttributeAssignment/AttributeValue/text() Knotens herangezogen, um den Wert des entsprechenden xsl:param/text() Knotens festzulegen. Um in einem XSLT Stylesheet auf die derart übergebenen Argumente zuzugreifen, wird das im XSLT Standard definierte $<name-of-xsl:param-element>-Konstrukt genutzt (s. Z. 41 in Listing 4.14 und [Kay07, Abschnitt 9.2]).

Beispiel zur XSLT-basierten Definition von Modifikationsanweisungen

Listing 4.14 zeigt die Definition einer XACML v3.0 konformen rewrite Regel, in der Modifikationsanweisungen in Form eines XSLT Stylesheets beschrieben sind. Durch das <xacml3:Target> Element der Regel wird ein Bezug auf individuelle Zugriffsentscheidungsanfragen hergestellt, die beschreiben, dass Alice eine WFS GetFeature Anfrage versendet hat (vgl. Z. 3-18 in Listing 4.14). Zudem ist im <xacml3:Target> Element festgelegt, dass sich die individuellen Zugriffsentscheidungsanfragen, bei denen diese rewrite Regel zur Anwendung kommt, auf /wfs:GetFeature/wfs:Query[@typeName = "Building"] Elementknoten beziehen müssen. Liegt ein entsprechender Evaluationskontext vor, werden die in der rewrite Regel definierten Modifikationsanweisungen ausgeführt.

Durch den Wert "Permit" des FulfillOn XML Attributs des rewrite <xacml3:ObligationExpression> Elements ist festgelegt, dass die in der Regel beschriebenen Modifikationsanweisungen im Falle einer positiven Zugriffskontrollentscheidung durchzusetzen sind. Erwähnt sei an dieser Stelle, dass es sinnvoll sein kann, Modifikationsanweisungen in positiven und in negativen Zugriffsregeln zu definieren. Eine Modifikationsanweisung in einer positiven Regel hat das Ziel, die Weiterleitung einer Nachricht zu erlauben, wenn sie modifiziert wurde. Eine negative rewrite Regel hat hingegen das Ziel, das Subjekt von der Modifikation seiner Nachricht zu informieren und es selbst entscheiden zu lassen, ob es auch die modi-

4.4. Zugriffskontrolle in GDIs basierend auf dem XACML Standard

fizierte Nachricht an den WFS senden möchte. Für weitere Details und Beispiele wird auf Abschnitt 6.1 verweisen.

```
<Rule Effect="Permit" RuleId="example:x" xmlns="xacml3.0" ...>
  <Target>
    <AnyOf>
      <AllOf>
        <Match MatchId="&string-equal;">
          <AttributeValue
            DataType="&string;">Alice</AttributeValue>
          <AttributeDesignator Category="&access-subject;"
            AttributeId="&subject-id;" DataType="&string;"
            MustBePresent="true"/>
        </Match>
        <Match MatchId="&xpath-node-equal;">
          <AttributeValue DataType="&xpath;" Category="&message;">
/wfs:GetFeature/wfs:Query[@typeName="Building"]
          </AttributeValue>
          <AttributeDesignator AttributeId="&content-selector;"
            DataType="&xpath;" Category="&message;"
            MustBePresent="true"/>
        </Match>
      </AllOf>
    </AnyOf>
  </Target>
  <ObligationExpressions>
    <ObligationExpression ObligationId="&rewrite-obligation;"
      FulfillOn="Permit">
      <!-- the rewrite expressions in form of an XSLT Stylesheet
        -->
      <AttributeAssignmentExpression
        AttributeId="&xslt-rewrite-stylesheet;">
        <AttributeValue DataType="&xslt;">
          <xsl:stylesheet ... version="2.0">
            <!-- hook for argument passing mechanism -->
            <xsl:param name="&init-select-node-argument;:
xslt-arg-1" select="<!--dyn.-assigned-by-ctx-handler-->"/>
            <!-- static predicate that shall be added to
              selection predicate of the intercepted GetFeature
              request -->
            <xsl:param name="predicate-to-add">
              <ogc:Within>
```

4. Zugriffskontrolle in Geodateninfrastrukturen

```
30              <ogc:PropertyName>location</ogc:PropertyName>
31              <gml:Polygon srsName="osgb:BNG">
32                <gml:outerBoundaryIs><gml:LinearRing>
33                  <gml:coordinates> 528000.000,178856.330 ...
34                  </gml:coordinates>
35                </gml:LinearRing></gml:outerBoundaryIs>
36              </gml:Polygon>
37            </ogc:Within>
38          </xsl:param>
39          <xsl:template match="node()|@*">
40            <xsl:choose>
41              <xsl:when
42                test="self::node()=$&init-select-node-argument;:xslt-
43 arg-1">
44                <xsl:call-template name="modify-query"/>
45              </xsl:when>
46              <xsl:otherwise>
47                <xsl:copy>
48                  <xsl:apply-templates select="node()|@*"/>
49                </xsl:copy>
50              </xsl:otherwise>
51            </xsl:choose>
52          </xsl:template>
53          <xsl:template name="modify-query">
54            <xsl:copy>
55              <xsl:apply-templates select="@*"/>
56              <xsl:apply-templates select="wfs:PropertyName"/>
57              <ogc:Filter>
58                <xsl:if test="not(ogc:Filter)">
59                  <xsl:copy-of select="$predicate-to-add"/>
60                </xsl:if>
61                <xsl:if test="ogc:Filter">
62                  <ogc:And>
63                    <xsl:if test="not(ogc:Filter/ogc:And)">
64                      <xsl:copy-of select="$predicate-to-add"/>
65                      <xsl:apply-templates
                             select="ogc:Filter/node()"/>
66                    </xsl:if>
67                    <xsl:if test="ogc:Filter/ogc:And">
68                      <xsl:apply-templates
                             select="ogc:Filter/ogc:And/node()"/>
69                      <xsl:copy-of select="$predicate-to-add"/>
70                    </xsl:if>
```

4.4. Zugriffskontrolle in GDIs basierend auf dem XACML Standard

```
71              </ogc:And>
72            </xsl:if>
73          </ogc:Filter>
74        </xsl:copy>
75      </xsl:template>
76    </xsl:stylesheet>
77    </AttributeValue>
78  </AttributeAssignmentExpression>
79  <!-- argument that shall be passed to the xslt stylesheet
      -->
80    <AttributeAssignmentExpression
        AttributeId="&init-select-node-argument;:xslt-arg-1"
        Category="&xop;:category:obligation">
81      <AttributeDesignator AttributeId="&content-selector;"
        DataType="&xpath;" Category="&message;"
        MustBePresent="true"/>
82    </AttributeAssignmentExpression>
83    <AttributeAssignmentExpression
        AttributeId="&adr-representation-to-map;"
        Category="&obligation;">
84      <AttributeValue DataType="&string;">&content-based;
85    </AttributeValue></AttributeAssignmentExpression>
86    </ObligationExpression>
87  </ObligationExpressions>
88 </Rule>
```

Listing 4.14: XSLT-basierte Definition einer XACML v3.0 rewrite Regel

Unterhalb des <xacml3:ObligationExpression> Elements der oben abgebildeten rewrite Regel werden drei <xacml3:AttributeAsssignmentExpression> Elemente beschrieben:

Das &xslt-rewrite-stylesheet; <xacml3:AttributeAssignmentExpression> Element beinhaltet die Definition der Modifikationsanweisungen in Form eines XSLT Stylesheets. Das Stylesheet sorgt dafür, dass multiple Zugriffsentscheidungsanfragen derart umgeschrieben werden, dass darin beschriebene wfs:GetFeature/wfs:Query-[@typeName = "Building"] Elemente nur mehr Gebäudefeatures innerhalb Deutschlands selektieren können. Um dies zu erreichen, wird das Prädikat "within(*location*, *Polygon$_{Germany}$*)" (s. Z. 28-38) geeignet unterhalb betroffener <wfs:Query> Elemente eingefügt. Hierbei müssen dreierlei Fälle separat behandelt werden: die abgefangene Anfrage hat kein <ogc:Filter> Element, sie hat ein <ogc:Filter>

4. Zugriffskontrolle in Geodateninfrastrukturen

Element ohne <ogc:And> Kind und sie hat ein <ogc:Filter> Element mit <ogc:And> Kind. Je nachdem, welcher dieser Fälle vorliegt, muss das neue Prädikat an unterschiedlichen Stellen eingefügt werden und vorhandene Teilbäume müssen unter Umständen verschoben werden (vgl. Z. 57-71). In den Zeilen 60 und 62 wird beispielsweise geprüft, ob unterhalb des aktuell betrachteten <wfs:Query typeName = "Building"> Elements ein <ogc:Filter> Element vorhanden ist, das allerdings kein <ogc:And> Element als Kindknoten hat. Ist dies der Fall, wird unterhalb des <ogc:Filter> Elements ein <ogc:And> Element hinzugefügt, dessen erstes Kind das neu hinzuzufügende Prädikat ist. Durch Reorganisation des Baumes muss das ehemalige Kind des <ogc:Filter> Elements als zweites Kind des neuen <ogc:And> Elements eingefügt werden.

Neben dem &xslt-rewrite-stylesheet; <xacml3:AttributeAssignmentExpression> Element beinhaltet das rewrite <xacml3:ObligationExpression> Element ein xslt-argument <xacml3:AttributeAssignmentExpression> Element. Kommt die rewrite Regel im Zuge der Auswertung einer individuellen Zugriffsentscheidungsanfrage zur Anwendung, wird neben dem XSLT Stylesheet das xslt-argument <xacml3:AttributeAssignment> Element übergeben. Der Context Handler nutzt das übergebene Argument, um das zugehörige <xsl:param> Element im XSLT Stylesheet zu initialisieren. Im Beispiel wird der Wert des &content-selector; <xacml3:Attribute> Elements der aktuell betrachteten individuellen Zugriffsentscheidungsanfrage an das XSLT Stylesheet übergeben. Der Context Handler sorgt dafür, dass der Wert des "select" XML Attributs des &init-select-node-argument;:xslt-arg-1 <xsl:param> Elements mit dem Wert des &content-selector; <xacml3:Attribute> Elements belegt wird. Das <xsl:param> Element entspricht daher dem Knoten, auf den sich die individuelle Zugriffsentscheidungsanfrage bezieht (d.h. auf einen der wfs:GetFeature/wfs:Query[@typeName = "Building"] Elementknoten der abgefangenen GetFeature Anfrage).

Im Stylesheet wird geprüft, ob es sich bei dem aktuell zu transformierenden Knoten um den im <xsl:param> Element definierten Kontextknoten der individuellen Zugriffsentscheidungsanfrage handelt (s. Z. 41 und 42). Ist dies der Fall, wird für diesen Knoten die modify-query XSLT Template Rule aufgerufen, die dafür sorgt, dass das entsprechende <wfs:Query> Element wie oben beschrieben umgeschrieben wird. Durch das an das Stylesheet übergebene Argument wird gesteuert, welche Knoten von den Modifikationsanweisungen betroffen sein sollen. Nur durch

4.4. Zugriffskontrolle in GDIs basierend auf dem XACML Standard

die Übergabe des XPath Ausdrucks, der den Knoten selektiert, auf den sich die individuelle Zugriffsentscheidungsanfrage bezieht, kann im XSLT Stylesheet stets der gewünschte Teilbaum des Evaluationskontexts und ausschließlich dieser modifiziert werden. Riefe man die modify-query XSLT Template Rule immer dann auf, wenn der zu transformierende Knoten vom Typ "wfs:Query" ist, würden fälschlicherweise auch <wfs:Query> Elemente umgeschrieben werden, die sich nicht auf die Building Featureklasse beziehen.

Das letzte unterhalb des rewrite <xacml3:ObligationExpression> Elements definierte <xacml3:AttributeAssignmentExpression> Element steuert, welche Repräsentation der im Evaluationskontext beschriebenen OWS Nachricht zurück ins originäre Format zu transformieren ist. Details zur Semantik und Verwendung dieses Elements finden sich in Abschnitt 4.4.6.4.

Wenn ein Context Handler die in Abbildung 4.6 (oberer Teil) auszugsweise und schematisch visualisierte multiple Zugriffsentscheidungsanfrage erzeugt und die entstehenden individuellen Zugriffsentscheidungsanfragen anschließend gegen die Regel aus Listing 4.14 ausgewertet werden, wird die Repräsentation der abgefangenen GetFeature Anfrage im Evaluationskontext wie in Abbildung 4.6 (unterer Teil) gezeigt modifiziert.

4. Zugriffskontrolle in Geodateninfrastrukturen

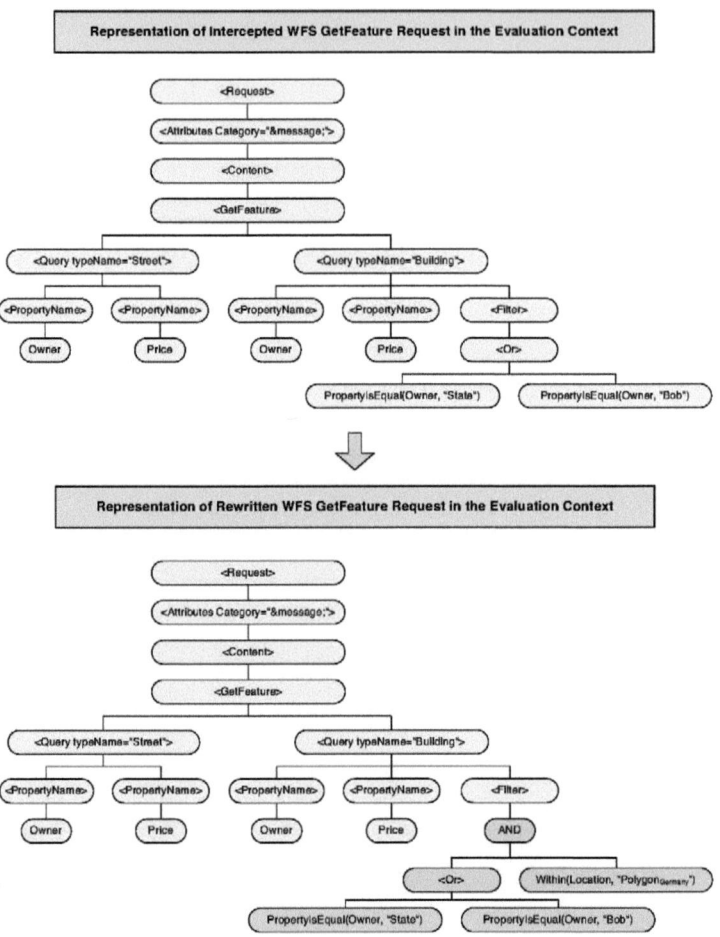

Abbildung 4.6.: Auszug einer multiplen XACML Zugriffsentscheidungsanfrage vor und nach dem Rewrite

Steuerung der Abarbeitungsfolge von XSLT Stylesheets im Context Handler
Verwendet man das oben beschriebene Konzept zur Definition von rewrite Regelwerksobjekten, können Fälle eintreten, bei denen die Abarbeitungsreihenfolge der

4.4. Zugriffskontrolle in GDIs basierend auf dem XACML Standard

Stylesheets einen Einfluss auf das Endergebnis der Transformation hat. Wenn beispielsweise ein Knoten A durch ein Stylesheet gelöscht werden soll und zugleich durch ein anderes Stylesheet – unter der Bedingung, dass Knoten A existiert – ein neuer Teilbaum hinzugefügt werden soll, bestimmt die Anwendungsreihenfolge der beiden Stylesheets, ob der neue Teilbaum in der modifizierten Nachricht enthalten ist oder nicht.

Wenn eine unbeabsichtigte Beeinflussung parallel anwendbarer Modifikationsanweisungen durch geeignete Definition der rewrite Regelwerksobjekte nicht vermieden werden kann, müssen den rewrite <xacml3:ObligationExpression> Elementen explizit Prioritäten zugeteilt werden, durch die die Auswertungsreihenfolge festgelegt wird. Die Vergabe von Prioritäten erfolgt, indem in einem rewrite <xacml3:ObligationExpession> Element ein spezielles <xacml3:AttributeAssignmentExpression> Element mit einem AttributeId XML Attributwert gleich &obligation-priority; definiert wird. Durch diese XACML Attribute kann der Context Handler die abzuarbeitenden <xacml3:Obligation> Elemente in eine Ordnung bringen.

4.4.6.4. Rücktransformation

Nachdem die in den rewrite <xacml3:Obligation> Elementen enthaltenen Modifikationsanweisungen erfolgreich seriell abgearbeitet wurden, muss der Context Handler die im Evaluationskontext enthaltene, umgeschriebene Nachricht in ihr ursprüngliches Format zurücktransformieren. Anhand des &original-message-encoding; <xacml3:Attribute> Elements in der Zugriffsentscheidungsanfrage kann der Context Handler ermitteln, in welchem Format der PEP die OWS Nachricht abgefangen hat und in welches Format die modifizierte Nachricht folglich zu konvertieren ist.

Um den Administratoren maximale Flexibilität bei der Definition der Regelwerksobjekte zu ermöglichen, muss eine OWS Nachricht in einer Zugriffsentscheidungsanfrage sowohl unterhalb des <xacml3:Content> Elements als auch durch eine Menge von <xacml3:Attribute> Elementen repräsentiert werden. Als Folge dieser Flexibilität müssen die Administratoren bei der Definition von rewrite <xacml3:Obligation> Elementen angeben, ob der Context Handler die <xacml3:Content> Element basierte oder die <xacml3:Attribute> Elemente

4. Zugriffskontrolle in Geodateninfrastrukturen

basierte Darstellungsform der OWS Nachricht in das ursprüngliche Format zurücktransformieren soll. Um dem Context Handler die gewünschte Option mitzuteilen, muss in jedem rewrite <xacml3:ObligationExpression> Element ein spezielles <xacml3:AttributeAssignmentExpression> Element mit einem AttributeId XML Attributewert gleich "&adr-representation-to-map;" definiert werden. Den &adr-representation-to-map; <xacml3:AttributeAssignmentExpression> Elementen werden die Werte &content-based; oder &attribute-set-based; zugewiesen, wodurch eine der beiden Darstellungsformen von OWS Nachrichten im XACML Evaluationskontext zur Rücktransformation ausgewählt wird (Details s. [Her11a]). In einem konsistent definierten Regelwerk muss gelten, dass alle rewrite Regelwerksobjekte, die parallel anwendbar sind, stets dieselbe Repräsentationsform der abgefangenen Nachricht zur Rücktransformation auswählen.

Um eine korrekte und eindeutige Rücktransformation der evaluationskontextspezifischen Darstellung der OWS Nachrichten in ihr ursprüngliches Format zu gewährleisten, müssen zahlreiche Vorschriften definiert werden (s. 4.4.7). Der Context Handler realisiert anhand dieser Vorschriften die benötigte Abbildung und sendet dem PEP anschließend die modifizierte OWS Nachricht und die ermittelte(n) Zugriffsentscheidung(en) zu. Der PEP entscheidet daraufhin, ob er anstelle der ursprünglichen Nachricht die modifizierte Nachricht weiterleitet oder eine "not-authorized" Fehlermeldung generiert. Sollte die modifizierte Nachricht weitergeleitet werden, muss je nach Anwendungsfall entschieden werden, ob der Nutzer über die Modifikation seiner ursprünglichen Anfrage benachrichtigt werden soll. Bei sensiblen Daten kann es beispielsweise sinnvoll sein, die Existenz nicht zugreifbarer Daten zu verschweigen. Im Falle eines kommerziellen Dienstes kann es dagegen gewünscht sein, den Nutzer wissen zu lassen, dass er noch nicht alle verfügbaren Daten sehen kann.

4.4.6.5. Fazit

In diesem Abschnitt wurde herausgearbeitet, dass abgefangene Nachrichten in XML-kodierter Form vollständig unterhalb eines <xacml3:Content> Elements des Evaluationskontexts abgebildet werden müssen, um ausdrucksstarke rewrite Regelwerksobjekte definieren zu können. Zudem empfiehlt es sich, multiple Zugriffsentscheidungsanfragen zu erzeugen, damit Kontextknoten zur Definition der Be-

4.4. Zugriffskontrolle in GDIs basierend auf dem XACML Standard

dingungsausdrücke und Modifikationsanweisungen in rewrite Regelwerksobjekten zur Verfügung stehen.

Durch das vorgestellte XSLT-basierte Konzept zur Definition von Modifikationsanweisungen lassen sich abgefangene OWS Anfragen und Antworten auf sehr flexible Art und Weise modifizieren. Beliebige Knoten der abgefangenen Nachrichten können gelöscht, geändert, reorganisiert oder um neue Knoten erweitert werden. Die neu hinzuzufügenden Daten können statisch festgelegt oder dynamisch aus den vorliegenden Evaluationskontexten selektiert werden. Basierend auf dem erarbeiteten Konzept können daher alle in GDIs geforderten rewrite Rechte definiert werden.

Hervorzuheben ist, dass die vorgestellte Lösung zur XACML-konformen Implementierung eines rewrite-basierten Rechtemodells im Vergleich zu den existierenden rewrite Modellen (z.B. Oracle VPD, Q-Filter oder Y-Filter Ansatz) deutlich ausdrucksstärker und generischer ist. Beispielsweise können bei der Oracle VPD Lösung nur die Selektionsprädikate der abgefangenen SQL Anfragen erweitert werden (und dies auch nur per Konjunktion). Ansätze wie Q-Filter oder Y-Filter sind nur bei XPath-basierten Leseanfragen und XML-kodierten Antworten verwendbar und erlauben zudem nur Lösch- und einfache Einfügemodifikationsanweisungen.

Um zu gewährleisten, dass ein beliebiger XACML Context Handler rewrite <xacml3:Obligation> Elemente, die entsprechend dem oben beschriebenen Konzept definiert wurden, korrekt verarbeitet, wurde die erläuterte Vorgehensweise im OGC XACML v3.0 OGC Web Service Profile standardisiert (s. 4.4.7). Weitere Beispiele zur Verwendung von rewrite <xacml3:Obligation> Elementen finden sich im Evaluationsteil der Arbeit (s. 6.1). Dort wird beispielsweise gezeigt, wie <xacml3:Attribute> Elemente basierte OWS Anfragerepräsentationen transformiert werden können, wie XSLT-basiert Knoten aus einer Nachricht gelöscht werden können und wie auf Daten beliebiger Kategorien der Zugriffsentscheidungsanfragen im XSLT Styleheet Bezug genommen werden kann, ohne explizit Argumente und Referenzen auf diese Daten definieren zu müssen.

4. Zugriffskontrolle in Geodateninfrastrukturen

4.4.7. Das XACML v3.0 OGC Web Service Profile v1.0

Die XACML und GeoXACML Spezifikationen können in den unterschiedlichsten Anwendungsszenarien flexibel verwendet werden. Durch die vielseitige Nutzbarkeit der generisch definierten Standards besteht die Gefahr, dass die Komponenten verteilter Zugriffskontrollsysteme und dezentrale Regelwerke, trotz Konformität zum XACML bzw. GeoXACML Standard, nicht interoperabel sind. Auch die bereits existierenden XACML Profile, die die Verwendung des XACML Standards für bestimmte Anwendungsfälle konkretisieren, sind zu generisch, um für ausreichend Interoperabilität in einem verteilten Zugriffskontrollsystem für eine OWS-basierte GDI zu sorgen. Beispielsweise kann ein Context Handler abgefangene WMS GetMap Anfragen auf viele verschiedene Weisen im Evaluationskontext abbilden. Gehen die Administratoren von einer falschen Repräsentationsform der GetMap Anfragen aus, führt dies dazu, dass die Regelwerksobjekte ungültige Bezüge herstellen und somit nicht wie gewünscht zur Anwendung kommen.

Um die Interoperabilität in verteilten, XACML-basierten Zugriffskontrollsystemen für GDIs zu verbessern, muss eindeutig und standardisiert festgelegt werden, wie der Context Handler abgefangene OWS Nachrichten in XACML Zugriffsentscheidungsanfragen darstellt. Zudem sind Vorschriften zu definieren, wie XACML zur Definition von rewrite Regelwerksobjekten zu verwenden ist und wie die resultierenden rewrite <xacml3:Obligation> Elemente im Context Handler zu verarbeiten sind. Zu betonen ist, dass geeignete interoperabilitätsverbessernde Regelungen zwar in gewissem Maße die Flexibilität von XACML einzuschränken, dabei jedoch die Mächtigkeit der definierbaren Rechte nicht reduzieren.

Das im Rahmen dieser Arbeit entwickelte XACML v3.0 OGC Web Service Profile v1.0 (kurz: XACML v3.0 OWS Profile) [Her11a] inklusive zugehöriger Extension Dokumente [Her11c, Her11d, Her11b, Her11e] legt Vorschriften dieser Art fest und trägt somit entscheidend zur Verbesserung der Interoperabilität verteilter XACML Regelwerke und XACML Zugriffkontrollsystemkomponenten in OWS Architekturen bei. Die im XACML v3.0 OWS Profile beschriebenen Vorgaben basieren auf den in den Abschnitten 4.4.2, 4.4.3 und 4.4.6 vorgestellten Forschungsergebnissen. Aktuell befindet sich das XACML v3.0 OWS Profile im Standardisierungsprozess des OGC, der voraussichtlich Ende 2011 abgeschlossen sein wird. Um den Rahmen dieses Abschnitts nicht zu sprengen, werden nachfolgend nur die wesentlichen In-

4.4. Zugriffskontrolle in GDIs basierend auf dem XACML Standard

halte des Profils skizziert. Für eine vollständige und ausführliche Darstellung der Inhalte wird auf die XACML v3.0 OWS Profile Version 1.0 Spezifikation und zugehörige Extension Dokumente verwiesen.

Die Struktur des Profils Das XACML v3.0 OWS Profile ist konform zu den Vorgaben des OGC Metastandards "The Specification Model – A Standard for Modular Specifications Version 1.0" [Ope09] definiert. Das Profil gliedert sich folglich in mehrere Module, die auf verschiedene Dokumente verteilt sind. Inhalte, die für alle OWS Klassen gültig sind, werden im sog. XACML v3.0 OWS Profile v1.0 Core Dokument [Her11a] definiert, während Themen, die sich auf eine bestimmte OWS Klasse beziehen, in den jeweiligen XACML v3.0 OWS Profile v1.0 Extension Dokumenten festgelegt werden (z.B. in der WFS 1.1 Extension [Her11c] oder der [Her11d]).

Die XACML v3.0 OWS Profile Core Spezifikation behandelt zwei Standardisierungsziele: den XACML Context Handler und die Extension Dokumentklasse. Für jedes Standardisierungsziel ist eine Vielzahl an Anforderungen (engl. requirements) definiert, die in Modulen, den sog. Requirements Klassen, zusammengefasst sind. Requirements Klassen können voneinander abhängig sein, was bedeutet, dass die abhängige Klasse die Anforderungen der in Relation stehenden Klasse ebenfalls erfüllen muss (d.h. eine abhängige Klasse erbt die Anforderungen ihrer übergeordneten Klasse). Einige Requirements Klassen des Core Dokuments, die sich auf das erste Standardisierungsziel beziehen, sind von den in den Extension Dokumenten definierten Requirements Klassen abhängig. Diese Requirements Klassen des Core Dokuments sind parametrisiert und durch den Parameter wird festgelegt, aus welchem Extension Dokument bestimmte Requirements Klassen "importiert" werden.

Die einzelnen Extension Dokumente beziehen sich auf jeweils einen bestimmten OGC Web Service Typ (z.B. WFS 1.1 oder WMS 1.3) und ergänzen die generischen Anforderungen aus dem Core Dokument, indem die Besonderheiten der Anfrage- und Antwortklassen des entsprechenden OWS individuell behandelt werden. Durch diesen modularen Aufbau können Extension Dokumente sukzessive für alle existierenden und zukünftigen OWS entwickelt werden. Die Anforderungen, die sich auf das zweite Standardisierungsziel, d.h. auf die Extension Dokumente des Profils beziehen, definieren strukturelle, terminologische und inhaltliche Vor-

4. Zugriffskontrolle in Geodateninfrastrukturen

gaben, die alle validen Extension Dokumente erfüllen müssen.

Für jedes Standardisierungsziel existiert eine sog. Core Requirements Klasse, von der alle anderen Requirements Klassen zum selben Standardisierungsziel abhängig sein müssen. Die Core Requirements Klasse zum ersten bzw. zweiten Standardisierungsziel definiert daher Anforderungen, die jeder XACML v3.0 OWS Profile konforme Context Handler bzw. jedes XACML v3.0 OWS Profile konforme Extension Dokument erfüllen muss. Für jede Requirements Klasse existiert eine Conformance Testklasse, durch die die Tests definiert sind, die eine Implementierung erfüllen muss, um konform zu dieser Requirements Klasse zu sein. Die Tests sind durch XML Schema Dokumente, durch Schematron Dokumente oder in Textform beschrieben. Abbildung 4.7[17] gibt einen Überblick über die Requirements Klassen des XACML v3.0 OWS Profile und ihre Abhängigkeiten.

Requirements Klassen, die sich auf das erste Standardisierungsziel beziehen, beschreiben verschiedene Fähigkeiten, die ein XACML v3.0 OWS Profile konformer Context Handler besitzen muss. Beispielsweise gibt die Requirements Klasse &xop;/RC/1.2 vor, dass der Context Handler multiple XACML Zugriffsentscheidungsanfragen erzeugen können muss. Die Klasse &xop;/RC/1.11 legt z.B. fest, wie der Context Handler rewrite <xacml3:Obligation> Elemente zu verarbeiten hat. Zu beachten ist, dass die Konformität einer Context Handler Implementierung zu einer Requirements Klasse nicht zwangsweise bedeutet, dass alle von diesem Context Handler generierten Zugriffsentscheidungsanfragen immer die Vorgaben dieser Requirements Klasse erfüllen müssen. Manche Requirements Klassen schließen sich wechselseitig aus und eine Context Handler Implementierung, die mehrere sich wechselseitig ausschließende Klassen implementiert, kann je nach Situation, d.h. je nach Dienstklasse, Anfragetyp und je nachdem, ob es sich um eine abgefangene OWS Anfrage oder Antwort handelt, eine der durch die Klassen definierten Anforderungen verfolgen. In der Core Requirements Klasse &xop;/RC/1.1 ist beispielsweise festgelegt, dass der Context Handler globale XACML Zugriffsentscheidungsanfragen auf eine bestimmte Art und Weise erzeugen können muss. Die abhängige Klasse &xop;/RC/1.2 gibt vor, wie er multiple Zugriffsentscheidungsanfragen zu generieren hat. Eine Context Handler Implementierung, die sowohl

---

[17]Die Requirements Klasse &xop;/RC/1.11 erbt von &xop;/RC/1.3 bis &xop;/RC/1.9. Pfeile, die diese Vererbungsrelation anzeigen, wurden zur Verbesserung der Übersichtlichkeit weggelassen.

4.4. Zugriffskontrolle in GDIs basierend auf dem XACML Standard

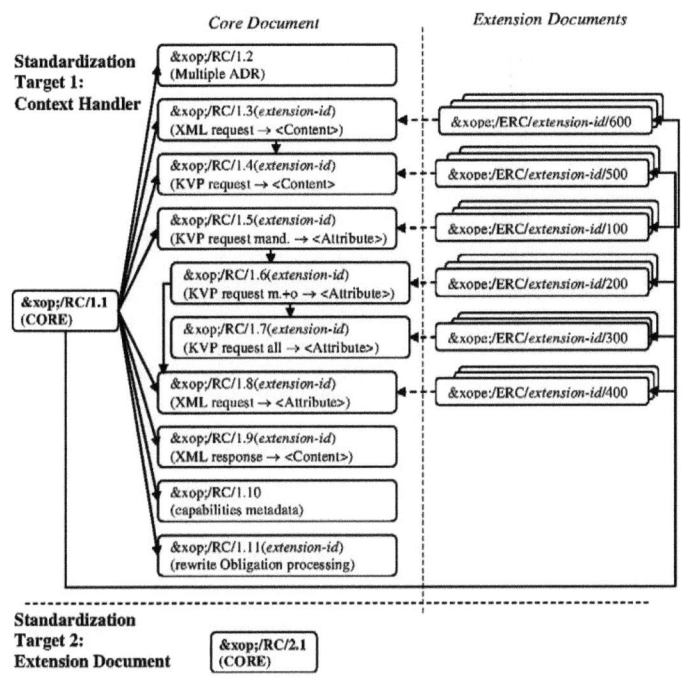

Abbildung 4.7.: Requirements Klassen des XACML v3.0 OWS Profile v1.0

die Conformance Testklasse zur Requirements Klasse &xop;/RC/1.1 als auch zur Requirements Klasse &xop;/RC/1.2 erfüllt, kann beispielsweise derart konfiguriert werden, dass zu GetFeature Anfragen, die an eine bestimmte WFS 1.1 Instanz gerichtet sind, multiple XACML Zugriffsentscheidungsanfragen erzeugt werden und zu delete Anfragen nur globale XACML Zugriffsentscheidungsanfragen.

Die Requirements Klasse &xop;/RC/1.1 (Core) In dieser Klasse wird unter anderem die verpflichtende Grundstruktur von XACML Evaluationskontexten im OWS Anwendungsfall festgelegt. Das Profil schreibt vor, dass Evaluationskontexte, die abgefangene OWS Nachrichten beinhalten, ein SSME Modell implementieren müssen. Die Category XML Attributwerte der verpflichtend enthaltenen <xacml3:Attributes> Elemente lauten &access-subject;,

4. Zugriffskontrolle in Geodateninfrastrukturen

&recipient-subject;, &message; und &environment; (vgl. 4.4.2). Neben den Kategorien und ihren Bezeichnern werden XACML Attribute, die speziell in OWS Architekturen benötigt werden, und deren zulässige Werte definiert (z.B. das &service;, das &original-message-encoding;, das &message-type; oder das &used-requirements-class; <xacml3:Attribute> – Details s. [Her11a], Abschnitt 6.2). Ein Context Handler, der ausschließlich zur Core Requirements Klasse &xop;/RC/1.1 konform ist, erzeugt sehr informationsarme globale Zugriffsentscheidungsanfragen, die allerdings bereits die Definition primitiver Rechte ermöglichen. In diesen Evaluationskontexten ist zu den abgefangenen OWS Nachrichten lediglich der Anfragetyp (über &request; <xacml3:Attribute> Elemente) und optional das verwendete Transportprotokoll beschrieben. Der Hintergrund für diese Designentscheidung liegt darin, dass eine simple Core Requirements Klasse vorhanden sein soll, um den Entwicklungsaufwand beim Einstieg in die Verwendung des Profils möglichst gering zu halten.

Die Requirements Klasse &xop;/RC/1.2 Diese Requirements Klasse besagt, dass der Context Handler in der Lage sein muss, multiple Zugriffsentscheidungsanfragen zu generieren und abzuleiten. Die Art und Weise, wie sie zu definieren sind und wie die individuellen Zugriffsentscheidungsanfragen erzeugt werden, wird nicht erneut festgelegt, sondern es werden entsprechende Abschnitte des XACML v3.0 Multiple Decision Profiles v1.0 und des XACML v3.0 Hierarchical Resource Profiles v1.0 als verbindliche Vorgaben referenziert. Konkretisiert wird lediglich das Schema der &content-selector; <xacml3:Attribute> Werte, um die Verwendung der &string-regexp-match; Funktion auf diesen XACML Attributen zu erlauben (vgl. S. 180 in 4.4.4).

Die Requirements Klasse &xop;/RC/1.3(extension-id) und &xop;/RC/1.9 Ein Context Handler, der konform zur Requirements Klasse &xop;/RC/1.3(extension-id) (bzw. &xop;/RC/1.9) ist, muss in der Lage sein, XML-kodierte Anfragen (bzw. Antworten) unterhalb von <xacml3:Content> Elementen der Kategorie &message; abzubilden, wenn er gemäß seiner Konfiguration dazu veranlasst wird. Festgelegt ist, dass keine transportprotokollspezifischen Wrapper eingefügt werden dürfen (z.B. <soap:body> Elemente) und das Wurzelelement der OWS Nachricht das einzige Kind des <xacml3:Content> Elements sein muss. In der Requirements Klasse &xop;/RC/1.3(extension-id) werden generische "XML-

4.4. Zugriffskontrolle in GDIs basierend auf dem XACML Standard

to<Content>" Abbildungsvorschriften, die für alle OWS Klassen gelten, direkt definiert. Zudem sind in ihr Anforderungen festgelegt, durch die servicespezifische Anforderungen aus den Extension Dokumenten importiert werden (s. extension-id Parameter). Ein Context Handler, der beispielsweise konform zur Requirements Klasse &xop;/RC/1.3(WFS:1.1.0) ist, kann XML-kodierte WFS Anfragen gemäß den standardisierten Vorgaben in eine expandierte, ebenfalls XML-kodierte Form transformieren und anschließend unterhalb eines <xacml3:Content> Elements der Kategorie &message; der Zugriffsentscheidungsanfragen einfügen. Die in der Requirements Klasse &xope;/WFS:1.1.0/ERC/1.600; des WFS 1.1 Extension Dokuments definierten Anforderungen werden importiert, da der extension-id Parameter mit dem Wert WFS:1.1.0 belegt ist.

Die in den Requirements Klassen &xope;/<Service>/ERC/1.600 der Extension Dokumente definierten Expansionsvorschriften tragen zur Vereinfachung der Regelwerksdefinition bei und garantieren, dass bestimmte geforderte Rechteklassen festgelegt werden können (vgl. Abschnitt 6.6 in den jeweiligen Extension Dokumenten). Beispielsweise können in einer WFS GetFeature Anfrage die zu einer Featureklasse zu selektierenden Attribute explizit über <wfs:PropertyName> Elemente aufgezählt werden. Um alle Attribute zu selektieren, werden sie entweder ausdrücklich aufgeführt oder das <wfs:PropertyName> Element wird weggelassen bzw. mit dem Wert "*" belegt. Indem der Context Handler anstatt dem fehlenden oder mit dem Wert "*" belegten <PropertyName> Element stets alle aktuell zur Featureklasse existierenden Property-Typen auflistet (z.B. ermittelbar durch eine GetCapabilities Anfrage an die zu schützende OWS Instanz), kann in den Regelwerksobjekten ein Bezug auf die angefragten Attributklassen hergestellt werden und einzelne <PropertyName> Elemente können zudem bei Bedarf gezielt herausgefiltert werden (Details s. 6.1.3).

Die Requirements Klasse &xop;/RC/1.4(extension-id) Diese parametrisierte Requirements Klasse beschreibt, wie ein Context Handler KVP-kodierte Anfragen unter <xacml3:Content> Elementen einfügen muss. Hierzu werden neben den im Core Dokument definierten Anforderungen, die unabhängig von der betrachteten OWS Klasse sind, die spezifischen Anforderungen für die Transformation der KVPs nach <Content> einer bestimmten OWS Klasse aus der &xope;/<Service>/ERC/1.600 Requirements Klasse eines Extension Dokuments im-

4. Zugriffskontrolle in Geodateninfrastrukturen

portiert (s. extension-id Parameter). Diese spezifischen Anforderungen legen im Detail fest, wie die einzelnen KVPs in XML-kodierte Form zu bringen sind (s. 6.5 in [Her11c]). Angemerkt sei, dass in den &xope;/<Service>/ERC/1.600 Requirements Klassen neben den Transformationsregeln für die verschiedenen KVP-Typen i.d.R. auch Expansions- oder Normalisierungsvorschriften definiert werden.

Die Requirements Klassen &xop;/RC/1.5(extension-id) bis &xop;/RC/1.7(-extension-id) Diese parametrisierten, aufeinander aufbauenden Requirements Klassen legen fest, dass ein Context Handler in der Lage sein muss, alle mandatory KVPs (&xop;/RC/1.5), alle mandatory und optional KVPs (&xop;/RC/1.6) bzw. alle mandatory, optional und vendor specific KVPs (&xop;/RC/1.7) einer KVP-kodierten OWS Anfrage im Evaluationskontext durch <xacml3:Attribute> Elemente darzustellen. Die generischen Vorschriften dieser Requirements Klassen entsprechen den in Abschnitt 4.4.3.2 erläuterten Vorgehensweisen. Über den Parameter werden Requirements Klassen aus den Extension Dokumenten importiert, in denen die Vorschriften zur Abbildung verschiedener KVP-Typen auf <xacml3:Atttribute> Elemente beschrieben werden (vgl. die Requirements Klassen &xope;/<Service>/ERC/1.100, &xope;/<Service>/ERC/1.200 und &xope;/<Service>/ERC/1.300).

Die Requirements Klasse &xop;/RC/1.8(extension-id) Eine Context Handler Implementierung, die konform zu einer &xop;/RC/1.8(extension-id) Requirements Klasse ist, kann gewisse XML-kodierte Anfragen partiell in KVP-kodierte Anfragen transformieren und anschließend durch <xacml3:Attributes> Elemente im Evaluationskontext darstellen (vgl. 4.4.3.2). Aus den Extension Dokumenten wird hierzu die &xope;/extension-id/ECC/1.400 Requirements Klasse importiert, in der die Regeln zur Transformation bestimmter Anfragetypen von einer XML Kodierung in eine KVP Kodierung im Detail beschrieben sind.

Die Requirements Klassen &xop;/RC/1.10 Implementiert ein Context Handler die Requirements Klasse &xop;/RC/1.10, muss er die Fähigkeit haben, seine aktuelle Konfiguration mitzuteilen. Diese entspricht einer Tabelle, die beispielsweise Tupel folgender Art enthalten kann (&service-type; = "WFS 1.1", &message-type; = "GetFeature", &direction; = "request", &service-ip; = "123.123.123.123",

4.4. Zugriffskontrolle in GDIs basierend auf dem XACML Standard

requirements-class-set = {&xop;/RC/1.2, &xop;/RC/1.3}). Wenn die durch die ersten vier Attribute beschriebene Situation zutrifft, erzeugt der Context Handler Zugriffsentscheidungsanfragen unter Verwendung der (notwendigerweise kompatiblen) Requirements Klassen, wie sie durch das requirements-class-set Attribut spezifiziert sind. Durch die Abfrage der aktuellen Konfiguration eines Context Handlers ist den Regelwerksadministratoren bekannt, wie ein Context Handler in verschiedenen Situationen Zugriffsentscheidungsanfragen generiert oder die resultierenden Antworten verarbeitet. Anhand dieser Informationen wissen die Administratoren daher, wie sie ihre Regelwerksobjekte geeignet definieren müssen.

Die Requirements Klasse &xop;/RC/1.11(extension-id) Diese Requirements Klasse schreibt vor, wie rewrite <xacml3:Obligation> Elemente vom Context Handler verarbeitet werden müssen. Das Format der rewrite <xacml3:Obligation> Elemente und die verbundenen Vorgehensweisen zu deren Auswertung entsprechen der in Abschnitt 4.4.6 erarbeiteten Lösung. Um die evaluationskontextspezifische Darstellung der abgefangenen Nachricht in ihr ursprüngliches Format zurückzutransformieren, werden die Abbildungsregeln, die in den Requirements Klassen der Extensions definiert sind, invers angewendet.

4.4.8. Fazit

Ein Zugriffskontrollsystem für eine GDI muss ein hybrides Rechtemodell verwenden, das eine Kombination eines regel-, rewrite- und rollenbasierten Modells darstellt. Es wurde ausführlich gezeigt, wie ein solches Modell basierend auf den Sprachmitteln des XACML Standards implementiert werden kann und welche Erweiterungen der XACML v2.0 Spezifikationen hierfür notwendig sind. Die erarbeiteten Lösungen führten zu Updates der XACML v2.0 core Spezifikation und einiger zugehöriger XACML v2.0 Profile. Zudem brachten die Forschungsergebnisse einige neue Spezifikationen hervor (vgl. GeoXACML v1.0 und v3.0 sowie XACML v3.0 OGC Web Service Profile v1.0). Basierend auf den in Abbildung 4.8 dargestellten Spezifikationen lässt sich ein verteiltes, interoperables Zugriffskontrollsystem für eine GDI einfach entwickeln bzw. einführen. Durch die Verwendung dieser Spezifikationen ist gesichert, dass ein Zugriffskontrollsystem sämtliche der in Abschnitt 4.2 genannten Anforderungen erfüllt. In einem

4. Zugriffskontrolle in Geodateninfrastrukturen

konkreten Anwendungsfall empfiehlt es sich, ein anwendungsfallspezifisches Profil zu ergänzen, in dem z.B. die Modelle der Subject-, Service- und Environment-Entitätstypen des SSME Evaluationskontextmodells konkretisiert werden, die Context Handler Konfiguration vorgegeben wird und die Wertebereiche einiger XACML Attribute, XML Text- und Attributknoten festgelegt werden (z.B. &role; XACML Attributwerte).

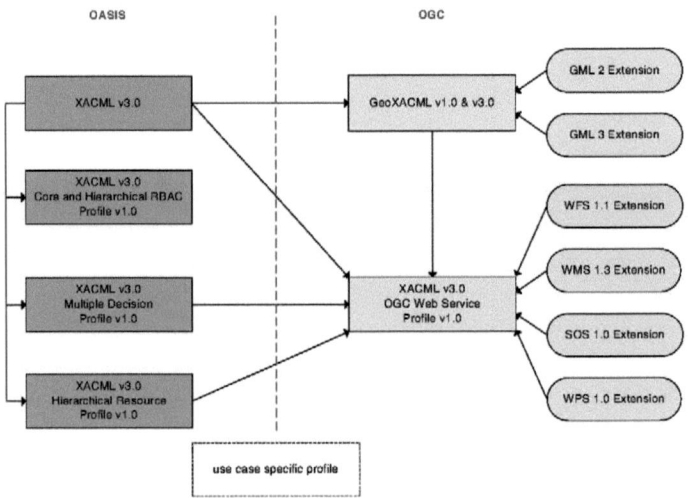

Abbildung 4.8.: Geeignete Spezifikationen zum Aufbau von Zugriffskontrollsystemen für GDIs

5. Administration XACML-basierter Zugriffskontrollsysteme

Im vorangegangenen Kapitel wurde erarbeitet, wie Zugriffskontrollsysteme für Geodateninfrastrukturen zu entwickeln sind, damit sie in der Lage sind, die in diesem Anwendungsgebiet geforderten Zugriffsbeschränkungen durchzusetzen. Dank der Verwendung der XACML v3.0 und GeoXACML v3.0 Spezifikation sowie der zugehörigen XACML v3.0 Profile können komplexe, feingranulare Autorisationssemantiken in den Regelwerken dieser Zugriffskontrollsysteme formal und standardisiert beschrieben werden. Um einen erfolgreichen Einsatz XACML-basierter Zugriffskontrollsysteme zu gewährleisten, ist es von zentraler Bedeutung, dass die Regelwerke stets gemäß den Zielvorgaben aller beteiligten Institutionen definiert sind. Es liegt im Verantwortungsbereich der Administratoren, dafür zu sorgen, dass die Regelwerke zu jedem Zeitpunkt ausschließlich autorisierte Interaktionen zwischen Subjekten und Ressourcen zulassen.

In großen serviceorientierten Architekturen wie GDIs ist die Erreichung dieses Ziels aufgrund des Umfangs und der Vielschichtigkeit der geforderten Zugriffsrechte eine sehr anspruchsvolle Aufgabe. Es gilt, komplizierte Zugriffsrechte (z.B. feingranulare, raumbezogene und kontextabhängige Rechte) für eine sehr große Anzahl von Subjekten bzw. Rollen zu beschreiben, die sich auf bestimmte Teilmengen der i.d.R. extrem großen Ressourcenmengen beziehen. Neben dem Umfang und der Komplexität der Aufgaben bei der Festlegung der Regelwerke wirken sich vielseitige Dynamiken erschwerend auf die Verwaltung der Wissensbasen der Zugriffskontrollsysteme aus. Beispielsweise können sich die Featuredaten, die Datenmodelle der Feature, die Nutzer, die Rollen und die umzusetzenden Rechte im Laufe der Zeit ändern, was i.d.R. komplexe administrative Operationen auf den

5. Administration XACML-basierter Zugriffskontrollsysteme

Regelwerken erforderlich macht.

In den nachfolgenden Abschnitten wird betrachtet, welche Komponenten (s. 5.1) und Modelle (s. 5.2 und 5.3) benötigt werden, um die administrativen Herausforderungen zufriedenstellend meistern zu können.

5.1. Erforderliche Komponenten zur Administration von Regelwerken

5.1.1. Policy Administration Points

Zur Verwaltung regelbasierter Zugriffskontrollsysteme werden sog. Policy Administration Point (PAP) Komponenten benötigt. Um die Administratoren bei der Definition und Pflege der Regelwerke geeignet zu unterstützen, sollten die PAP Komponenten zahlreiche Anforderungen erfüllen:

Basisfunktionalitäten Ein PAP muss den Administratoren grundlegende Funktionalitäten zum Einfügen, Lesen, Löschen und Updaten von Zugriffsregeln und Regelcontainern anbieten (Details s. 5.3.2.2). Anzumerken ist, dass Update-Aktionen theoretisch durch Abfolgen von Lese-, Lösch- und Einfüge-Aktionen ersetzt werden können. Nachfolgend wird die Update-Operation dennoch als zu unterstützende Basisfunktionalität angesehen, da sie zur Vereinfachung der administrativen Tätigkeiten beiträgt.

Analysefunktionalitäten Neben den Basisfunktionalitäten ist es wichtig, dass ein PAP Operationen zur Analyse von Regelwerken unterstützt. Beispielsweise sollte ein PAP Analysefunktionen anbieten, anhand derer geprüft werden kann, ob einzelne Regeln erfüllbar sind, ob sie in Konflikt mit anderen Regeln stehen, ob sie bereits durch andere Regeln ausgedrückt werden usw. (Details s. 7.2.1). Mit Hilfe solcher Analysefunktionen können die Administratoren semantische Eigenschaften der Regelwerkobjekte bzw. gewisser Teilmengen der Regelwerke überprüfen und dadurch ggf. vorliegende Fehler oder unnötige Redundanzen aufdecken. Die Bereitstellung von Analysefunktionen trägt somit entscheidend dazu bei, dass die

5.1. Erforderliche Komponenten zur Administration von Regelwerken

Administratoren an Sicherheit gewinnen, dass die Informationsflüsse im System wunschgemäß und effizient durch das Regelwerk kontrolliert werden.

Optimierungsfunktionalitäten Aufbauend auf den Analysefunktionen können diverse Optimierungsfunktionalitäten für Regelwerke und Regelwerksobjekte realisiert werden. Anhand der von einem PAP angebotenen Optimierungsoperationen können Regelwerke voll oder teilweise automatisiert vereinfacht und umstrukturiert werden. Dadurch werden die Regelwerke zum einen übersichtlicher und somit leichter verwaltbar und zum anderen kann die Performance bei der Anwendung und Analyse der Regelwerke signifikant verbessert werden.

Testfunktionalitäten Parallel zur Unterstützung von Analyse- und Optimierungsfunktionalitäten sollten PAP Komponenten Methoden zum Testen der Regelwerke zur Verfügung stellen. Beispielsweise ist es hilfreich, wenn die Administratoren Werkzeuge zur Erzeugung von Test-Zugriffsentscheidungsanfragen angeboten bekommen und ihnen für jede Test-Zugriffsentscheidungsanfrage die Details zur Berechnung der jeweiligen Zugriffsentscheidung mitgeteilt werden (z.B. die im Zuge der Berechnung angewandten Regelwerksobjekte inkl. detaillierter Informationen zu ihrer Auswertung). Anhand der Testergebnisse können die Administratoren eventuell vorhandene semantische Fehler identifizieren und diese anschließend geeignet beheben.

PAP als Web Service Die Regelwerke von Zugriffskontrollsystemen werden i.d.R. kooperativ von mehreren Administratoren verwaltet (s. 5.1.2.1). Um den Administratoren einen flexiblen, ortsunabhängigen Zugriff auf die Funktionalitäten eines PAP zu ermöglichen, empfiehlt es sich, diesen in Form eines Web Service zu realisieren. Im Folgenden wird daher davon ausgegangen, dass PAP Komponenten stets Web Services sind.

5. Administration XACML-basierter Zugriffskontrollsysteme

5.1.2. Zugriffskontrollsysteme für die Policy Administration Points

Um die Regelwerke von Zugriffskontrollsystemen erfolgreich zu administrieren, benötigt man neben PAP Komponenten zusätzliche leistungsfähige Zugriffskontrollsysteme, durch die der Zugriff auf die PAP Komponenten und die "dahinterliegenden" Regelwerke kontrolliert wird. Anhand dieser Zugriffskontrollsysteme kann präzise gesteuert werden, welcher Administrator welche Regelwerkobjekte unter bestimmten Bedingungen definieren, modifizieren, löschen, lesen usw. darf.

In den nachfolgenden Abschnitten 5.1.2.1 bis 5.1.2.4 werden einige Gründe genannt, weshalb PAP Komponenten durch Zugriffskontrollsysteme geschützt werden müssen. Die Vielzahl der Motive verdeutlicht die Bedeutung dieser Zugriffskontrollsysteme und stellt zudem die Vielseitigkeit der Ziele heraus, die durch diese Systeme erreicht werden können.

5.1.2.1. Verteilung administrativer Rechte

Über das Regelwerk eines Zugriffskontrollsystems für einen PAP kann die Verteilung administrativer Rechte auf mehrere Administratoren beschrieben werden. Die kontrollierte Zuweisung bzw. Aufteilung von administrativen Rechten an verschiedene Administratoren kann beispielsweise aus folgenden Gründen gewünscht sein:

Vermeidung einer Überforderung der Administratoren In der Einleitung dieses Kapitels wurde bereits verdeutlicht, dass die Aufgaben, die bei der Definition und Pflege eines Regelwerks für eine größere IT Infrastruktur anfallen, aufgrund des Umfangs, der Komplexität und vielseitiger Dynamiken schwer handhabbar sind. In den meisten Anwendungsfällen ist ein einzelner Administrator mit der Verwaltung eines solchen Regelwerkes überfordert. Zwar können die administrativen Arbeiten durch die Nutzung mächtiger Analyse-, Optimierungs- und Testfunktionalitäten sowie durch den Einsatz adäquater GUIs (engl. Graphical User Interface – GUI) beim Editieren der Regelwerkobjekte vereinfacht werden, aber in ihrer Gesamtheit sind sie i.d.R. dennoch zu umfangreich und kompliziert, um von einer Person allein bewältigt werden zu können.

5.1. Erforderliche Komponenten zur Administration von Regelwerken

Um unabhängig vom Anwendungsfall trotzdem eine korrekte Administration großer Regelwerke zu erreichen, bietet es sich an, mehrere Administratoren einzusetzen. Ihnen muss jeweils entsprechend ihrer Kompetenzen und Zuständigkeiten ein angemessener Anteil der administrativen Aufgaben und die dafür benötigten Rechte zugeteilt werden (vgl. Divide & Conquer Prinzip). Durch die Aufteilung der administrativen Aufgaben bzw. Rechte[1] wird die Anzahl der Nutzer, Rollen, Dienste, Featureklassen, Feature usw., für die ein Administrator zuständig ist, stark reduziert. Es wird davon ausgegangen, dass sich durch die Einschränkung des Zuständigkeitsbereichs und des Handlungsspielraums eines Administrators die Wahrscheinlichkeit erhöht, dass seine Regelwerkobjekte semantisch korrekt definiert sind.

Beispielsweise könnte festlegt werden, dass ein Administrator für die Verwaltung von Rechten mit Bezug auf Gebäudedaten zuständig ist, die über einen bestimmten WFS-T abgefragt, eingefügt oder gepflegt werden können. Ein anderer Administrator könnte dagegen für die Definition von Rechten verantwortlich sein, die sich auf Straßendaten beziehen, die über diesen WFS-T selektiert, eingefügt oder verwaltet werden können.

Erfüllung sicherheitspolitischer Ziele Unabhängig von dem Ziel, eine Überforderung der Administratoren zu vermeiden, fordern diverse sicherheitspolitische Ziele eine kontrollierte Aufteilung der administrativen Aufgaben und der damit verbundenen Rechte auf verschiedene Administratoren. Durch die Regelwerke der Zugriffskontrollsysteme für PAP Komponenten muss eine geeignete Verteilung der administrativen Rechte an die zuständigen Administratoren festgelegt werden. Ziel muss es sein, dass einzelne Administratoren weder zu große Handlungsspielräume bekommen, noch eine sicherheitskritische Kombination von administrativen Rechten erhalten.

---

[1]Mit der Zuteilung administrativer Aufgaben ist direkt die Zuweisung entsprechender administrativer Rechte verbunden. Gleichermaßen verfolgt die Zuteilung administrativer Rechte das Ziel, dass der Administrator im Rahmen dieser Rechte die administrativen Aufgaben erledigt. Die Begriffe administrative Aufgaben und administrative Rechte sind daher sehr eng miteinander verbunden.

5. Administration XACML-basierter Zugriffskontrollsysteme

5.1.2.2. Regelung des gegenseitigen Einflusses kooperierender Administratoren

Der Einsatz mehrerer Administratoren verfolgt grundsätzlich das Ziel, die administrativen Aufgaben möglichst disjunkt auf diese zu verteilen. Es gibt jedoch Situationen, in denen diese Aufteilung nicht (vollständig) disjunkt geschehen kann oder sollte. Sofern sich die Aufgabenbereiche einiger Administratoren überlagern, muss klar geregelt werden, wie sich ihre Aktionen gegenseitig beeinflussen können, um das Auftreten unerwarteter Seiteneffekte zu vermeiden.

Dieses Ziel kann erreicht werden, indem in den Regelwerken, die den Zugriffskontrollsystemen für PAP Komponenten zugrundeliegen, die Kooperationsvereinbarungen und die gestatteten Seiteneffekte formal definiert werden. Diese Regelwerke legen somit den möglichen gegenseitigen Einfluss kooperierender Administratoren eindeutig fest.

Dürfen beispielsweise zwei Administratoren unterschiedlicher administrativer Domänen Regeln definieren, die potentiell im Konflikt miteinander stehen können, dann könnte vereinbart werden, dass diese Regeln in einen speziellen Regelcontainer einzutragen sind, für den ein spezieller konfliktauflösender Algorithmus gilt (z.B. "deny-overrides"). Diese Vereinbarung ist durch eine geeignete Definition des Regelwerks des Zugriffskontrollsystems für den PAP zu realisieren. Das Zugriffskontrollsystem für den PAP garantiert anschließend die Durchsetzung dieser Vereinbarung und beide Administratoren haben somit die Kenntnis, ob und inwiefern sich ihre Regeln beeinflussen können.

5.1.2.3. Sicherung der Interoperabilität der Regelwerke

In Kapitel 3 und 4 wurde bereits erwähnt, dass es aufgrund der flexiblen Verwendbarkeit des XACML Standards zu Interoperabilitätsproblemen kommen kann (vgl. S. 98 und 206). Um die Interoperabilität der PEPs, Context Handler, PDPs und Regelwerke dezentraler, XACML-basierter Zugriffskontrollsysteme zu verbessern, müssen geeignete XACML Profile verwendet werden (vgl. 4.4.8).

Zugriffskontrollsysteme für PAP Komponenten können auch im Zusammenhang mit der Sicherung der Interoperabilität in verteilten Zugriffskontrollsystemen einen entscheidenden Mehrwert bringen. Indem in einem Zugriffskontrollsystem für einen PAP die für die Regelwerksdefinition relevanten Vorgaben aus den Profilen formal definiert und somit verpflichtend durchgesetzt werden, wird sichergestellt, dass die entstehenden Regelwerke die Vorgaben der Profile sicher einhalten und somit interoperabel verwendbar sind.

5.1.2.4. Sicherung der effizienten Anwendbarkeit und Analysierbarkeit der Regelwerke

Über ein Zugriffskontrollsystem für einen PAP kann gesteuert werden, wo welche Regelwerkobjekte in die dem PAP zugrundeliegenden Wissensbasen eingetragen werden können. Indem geeignete Einschränkungen bezüglich der einfügbaren Regelwerksobjekte und Vorgaben zu ihrer möglichen Platzierung im Regelwerk definiert werden, lassen sich gewisse Anforderungen hinsichtlich der Performanz bei der Anwendung und Analyse der Regelwerke erfüllen.

Ist beispielsweise eine besonders performante Berechnung der Zugriffsentscheidungsantworten oder der Analyseergebnisse gefordert, kann es sinnvoll sein, die Definition von Zugriffsregeln mit bestimmten Eigenschaften zu verbieten oder eine bestimmte Normalform von den Bedingungsausdrücken der eintragbaren Zugriffsregeln zu verlangen (z.B. Erlaube ausschließlich Konjunktionsterme als Bedingungsausdrücke).

5.2. Das ebenenbasierte Administrationsmodell

In Abschnitt 5.1.2 wurden zahlreiche Argumente für den Bedarf an leistungsfähigen Zugriffskontrollsystemen für PAP Komponenten genannt. Den zusätzlich benötigten Zugriffskontrollsystemen liegen wiederum Wissensbasen zugrunde, die ebenfalls durch PAP Komponenten verwaltet werden müssen. Aus denselben Gründen, wie sie in Abschnitt 5.1.2 erläutert wurden, müssen auch diese PAP Komponenten durch Zugriffskontrollsysteme geschützt werden (vgl. Abbildung 5.1). Dieser Logik folgend ergeben sich in Abhängigkeit der Anforderungen eines Anwendungsfalls verschiedene Ebenen von Zugriffskontrollsystemen, deren Wissensbasen sich direkt oder indirekt beeinflussen.

5. Administration XACML-basierter Zugriffskontrollsysteme

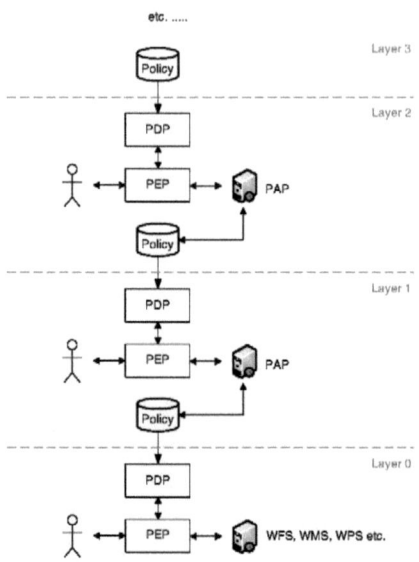

Abbildung 5.1.: Ebenen von Zugriffskontrollsystemen mit in Relation stehenden Wissensbasen

Die nachfolgenden Abschnitte werden sich eingehend damit beschäftigen, welchen Effekt Zugriffsrechte haben, durch die gesteuert wird, welche Operationen auf den Wissensbasen der darunterliegenden Ebene möglich sind und wie derartige Zugriffsrechte verwaltet werden können. Unter Abschnitt 5.2.1 wird zunächst ein Administrationsmodell vorgestellt, auf dessen Basis mächtige Administrationssysteme entwickelt werden können. Im Anschluss daran werden die Eigenschaften dieses Modells und die Möglichkeiten, die es bietet, analysiert (s. 5.2.2).

5.2.1. Definition

Die Definition eines Administrationsmodells für Zugriffsrechte umfasst im Wesentlichen die Festlegung zahlreicher Begriffe und Abstraktionen, die Beschreibung

5.2. Das ebenenbasierte Administrationsmodell

seiner Bestandteile sowie die im Modell geltenden Gesetze. Basierend auf einem Administrationsmodell für Zugriffsrechte lassen sich Administrationssysteme implementieren.

In dieser Arbeit wird unter einem Administrationssystem eine Menge von PAP Komponenten, Containern für Zugriffsrechte und die zu deren Schutz benötigten Zugriffskontrollsystemkomponenten verstanden. Zu betonen ist, dass der Begriff Administrationssystem kein Synonym für den Terminus Administrationsdienst darstellt. Ein Administrationsdienst ist lediglich eine mögliche Implementierungsvariante eines PAP und daher nur ein Bestandteil eines Administrationssystems.

Eine wichtige Motivation für die Entwicklung eines Administrationsmodells besteht darin, komplexe Zusammenhänge zwischen den Entitäten der Realität bzw. des Modells einfacher erklären und analysieren zu können. Beispielsweise vereinfachen die in einem Administrationsmodell für Zugriffsrechte festgelegten Termini, die Auswirkungen von Zugriffsrechten zu erklären, die sich auf das Einfügen von Zugriffsrechten beziehen, die wiederum das Einfügen von Zugriffsrechten erlauben.

Ein weiterer entscheidender Nutzen eines klar definierten und ausgiebig analysierten Administrationsmodells liegt darin, dass es als Referenzmodell herangezogen werden kann. Wird ein Administrationssystem konform zu einem Referenzadministrationsmodell implementiert, so ist gewährleistet, dass die wohl untersuchten Eigenschaften des Modells gültig und nutzbar sind. Zudem werden durch die Verwendung eines Referenzadministrationsmodells der Aufwand und die Kosten gesenkt, die bei der Entwicklung und Implementierung eines Administrationssystems anfallen.

Im Folgenden wird ein ebenenbasiertes Administrationsmodell (engl. Layered Administration Model – LAM) vorgestellt, das abgekürzt als LAM bezeichnet wird. Das LAM beschreibt u.a., wie Zugriffsrechte definiert und verwaltet werden können, die festlegen, welche Interaktionen mit PAP Komponenten stattfinden können und die somit direkt oder indirekt die möglichen Informationsflüsse zwischen den Subjekten und den Diensten der Anwendungsdomäne vorgeben.

Definition 1: Ebene x

Wie der Name "ebenenbasiertes Administrationsmodell" verdeutlicht, steht der Entitätstyp "Ebene" (engl. Layer) im Zentrum des Modells. Eine Ebene ist die

5. Administration XACML-basierter Zugriffskontrollsysteme

Aggregation von in Relation stehenden Entitätsmengen. Die unterste Ebene ist die Ebene 0, über der je nach Anforderungen des Anwendungsfalls beliebig viele weitere Ebenen existieren können.

Formal ist eine Ebene x durch folgendes Tupel aus Mengen definiert[2] (s. Abbildung 5.2[3]):

Ebene x := $(C_x, O_x, R_x, D_x, D_+, PEP_x, PEP_*, PDP_x, PDP_*, S)$

- $C_x := \{c_x \mid c_x$ ist ein Container, der genau der Ebene x zugehörig ist (kurz: ein E_x-Container)$\}$

- $O_x := \{o_x \mid o_x$ ist ein Objekt, das genau der Ebene x zugehörig ist (kurz: ein E_x-Objekt)$\}$

- $R_x := \{r_x \mid r_x$ ist eine Rolle, die genau der Ebene x zugehörig ist (kurz: eine E_x-Rolle)$\}$

- $D_x := \{d_x \mid d_x$ ist ein Dienst, der genau der Ebene x zugehörig ist (kurz: ein E_x-Dienst$\}$

- $D_+ := \{d_+ \mid d_+$ ist ein Dienst auf Ebene x (x > 0), der auch anderen Ebenen (ohne Ebene 0) zugehörig ist (kurz: ein E_+-Dienst)$\}$

- $PEP_x := \{pe_x \mid pe_x$ ist ein PEP, der genau der Ebene x zugehörig ist (kurz: ein E_x-PEP)$\}$

- $PEP_* := \{pe_* \mid pe_*$ ist ein PEP auf Ebene x, der auch anderen Ebenen zugehörig ist (kurz: ein E_*-PEP)$\}$

- $PDP_x := \{pd_x \mid pd_x$ ist ein PDP, der genau der Ebene x zugehörig ist (kurz: ein E_x-PDP)$\}$

- $PDP_* := \{pd_* \mid pd_*$ ist ein PDP auf Ebene x, der auch anderen Ebenen zugehörig ist (kurz: ein E_*-PDP)$\}$

---

[2] "x" wird nachfolgend als Variable verwendet, der eine positive, natürliche Zahl zugewiesen werden kann.

[3] In den nachfolgenden Abbildungen wird statt der im Text verwendeten Abkürzung "E" für Ebene die Abkürzung "L" für Layer eingesetzt, da sämtliche Abbildungen dieser Arbeit mit englischen Begriffen beschriftet sind.

5.2. Das ebenenbasierte Administrationsmodell

- $S := \{s \mid s \text{ ist ein Subjekt, das u.a. } E_x\text{-Rollen aktivieren kann}\}$

Im Gegensatz zu den Elementen der Mengen C_x, O_x, R_x, D_x, PEP_x und PDP_x, die genau einer Ebene x zugeordnet sind, gehören die Elemente der Mengen D_+, PEP_*, PDP_* und S gleichzeitig mehreren Ebenen an. Die Unterstützung der D_+, PEP_* und PDP_* Entitätstypen leitet sich aus der Beobachtung ab, dass in föderativen IT-Infrastrukturen häufig Bedarf an zentral verfügbaren Sicherheitsdiensten besteht, die über administrative Grenzen hinweg gemeinschaftlich genutzt werden können (z.B. zentrale PEPs, PDPs oder E_+-Dienste).

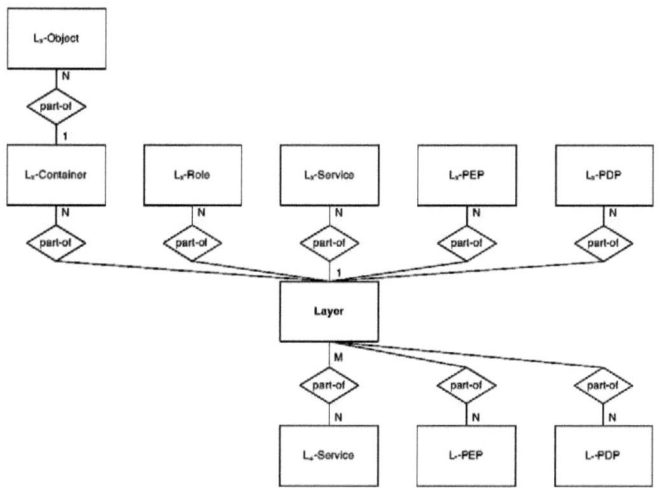

Abbildung 5.2.: Entitäten des ebenenbasierten Administrationsmodells

Definition 2: E_x-Container

Unter einem Container wird ein "Behälter" verstanden, in dem Objekte gespeichert werden. Ein Container kann beispielsweise eine Datenbanktabelle oder eine Datei sein. Auf jeder Ebene x existiert eine Menge von Containern, die als E_x-Container bezeichnet werden. Das LAM fordert, dass E_x-Container folgende Eigenschaften besitzen:

5. Administration XACML-basierter Zugriffskontrollsysteme

Forderung 2.1 Die Mengen von E_x-Containern der verschiedenen Ebenen sind stets disjunkt.

Forderung 2.2 E_0-Container beinhalten Objekte der Anwendungsdomäne, wie z.B. Gebäude, Straßen oder POIs.

Forderung 2.3 Die in E_0-Containern enthaltenen Objekte sind nicht Teil der Wissensbasis einer beliebigen PDP Komponente.

Forderung 2.4 Die Objekte in E_x-Containern (x > 0) beschreiben ausschließlich E_x-Zugriffsrechte, die sich auf E_{x-1}-Rollen und E_{x-1}-Container bzw. E_{x-1}-Dienste[4] beziehen (s. Definition 4, 5 und 7).

Forderung 2.5 Die Bezeichner für E_x-Containern (x > 0) beginnen mit dem Präfix "L*[integer]*_container". Der Platzhalter *[integer]* ist durch eine positive natürliche Zahl zu ersetzen, welche die Zugehörigkeit des Containers zu einer bestimmten Ebene ausdrückt.

Definition 3: E_x-Objekt

Alle Objekte, die in einem E_x-Container existieren oder in einen E_x-Container eingefügt werden sollen, werden als E_x-Objekte bezeichnet. Zu den E_x-Objekten zählen zudem diejenigen Objekte, die mit einem E_x-Dienst ausgetauscht werden, dem kein Container zugrundeliegt (z.B. ein WPS).

Definition 4: E_x-Rolle

Auf jeder Ebene x existiert eine Menge von Rollen, die als E_x-Rollen bezeichnet werden. Welche Rollen es auf welcher Ebene gibt, muss explizit von den Administratoren festgelegt werden. In LAM-konformen Administrationssystemen müssen folgende rollenspezifischen Forderungen erfüllt sein:

Forderung 4.1 Zur Vereinfachung der Administration und Nutzung von Zugriffsrechten wird gefordert, dass diese stets entsprechend eines oder verschiedener rollenbasierter Rechtemodelle definiert werden. Privilegien werden ausschließlich an E_x-Rollen gebunden, die wiederum Subjekten zugewiesen werden und von diesen je nach Bedarf aktiviert werden können (vgl. 3.2.6.1).

---

[4]Ein E_x-Dienst ist ein Dienst, der ausschließlich auf genau einer Ebene x verwendet werden kann (Details s. Definition 7).

5.2. Das ebenenbasierte Administrationsmodell

Forderung 4.2 Die Mengen von E_x-Rollen der verschiedenen Ebenen sind stets disjunkt.

Forderung 4.3 E_x-Rollennamen beginnen mit dem Präfix "urn:lam:role:layer:*[integer]*:". Der Platzhalter *[integer]* ist durch eine positive natürliche Zahl zu ersetzen, welche die Zugehörigkeit der Rolle zu einer bestimmten Ebene ausdrückt.

Definition 5: E_x-Zugriffsrecht
E_x-Zugriffsrechte ($x > 0$) beschreiben die erlaubten oder verbotenen Interaktionen auf der Ebene x-1. Ein E_x-Zugriffsrecht ($x > 0$) bezieht sich stets...

a) auf Subjekte, die mindestens eine E_{x-1}-Rolle aktiviert haben und

b) auf Interaktionen mit E_{x-1}-Containern oder E_{x-1}-Diensten[5].

Forderung 2.4 garantiert, dass sämtliche Zugriffsrechte in LAM-konformen Wissensbasen E_x-Zugriffsrechte sind. Administratoren haben daher stets die Gewissheit, dass Interaktionen auf einer Ebene x (d.h. mit E_x-Containern oder E_x-Diensten) ausschließlich Subjekten erlaubt sind, die E_x-Rollen aktivieren können. Aus Perspektive des Subjekts verschafft ihm die Forderung 2.4 die Gewissheit, dass es bei exklusiver Aktivierung einer E_x-Rolle nur Aktionen auf der Ebene x ausführen kann.

Angemerkt sei, dass das LAM nicht vorschreibt, dass Interaktionen mit E_x-Containern oder E_x-Diensten nur dann stattfinden können, wenn von einem Subjekt ausschließlich E_x-Rollen aktiviert wurden. Diese Freiheit gestattet, dass ein Subjekt beim Interagieren auf einer Ebene x neben einer oder mehrerer E_x-Rolle(n) auch beliebig viele E_y-Rollen (mit $x \mathrel{!=} y$) parallel aktiviert haben kann.

Definition 6: E_x-Wissensbasis, E_x-Regelwerk ($x > 0$)
Eine E_x-Wissensbasis ($x > 0$) ist eine Menge von E_x-Zugriffsrechten und bestimmt das Verhalten der PDP Komponenten, die diese E_x-Wissensbasis nutzen. Werden die E_x-Zugriffsrechte ($x > 0$) in einer regelbasierten Rechtebeschreibungssprache beschrieben, bezeichnet man die entstehenden E_x-Wissensbasen als E_x-Regelwerke. E_x-Wissensbasen bzw. E_x-Regelwerke sind über die E_x-Objekte in den E_x-Containern definiert ($x > 0$).

---
[5] Zur Begründung dieser Definition s. S. 229.

5. Administration XACML-basierter Zugriffskontrollsysteme

Auf jeder Ebene x existiert eine Menge an Diensten, die sich in E_x-Dienste und E_+-Dienste unterteilen lassen.

Definition 7: E_x-Dienst
Dienste, die genau einer Ebene x zugehörig sind, werden als E_x-Dienste bezeichnet. E_x-Dienste zeichnen sich dadurch aus, dass sie nur Zugriff auf E_x-Container zulassen.

Forderung 7.1 Sämtliche Dienste auf Ebene 0 gehören exklusiv zu dieser Ebene und sind daher immer E_0-Dienste. Die Menge der Dienste auf Ebene 0 ist somit stets disjunkt mit den Mengen der Dienste auf den darüberliegenden Ebenen.

Aus der Definition 7 und den Forderungen 7.1 und 2.3 folgt, dass über Dienste auf Ebene 0 keine Zugriffsrechte administriert werden können. E_0-Dienste ermöglichen ausschließlich Zugriff auf E_0-Container (vgl. Definition 7) und die in E_0-Containern enthalten Objekte dürfen nicht Bestandteil der den PDPs zugrundeliegenden Wissensbasen sein (vgl. Forderung 2.3). Typische E_0-Dienste im GDI Anwendungsfall sind beispielsweise OGC Web Services wie WFS, WMS, SOS oder WPS Instanzen.

Forderung 7.2 Die Dienste auf den Ebenen 1 bis N (d.h. E_x-Dienste (x > 0) und E_+-Dienste – s.u.) dienen ausschließlich der Administration von Zugriffsrechten, da über sie nur auf E_x-Container (x > 0) zugegriffen werden kann (vgl. Forderung 2.4).

Forderung 7.3 Bei E_x-Diensten (und nur bei diesen) dürfen folgende zwei Eigenschaften zutreffen:

1. Die von einem E_x-Dienst angebotenen Operationen dürfen von den E_x-Containern abstrahieren, die dem Dienst zugrundeliegen (vgl. z.B. sämtliche WFS Operationen). Diese Abstraktionen sorgen dafür, dass Subjekte über diese Operationen zwar mit E_x-Containern interagieren, sie aber nicht explizit über Argumente in den Anfragen "ansprechen".

2. Bei E_x-Diensten darf zudem der Sonderfall auftreten, dass sie Funktionalitäten anbieten, die unabhängig von einem Datencontainer sind (vgl. z.B. Berechnungsdienste wie der WPS oder der CTS).

Definition 8: E_+-Dienst
Wird eine Dienstinstanz auf mehr als einer Ebene verwendet, wird dieser Dienst

5.2. Das ebenenbasierte Administrationsmodell

als E_+-Dienst bezeichnet.

Aus Definition 8 und der Forderung 7.1 folgt direkt, dass E_+-Dienste nur auf den Ebenen 1 bis N auftreten können. E_+-Dienste sind daher immer Administrationsdienste, die auf mehreren Ebenen gleichzeitig verwendet werden.

Forderung 8.1 E_+-Dienste müssen Funktionalitäten zur Verwaltung von E_x-Containern bzw. E_x-Zugriffsrechten verschiedener Ebenen anbieten.

Forderung 8.2 Eine einzelne Interaktion mit einem E_+-Dienst bezieht sich immer auf E_x-Container genau einer Ebene x.

Forderung 8.3 Die von einer Interaktion mit einem E_+-Dienst betroffenen E_x-Container müssen stets aus der Anfrage und Antwort hervorgehen. Betont sei, dass diese Forderung nicht für E_x-Dienste gilt.

Forderung 8.4 Über E_+-Dienste darf kein Zugriff auf E_0-Container möglich sein.

Die Ausführungen zu E_x-Diensten und E_+-Diensten erklären, weshalb es notwendig ist, zwei Varianten zur semantischen Verankerung von E_x-Zugriffsrechten auf einer Ebene x festzulegen (vgl. Definition 5 b). Rechte, die den Zugriff auf E_{x-1}-Dienste regeln, sind aufgrund der Definition der E_{x-1}-Dienste sicher auf der Ebene x verankert. Die Verankerung eines Rechts auf einer Ebene x, das den Zugriff auf E_+-Dienste steuert, kann hingegen nur durch Bezugnahme auf E_{x-1}-Container erreicht werden. Daher ergibt sich die Forderung, dass sich ein E_x-Recht entweder auf Interaktionen mit E_{x-1}-Containern oder mit E_{x-1}-Diensten beziehen muss. Dies verdeutlicht wiederum, weshalb E_+-Dienste weder die Eigenschaft 1 noch die Eigenschaft 2 aus Forderung 7.3 besitzen dürfen. Wollte man dies zulassen, wäre die Verankerung von E_x-Rechten nur über komplexe Bedingungen erreichbar, durch die gesichert wird, dass E_{x-1}-Rollen nur mit semantisch verankerten E_{x-1}-Objekten interagieren können. Aufgrund der Schwierigkeiten, die sich bei der Definition und Durchsetzung derartiger Bedingungen ergeben, wird im LAM gefordert, dass E_+-Dienste die Eigenschaften 1 und 2 aus Forderung 7.3 nicht besitzen dürfen. Die Forderung 8.3 ist somit eine logische Folge der Forderung 7.3 und nur zur Hervorhebung explizit aufgeführt.

Neben den Diensten existiert auf jeder Ebene x eine Menge an PEP und PDP Komponenten, die sich in E_x-PEP und E_*-PEP bzw. E_x-PDP bzw. E_*-PDP Kom-

5. Administration XACML-basierter Zugriffskontrollsysteme

ponenten unterteilen lassen.

Definition 9: E_x-PEP
Ein E_x-PEP ist genau einer Ebene x zugehörig und schützt ausschließlich E_x-Dienste.

Definition 10: E_*-PEP
Ein E_*-PEP wird auf mehr als einer Ebene verwendet und ist ein Sicherheitsproxy für Dienste auf verschiedenen Ebenen.

Definition 11: E_x-PDP
Ein E_x-PDP ist genau einer Ebene x zugehörig. Die Wissensbasis eines E_x-PDPs besteht ausschließlich aus einer Menge von E_{x+1}-Zugriffsrechten. Folglich kann ein E_x-PDP nur Zugriffsentscheidungsanfragen von PEP Komponenten der Ebene x sinnvoll beantworten, die sich auf Interaktionen mit E_x-Containern bzw. E_x-Diensten beziehen.

Definition 12: E_*-PDP
Ein E_*-PDP wird auf mehr als einer Ebene verwendet und nimmt Zugriffsentscheidungsanfragen von PEPs verschiedener Ebenen entgegen. Folglich muss ein E_*-PDP E_x-Wissensbasen verschiedener Ebenen nutzen. Aus den Forderungen des LAM folgt, dass bei der Bearbeitung jeder Zugriffsentscheidungsanfrage nur E_x-Zugriffsrechte von genau einer Ebene x zur Anwendung kommen.

Subjekt
Subjekte initiieren Interaktionen mit Diensten und können im Allgemeinen nicht eindeutig einer Ebene zugeordnet werden, da sie i.d.R. auf mehreren Ebenen aktiv sein müssen (Details s. 5.2.2.5). Beispielsweise ist es hilfreich, wenn ein Administrator eines E_1-Regelwerks, durch das der Lese-Zugriff auf die Features eines bestimmten WFS gesteuert wird, lesend auf die von diesem E_0-Dienst angebotenen Featuredaten zugreifen darf. Hierfür muss er eine geeignete E_0-Rolle aktivieren, um bestimmte Attributwerte der zu schützenden Features abzufragen. Dank der Durchführung dieser Ebene 0 Aktivitäten stehen ihm anschließend ausreichend Informationen zur geeigneten Definition von E_1-Zugriffsrechten (mit Bezug auf diese Featuredaten) zur Verfügung.

5.2. Das ebenenbasierte Administrationsmodell

5.2.2. Eigenschaften

In den nachfolgenden Abschnitten werden einige Eigenschaften des LAM sowie die sich daraus ergebenden Möglichkeiten beschrieben.

5.2.2.1. Generische Verwendbarkeit

Die Definitionen und Festlegungen des letzten Abschnitts verdeutlichen, dass das LAM ein generisch verwendbares Administrationsmodell ist. LAM-konforme Administrationssysteme ermöglichen eine handhabbare Verwaltung von Zugriffsrechten, die sich auf die Ressourcen beliebiger serviceorientierter Architekturen beziehen. Zudem erlaubt das LAM, auf den verschiedenen Ebenen beliebige und unterschiedliche rollenbasierte Rechtemodelle zur Beschreibung der Zugriffsrechte zu verwenden. Darüber hinaus kann die Architektur LAM-konformer Administrationssysteme dank der Unterstützung ebenenübergreifender Dienste sehr flexibel gestaltet werden.

5.2.2.2. Einfluss und Struktur von E_x-Rechten

Nachfolgend wird betrachtet, welchen Einfluss E_x-Zugriffsrechte verschiedener Ebenen aufeinander haben und welche Struktur diese Rechte aufweisen.

E_x-Rechte mit Bezug auf Lese- und Lösch-Aktionen auf Ebene x-1
Ein E_x-Recht, über das festgelegt ist, wer welche E_{x-1}-Objekte in den E_{x-1}-Containern lesen oder löschen darf, hat ausschließlich einen Einfluss auf die möglichen Lese- oder Lösch-Aktionen auf Ebene x-1. Die Bedingungen, wer welche E_{x-1}-Objekte in den E_{x-1}-Containern lesen oder löschen darf, können sich auf beliebige Eigenschaften der E_{x-1}-Objekte beziehen.

E_x-Rechte mit Bezug auf Einfüge- und Update-Aktionen auf Ebene x-1
E_x-Rechte, die sich auf Einfüge- oder Update-Aktionen auf Ebene x-1 beziehen, beschreiben u.a. strukturelle und inhaltliche Bedingungen (sog. E_{x-1}-Rechtemuster), die E_{x-1} Rechte erfüllen müssen, um in die E_{x-1}-Wissensbasen eingetragen werden zu können.

5. Administration XACML-basierter Zugriffskontrollsysteme

Ist in einem E_2-Recht beispielsweise festgelegt, dass die E_1-Rolle[6] r_1 nur defaultpermit oder default-deny XACML Regeln definieren darf, dann sind die einzigen beiden Freiheitsgrade, die durch dieses restriktive E_1-Rechtemuster offen bleiben, die Bestimmung des Vorzeichen der default Regel sowie ggf. ihre Platzierung im Regelwerksbaum.

Handelt es sich bei den Instanzen von E_{x-1}-Rechtemustern um E_{x-1}-Rechte, die das Einfügen oder Updaten von E_{x-2} Rechten erlauben, dann haben die E_x-Rechte, durch die die E_{x-1}-Rechtemuster definiert sind, nicht nur einen direkten Einfluss auf die möglichen E_{x-1}-Rechte, sondern steuern zudem indirekt welche E_{x-2}-Rechte auf Ebene x-2 entstehen können.

Beispielsweise kann durch ein E_x-Recht p_x festgelegt werden, dass eine E_{x-1}-Rolle r_{x-1} E_{x-1}-Rechte in die Wissensbasis auf Ebene x-1 einfügen kann, die einer E_{x-2}-Rolle r_{x-2} das Lesen von E_{x-2}-Rechten erlauben. Dieses E_x-Recht p_x hat folglich neben seinem direkten Einfluss auf die möglichen Interaktionen auf Ebene x-1 (hier: welche E_{x-1} Rechte darf die E_{x-1}-Rolle r_{x-1} in einen E_{x-1}-Container einfügen) auch einen indirekten Einfluss auf die möglichen Interaktionen auf Ebene x-2. Durch das E_x-Recht p_x ist indirekt festgelegt, dass die E_{x-2}-Rolle r_{x-2} maximal Lesezugriff auf E_{x-2} Rechte haben darf. Die Festlegung, ob die E_{x-2}-Rolle r_{x-2} dies darf und wenn ja, welche Teilmengen der definierten E_{x-2}-Rechte sie tatsächlich lesen darf, liegt jedoch ausschließlich im Zuständigkeitsbereich der E_{x-1}-Rolle r_{x-1}.

Das obige Beispiel wird nun um ein E_x-Recht q_x erweitert, das der E_{x-1}-Rolle r_{x-1} zusätzlich die Definition von E_{x-1}-Rechten erlaubt, die der E_{x-2}-Rolle r_{x-2} die Definition von E_{x-2}-Rechten erlauben, die wiederum E_{x-3}-Rollen die Definition von E_{x-3}-Rechten erlauben, die ... einer E_1-Rolle r_1 erlauben, E_1-Rechte mit Bezug auf einen bestimmten WFS zu definieren. Dieses E_x-Recht q_x hat, trotz seines ausschließlich direkten Einflusses auf die zulässigen E_{x-1}-Rechte, auch einen indirekten Einfluss auf die möglichen Zustände der Wissensbasen sämtlicher darunterliegender Ebenen.

Am Beispiel wird deutlich, dass durch Wissensbasen auf der Ebene x der Rahmen für die möglichen Interaktionen auf allen darunterliegenden Ebenen gesetzt wird.

---

[6]Zur Vereinfachung der nachfolgenden Formulierungen werden Rollen als Subjekte aufgefasst. Der Satz "Eine E_x-Rolle darf gewisse Aktionen ausführen" ist daher eigentlich in den Satz "Ein Subjekt, das eine E_x-Rolle aktiviert hat, darf gewisse Aktionen ausführen" zu übersetzen.

5.2. Das ebenenbasierte Administrationsmodell

Die Wissensbasen einer Ebene x spannen für jede darunterliegende Ebene sog. Interaktionsräume auf. Der Interaktionsraum einer Ebene x bezeichnet die Menge der rechtmäßig möglichen Interaktionen auf Ebene x. Im LAM gilt, dass die im Interaktionsraum der Ebene x entstehenden E_x-Zugriffsrechte, die durch die Wissensbasen höherer Ebenen bereits aufgespannten Interaktionsräume der Ebenen x-1, x-2 usw. nur weiter einschränken können. Eine Erweiterung ist nicht möglich, da dies ein Verstoß gegen die in den Wissensbasen höherer Ebene definierten E_{x+y}-Rechte (y > 0) wäre.

Die Vereinigung aller (positiven und negativen) Privilegien, die einer E_x-Rolle zugewiesen wurden, legt den sog. Administrationsraum einer E_x-Rolle fest. Es gilt, dass die Vereinigung aller Administrationsräume der Rollen einer Ebene x stets eine Teilmenge des Interaktionsraums dieser Ebene ist.

Der geschilderte mögliche Einfluss von E_x-Zugriffsrechten mit Bezug auf Einfüge- oder Update-Aktionen auf die darunterliegenden Ebenen spiegelt sich in der Struktur dieser E_x-Rechte wider. Jedes E_x-Zugriffsrecht mit Bezug auf Einfüge- oder Update-Aktionen kann maximal aus x ebenenspezifischen Teilen bestehen. Die charakteristische Struktur von E_x-Rechten mit ihren ebenenspezifischen Teilen ist in Abbildung 5.3, am Beispiel des oben beschriebenen E_x-Rechts q_x (für x = 4), dargestellt. Die Boxen in der Visualisierung des E_4-Zugriffsrechts kennzeichnen die verschiedenen ebenenspezifischen Teile.

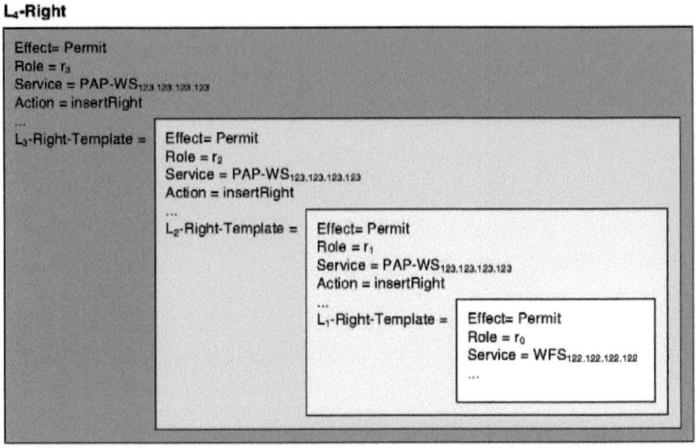

5. Administration XACML-basierter Zugriffskontrollsysteme

L₄-Right

Effect= Permit
Role = r₃
Service = PAP-WS₁₂₃.₁₂₃.₁₂₃.₁₂₃
Action = insertRight

...
L₃-Right-Template = | Effect= Permit
Role = r₂
Service = PAP-WS₁₂₃.₁₂₃.₁₂₃.₁₂₃
Action = insertRight

...
L₂-Right-Template = | Effect= Permit
Role = r₁
Service = PAP-WS₁₂₃.₁₂₃.₁₂₃.₁₂₃
Action = insertRight

...
L₁-Right-Template = | Effect= Permit
Role = r₀
Service = WFS₁₂₂.₁₂₂.₁₂₂.₁₂₂
...

Abbildung 5.3.: Struktur eines E_4-Rechts mit Einfluss auf die möglichen insertRight Aktionen auf sämtlichen darunterliegenden Ebenen

Angemerkt sei, dass auch E_x-Zugriffsrechte mit Bezug auf Lese- oder Lösch-Aktionen der oben beschriebenen Struktur genügen. Zentraler Unterschied ist jedoch, dass die verschiedenen ebenenspezifischen Teile nicht die möglichen Interaktionen auf den Ebenen x-2, x-3 usw. beeinflussen. In den ebenenspezifischen Teilen von E_x-Rechten mit Bezug auf Lese- oder Lösch-Aktionen sind lediglich Bedingungen definiert, die sich auf die Eigenschaften von Objekten, Containern und/oder Diensten der entsprechenden Ebenen beziehen.

5.2.2.3. Horizontale und vertikale Aufteilung der administrativen Aufgaben

Neben den Anforderungen an die Konfiguration der PDP, PEP und PAP Komponenten eines Administrationssystems fordert das LAM zahlreiche Eigenschaften von den entstehenden Wissensbasen auf den verschiedenen Ebenen. Diese Eigenschaften müssen über die Wissensbasen der darüberliegenden Ebene(n) sichergestellt werden (Details s. 5.3). Neben den Anteilen der Wissensbasen der verschiedenen Ebenen, die für die Durchsetzung der Forderungen des LAM zuständig sind,

5.2. Das ebenenbasierte Administrationsmodell

können beliebige weitere LAM-konforme Rechte definiert werden. Durch diese zusätzlichen Rechte kann eine sehr differenzierte horizontale und vertikale Aufteilung der administrativen Aufgaben bzw. Rechte erreicht werden.

Horizontale Aufteilung der administrativen Aufgaben bzw. Rechte

Um die mit der Administration von E_x-Zugriffsrechten verbundenen umfangreichen und komplexen administrativen Aufgaben erfolgreich bewältigen zu können und um gewisse sicherheitspolitische Ziele durchzusetzen, ist es notwendig, die administrativen Aufgaben bzw. Rechte geeignet auf mehrere Administratoren bzw. Rollen zu verteilen (vgl. 5.1.2.1). Für jeden Aufgabenbereich sind separate E_x-Rollen zu definieren, denen geeignet Privilegien zugeteilt werden müssen.

Die Verteilung von Privilegien an die Rollen **einer Ebene x** wird als horizontale Aufteilung der administrativen Aufgaben bzw. Rechte auf der Ebene x bezeichnet. Die horizontale Aufteilung der administrativen Aufgaben bzw. Rechte auf einer Ebene x ist durch die Wissensbasen auf der Ebene x+1 definiert. Unter der Annahme, dass auf der Ebene x+1 mächtige logische Rechtemodelle zur Definition der Zugriffsrechte verwendet werden, lassen sich die administrativen Aufgaben bzw. Rechte auf der Ebene x sehr feingranular und in Abhängigkeit zahlreichen "Dimensionen" horizontal aufteilen. Beispielsweise kann einer E_1-Rolle r_1 das Einfügen, Lesen, Löschen oder Updaten von E_1-Rechten erlaubt werden, wenn sich diese E_1-Rechte auf bestimmte...

- Rechner (z.B. auf den Rechner mit IP-Adresse gleich "123.123.123.123")

- Dienstklassen (z.B. auf Dienste vom Typ WFS und WMS)

- Dienstinstanzen (z.B. auf den WFS unter der Adresse www.example.com/wfs)

- Operationen (z.B. auf GetFeature und Transaction/insert Operationen)

- Featureklassen (z.B. auf Building, Street oder POI Featureklassen)

- Features (z.B. auf alle Building Features in Deutschland)

- Attributklassen (z.B. auf die Attribute Location und Price der Building Feature)

- Attribute (z.B. auf die Price Attribute von Building Feature bezieht, deren

5. Administration XACML-basierter Zugriffskontrollsysteme

Wert kleiner als eine Million ist)

- Anfrageparameter (z.B. auf das /GetFeature/Query/@featureVersion Attribut)

- E_0-Rollen und Subjekteigenschaften (z.B. auf alle E_0-Rollen in der Domäne A)

- Umgebungszustände (z.B. auf Zugriffe während 8-18 Uhr an einem Werktag)

beziehen.

In großen serviceorientierten Architekturen ist davon auszugehen, dass auf Ebene 0 sehr viele Entitäten existieren (z.B. sehr viele E_0-Rollen, E_0-Dienste und E_0-Objekte, wie Gebäudefeatures, Straßen usw.) und dass zudem die Definition zahlreicher, komplexer E_1-Zugriffsrechte gefordert ist (vgl. z.B. GDI Anwendungsfall). Die Handhabbarkeit der Administration der geforderten Wissensbasen auf Ebene 1 kann durch eine feingranulare horizontale Aufteilung der Privilegien auf zahlreiche E_1-Rollen erreicht werden. Dies löst zahlreiche administrative Probleme auf Ebene 1, hat aber ggf. administrative Probleme auf Ebene 2 zur Folge, da die zur Festlegung der horizontalen Aufteilung auf Ebene 1 benötigten E_2-Zugriffsrechte ebenfalls sehr umfangreich und komplex sein können.

Um die Handhabbarkeit der Administration der benötigten Wissensbasen auf Ebene 2 zu gewährleisten, ist es daher unter Umständen notwendig, über die Wissensbasen auf Ebene 3 die Privilegien auf Ebene 2 auf mehrere E_2-Rollen zu verteilen. Die horizontale Aufteilung der Privilegien kann, in Abhängigkeit der Anforderungen und Gegebenheiten eines Anwendungsfalls, auf beliebig vielen Ebenen fortgesetzt werden.

Zu beachten ist, dass die horizontale Aufteilung der möglichen Privilegien auf Ebene x auf verschiedene E_x-Rollen weder vollständig noch disjunkt sein muss. Wenn gefordert, dürfen sich die Administrationsräume der E_x-Rollen überlappen und zudem kann auch eine Privilegienmenge existieren, die keiner E_x-Rolle zugewiesen ist.

Vertikale Aufteilung der administrativen Aufgaben bzw. Rechte

Durch die auf einer Ebene x definierten E_x-Rechte mit Bezug auf Einfüge- oder

5.2. Das ebenenbasierte Administrationsmodell

Update-Aktionen auf Ebene x-1 kann bereits ein Teil der Semantik, der eigentlich auf Ebene x-1 festzulegenden E_{x-1}-Rechte indirekt ausgedrückt werden. Die in diesen E_x-Rechten beschriebenen E_{x-1}-Rechtemuster geben (je nach Bedarf) mehr oder weniger konkrete Inhalte vor, die E_{x-1}-Rechte beinhalten müssen, die von einer bestimmten E_{x-1}-Rolle unter bestimmten Umständen definiert werden. Über derartige E_x-Rechte werden folglich Teile der administrativen Aufgaben einer darunterliegenden Ebene bereits auf einer darüberliegenden Ebene umgesetzt. Anhand der in einem LAM-basierten Administrationssystem definierbaren Rechte lassen sich somit die administrativen Aufgaben nicht nur horizontal, sondern auch vertikal, d.h. auf **Rollen verschiedener Ebenen**, aufteilen.

Durch die vertikale Aufteilung der administrativen Aufgaben bzw. Rechte wird die Definition der Rechte auf den einzelnen Ebenen deutlich vereinfacht, da je Ebene nur gewisse Teilaspekte der Rechtedefinition betrachtet werden müssen. Dank des sukzessiven Einschränkens der Interaktions- und Administrationsräume je Ebene werden zudem die Freiheiten, die die Administratoren bei der Durchführung administrativer Arbeiten haben, schrittweise reduziert. Durch die Eliminierung unnötiger Freiheitsgrade bei der Rechtedefinition können die Herausforderungen, die bei der Verwaltung der Wissensbasen zu meistern sind, leichter bewältigt werden.

Abbildung 5.4 zeigt ein in Pseudocode beschriebenes E_1-Rechtemuster, durch das vorgegeben ist, welcher Form die von einer E_1-Rolle r_1 definierbaren E_1-Regeln genügen müssen. Gemäß diesem E_1-Rechtemuster ist der einzige Freiheitsgrad, den die E_1-Rolle r_1 bei der Definition ihrer Zugriffsrechte hat, zu entscheiden, welcher E_0-Rolle sie das vordefinierte Privileg zuteilen möchte. Es wird deutlich, dass sich die administrativen Tätigkeiten und geforderten Fähigkeiten der E_1-Rolle r_1 auf ein Minimum reduzieren, wodurch das Risiko von fehlerhaften administrativen Aktionen gesenkt wird.

5. Administration XACML-basierter Zugriffskontrollsysteme

```
EFFECT:      "Permit"

CONDITION:   "and(
               string-equal(dereference(EvalCtx.Subject.role), <to-be-defined>),
               string-equal(dereference(EvalCtx.Service.service-type), "WFS"),
               string-equal(dereference(EvalCtx.Service.service-url), "123.123.123.123"),
               string-equal(dereference(EvalCtx.Message.request),"GetFeature"),
               string-equal(dereference(EvalCtx.Message.featureType),"Building")
             )"
```

Abbildung 5.4.: Beispiel für ein restriktives E_1-Rechtemuster

Die E_2-Rolle, die das oben abgebildete E_1-Rechtemuster definiert hat, könnte ebenfalls schon konkrete Vorgaben zur Art und Weise, wie sie ihre E_2-Rechte definieren muss, erhalten haben. Beispielsweise könnte ihr vorgegeben worden sein, dass sie nur E_1-Rechtemuster definieren darf, die sich auf einen bestimmten WFS beziehen.

Wie geschildert wurde, ist die vertikale Aufteilung der administrativen Aufgaben neben der horizontalen Aufteilung ein weiteres Mittel, um die Administrationsproblematik handhabbar zu machen. Die Fähigkeit LAM-konformer Administrationssysteme, eine vertikale Aufteilung administrativer Rechte zu unterstützen, bringt im Fall von SOAs, die von hierarchisch organisierten Unternehmen oder Föderationen betrieben werden, weitere entscheidende Vorteile mit sich.

Beispielsweise müssen Zugriffsrechte mit Bezug auf die Ressourcen von Geodateninfrastrukturen oder von SOAs großer globaler Unternehmen häufig auf unterschiedlichen Verwaltungsebenen festgelegt werden (z.B. auf der Landkreis-, Landes-, Bundes- und europäischen Ebene). Hierbei tritt in vielen Fällen die Situation auf, dass auf höheren Verwaltungsebenen die Details der darunterliegenden Verwaltungsebenen nicht (vollständig) bekannt sind. Auf den oberen Verwaltungsebenen kann die Spezifikation der Rechte daher häufig nur sehr grob und indirekt erfolgen. Die direkt darunterliegende Verwaltungsebene erhält daher nur grobe Vorgaben, die diese bei der Vergabe von Rechten einzuhalten hat. Durch die Definition von Rechten auf den verschiedenen Ebenen eines LAM-basierten Administrationssystems können derartige administrative Strukturen natürlich abgebildet werden. Die Wissensbasen der verschiedenen Ebenen x (x > 1) repräsentieren die indirekten Rechte und drücken die groben Vorgaben für die darunterliegenden Verwaltungsebenen aus. Am Ende der Hierarchie der Wissensbasen stehen die Wissensbasen der Ebene 1. Für alle E_1-Zugriffsrechte gilt, dass sie sämtliche

5.2. Das ebenenbasierte Administrationsmodell

Vorgaben der Administratoren der darüberliegenden Verwaltungsebenen erfüllen. Neben der Beschreibung der horizontalen und vertikalen Aufteilung der administrativen Aufgaben bzw. Rechte kann über die Wissensbasen der verschiedenen Ebenen zudem der mögliche gegenseitige Einfluss kooperierender Administratoren festgelegt werden. Außerdem wird durch geeignete Definition der Rechtemuster erreicht, dass die entstehenden Wissensbasen interoperabel sowie effizient anwendbar und analysierbar sind. Beispielsweise könnte über E_1-Rechtemuster durchgesetzt werden, dass auf Ebene 1 nur XACML Regelwerke entstehen können, die konform zu den Vorgaben des XACML v3.0 RBAC Profils [Ris10b] definiert sind. Um effizient anwendbare und analysierbare Zugriffsrechte zu erzwingen, könnte festgelegt werden, dass in Wissensbasen auf Ebene 1 nur Zugriffsregeln existieren dürfen, deren Bedingungsausdrücke Konjunktionsterme sind.

5.2.2.4. Beziehungen zwischen E_x-Rechten mit Bezug auf Einfüge-, Update-, Lösch- und Lese-Aktionen

Betrachtet man die Zuweisungen von Privilegien an E_x-Rollen, so fällt auf, dass in vielen Fällen gewisse Privilegien stets gemeinsam an eine Rolle gebunden werden. Erlaubt man beispielsweise einer E_1-Rolle r_1 das Einfügen von E_1-Rechten mit bestimmten Eigenschaften, dann ist es i.d.R. sinnvoll, dieser E_1-Rolle r_1 auch das Lesen, Updaten und Löschen von E_1-Rechten mit diesen Eigenschaften zu gestatten. Abweichend definierte E_2-Wissensbasen würden zur Folge haben, dass die E_1-Rolle r_1 nicht lesend auf selbst definierte E_1-Rechte zuzugreifen könnte oder dass sie diese, nach Bemerken eines Fehlers, nicht mehr selbst updaten oder löschen könnte.

Abbildung 5.5 stellt die Beziehungen zwischen E_x-Rechten mit Bezug auf Einfüge-, Update-, Lösch- und Lese-Aktionen dar. Es ist davon auszugehen, dass der von der Aktion unabhängige Bezugsrahmen eines Rechtes y (z.B. ein Lese-Recht) mindestens identisch mit dem des in Relation stehenden Rechtes x ist (z.B. Einfüge-Recht). Gestattet ein E_2-Privileg einer E_1-Rolle beispielsweise in einen E_1-Container neue E_1-Rechte einzufügen, die sich auf GetFeature Anfragen an einen bestimmten WFS beziehen, so sollten sich E_2-Rechte mit Bezug auf diese E_1-Rolle und mit Bezug auf Lese-, Update- und Lösch-Aktionen ebenfalls auf E_1-Rechte mit Bezug auf GetFeature Anfragen an einen bestimmten WFS

5. Administration XACML-basierter Zugriffskontrollsysteme

beziehen.

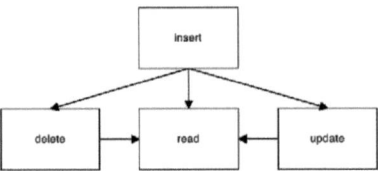

Abbildung 5.5.: Beziehung zwischen E_x-Rechten mit Bezug auf Einfüge-, Update-, Lösch- und Lese-Aktionen

5.2.2.5. Beziehungen zwischen E_x-Rollen verschiedener Ebenen

In vielen Anwendungsfällen ist gewünscht, dass ein Administrator, der auf der Ebene x eine E_x-Rolle r_x aktivieren kann, auf der darüberliegenden Ebene x+1 erfragen kann, welche Rechte er bei Aktivierung dieser E_x-Rolle auf der Ebene x hat. Hierfür muss der Administrator eine geeignete E_{x+1}-Rolle aktivieren können, über die er Lese-Zugriff auf den bzw. die E_{x+1}-Container hat, in dem bzw. denen die E_{x+1}-Rechte mit Bezug auf die E_x-Rolle r_x definiert sind.

Zur Unterstützung der geschilderten Auskunftsfunktionalität muss es im Administrationssystem zu jeder E_x-Rolle eine E_{x+1}-Rolle geben, über die die Rechte der entsprechenden E_x-Rolle abfragbar sind. Im Extremfall genügt es, für alle E_x-Rollen eine E_{x+1}-Rolle zu definieren, über die lesend auf alle in einem E_{x+1}-Containern definierten Rechte zugegriffen werden kann. Voraussetzung für die Verfolgung dieses einfachen Ansatzes ist, dass ein uneingeschränkter Lese-Zugriff auf E_{x+1}-Container (für die Administratoren der Wissensbasen auf der darunterliegenden Ebene x) im Einklang mit den sicherheitspolitischen Vorgaben steht.

Sollen Subjekte die sie betreffenden Autorisationen abfragen können, muss ein Administrator, der E_x-Rechte definieren darf, auch auf Ebene x+1 Leserechte definieren dürfen. Um zu erfahren, welche Rechte er auf der Ebene x+1 definieren darf, muss er wiederum Leserechte auf der Ebene x+2 haben.

Neben den Beziehungen einer E_x-Rolle mit E_{x+1}- und E_{x+2}-Rollen kann es auch

5.3. Umsetzung LAM-konformer, XACML v3.0 basierter Administrationssysteme

Beziehungen mit den Rollen darunterliegender Ebenen geben. Beispielsweise ist es häufig sinnvoll, dass ein Administrator, der E_2-Rechte definieren kann, die sich indirekt auf die über einen WFS abfragbaren Gebäudefeatures beziehen, auch eine E_0-Rolle aktivieren kann, um Daten über die zu schützenden Features abfragen zu können.

5.3. Umsetzung LAM-konformer, XACML v3.0 basierter Administrationssysteme

Beim Aufbau eines LAM-konformen Administrationssystems müssen für jede Ebene die Elemente der Mengen C_x, D_x, D_+, PEP_x, PEP_*, PDP_x und PDP_* festgelegt werden. Zudem muss sichergestellt werden, dass die existierenden PEPs, PDPs und Dienste gemäß den Vorgaben des LAM konfiguriert sind. Darüber hinaus sind die Rechtemodelle zu bestimmen, die auf den verschiedenen Ebenen verwendet werden sollen.

In Kapitel 4 wurde erläutert, dass in der XACML v3.0 und GeoXACML v3.0 Spezifikation (kurz: die (Geo)XACML v3.0 Spezifikationen) sowie in ihren zugehörigen Profilen ein sehr ausdrucksstarkes, hybrides und interoperables Rechtemodell festgelegt ist, auf dessen Basis sich die in SOAs geforderten Zugriffsrechte formal beschreiben lassen. Da LAM-konforme Administrationssysteme ebenfalls SOAs sind, eignen sich die in den genannten Spezifikationen festgelegten Sprachmittel auch zum Schutz der verteilten PAP Komponenten und der dahinterliegenden Wissensbasen. Nachfolgend wird daher davon ausgegangen, dass die Zugriffsrechte auf sämtlichen Ebenen konform zu den Vorgaben der (Geo)XACML v3.0 Spezifikation und der zugehörigen Profile beschrieben werden.

In Abschnitt 5.3.1 wird die Grundstruktur LAM-konformer XACML v3.0 E_x-Regelwerke erläutert und es wird gezeigt, wie diese in E_x-Containern gespeichert werden. In Abschnitt 5.3.2 werden einige Annahmen zur Konfiguration der XACML Context Handler und zu den Schnittstellen der PAP Komponenten eines LAM-konformen, XACML v3.0-basierten Administrationssystems getroffen. Die Abschnitte 5.3.3 und 5.3.4 beschäftigen sich mit der Thematik, wie XACML v3.0 E_x-Regelwerke zu definieren sind, sodass die Forderungen des LAM auf den

5. Administration XACML-basierter Zugriffskontrollsysteme

darunterliegenden Ebenen sicher eingehalten werden. Abschließend wird kurz auf verschiedene Techniken zur Beschreibung und Durchsetzung von E_x-Regelmustern in (Geo)XACML Regelwerken eingegangen (s. 5.3.5).

5.3.1. Grundstruktur LAM-konformer XACML v3.0 E_x-Regelwerke und ihre Speicherung in E_x-Containern

Die Vorstellung des XACML v2.0 RBAC Profils in Abschnitt 3.4.3 hat gezeigt, wie das vom INCITS standardisierte $RBAC_0$ und $RBAC_1$ Modell mit den Sprachmitteln des XACML v2.0 Standards zu implementieren ist. Ein XACML v3.0 Regelwerk, das neben den Vorgaben der XACML v3.0 Spezifikation zusätzlich die Vorgaben des XACML v3.0 RBAC Profils[7] erfüllt, ist zugleich Instanz eines regel- und rollenbasierten Rechtemodells.

Das LAM fordert, dass E_x-Zugriffsrechte gemäß eines rollenbasierten Rechtemodells beschrieben werden (vgl. Forderung 3.1), weshalb beim Aufbau LAM-konformer XACML v3.0 Regelwerke auch die Vorgaben des XACML v3.0 RBAC Profils eingehalten werden müssen. Durch diese Vorgaben ist die Grundstruktur LAM-konformer XACML v3.0 Regelwerke festgelegt.

Definition 13: E_x-Root-PS Element
Das XACML v3.0 RBAC Profile Version 1.0 gibt vor, dass die Wurzel jedes E_x-Regelwerks ein <PolicySet>[8] Element ist, dessen Kindknoten Role-Policy-Set Elemente (kurz: RPS Elemente) sind (s. [Ris10b]). Das Wurzel <PolicySet> Element eines E_x-Regelwerks wird nachfolgend als E_x-Root-PS Element bezeichnet. Für E_x-Root-PS Elemente müssen folgende Forderungen erfüllt sein:

Forderung 13.1 Die Kindknoten eines E_x-Root-PS Elements sind E_x-RPS Elemente.

---

[7]In Abschnitt 3.4.3 wurde das XACML v2.0 RBAC Profil vorgestellt. Dieses ist inhaltlich weitestgehend identisch mit seinem Nachfolger, dem XACML v3.0 RBAC Profil. Der Unterschied besteht lediglich darin, dass die Beispiele an die neue XACML v3.0 Syntax angepasst wurden.

[8]In diesem Kapitel gilt für sämtliche XACML Elemente der &xacml3; Namensraum und somit müssten sie mit dem xacml3 Namespace Präfix ausgezeichnet werden. Aufgrund der Eindeutigkeit des Namensraums in diesem und in den nachfolgenden Kapiteln wird das xacml3 Namespace Präfix zur Verbesserung der Lesbarkeit im Folgenden weggelassen.

5.3. Umsetzung LAM-konformer, XACML v3.0 basierter Administrationssysteme

Forderung 13.2 Der Wert des PolicySetId XML Attributs eines E_x-Root-PS Elements beginnt stets mit dem Präfix "urn:lam:root-ps:layer:*[integer]*:"[9].

Forderung 13.3 E_x-Root-PS Elemente sind in E_x-Root-PS-Containern persistent gespeichert.

Definition 14: E_x-Root-PS-Container
Ein E_x-Container, in dem sich ausschließlich E_x-Root-PS Elemente befinden, wird als E_x-Root-PS-Container bezeichnet.

Forderung 14.1 Zusätzlich zur Forderung des LAM, dass die Bezeichner von E_x-Containern mit dem Präfix "L*[integer]*_Container" beginnen müssen (vgl. Forderung 2.5), wird für E_x-Root-PS-Container verlangt, dass ihr Name mit dem Präfix "L*[integer]*_Container_RootPS" beginnen muss.

Definition 15: E_x-Role-Policy-Set (kurz: E_x-RPS) Element
XACML Role-PolicySet Elemente, die sich auf eine oder mehrere E_{x-1}-Rollen beziehen, werden als E_x-RPS Elemente bezeichnet. E_x-RPS Elemente werden in E_x-Root-PS-Containern und direkt unterhalb von E_x-Root-PS Elementen gespeichert (vgl. Forderung 13.1 und 13.3).

Forderung 15.1 Der Wert des PolicySetId XML Attributs eines E_x-RPS Elements beginnt mit dem Präfix "urn:lam:rps:layer:*[integer]*:". Der Teil nach diesem Präfix ist ein beliebiger String, der als *"[offset-part-of-RPS-PolicySetId]"* bezeichnet wird (s. Forderung 17.2).

Das XACML v3.0 RBAC Profile gibt vor, dass in jedem RPS Element genau eine Referenz auf sein zugehöriges Permission-Policy-Set Element (kurz: PPS Element) existieren muss (vgl. [Ris10b, S. 8f]). Diese Aufspaltung der Rollen- und Privilegiendefinition auf RPS und PPS Elemente ist die Voraussetzung, um die im $RBAC_1$ Modell geforderte Vererbungsrelation mit den Sprachmitteln des XACML Standards geeignet umsetzen zu können. Zur Abbildung dieser strikten 1:1 Beziehung muss jedes E_x-RPS Element ein geeignet definiertes <PolicySetIdReference> Element besitzen.

Forderung 15.2 Es wird festgelegt, dass die Textknoten der <PolicySetIdRefe-

---

[9]Die nachfolgend verwendeten Platzhalter *[integer]* und *[string]* stehen für Instanzen des entsprechenden Datentyps.

5. Administration XACML-basierter Zugriffskontrollsysteme

rence> Elemente der E_x-RPS Elemente folgender Form genügen müssen: ContainerId="/L*[integer]*_Container_PPS*[string]*":PolicySetId="urn:lam:pps:-layer:*[integer]*:*[string]*"

Definition 16: E_x-PPS-Container
Ein E_x-Container, in dem E_x-PPS enthalten sind, wird als E_x-PPS-Container bezeichnet.

Angemerkt sei, dass die Aufteilung der E_x-Root-PS Elemente und E_x-PPS Elemente auf verschiedene Container, der klaren Strukturierung dient und die Übersichtlichkeit bei der Administration der Regelwerke verbessert. Sie wird nicht vom LAM gefordert und bei Bedarf könnte auch nur ein E_x-Container zur Speicherung der E_x-Root-PS Elemente und E_x-PPS Elemente verwendet werden.

Forderung 16.1 Zusätzlich zur Forderung des LAM, dass Bezeichner für E_x-Container mit dem Präfix "L*[integer]*_Container" beginnen müssen (vgl. Forderung 2.5), wird für E_x-PPS-Container gefordert, dass ihr Name mit dem Präfix "L*[integer]*_Container_PPS" beginnen muss.

Definition 17: E_x-Permission-Policy-Set (kurz: E_x-PPS) Element Ein E_x-PPS Element beschreibt die Privilegien einer (oder mehrerer) E_{x-1}-Rolle(n). E_x-PPS Elemente werden stets in E_x-PPS-Containern gespeichert.

Das LAM fordert, dass auf allen Ebenen ausschließlich E_x-Zugriffsrechte existieren (vgl. Forderung 2.4). Da die Bedingungsausdrücke aus den <PolicySet> Vorfahrenelementen eines PPS Elements (d.h. die Bedingungen eines E_x-RPS und eines E_x-Root-PS Elements) per Konjunktion nach unten "vererbt" werden, bezieht sich jedes E_x-PPS Element auch auf mindestens eine E_{x-1}-Rolle. Somit ist der erste Teil der Definition eines E_x-Rechts erfüllt (vgl. Definition 5 a). Die Definition 5 b des LAM fordert zudem, dass sich jedes E_x-Zugriffsrecht auf Interaktionen mit E_{x-1}-Containern oder E_{x-1}-Diensten beziehen muss.

Forderung 17.1 Folglich müssen sich die in E_x-PPS Elementen definierten Privilegien stets auf Interaktionen mit E_{x-1}-Containern oder E_{x-1}-Diensten beziehen.

Forderung 17.2 Der Wert des PolicySetId XML Attributs eines E_x-PPS Elements beginnt stets mit dem Präfix "urn:lam:pps:layer:*[integer]*:*[offset-part-of-RPS-PolicySetId]*".

5.3. Umsetzung LAM-konformer, XACML v3.0 basierter Administrationssysteme

Zur Realisierung der im $RBAC_1$ Modell geforderten Vererbungsrelation sieht das XACML v3.0 RBAC Profil die Verwendung von <PolicySetIdReference> Elementen unterhalb der E_x-PPS Elemente vor. Definition 5 des LAM impliziert, dass es nur zwischen E_x-Rollen zur Vererbung der Privilegien kommen kann.

Forderung 17.3 Es muss daher gelten, dass <PolicySetIdReference> Elemente unterhalb der E_x-PPS Elemente (durch die die Vererbungsrelationen festgelegt werden) ausschließlich E_x-PPS Elemente referenzieren. Die Textknoten dieser <PolicySetIdReference> Elemente haben der bereits unter Forderung 15.2 festgelegten Form zu genügen.

Abbildung 5.6 stellt die sich aus dem XACML v3.0 RBAC Profile ergebende Grundstruktur von LAM-konformen XACML E_x-Regelwerken und die Aufteilung ihrer Bestandteile auf E_x-Containern dar.

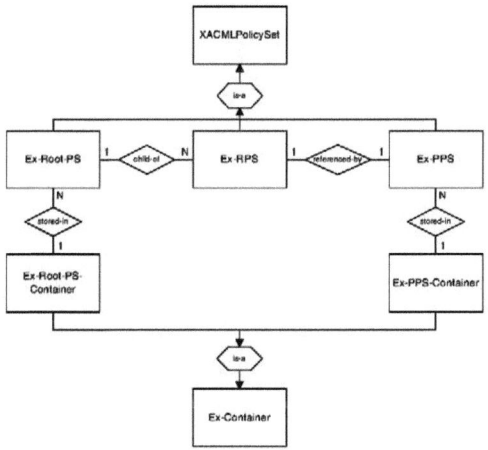

Abbildung 5.6.: Grundstruktur LAM-konformer XACML E_x-Regelwerke und ihre Speicherung in E_x-Containern (x > 0)

5. Administration XACML-basierter Zugriffskontrollsysteme

5.3.2. Annahmen zur Konfiguration der Context Handler und zu den Schnittstellen der PAP Komponenten

Bevor detailliert untersucht wird, wie LAM-konforme XACML E_x-Regelwerke zu definieren sind (s. 5.3.3 und 5.3.4), werden einige Annahmen zur Konfiguration der in den Administrationssystemen verwendeten XACML Context Handler und zu den Schnittstellen der bereitgestellten PAP Komponenten getroffen.

5.3.2.1. XACML Context Handler in LAM-konformen, XACML-basierten Administrationssystemen

Im letzten Abschnitt wurde erläutert, dass E_x-Regelwerke den Vorgaben des XACML v3.0 RBAC Profils genügen müssen. Dies impliziert, dass die im System verwendeten XACML Context Handler in jeder XACML v3.0 Zugriffsentscheidungsanfrage &role; XACML Attribute einfügen müssen. Aufgrund der Serviceorientierung LAM-konformer Administrationssysteme müssen die Zugriffsentscheidungsanfragen zudem dem SSME Evaluationskontextmodell genügen, um die Definition ausdrucksstarker Zugriffsrechte zu ermöglichen (vgl. 4.3.4). Neben den abgefangenen Nachrichten müssen XACML Zugriffsentscheidungsanfragen daher XACML Attribute wie &service-type;, &service-url; und &message-type; beinhalten. Zugriffsentscheidungsanfragen dieser Art können beispielsweise durch die Verwendung von XACML Context Handlern garantiert werden, die konform zu den Vorgaben des XACML v3.0 OGC Web Service Profils implementiert wurden (vgl. 4.4.7, S. 209 bzw. [Her11a, Kapitel 6] in [Her11a]).

5.3.2.2. Schnittstellen von PAP Komponenten

Unter 5.1.1 wurden bereits die Klassen an Funktionalitäten aufgelistet, die PAP Komponenten unterstützen müssen bzw. sollten. Nachfolgend werden verschiedene Schnittstellen einer PAP Komponente vorgestellt, die zur Definition, Pflege, Analyse, Optimierung und zum Testen von XACML Regelwerken geeignet sind.

createFileContainer(String Store, String containerName)
Durch den Aufruf der createFileContainer Operation können die Administratoren neue Regelwerkscontainer vom Typ "File" in einem sog. Lager (engl. Store) an-

5.3. Umsetzung LAM-konformer, XACML v3.0 basierter Administrationssysteme

legen. Der gewünschte Speicherort des Regelwerkscontainers bzw. der Datei wird über den "Store" Parameter in Form eines Dateisystempfades zu einem Ordner angegeben (z.B. "C:\MyPolicyContainers").

createTableContainer(String Store, String ContainerName, String createTableDefinition)
Durch den Aufruf der createTableContainer Operation können die Administratoren neue Regelwerkscontainer vom Typ "Table" anlegen. Der gewünschte Speicherort des Regelwerkscontainers bzw. der Tabelle wird über den "Store" Parameter in Form einer URL eines DB-Servers angegeben (z.B. "http://www.a-db-server.com:1234/a-db").

insertPolicyElement(String containername, XPath pathToFather, String namespace, XML xacmlPolicyElement)
Die insertPolicyElement Operation ermöglicht es, ein neues XACML Element in einen Container einzufügen. Das im xacmlPolicyElement Argument beschriebene Element wird als neues letztes Kind derjenigen Knoten hinzugefügt, die über den pathToFather XPath-Ausdruck aus dem angegebenen Container selektiert wurden. Bei jedem Aufruf der insertPolicyElement Operation kann genau eines der folgenden Elemente an einer oder mehreren Stellen im Regelwerksbaum eingehängt werden:

- <PolicySet>
- <Policy>
- <PolicySetIdReference>
- <PolicyIdReference>
- <Rule>

Instanzen anderer XACML Elementtypen können nur dadurch in das Regelwerk integriert werden, indem sie als Kindelemente von Elementen der soeben aufgelisteten Typen eingefügt werden. Hervorzuheben ist, dass über die insertPolicyElement Operation prinzipiell <PolicySet> und <Policy> Elemente eingefügt werden können, die Kinder vom Typ <PolicySet>, <Policy> oder <Rule> haben. Wird das Einfügen von <PolicySet> und <Policy> Elementen, die Kinder vom Typ <PolicySet>, <Policy> oder <Rule> haben, durch entsprechend definierte

5. Administration XACML-basierter Zugriffskontrollsysteme

Zugriffsrechte unterbunden, dann impliziert dies, dass XACML Regelwerksbäume sukzessive aufgebaut werden müssen. Sukzessive bedeutet, dass <PolicySet>, <Policy> oder <Rule> Elemente dem Regelwerk einzeln und ungeschachtelt über separate insertPolicyElement Operationsaufrufe hinzugefügt werden (Details s. 5.3.4.3).

Sehr ähnlich zur insertPolicyElement Operation sind die Operationen:

- **insertPolicyElementBefore**(String containerName, XPath pathToSibling, String namespace, XML xacmlPolicyElement) und

- **insertPolicyElementAfter**(String containerName, XPath pathToSibling, String namespace, XML xacmlPolicyElement)

Die insertPolicyElementBefore und insertPolicyElementAfter Opertionen ermöglichen, neue Regelwerksobjekte, relativ zu Ihren Geschwistern, an bestimmten Stellen einzufügen. Sie werden benötigt, da bei bestimmten konfliktauflösenden Algorithmen (z.B. beim firstApplicable Algorithmus) die Reihenfolge der Regelwerksobjekte im Regelwerksbaum einen Einfluss auf das Verhalten des Regelwerks hat. Statt des Parameters pathToFather beinhaltet ihre Signatur den Parameter pathToSibling, der auf den Geschwisterknoten zeigt, vor bzw. nach dem das neue Regelwerksobjekt einzufügen ist.

updatePolicyElement(String containerName, XPath pathToNode, String namespace, XML xacmlPolicyElement, Boolean deep)
Über die updatePolicyElement Operation kann man ein (oder mehrere) Element(e) im Regelwerksbaum durch das im xacmlPolicyElement Parameter spezifizierte XACML Element ersetzen. Analog zur insert-Operation gilt, dass sich eine update-Operation ausschließlich auf einen der oben aufgelisteten Elementtypen beziehen kann. Über das deep Argument wird gesteuert, ob der Update vollständig oder nur lokal erfolgen soll. Wird das deep Argument mit dem Wert "true" belegt, hat dies zur Folge, dass die über das pathToNode Argument adressierten Elementknoten entfernt und durch das im xacmlPolicyElement Argument spezifizierte Element ersetzt werden. Wird das deep Argument hingegen auf "false" gesetzt, wird ein über das pathToNode Argument selektiertes <PolicySet> oder <Policy> Element nur lokal aktualisiert. Lokal bedeutet, dass das zu modifizierende Element gelöscht und durch das im xacmlPolicyElement

5.3. Umsetzung LAM-konformer, XACML v3.0 basierter Administrationssysteme

Argument spezifizierte Element ersetzt wird sowie die bisherigen <PolicySet> und <Policy> Kindelemente des zu modifizierenden Elements ebenfalls Kinder des hinzugefügten Elements werden (d.h. des im xacmlPolicyElement Argument spezifizierten Elements). Das Setzen des deep Parameters auf "false" bietet somit beim Update eines <PolicySet> oder <Policy> Elements nahe der Wurzel den Komfort, dass der bisher darunterliegende Teilbaum nicht erneut über das xacmlPolicyElement Argument eingefügt werden muss.

selectPolicyElement(String containerName, XPath pathToNode, String Namespace, Boolean deep, Boolean dereference)
Mittels der selectPolicyElement Operation kann auf <PolicySet>, <Policy> und <Rule> Elemente lesend zugegriffen werden. Über den deep Parameter wird gesteuert, ob die in den selektierten Elementen ggf. existierenden <PolicySet> und <Policy> Kindelemente ebenfalls abgefragt werden sollen. Über den dereference Parameter wird festgelegt, ob die im Regelwerk durch <PolicySetIdReference> und <PolicyIdReference> Elemente definierten Referenzen im Zuge des Lesezugriffs aufgelöst werden sollen.

deletePolicyElement(String containerName, XPath pathToNode, String Namespace)
Mittels der deletePolicyElement Operation können <PolicySet>, <Policy> und <Rule> Elemente (inkl. sämtlicher Kindelemente) aus einem Regelwerkscontainer gelöscht werden. Es wird festgelegt, dass sich Lösch-Aktionen nicht auf referenzierte Elemente fortsetzen.

Neben den oben genannten Basisoperationen zur Definition und Pflege von XACML Regelwerken empfiehlt es sich, Operationen zur Analyse, zur Optimierung und zum Testen von XACML Regelwerken anzubieten (vgl. 5.1.1). Die nachfolgenden Signaturen sind sehr generisch definiert und in Abhängigkeit der Argumente kann der Nutzer die gewünschte Funktionalität konkreter spezifizieren.

analyze(String analyzeFunctionName, [String containerName, XPath pathToNode, String Namespace]$^{+}$)
Die analyze Operation ermöglicht es, Teile eines Regelwerks zu analysieren (Details s. 7.2.1). Ein <Rule> Element eines Regelwerks kann beispielsweise über den pathToNode Parameter selektiert und über die is-satisfiable Analysefunktion

5. Administration XACML-basierter Zugriffskontrollsysteme

untersucht werden (vgl. analyzeFunctionName Parameter).

optimize(String containerName, XPath pathToNode, String Namespace, String optimizeFunctionName, XML optimizeFunctionParameters)
Mittels der optimize Operation kann ein Teilbaum eines Regelwerkes nach einer bestimmten Strategie optimiert werden (Details s. 7.2.1).

test(String containerName, XPath pathToNode, String Namespace, XML xacml-AutorisationDecisionRequest)
Über die test Operation können Teile eines Regelwerks gegen eine vom Administrator spezifizierte XACML Zugriffsentscheidungsanfrage evaluiert werden.

Die unten abgebildete Tabelle fasst die eingeführten Basisoperationen und einige optionale Zusatzoperationen eines geeigneten PAP zusammen. PAP Komponenten, deren Schnittstellen konform zu den oben eingeführten Signaturen sind, werden nachfolgend als XACML Policy Administration Web Services (XACML-PAWS) bezeichnet. Dem XACML TC wurde ein erster Vorschlag unterbreitet, die PAP Schnittstellen in Form des hier beschriebenen XACML-PAWS zu standardisieren[10]. Es besteht die Hoffnung, dass zukünftige Arbeiten des XACML TC eine von OASIS standardisierte XACML-PAWS Spezifikation als Ergebnis hervorbringen. Eine WSDL basierte Definition der eingeführten Schnittstellen eines XACML-PAWS findet sich unter "www.geoxacml.com/phd/xacml-paws".

Basisfunktionalitäten	Zusatzfunktionalitäten
createTableContainer	analyze
createFileContainer	optimize
selectPolicyElement	test
deletePolicyElement	
insertPolicyElement	
insertPolicyElementBefore	
insertPolicyElementAfter	
updatePolicyElement	

Tabelle 5.1.: Zentrale Basis- und Zusatzfunktionalitäten eines PAP zur Verwaltung von XACML Regelwerken

---

[10]s. http://lists.oasis-open.org/archives/xacml/201105/msg00085.html

5.3. Umsetzung LAM-konformer, XACML v3.0 basierter Administrationssysteme

Im Folgenden wird davon ausgegangen, dass auf den Ebenen 1 bis N ausschließlich XACML-PAWS als Administrationsdienste verwendet werden. Zu betonen ist jedoch, dass diese Annahme ausschließlich der Vereinfachung der nachfolgenden Erklärungen und Beispiele dient und nicht als eine Forderung des LAM zu interpretieren ist.

5.3.3. LAM-konforme XACML v3.0 E_1-Regelwerke

Das LAM fordert, dass nur Subjekte, die mindestens eine E_0-Rolle aktiviert haben, mit E_0-Diensten interagieren können (vgl. Forderung 2.4). Um dieser Forderung nachzukommen, müssen E_1-Regelwerke entsprechend definiert werden. Nachfolgend wird untersucht, welche Bedingungen Einfüge- und Update-Aktionen auf E_1-RPS-Containern und E_1-PPS-Containern erfüllen müssen, damit die entstehenden E_1-Regelwerke den Anforderungen des LAM genügen.

5.3.3.1. Einfüge- und Update-Aktionen auf E_1-Root-PS-Containern

Das LAM fordert, dass die über E_1-Rollen abgesetzten Einfüge- und Update-Aktionen auf E_1-Root-PS-Containern nur dann erlaubt werden, wenn anschließend ausschließlich E_1-RPS Elemente, d.h. RPS Elemente mit Bezug auf E_0-Rollen, in den E_1-Root-PS-Containern vorliegen. Um diese Forderung sicherzustellen, sind die folgenden zwei Ansätze denkbar:

Ansatz 1
In XACML Regelwerken gilt, dass ein beliebiges <PolicySet>, <Policy> oder <Rule> Element nur dann zur Anwendung kommt, wenn die Konjunktion seines Bedingungsausdrucks mit den Bedingungsausdrücken aller seiner Vorfahren zu "true" evaluiert. Die Bedingungsausdrücke in den Kindelementen können daher ausschließlich die in den jeweiligen Vorfahrenelementen definierten Bedingungen weiter einschränken. Diese Eigenschaft von XACML Regelwerken wird beim Ansatz 1 genutzt. Von den Bedingungsausdrücken der Vorfahrenelemente werden bestimmte Eigenschaften gefordert, die dann zwangsweise auch für alle Kinder gelten müssen.

Bei der Verwendung des Ansatzes 1 muss zum einen sichergestellt werden, dass

5. Administration XACML-basierter Zugriffskontrollsysteme

nur E_1-Root-PS Elemente in E_1-Root-PS-Container eingefügt[11] werden können, die dem in Listing 5.1 dargestellten PolicySet-Muster[12] genügen. Die Validität der E_1-Root-PS Elemente zu dem in Listing 5.1 angegebenem PolicySet-Muster garantiert die Forderung des LAM, dass sich jedes in einem E_1-Regelwerk definierte Zugriffsrecht auf Subjekte bezieht, die mindestens eine E_0-Rolle aktiviert haben (vgl. Forderung 2.4). Zudem wird die Forderung 13.2 an das Namensschema von E_1-Root-PS Elementen durchgesetzt.

```
1  <PolicySet PolicySetId="urn:lam:root-ps:layer:1:[anyString]" ...>
2    <Target>
3      <AnyOf>
4        <AllOf>
5          <Match MatchId="&string-starts-with;">
6            <AttributeValue
                DataType="&string;">urn:lam:role:layer:0:</Attr...>
7            <AttributeDesignator Category="&access-subject;"
                AttributeId="&role;" DataType="&string;"
                MustBePresent="true"/>
8          </Match>
9          [placeholder]<!-- arbitrary sequence of <Match> elements
             -->
10       </AllOf></AnyOf></Target>
11   [placeholder]<!-- arbitrary sequence of RPS elements -->
12 </PolicySet>
```

Listing 5.1: Muster für E_1-Root-PS Elemente

Beim Ansatz 1 muss zudem sichergestellt werden, dass RPS Elemente nur unterhalb von E_1-Root-PS Elemente eingefügt werden können, die dem oben beschrieben Muster genügen. Zur Realisierung der beiden Forderungen des Ansatzes 1 müssen E_2-Regelwerke entsprechend festgelegt werden (s. 5.3.4).

Bewertung von Ansatz 1

Der entscheidende Vorteil des oben geschilderten Ansatzes besteht darin, dass die

---

[11] Aufgrund der konzeptuellen Ähnlichkeit von Einfüge- und Update-Aktionen ist zur Vereinfachung der Formulierungen nachfolgend ausschließlich von Einfüge-Aktionen die Rede. Sämtliche Schilderungen gelten jedoch gleichermaßen für Update-Aktionen.

[12] Die im PolicySet-Muster in orange gekennzeichneten Elemente repräsentieren entweder beliebig veränderbare Zeichenketten oder stellen Platzhalter dar (vgl. "[placeholder]"), an denen weitere XACML Schema konforme Elemente eingefügt werden können.

5.3. Umsetzung LAM-konformer, XACML v3.0 basierter Administrationssysteme

LAM-spezifische Forderung an RPS Elemente bereits durch den im Vorfahrenelement der RPS Elemente erzwungenen Bedingungsteil erfüllt wird (vgl. Z. 2-12 in Listing 5.1). Diese indirekte Herstellung des semantischen Bezugs jedes RPS Elements auf mindestens eine E_0-Rolle lässt den Administratoren maximale Freiheit bei der Definition der <Target> Elemente ihrer RPS Elemente. Beim Einfügen neuer RPS Elemente in E_1-Regelwerke muss nicht geprüft werden, ob sie den vom LAM geforderten Bezug auf E_0-Rollen herstellen. Es genügt sicherzustellen, dass RPS Elemente ausschließlich unterhalb von E_1-Root-PS Elementen eingefügt werden können, die dem PolicySet-Muster aus Listing 5.1 genügen. Beim Einfügen der RPS Elemente muss jedoch geprüft werden, dass sie ausschließlich <PolicySetIdReference> Elemente beinhalten, die der Forderung 15.2 des LAM genügen. Die Erfüllung dieser Forderung lässt sich ebenfalls durch eine geeignet definierte E_2-Wissensbasis sicherstellen.

Betrachtet man Ansatz 1 aus performance-technischen Gesichtspunkten, so fällt auf, dass die &role; XACML Attribute einer Zugriffsentscheidungsanfrage in vielen Fällen unnötigerweise doppelt gegen Literale abgeglichen werden. Neben der Überprüfung im <Target> Element des E_1-Root-PS Elements (d.h. string-starts-with("urn:lam:role:level0:", &role;) - s. Z. 5-8 in Listing 5.1) wird das &role; XACML Attribut i.d.R. in den <Target> Elementen der darunterliegenden RPS Elemente gegen Literale ausgewertet (z.B. string-equal("urn:lam:role:level0:citizen", &role;)). Dies ist in vielen Situationen ein unnötiger Mehraufwand, da der in den RPS Elementen i.d.R. stattfindende Abgleich der &role; XACML Attribute mit E_0-Rollennamen indirekt den im E_1-Root-PS Element definierten Test beinhaltet, ob es sich um eine beliebige E_0-Rolle handelt.

Zu diesem performance-technischen Nachteil ist anzumerken, dass i.d.R. mehrere Versionen eines Regelwerks existieren. Eine Version des Regelwerks ist beispielsweise die, die Administratoren sehen und bearbeiten. Eine weitere Version des Regelwerks könnte ein automatisiert berechneter semantischer Klon sein, dessen Struktur und Bedingungsausdrücke jedoch optimiert wurden. Geht man davon aus, dass die Optimierungsfunktion eines XACML-PAWS (vgl. 5.3.2.2) redundante Prüfungen erkennt und den redundanten Test im E_1-Root-PS Element eliminiert, so entfällt dieser Nachteil.

5. Administration XACML-basierter Zugriffskontrollsysteme

Ansatz 2
Anstatt bestimmte Merkmale von E_1-Root-PS Elementen zu erzwingen, werden bei Ansatz 2 direkt gewisse Eigenschaften von den (unter den E_1-Root-PS Elementen) einfügbaren RPS Elementen gefordert. Listing 5.2 zeigt ein mögliches PolicySet-Muster, dem alle in ein E_1-Regelwerk einfügbaren RPS Elemente genügen müssen, um konform mit den Vorgaben des LAM zu sein.

```
1  <PolicySet PolicySetId="urn:lam:rps:layer:1:[anyString1]" ...>
2    <Target>
3      <AnyOf>
4        <AllOf>
5          <Match MatchId="&string-equal;">
6            <AttributeValue DataType="&string;">
7              urn:lam:role:layer:0:[anyString2]
8            </AttributeValue>
9            <AttributeDesignator Category="&access-subject;"
                                  AttributeId="&role;" DataType="&string;"
                                  MustBePresent="true"/>
10         </Match>
11         [placeholder]<!-- arbitrary sequence of <Match> elements
                           -->
12       </AllOf>
13     </AnyOf>
14   </Target>
15   <PolicySetIdRef>/ContainerId="L1_Container_PPS[anyString3]":
16 PolicySetId="urn:lam:pps:layer:1:[anyString1]"</PolicySetIdRef>
17 </PolicySet>
```

Listing 5.2: Muster für E_1-RPS Elemente

Das oben abgebildete PolicySet-Muster erzwingt, dass die Administratoren nur RPS Elemente einfügen können, deren <Target> Elemente Konjunktionsterme beschreiben, in denen ein Prädikat enthalten ist, durch das geprüft wird, ob mindestens eine E_0-Rolle aktiviert wurde (vgl. Forderung 2.4 und Definition 5 a). Neben dieser Forderung ist bei Validität zu dem PolicySet-Muster gesichert, dass <PolicySetIdReference> Elemente der Forderung 15.2 genügen und dass die Werte der PolicySetId XML Attribute der RPS Elemente die Forderung 15.1 erfüllen. Angemerkt sei, dass das Erzwingen dieses Musters von den einfügbaren <PolicySet> Elementen impliziert, dass beim Einfügen oder Updaten eines RPS immer

5.3. Umsetzung LAM-konformer, XACML v3.0 basierter Administrationssysteme

die gemäß dem RBAC Profile verpflichtende Referenz auf genau ein PPS direkt enthalten sein muss.

Wie bei der Durchsetzung von Ansatz 1 müssen auch zur Realisierung von Ansatz 2 die E_2-Regelwerke geeignet definiert werden. Sie müssen garantieren, dass unterhalb der E_1-Root-PS Elemente der E_1-RPS-Container nur RPS Elemente eingefügt werden können, die dem PolicySet-Muster aus Listing 5.2 genügen. Wie eine derartige Überprüfung in einem XACML E_2-Regelwerke implementiert werden kann, wird ausführlich unter Abschnitt 5.3.4 behandelt.

Bewertung von Ansatz 2

Um der Forderung des LAM nachzukommen, dass sich die Rechte in einem E_1-Regelwerk nur auf Subjekte beziehen dürfen, die mindestens eine E_0-Rolle aktiviert haben, wird von den in ein E_1-Regelwerk eintragbaren RPS Elementen bei Ansatz 2 die Validität zu einem relativ spezifischen PolicySet-Muster gefordert. Der Vorteil dieser Vorgehensweise besteht darin, dass im <Target> der E_1-Root-PS Elemente kein Test definiert sein muss, durch den sichergestellt wird, dass mindestens eine E_0-Rolle aktiviert wurde (vgl. Bewertung Ansatz 1). Diese Bedingung wird bei Ansatz 2 durch das PolicySet-Muster ausgedrückt, dem die einfügbaren RPS Elemente genügen müssen. Der Preis für diesen Mehrwert ist, dass die Regelwerksadministratoren ihre RPS Elemente exakt nach dem vorgeben PolicySet-Muster definieren müssen.

Hervorzuheben ist, dass die E_1-Root-PS Elemente bei Ansatz 2 keine Forderungen erfüllen müssen und daher z.B. ein leeres <Target/> Element haben können. Um zu vermeiden, dass ein böswilliger oder unbedarfter Administrator die Anwendbarkeit der E_1-RPS Elemente verhindert, indem er ein falsches /E_1-Root-PS/Target Element definiert, empfiehlt es sich, ein gewisses Muster von den E_1-Root-PS Elementen zu fordern.

Allgemein gilt, dass je konkreter die PolicySet-Muster definiert sind, umso geringer sind die Freiheitsgrade der Administratoren beim Definieren der Regelwerksobjekte und umso korrekter und interoperabler sind die entstehenden Regelwerksobjekte. Auf der anderen Seite ist jedoch zu vermeiden, dass die Freiheiten beim Design der Regelwerke und Regelwerksobjekte aufgrund zu restriktiver PolicySet-Muster unnötigerweise eingeschränkt werden.

5. Administration XACML-basierter Zugriffskontrollsysteme

Fazit zu Ansatz 1 und 2

Beide Ansätze sind sinnvoll verwendbar, sodass in Abhängigkeit der konkreten Gegebenheiten und Anforderungen des jeweiligen Anwendungsfalls individuell entschieden werden muss, welche der beiden Vorgehensweisen geeigneter ist.

5.3.3.2. Einfüge- und Update-Aktionen auf E_1-PPS-Containern

Die Bedingungen an die in E_1-Root-PS-Container einfügbaren Objekte sichern, dass sich die Zugriffsrechte in E_1-Regelwerken immer auf Subjekte beziehen, die mindestens eine E_0-Rolle aktiviert haben (vgl. Forderung 2.4 und Definition 5 a). Das LAM fordert zudem, dass sich die Rechte in E_1-Regelwerken ausschließlich auf E_0-Dienste beziehen (vgl. Forderung 2.4 und Definition 5 b). Folge dieser Forderung ist, dass Einfüge- und Update-Aktionen auf E_1-PPS-Containern nur dann erlaubt werden dürfen, wenn dadurch Rechte definiert werden, die sich auf E_0-Dienste beziehen.

Dies kann zum einen dadurch erreicht werden, dass die <Target> Elemente der E_1-PPS Elemente eine sicher zu erfüllende Bedingung beinhalten, die prüft, ob der Interaktionswunsch einen E_0-Dienst betrifft. Diese Bedingung kann z.B. durch ein <Target> Element zum Ausdruck gebracht werden, das einen Konjunktionsterm mit Prädikaten der Form string-equal (EvalCtx.service-type, "WFS"), string-equal(EvalCtx.service-type, "WMS") usw. beschreibt.

Alternativ kann gefordert werden, dass im <Target> Element der E_1-PPS Elemente eine Bedingung enthalten ist, die sicherstellt, dass der Interaktionswunsch keinen Administrationsdienst, d.h. keinen XACML-PAWS[13], betrifft. Da gilt, dass sich die Menge aller Dienste einer Infrastruktur aus E_0-Diensten und XACML-PAWS zusammensetzt, entspricht diese Bedingung stets der Bedingung des ersten Ansatzes oder beinhaltet diese. Der entscheidende Vorteil der zweiten Variante besteht darin, dass sie keine Kenntnis über die auf Ebene 0 existierenden Dienste fordert und somit deutlich generischer definierbar ist. Aufgrund dieses Vorteils wird im Folgenden ausschließlich die zweite Variante verfolgt.

---

[13]vgl. Annahme auf S. 250. Würde es verschiedene Typen von Administrationsdiensten im Administrationssystem geben, müsste sichergestellt werden, dass die Aktion keinen Dienst dieser Typen anspricht.

5.3. Umsetzung LAM-konformer, XACML v3.0 basierter Administrationssysteme

Listing 5.3 zeigt ein PolicySet-Muster für E_1-PPS Elemente, das sicherstellt, dass E_0-Rollen keinen XACML-PAWS (bzw. nur E_0-Dienste) nutzen können (vgl. Z. 2-12). Zudem sichert das PolicySet-Muster, dass die Werte der PolicySet XML Attribute der PPS Elemente konform zu dem in Forderung 17.2 beschriebenem Namensschema sind (vgl. Z. 13).

```
1  <PolicySet PolicySetId=" urn:lam:pps:layer:1:[anyString1]" ...>
2    <Target>
3      <AnyOf>
4        <AllOf>
5          <Match MatchId="&string-not-equal;">
6            <AttributeValue
                 DataType="&string;">XACML-PAWS</AttributeValue>
7            <AttributeDesignator Category="&recipient-subject;"
                 AttributeId="&service-type;" DataType="&string;"
                 MustBePresent="true"/>
8          </Match>
9          [placeholder]<!-- arbitrary sequence of <Match> elements
                 -->
10       </AllOf>
11     </AnyOf>
12   </Target>
13   [placeholder]<!-- arbitrary sequence of <PolicySet> or <Policy>
              elements and LAM compliant <PolicySetIdReference> Elements
              (cp. line 15-16 in Listing 5.2) -->
14 </Policyset>
```

Listing 5.3: Muster für E_1-PPS Elemente

Beziehen sich Zugriffsentscheidungsanfragen auf Subjekte, die zwar E_0-Rollen aktiviert haben, aber einen XACML-PAWS ansprechen möchten, so evaluieren die <Target> Elemente der dem obigen PolicySet-Muster genügenden E_1-PPS Elemente zu "false" und diese Interaktionsversuche werden wie gewünscht abgelehnt.

Fazit zu Einfüge- und Update-Aktionen auf E_1-RPS-Containern und E_1-PPS-Containern

Die Ausführungen in diesem Abschnitt haben gezeigt, welche Bedingungen Einfüge- und Update-Aktionen auf E_1-RPS-Containern und E_1-PPS-Containern erfüllen müssen, damit die entstehenden Wissensbasen LAM-konforme E_1-Regelwerke sind.

5. Administration XACML-basierter Zugriffskontrollsysteme

5.3.4. LAM-konforme XACML v3.0 E_x-Regelwerke ($x > 1$)

Die E_2-Regelwerke müssen sicherstellen, dass ausschließlich Subjekte mit aktivierten E_1-Rollen mit den Diensten auf Ebene 1 und den E_1-Containern interagieren können. Zudem müssen sie garantieren, dass auf Ebene 1 nur Einfüge- und Update-Aktionen auf E_1-RPS-Containern und E_1-PPS-Containern stattfinden können, sodass die entstehenden E_1-Regelwerke LAM-konform sind.

Ein geeignet definiertes E_3-Regelwerk muss wiederum dafür sorgen, dass auf Ebene 2 nur LAM-konforme Interaktionen stattfinden und somit ausschließlich LAM-konforme E_2-Regelwerke entstehen können. Verallgemeinert gilt, dass die Forderung nach LAM-konformen Interaktionen und Regelwerken auf den verschiedenen Ebenen eines Administrationssystems durch geeignete Definition des Regelwerks der obersten Ebene n zu erzwingen ist.

Nachfolgend wird betrachtet, welche Elemente in E_2-Regelwerken enthalten sein müssen, damit auf Ebene 1 nur LAM-konforme E_1-Regelwerke über LAM-konforme Interaktionen entstehen können. Zudem wird diskutiert, wie E_2-Regelwerke zu formulieren sind, damit nur LAM-konforme Lese-, Lösch-, Analyse- und Optimierungs-Aktionen auf Ebene 1 stattfinden können. Parallel dazu werden diese Bedingungen an E_2-Regelwerke verallgemeinert und es wird darauf eingegangen, wie generische, LAM-konforme E_x-Regelwerke zu definieren sind.

5.3.4.1. Einfüge- und Update-Aktionen auf E_2-Root-PS-Containern

Das LAM fordert, dass Einfüge- und Update-Aktionen auf E_2-Root-PS-Containern nur dann erlaubt werden, wenn anschließend ausschließlich RPS Elemente mit Bezug auf E_1-Rollen in den E_2-Root-PS-Containern vorliegen. Die in Abschnitt 5.3.3.1 erwähnten Ebene-1-spezifischen Ansätze 1 und 2 können nahezu unverändert auch auf Ebene 2 angewandt werden. In den PolicySet-Mustern der beiden Ansätze sind lediglich die Bezeichner der E_1-RPS und E_1-PPS Elemente sowie der E_1-Container und der E_0-Rollen durch Bezeichner für E_2-RPS Elemente, E_2-PPS Elemente, E_2-Container und E_1-Rollen zu ersetzen. Listing 5.4 zeigt, wie ein geeignetes PolicySet-Muster für E_2-RPS Elemente gemäß Ansatz 2 aussehen könnte. Im Vergleich zum entsprechenden PolicySet-Muster der

5.3. Umsetzung LAM-konformer, XACML v3.0 basierter Administrationssysteme

darunterliegenden Ebene (vgl. Listing 5.2) haben sich im Wesentlichen nur die Ebenenzahlen um eins erhöht.

```
1  <PolicySet PolicySetId=" urn:lam:rps:layer:2:[anyString1]" ...>
2    <Target>
3      <AnyOf>
4        <AllOf>
5          <Match MatchId="&string-equal;">
6            <AttributeValue DataType="&string;">
7              urn:lam:role:layer:1:[anyString2]
8            </AttributeValue>
9            <AttributeDesignator Category="&access-subject;"
                  AttributeId="&role;" DataType="&string;"
                  MustBePresent="true"/>
10         </Match>
11         [placeholder]<!-- arbitrary sequence of <Match> elements
                  -->
12       </AllOf>
13     </AnyOf>
14   </Target>
15   <PolicySetIdRef>/ContainerId="L2_Container_PPS[anyString3]":
16 PolicySetId="urn:lam:pps:layer:2:[anyString1]"
17   </PolicySetIdRef>
18 </PolicySet>
```

Listing 5.4: Muster für E_2-RPS Elemente

5.3.4.2. Einfüge- und Update-Aktionen auf E_x-Root-PS-Containern

Unabhängig von der betrachteten Ebene lässt sich verallgemeinernd festhalten, dass ein E_x-Regelwerk stets nur E_x-ROOT-PS (Ansatz 1) bzw. E_x-RPS Elemente (Ansatz 2) beinhalten darf, die dem Muster aus Listing 5.1 bzw. 5.2 – angepasst an die relevante Ebene – entsprechen. Als Beispiel für die notwendigen Anpassungen dient Listing 5.4. Diese Vorgehensweise stellt sicher, dass die auf den verschiedenen Ebenen entstehenden E_x-Regelwerke nur Rechte beschreiben, die sich auf Subjekte beziehen, die mindestens eine E_{x-1}-Rolle aktiviert haben (vgl. Anforderung 2.4 und Definition 5 a).

5. Administration XACML-basierter Zugriffskontrollsysteme

5.3.4.3. Einfüge- und Update-Aktionen auf E_2-PPS-Containern

E_2-PPS Elemente beschreiben die Privilegien von E_1-Rollen. Um LAM-konforme Interaktionen auf Ebene 1 und somit die Entstehung von LAM-konformen E_1-Regelwerken zu erzwingen, müssen unterhalb jedes E_2-PPS Elements geeignete <PolicySet> Elemente eingefügt werden. In Abbildung 5.7 sind die Prädikate, die in den <Target> Elementen dieser <PolicySet> Elemente beschrieben sein müssen, in einer Pseudosyntax angedeutet. Es wird davon ausgegangen, dass die <Target> Elemente, die diese Prädikate beinhalten, stets Konjunktionsterme darstellen. Unter "www.geoxacml.com/phd/examples" sind E_2-PPS in XACML Syntax dargestellt, die dem in Abbildung 5.7 skizzierten Schema genügen.

Wenn sichergestellt ist, dass E_2-Rollen weitere Regelwerksobjekte nur unterhalb der in Abbildung 5.7 aufgeführten <PolicySet> Elemente einfügen können, dann ist dadurch gewährleistet, dass alle entstehenden E_2-Regelwerke sicher LAM-konform sind. Dies bedeutet, dass ausschließlich LAM-konforme Interaktionen auf Ebene 1 genehmigt werden, die entstehenden E_1-Regelwerke LAM-konform sind und folglich auf Ebene 0 ebenfalls nur LAM-konforme Interaktionen zugelassen werden.

Angemerkt sei, dass durch das oben skizzierte und unter "www.geoxacml.com/phd" in XACML v3.0 kodierter Form vollständig dargestellte E_2-Regelwerk der sukzessive Aufbau von E_1-Regelwerken erzwungen wird (vgl. 5.3.2.2). Diese Einschränkung wird nicht vom LAM gefordert, ist aber dennoch zu empfehlen, da sie die Definition administrativer Rechte deutlich vereinfacht. Würde man das Einfügen von <PolicySet> und <Policy> Elementen erlauben, in denen direkt <PolicySet>, <Policy> oder <Rule> Elemente enthalten sein können, dann müssten Autorisationssemantiken, die sich auf bestimmte Regelwerksobjekte beziehen, in Abhängigkeit der möglichen Einfügearten in mehreren Varianten definiert werden. Diese Varianten unterscheiden sich in den Pfaden zu den Knoten, die konform zu einem gewissen Muster sein müssen. Es ist darauf hinzuweisen, dass eine Verwendung des "//" in den Pfadangaben im Allgemeinen scheitert, da in den umzusetzenden administrativen Rechten i.d.R. konkret vorgeben werden muss, wo im Regelwerksbaum die zu einem bestimmten Muster konformen Regelwerksobjekte einzufügen sind.

5.3. Umsetzung LAM-konformer, XACML v3.0 basierter Administrationssysteme

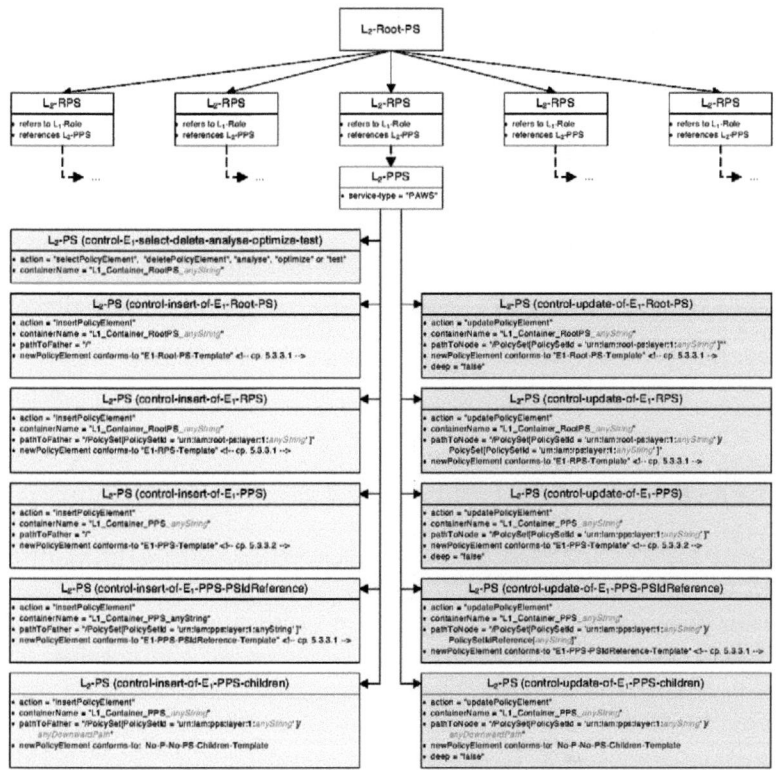

Abbildung 5.7.: Schematische Darstellung der Top-Level-Struktur eines minimalen LAM-konformen E_2-Regelwerks

5.3.4.4. Einfüge- und Update-Aktionen auf E_x-PPS-Containern

Die im letzten Abschnitt vorgestellte Struktur von LAM-konformen E_2-PPS Elementen muss durch geeignet definierte E_3-Regelwerke sichergestellt werden. Für jedes in Abbildung 5.7 dargestellte <PolicySet> Element müssen in einem E_3-PPS Element entsprechende E_3-PolicySet Elemente existieren. Es wird ein E_3-PolicySet Element benötigt, das den LAM-konformen Zugriff auf Lese-, Lösch-, Analyse- und Optimierungsoperationen auf Ebene 2 sichert. Zudem werden für

261

5. Administration XACML-basierter Zugriffskontrollsysteme

jedes E_2-PolicySet Element, durch das der Rahmen für die möglichen Insert- und Update-Interaktionen auf Ebene 1 festgelegt wird, zwei E_3-PolicySet Elemente benötigt. Diese E_3-PolicySet Elemente steuern die erlaubten Insert- und Update-Aktionen von diesen und unterhalb dieser E_2-PolicySet Elemente.

Auf Ebene 1 gibt es i.d.R. 5 Klassen von <PolicySet> Elementen, von deren Instanzen das LAM Bedingungen fordert:

- die E_1-RootPS Klasse
- die E_1-RPS Klasse
- die E_1-PPS-Klasse
- die E_1-PPS-PolicySetIdReference Klasse
- die E_1-ChildrenOf-E_1-PPS Klasse

Um das Einfügen von Instanzen dieser Klassen in E_1-Regelwerke zu steuern, müssen unterhalb eines E_2-PPS Elements pro Klasse zwei E_2-PolicySet Elemente existieren, durch die die möglichen Einfüge- und Update-Aktionen mit Bezug auf die entsprechenden E_1-PolicySet Elemente geregelt werden. Zusätzlich muss ein E_2-PolicySet Element existieren, durch das der Zugriff auf E_1-Regelwerke über Lese-, Lösch-, Analyse- und Optimierungsoperationen gesteuert wird. In einem LAM-konformen E_2-PPS, das nach der oben beschriebenen Strategie definiert ist, werden folglich 2*5+1 <PolicySet> Kindelemente benötigt.

Abgesehen von der sich je Ebene ändernden Struktur der E_x-PPS Elemente können die <PolicySet> Elemente, die zur Durchsetzung der Vorgaben des LAM auf der darunterliegenden Ebene benötigt werden, dank des einheitlichen Namensschemas von E_x-Rollen und E_x-Containern automatisiert generiert werden. In einem LAM-konformen Administrationssystem kann auf der obersten Ebene n stets ein weitestgehend generisch definierbares E_n-Regelwerk existieren. Dieses kann nach der Festlegung der Zahl n und des Typs der Administrationsdienste auf der Ebene n-1 automatisiert erzeugt werden. Optional können im Zuge der automatisierten Erzeugung zusätzlich ein oder mehrere E_{n-1}-Rollenname(n), E_{n-1}-Containername(n) und Adressen von PAP Komponenten auf Ebene n-1 angegeben werden. Es empfiehlt sich, in den generisch definierbaren E_n-Regelwerken der obersten Ebene n ausschließlich Rechte zur Umsetzung der LAM-spezifischen

5.3. Umsetzung LAM-konformer, XACML v3.0 basierter Administrationssysteme

Vorgaben zu beschreiben. Ihre Funktion besteht lediglich darin, dafür zu sorgen, dass auf den darunterliegenden Ebenen nur LAM-konforme Regewerke über LAM-konforme Interaktionen entstehen können.

Nach dem Anlegen der vom LAM bzw. den Regelwerken der darüberliegenden Ebene erzwungenen Grundstruktur eines E_x-Regelwerks können die E_x-Rollen mit der Definition der im jeweiligen Anwendungsfall geforderten E_x-Zugriffsrechte beginnen. Hierzu beschreiben sie die gewünschten Regelwerksobjekte in XACML und fügen diese dann geeignet unterhalb der vom LAM vorgegebenen <PolicySet> Elemente ein. Die Konformität des entstehenden E_x-Regelwerks zu den Vorgaben des LAM ist stets durch die vorgeschriebene Grundstruktur des E_x-Regelwerks sichergestellt.

Möchte ein Administrator beispielsweise ein E_2-Zugriffsrecht beschreiben, das einer E_1-Rolle r_1 erlaubt, ausschließlich Zugriffsrechte mit Bezug auf einen WFS zu definieren, dann muss er dieses Recht durch ein <Rule> Element implementieren, das unterhalb des E_2-PPS(control-insert-of-E_1-PPS-children) im E_2-PPS zur E_1-Rolle r_1 eintragen wird.

5.3.5. Beschreibung und Durchsetzung von XML-Mustern

Um überprüfen zu können, ob die einfügbaren Regelwerksobjekte, Features und Attribute bestimmte Eigenschaften haben, müssen in XACML kodierten Regelwerken häufig Regelwerksobjekt-, Feature- und Attribut-Muster (zusammengefasst: XML-Muster) beschrieben werden. Nachfolgend werden zwei Ansätze zur Definition von XML-Mustern in XACML Regelwerksobjekten kurz vorgestellt und analysiert.

5.3.5.1. Definition von XML-Mustern unter Verwendung der XACML v3.0 Funktionen

In Listing 5.2 des Abschnitts 5.3.3.1 ist ein PolicySet-Muster dargestellt, dem einfügbare E_1-RPS Elemente genügen müssen, um die Vorgaben des LAM an RPS Elemente zu erfüllen. Die im untenstehenden Listing abgebildeten <Match> Elemente zeigen, wie das in Listing 5.2 für E_1-RPS Elemente geforderte

5. Administration XACML-basierter Zugriffskontrollsysteme

PolicySet-Muster mit den Sprachmitteln des XACML Standards beschrieben werden kann.

```
1  <Match MatchId="&string-starts-with;">
2    <AttributeValue
       DataType="&string;">urn:lam:role:layer:0:</AttributeValue>
3    <AttributeSelector Category="&message;" DataType="&string;" ...
       Path="/insertPolicyElement/xacmlPolicyElemente/PolicySet/
4  Target[count(./AnyOf)=1 and
       count(./AnyOf/AllOf)=1]/AnyOf/AllOf/Match
5  [@MatchId='&string-equal;' and
       AttributeDesignator/@Category='&acc-sub;' and
       AttributeDesignator/@AttributeId='&role;']/AttributeValue/
6  text()"/>
7  </Match>
8  <Match MatchId="&string-regexp-match;">
9    <AttributeValue DataType="&string;">
10     \/ContainerId="L1_Container_PPS[A-Za-z0-9]*":
11     PolicySetId="urn:lam:pps:layer:1:[A-Za-z0-9\-_]*"
12   </AttributeValue>
13   <AttributeSelector Category="&message;" DataType="&string;"
       Path="/insertPolicyElement/xacmlPolicyElemente/PolicySet
       [count(./PolicySetIdReference)=1)]/PolicySetIdReference/
14 text()" .../>
15 </Match>
```

Listing 5.5: XACML-basierte Beschreibung des PolicySet-Musters aus Listing 5.2

Das Listing 5.5 verdeutlicht, wie über <AttributeSelector> Elemente und umgebende XACML Funktionen komplexe XML-Muster definiert werden können. Die Verwendung von XACML ermöglicht XML-Muster zu definieren, die in anderen Schemasprachen nicht ausgedrückt werden können. Beispielsweise lassen sich beliebige Textknoten einer XACML Zugriffsentscheidungsanfrage problemlos über XACML Funktionen miteinander vergleichen. Zudem können, dank der Erweiterbarkeit von XACML, auch Funktionen spezieller Anwendungsdomänen oder selbstdefinierte Funktionen zur Definition der XML-Muster verwendet werden. Beispielsweise lassen sich PolicySet-Muster definieren, die fordern, dass die Geometrie einer einzufügenden E_1-Regel innerhalb Bayerns liegen muss.

5.3. Umsetzung LAM-konformer, XACML v3.0 basierter Administrationssysteme

Trotz der Ausdrucksmächtigkeit kann die Verwendung der Sprachmittel der XACML v3.0 Spezifikation (inkl. ihrer standardisierten Erweiterungsmöglichkeiten) zur Beschreibung von XML-Mustern als problematisch angesehen werden. Ein Nachteil dieser Beschreibungsform der XML-Muster besteht darin, dass die entstehenden XACML Elemente schwer lesbar und durch aktuell verfügbare XML Editoren nicht direkt interpretierbar sind (Details s. 7.2.2). So ist ein Administrator, der beispielsweise ein E_1-RPS Element definieren möchte, darauf angewiesen, aus dem oben dargestellten XACML Fragment das geforderte PolicySet-Muster für gültige E_1-RPS Elemente herauszulesen.

5.3.5.2. Beschreibung von XML-Mustern über Schemadokumente

XACML Regelwerke können u.a. als eine Menge von speziellen Schemadefinitionen angesehen werden, durch die geprüft wird, ob eine aktuell vom PDP zu bearbeitende XACML Zugriffsentscheidungsanfrage gewisse Eigenschaften hat. Jedes <PolicySet>, <Policy> und <Rule> Element definiert quasi einen Teil dieser Schemadefinitionsmenge. Welche Schemadefinitionen zur Anwendung kommen, ergibt sich aus der jeweiligen Zugriffsentscheidungsanfrage und dem Aufbau und Inhalt der Regelwerke.

Ein Schemadokument für XML Dokumente beschreibt eine Klasse von XML Elementen. Für jede Klasse sind bestimmte strukturelle und inhaltliche Einschränkungen festgelegt, die sämtliche Elemente dieser Klasse erfüllen müssen. Aufgrund der Parallelen zwischen XACML Regelwerken und Schemadokumenten liegt es nahe, die von den einfügbaren Elementen geforderten XML-Muster in einer der existierenden Schemasprachen für XML Dokumente zu beschreiben (vgl. 2.1.2).

XACML müsste zur Unterstützung der Definition und Überprüfung von Schemadefinitionen innerhalb des XACML Codes um eine &validate-schema; Funktion erweitert werden. Die Nutzung dieser &validate-schema; Funktion ist im unten abgebildeten Listing 5.6 skizziert. Angemerkt sei, dass in Listing 5.6 die Definition eines XML Schemadokuments angedeutet ist. Selbstverständlich hätte auch eine andere Schemasprache für XML Dokumente verwendet werden können (z.B. Schematron oder RelaxNG), wenn diese zur Beschreibung der geforderten Bedingungen geeigneter ist.

```
1 <Match MatchId="&validate-schema;">
2   <AttributeValue DataType="&xsd;">
3     <xs:schema>...<!--xsd that defines the restricted version of
     the xacml:TargetType --><xs:schema></AttributeValue>
4   <AttributeSelector Category="message" DataType="&xml;"
     Path="/insertPolicyElement/xacmlPolicyElement/PolicySet"
     .../>
5 </Match>
```

Listing 5.6: XSD-basierte Beschreibung eines XML-Musters in XACML

5.3.5.3. Fazit

Die Unterstützung einer &validate-schema; Funktion eröffnet den Administratoren zusätzliche Möglichkeiten, um XML-Muster in XACML Regelwerken zu definieren. Die Option, beliebige Schemasprachen zur Beschreibung von XML-Mustern in XACML zu nutzen, ist als Ergänzung und nicht als Konkurrenz zu anderen Ansätzen zu verstehen. Ziel sollte es sein, diese Funktion in zukünftigen XACML Versionen zu standardisieren, sodass die Administratoren die Wahl haben, auf welche Weise sie die umzusetzenden XML-Muster standardisiert in XACML Regelwerksobjekten festlegen.

Je Anwendungsfall ist zu entscheiden, ob und wann die Sprachmittel des XACML Standards direkt verwendet werden oder ob es geeigneter ist, die XML-Muster exklusiv oder teilweise über Schemadokumente in einer der existierenden Schemasprachen zu beschreiben. Nachfolgende Auflistung fasst einige Kriterien zusammen, die bei der Wahl der Beschreibungsform der umzusetzenden XML-Muster zu berücksichtigen sind.

- Mächtigkeit
- Erweiterbarkeit
- Kompaktheit
- Einfachheit
- Lesbarkeit

5.3. Umsetzung LAM-konformer, XACML v3.0 basierter Administrationssysteme

- Bekanntheitsgrad

- Unterstützung von Datentypen und Vererbungskonzepten

- Verfügbarkeit von Werkzeugen zur Unterstützung der Definition valider Instanzen

In weiterführenden Arbeiten ist zu untersuchen, ob und inwieweit XACML v3.0-basierte Beschreibungen von XML-Mustern den Ansprüchen und Fähigkeiten der Administratoren genügen. In diesem Zusammenhang ist zu analysieren, wie ein geeignetes Zusammenspiel verschiedener Beschreibungsformen von XML-Mustern in XACML Regelwerksobjekten – in Abhängigkeit bestimmter Anforderungen – erfolgen kann.

6. Evaluierung

In diesem Kapitel wird anhand zahlreicher Beispiele verdeutlicht, wie das in Kapitel 4 herausgearbeitete hybride Zugriffskontrollmodell und das in Kapitel 5 vorgestellte Administrationsmodell im GDI Umfeld genutzt werden können. Abschnitt 6.1 zeigt, wie die in GDIs geforderten Typen von Zugriffsrechten – konform zu den Vorgaben der XACML v3.0 und GeoXACML v.3.0 Spezifikation und den zugehörigen Profilen (z.b. dem XACML v3.0 Multiple Decision Profile v1.0 und dem XACML v3.0 OGC Web Service Profile v1.0) – beschrieben werden können. Im Anschluss wird demonstriert, wie ein LAM-konformes, XACML v3.0-basiertes Administrationssystem aufgebaut und verwendet werden kann.

6.1. Nutzung von (Geo)XACML v3.0 im GDI Umfeld

Die Beispiele in diesem Abschnitt verdeutlichen zum einen, dass das in Kapitel 4 herausgearbeitete (Geo)XACML v3.0-basierte Rechte- und Evaluationskontextmodell geeignet ist, um die in GDIs durchzusetzenden Autorisationssemantiken (vgl. 4.2.1) formal zu beschreiben. Zusätzlich demonstrieren die Codebeispiele, wie die Sprachmittel der XACML v3.0 und GeoXACML v3.0 Spezifikation verwendet werden können, um verschiedene Ressourcen einer GDI geeignet vor unautorisierten Zugriffen zu schützen. Zu betonen ist, dass in den Beispielen ausschließlich die Umsetzung einiger häufig benötigter oder besonders interessanter Autorisationssemantiken betrachtet wird, sie jedoch bei weitem nicht das Spektrum der definierbaren Rechte skizzieren.

Nach der Einführung eines fiktiven Beispielszenarios (vgl. 6.1.1) wird in Abschnitt 6.1.2 gezeigt, wie XACML v3.0 Regelwerksobjekte zu definieren sind, damit sie

6. Evaluierung

sich gezielt auf bestimmte Rechner, Dienste, Subjekte und Umgebungszustände beziehen. Anschließend wird in den Abschnitten 6.1.3 bis 6.1.6 betrachtet, wie (Geo)XACML v3.0-konforme Zugriffsrechte beschrieben werden können, durch die die möglichen Interaktionen mit WFS 1.1, WMS 1.3, SOS 1.0 und WPS 1.0 Diensten festgelegt werden.

Die Definition von Zugriffsrechten mit Bezug auf Metadaten, die z.B. über die GetCapabilities oder DescribeFeatureType Schnittstelle abgefragt werden können, wird in den nachfolgenden Abschnitten nicht betrachtet. Die Beschreibung dieser Rechte beinhaltet aus konzeptueller Perspektive keine neuen Probleme, sodass sich das in Kapitel 4 entwickelte Konzept ebenso zur Definition von Zugriffsrechten mit Bezug auf Metadaten bzw. Metadatenanfragen eignet. Der Verzicht auf Beispiele zu Zugriffsrechten mit Bezug auf Metadaten soll aber keinesfalls darüber hinwegtäuschen, dass Zugriffsrechte dieser Art von zentraler Bedeutung sind und beim Aufbau eines Regelwerkes unbedingt zu berücksichtigen sind. In vielen Anwendungsfällen müssen beispielsweise zusätzlich zur Definition von Zugriffsrechten mit Bezug auf einzelne Featureklassen auch solche mit Bezug auf entsprechende Metadaten bzw. Metadatenanfragen festgelegt werden, damit bestimmten Subjekten die Existenz sensibler Featureklassen gänzlich verborgen bleibt.

6.1.1. Das Beispielszenario

Abbildung 6.1 zeigt die Architektur einer kleinen GDI, in der zwei WFS-T 1.1 Instanzen, ein WMS 1.3, ein WPS 1.0 und ein SOS 1.0 existieren. Die Auswahl dieser Dienstklassen für das Beispielszenario ist darin begründet, dass ihre Instanzen zu den populärsten GDI-Diensten zählen und zahlreiche, aus konzeptueller Perspektive interessante Fälle abdecken.

6.1. Nutzung von (Geo)XACML v3.0 im GDI Umfeld

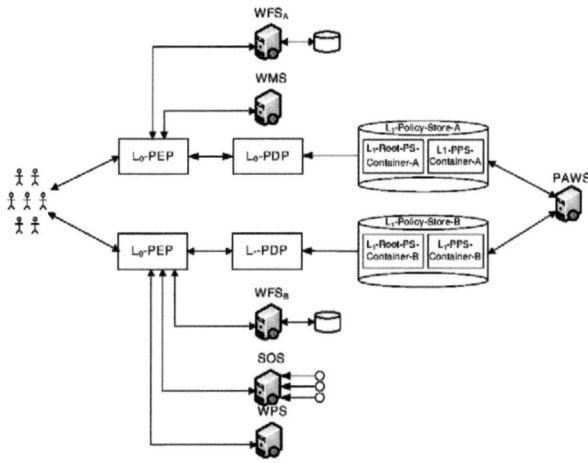

Abbildung 6.1.: Architektur der GDI des Beispielszenarios inklusive Zugriffskontrollsystem

Das in die GDI integrierte Zugriffskontrollsystem besteht aus zwei PEP Komponenten, in denen jeweils ein XACML Context Handler, ein PIP und ein XACML Obligation Handler enthalten ist. Das Verhalten der integrierten Context Handler ist über die Conformance Klassen des XACML v3.0 OWS Profils und der entsprechenden Extension Dokumente festgelegt. Die Konfiguration der Context Handler in Abhängigkeit des abgefangenen Nachrichtentyps und Dienstes ist in Tabelle B.1 in Anhang B dargestellt. Vereinfachend wird angenommen, dass ein Context Handler zu abgefangenen Nachrichten multiple Zugriffsentscheidungsanfragen erzeugt, die sich auf alle Elementknoten der Repräsentation der Nachrichten in der Zugriffsentscheidungsanfragen beziehen. Das &multiple:content-selector; XACML Attribut dieser multiplen Zugriffsentscheidungsanfrage hat folglich den Wert "//*".

271

6. Evaluierung

6.1.2. Zugriffsrechte mit Bezug auf bestimmte Rechner, Dienste, Subjekte und Umgebungszustände

In diesem Abschnitt wird anhand zahlreicher Beispiele demonstriert, wie mit den Sprachmitteln der (Geo)XACML v3.0 Spezifikationen Zugriffsrechte mit Bezug auf bestimmte Rechner, Dienste, Subjekte und Umgebungszustände definiert werden können. Zur Verkürzung der Codebeispiele werden in den Listings ausschließlich die relevanten Ausschnitte der XACML v3.0 Regelwerkobjekte abgebildet. In Anhang C findet sich eine XACML v3.0 Zugriffsentscheidungsanfrage, die sämtliche in diesem Abschnitt definierten Bedingungsausdrücke erfüllt.

6.1.2.1. Zugriffsrechte mit Bezug auf bestimmte Rechner

Davon ausgehend, dass einige Informationen zu den Eigenschaften der Rechner, mit denen Subjekte interagieren möchten, unterhalb der Kategorie &recipient-subject; der XACML v3.0 Zugriffsentscheidungsanfragen beschrieben sind, lassen sich Zugriffsrechte mit Bezug auf Rechner mit bestimmten Eigenschaften definieren (vgl. Anforderung A1.1 und A3.1 in Abschnitt 4.2.4).

Listing 6.1 zeigt ein XACML v3.0-kodiertes Bedingungsfragment, durch das geprüft wird, ob die IP-Adresse des Rechners, mit dem ein Subjekt interagieren möchte, gleich dem Wert "123.123.123.123" ist (vgl. Anforderung A1.1 in Abschnitt 4.2.4).

```
1 <Match MatchId="&string-equal;">
2   <AttributeValue
      DataType="&string;">123.123.123.123</AttributeValue>
3   <AttributeDesignator Category="&recipient-subject;"
      AttributeId="&ip-adress;" DataType="&string;"
      MustBePresent="true"/>
4 </Match>
```

Listing 6.1: Bedingungsfragment mit Bezug auf einen Rechner mit einer bestimmten IP-Adresse

Durch das in Listing 6.2 dargestellte XACML v3.0-kodierte Bedingungsfragment wird geprüft, ob auf den Rechnern, mit denen Subjekte interagieren möchten,

6.1. Nutzung von (Geo)XACML v3.0 im GDI Umfeld

Windows Betriebssysteme laufen und ob die Rechner weniger[1] als ein Gigabyte Arbeitsspeicher besitzen (vgl. Anforderung A3.1 in Abschnitt 4.2.4).

```
<AllOf>
  <Match MatchId="&string-equal;">
    <AttributeValue DataType="&string;">windows</AttributeValue>
    <AttributeDesignator Category="&recipient-subject;"
      AttributeId="&os-recipient-host;" DataType="&string;"
      MustBePresent="false"/>
  </Match>
  <Match MatchId="&integer-greater-than;">
    <AttributeValue
      DataType="&integer;">1.000.000.000</AttributeValue>
    <AttributeDesignator Category="&recipient-subject;"
      AttributeId="&mem-recipient-host;" DataType="&integer;"
      MustBePresent="false"/>
  </Match>
</AllOf>
```

Listing 6.2: Bedingungsfragment mit Bezug auf Rechner mit bestimmter Hardware- und Software-Ausstattung

6.1.2.2. Zugriffsrechte mit Bezug auf bestimmte Dienste

In Abschnitt 6.1.1 wurde festgelegt, dass im Beispielszenario nur XACML v3.0 Context Handler verwendet werden, die u.a. konform zur Core Requirement Klasse &xop;/RC/1.1 des XACML v3.0 OWS Profils v1.0 implementiert sind. Folglich sind in jeder XACML Zugriffsentscheidungsanfrage das &service-url; und das &service-type; XACML Attribut unterhalb der Kategorie &recipient-subject; enthalten.

Listing 6.3 zeigt ein Bedingungsfragment, durch das geprüft wird, ob das anfragende Subjekt mit einer bestimmten WFS Instanz kommunizieren möchte (vgl. Anforderung A1.2 bzw. A3.2 in Abschnitt 4.2.4).

---

[1] Dies muss über die integer-greater-than Funktion und Umkehrung der Operanden erfolgen, da Match Funktionen in <Target> Elementen stets zuerst Literale Operanden erwarten.

6. Evaluierung

```
1 <Match MatchId="&string-equal;">
2   <AttributeValue
    DataType="&string;">http://domainA.com/wfs</AttributeValue>
3   <AttributeDesignator Category="&recipient-subject;"
    AttributeId="&service-url;" DataType="&string;"
    MustBePresent="false"/>
4 </Match>
```

Listing 6.3: Bedingungsfragment mit Bezug auf eine bestimmte WFS Instanz

Durch das in Listing 6.4 visualisierte Bedingungsfragment wird verifiziert, dass der Dienst, mit dem ein Subjekt interagieren möchte, eine Instanz der WFS 1.1 Dienstklasse ist (vgl. Anforderung A2.1 bzw. A3.2 in Abschnitt 4.2.4).

```
1 <Match MatchId="&string-equal;">
2   <AttributeValue DataType="&string;">&WFS-1.1;</AttributeValue>
3   <AttributeDesignator Category="&recipient-subject;"
    AttributeId="&service-type;" DataType="&string;"
    MustBePresent="false"/>
4 </Match>
```

Listing 6.4: Bedingungsfragment mit Bezug auf Dienstinstanzen einer bestimmten Klasse

6.1.2.3. Zugriffsrechte mit Bezug auf bestimmte Subjekte

In den &access-subject; Kategorien von XACML v3.0 Zugriffsentscheidungsanfragen können die an einer Interaktion beteiligten Subjekte über XACML Attribute und/oder über komplexe XML Dokumente unterhalb von <Content> Elementen beschrieben werden. In den nachfolgenden Beispielen wird angenommen, dass die Daten zu den anfragenden Subjekten stets über XACML Attribute in den XACML Zugriffsentscheidungsanfragen definiert sind. Gemäß den Vorgaben des XACML v3.0 RBAC Profils werden die von einem Subjekt aktivierten Rollen über &role; XACML Attribute in der XACML Zugriffsentscheidungsanfrage dargestellt. Darüber hinaus wird in den nachfolgenden Beispielen davon ausgegangen, dass unterhalb der &access-subject; Kategorie der Zugriffsentscheidungsanfragen jeweils ein &citizenship; und ein &current-location; XACML Attribut enthalten

6.1. Nutzung von (Geo)XACML v3.0 im GDI Umfeld

ist.

In Listing 6.5 ist ein Bedingungsfragment abgebildet, durch das geprüft wird, ob das in einer Zugriffentscheidungsanfrage beschriebene Subjekt u.a. eine E_0-Rolle mit dem Bezeichner "&citizen;" aktiviert hat.

```
1 <Match MatchId="&string-equal;">
2   <AttributeValue DataType="&string;">&citizen;</AttributeValue>
3   <AttributeDesignator Category="&access-subject;"
      AttributeId="&role;" DataType="&string;"
      MustBePresent="false"/>
4 </Match>
```

Listing 6.5: Bedingungsfragment mit Bezug auf Subjekte mit einer bestimmten aktivierten Rolle

Durch das in Listing 6.6 dargestellte Bedingungsfragment wird überprüft, ob das in der Zugriffentscheidungsanfrage beschriebene Subjekt die deutsche Staatsbürgerschaft besitzt und sich aktuell in Deutschland aufhält.

```
1  <AllOf>
2    <Match MatchId="&string-equal;">
3      <AttributeValue DataType="&string;">german</AttributeValue>
4      <AttributeDesignator Category="&access-subject;"
        AttributeId="&citizenship;" DataType="&string;"
        MustBePresent="false"/>
5    </Match>
6    <Match MatchId="&contains;">
7      <AttributeValue DataType="&geometry;">
8        <gml:Polygon ...><!-- area of Germany -->...</gml:Polygon>
9      </AttributeValue>
10     <AttributeDesignator Category="&access-subject;"
        AttributeId="&current-location;" DataType="&geometry;"
        MustBePresent="false"/>
11   </Match>
12 </AllOf>
```

Listing 6.6: Bedingungsfragment mit Bezug auf bestimmte Subjekte

6. Evaluierung

6.1.2.4. Zugriffsrechte mit Bezug auf bestimmte Umgebungszustände

In diesem Abschnitt wird davon ausgegangen, dass unterhalb des <Content> Elements der &environment; Kategorie einer XACML Zugriffsentscheidungsanfrage ein XML Dokument enthalten ist, das die aktuell vorliegenden und vergangenen Katastrophenereignisse beschreibt. Zudem beinhaltet das <Attributes> Element der &environment; Kategorie ein XACML Attribut, das die aktuelle Zeit und das aktuelle Datum angibt.

Listing 6.7 zeigt, wie die Definition eines solchen Umgebungszustands in einer XACML v3.0 Zugriffsentscheidungsanfrage aussehen könnte.

```
<Attributes Category="&environment;">
  <Content>
    <EnvironmentState>
      <disasters>
        <disaster>
          <type>fire</type>
          <startTime>2011-02-01T09:23</startTime>
          <endTime>2011-02-02 T11:16</endTime>
          <spatialExtend>
            <gml:Polygon ...>
              <!-- area affected by disaster -->...
            </gml:Polygon>
          </spatialExtend>
        </disaster>
        ...<!-- further ongoing or previous disaster events-->
      </disasters>
    </EnvironmentState>
  </Content>
  <Attribute AttributeId="&current-dateTime;"
      IncludeInResult="false">
    <AttributeValue
        DataType="&dateTime;">2011-02-04T12:28</AttributeValue>
  </Attribute>
</Attributes>
```

Listing 6.7: Beschreibung eines Umgebungszustands in einer XACML v3.0 Zugriffsentscheidungsanfrage

Um den Bezug auf Umgebungszustände herzustellen, in denen mindestens ein

6.1. Nutzung von (Geo)XACML v3.0 im GDI Umfeld

Katastrophenereignis beschrieben ist, dessen Eintrittsdatum weniger als fünf Tage zurückliegt, muss der in Listing 6.8 dargestellte Bedingungsausdruck definiert werden. Dieses Beispiel soll demonstrieren, wie zeit- und datumsabhängige Bezüge auf bestimmte Umgebungszustände XACML v3.0-konform hergestellt werden können. Dieser Bedingungsausdruck kann aufgrund der benötigten Schachtelung von XACML Funktionen nicht mehr unterhalb eines <Target> Elements, sondern nur unterhalb eines <Condition> Elements in einem XACML Regelwerkobjekt eingefügt werden.

```
<Condition>
  <Apply FunctionId="&any-of;">
    <Function FunctionId="&dateTime-greater-than;"/>
    <Apply FunctionId="&dateTime-subtract-dayTimeDuration;">
      <AttributeDesignator Category="&environment;"
          AttributeId="&current-dateTime;" DataType="&dateTime;"
          MustBePresent="false"/>
      <AttributeValue
          DataType="&dayTimeDuration;">P5D</AttributeValue>
    </Apply>
    <AttributeSelector Category="&environment;"
        Path="/EnvironmentState/disasters/disaster/startTime/
text()" DataType="&dateTime;" MustBePresent="false"/>
  </Apply>
</Condition>
```

Listing 6.8: Bedingungsfragment mit Bezug auf bestimmte Umgebungszustände

6.1.3. Zugriffsrechte mit Bezug auf WFS 1.1 Nachrichten

Dieser Abschnitt verdeutlicht, wie Zugriffsrechte mit Bezug auf WFS 1.1 Anfragen und Antworten formuliert werden können. Die Beschreibung der abgefangenen WFS-spezifischen Nachrichten in XACML Zugriffsentscheidungsanfragen erfolgt wie in B.1 in Anhang B festgelegt.

6. Evaluierung

6.1.3.1. Zugriffsrechte mit Bezug auf Transaction/Insert Anfragen

Das wichtigste Argument einer WFS Transaction/Insert Anfrage beschreibt das in die Datenbasis einzufügende Feature. Durch die Definition von Bedingungsausdrücken, die sich auf bestimmte Dateneinheiten dieser Argumente beziehen, kann sichergestellt werden, dass nur Features und Attribute mit bestimmten Eigenschaften in die Datenbasis eines WFS eingetragen werden können (vgl. Anforderung A3.4, A3.5 sowie A7 in Abschnitt 4.2.4).

Ausgehend von einer closed world Annahme sorgt die in Listing 6.9[2] abgebildete positive XACML v3.0 Regel dafür, dass durch die in Transaction Anfragen enthaltenen Insert Subanfragen nur Features in die Datenbasis eines WFS eingefügt werden können, die der Gebäude Featureklasse angehören und jeweils genau ein Location Attribut besitzen, dessen Wert eine Geometrie innerhalb Deutschlands beschreibt (s. Z. 9-12, 13-16 und 17-21).

Die Zeilen 3-8 garantieren, dass die Regel nur zur Anwendung kommt, wenn sich das &content-selector; XACML Attribut der &message; Kategorie der abgeleiteten individuellen Zugriffsentscheidungsanfragen auf den Kindknoten des /wfs:Transaction/wfs:Insert Elements bezieht. Diese Regel fordert daher, dass sich globale Zugriffsentscheidungsanfragen mindestens auf alle Kinder der /wfs:Transaction/wfs:Insert Elementknoten beziehen, was im Beispielszenario stets gegeben ist (vgl. S. 271).

```
1  <Rule RuleId="12345" Effect="Permit">
2    <Target><AnyOf><AllOf>
3    <Match MatchId="&xpath-node-equal;">
4      <AttributeValue DataType="&xpath;"
          XPathCategory="&message;"...>
5        /wfs:Transaction/wfs:Insert/*
6      </AttributeValue>
7      <AttributeDesignator AttributeId="&content-selector;"
          DataType="&xpath;" Category="&message;"
          MustBePresent="false"/>
8    </Match>
```

---

[2] Die abgebildete Regel kann deutlich kompakter definiert werden. Zur Verbesserung der Nachvollziehbarkeit des Beispiels wurde die geforderte Bedingung jedoch über mehrere <Match> Elemente umgesetzt.

6.1. Nutzung von (Geo)XACML v3.0 im GDI Umfeld

```
 9  <Match MatchId="&string-equal;">
10     <AttributeValue DataType="&string;">Building</AttributeValue>
11     <AttributeSelector Category="&message;" Path="name(.)"
          ContextSelectorId="&content-selector;"
          DataType="&string;" MustBePresent="false" />
12  </Match>
13  <Match MatchId="&integer-equal;">
14     <AttributeValue DataType="&string;">1</AttributeValue>
15     <AttributeSelector Category="&message;"
          Path="count(./Location)"
          ContextSelectorId="&content-selector;"
          DataType="&string;" MustBePresent="false" />
16  </Match>
17  <Match MatchId="&contains;">
18     <AttributeValue DataType="&geometry;">
19        <gml:Polygon ...><!-- area of Germany -->...</gml:Polygon>
20     </AttributeValue>
21     <AttributeSelector Category="&message;"
          Path="./Location/Polygon"
          ContextSelectorId="&content-selector;"
          DataType="&geometry;" ... />
22  </Match>
23  </AllOf></AnyOf></Target></Rule>
```

Listing 6.9: Überprüfung bestimmter Eigenschaften der einzufügenden Featureinstanzen

Neben der Festlegung von permit/deny Regeln mit Bezug auf Transaction/Insert Anfragen an einen WFS (vgl. Listing 6.9) lassen sich auch sinnvolle rewrite Regeln mit Bezug auf Transaction/Insert Anfragen definieren. Beispielsweise können in diesen rewrite Regeln Modifikationsanweisungen beschrieben werden, durch die einzelne /Transaction/Insert Elemente entfernt werden, wenn sie die sicherheitspolitischen Vorgaben nicht erfüllen. Darüber hinaus ist auch eine Modifikation einzelner /Transaction/Insert Elemente möglich, wenn dies in einem bestimmten Anwendungsfall benötigt wird. Zum Beispiel können durch Veränderung der Transaction/Insert Anfragen bestimmte Attribute der einzufügenden Features mit verpflichtenden default Werten belegt werden.

Sollen Transaction/Insert Anfragen an einen WFS im Zugriffskontrollsystem aus Sicherheitsgründen modifiziert werden, ist festzulegen, ob die Subjekte über die ggf. notwendigen Modifikationen ihrer Anfragen informiert werden sollen.

6. Evaluierung

Durch die Definition von positiven rewrite Regeln kann erreicht werden, dass im PEP – nach dem Zugriffskontrollprozess – sowohl eine positive Autorisationsentscheidung als auch eine umgeschriebene Version der ursprünglich abgefangenen Nachricht vorliegt. Ist dies der Fall, wird der PEP die modifizierte Nachricht direkt an den WFS weiterleiten (s. [Her11a, Abschnitt 6.12]). Wenn bei der Modifikation z.B. einige /wfs:Transaction/wfs:Insert Elemente gelöscht wurden, wird nur ein Teil der Features, die das Subjekt hinzufügen wollte, tatsächlich in die Datenbasis eines WFS eingetragen. Die <InsertResults> Elemente der vom WFS zurückgegebenen <TransactionResponse> Elemente teilen den Subjekten mit, welche Transaction/Insert Aufrufe erfolgreich waren.

Ein eventueller Nachteil dieser verdeckten und nicht rückgekoppelten Modifikation der Transaction/Insert Anfragen besteht darin, dass die Nutzer die <TransactionResponse> Elemente genau analysieren müssen, um zu erfahren, welche Einfüge-Aktionen erfolgreich waren. Ungünstig kann außerdem sein, dass die anfragenden Subjekte nicht explizit über die im Zugriffskontrollsystem möglicherweise stattfindenden inhaltlichen Modifikationen an den einzufügenden Featureinstanzen informiert werden.

Alternativ zur verdeckten Modifikation von Transaction/Insert Anfragen, die durch positive rewrite Regeln realisiert wird, kann ein Subjekt explizit über die notwendige Veränderung seiner abgesendeten Transaction/Insert Anfrage informiert werden. Hierzu werden negative rewrite Regeln mit Bezug auf Transaction/Insert Anfragen definiert, die dafür sorgen, dass abgefangene Transaction/Insert Anfragen gemäß den sicherheitspolitischen Vorgaben verändert werden. Erhält der PEP eine negative Zugriffsentscheidung, die von einer modifizierten Transaction/Insert Anfrage begleitet wird, generiert er eine Fehlermeldung in Form einer OWS ExceptionReport Nachricht, die er an das Subjekt sendet. In diesem Fall wird der PEP unterhalb des <ows:ExceptionReport> Elements neben der Information zur negativen Zugriffsentscheidung auch die modifizierte Nachricht einfügen (vgl. [Her11a, Abschnitt 6.12]). Das anfragende Subjekt wird folglich nicht nur darüber in Kenntnis gesetzt, dass seine beabsichtigte Anfrage nicht autorisiert war, sondern bekommt zusätzlich einen Vorschlag unterbreitet, wie seine ursprüngliche Anfrage abgewandelt werden muss, damit sie im Einklang mit den Vorgaben des Regelwerks ist. Das Subjekt kann nach Erhalt einer solchen OWS ExceptionReport Nachricht entscheiden, ob es die enthaltene modifizierte

6.1. Nutzung von (Geo)XACML v3.0 im GDI Umfeld

Nachricht tatsächlich an den WFS senden möchte, ob es seine ursprüngliche Anfrage selbst neu formulieren will oder ob es ganz auf die Interaktion verzichten möchte.

Angemerkt sei an dieser Stelle, dass ein geschickt definiertes Regelwerk spezielle Zugriffsregeln beinhalten sollte, die bei Eingang einer vom Zugriffskontrollsystem berechneten modifizierten Anfrage verhindern, dass die übrigen im Regelwerk definierten Rechte erneut überprüft werden. Dies kann beispielsweise wie folgt realisiert werden:

Zunächst muss der Context Handler über eine rewrite Obligation beauftragt werden, einen XML Kommentarknoten in die modifizierte WFS Anfrage einzufügen, der eine digitale Signatur der modifizierten WFS Nachricht beschreibt. Zudem müssen die vom Context Handler in den letzten Minuten generierten digitalen Signaturen bei Bedarf (d.h. über den XACML missing-attribute Mechanismus) in Form von &digital-signature; XACML Attributen in die &environment; Kategorie der Zugriffsentscheidungsanfragen integriert werden können.

Ausgehenden von diesen vorbereitenden und durch das Regelwerk gesteuerten Abläufen im Zugriffskontrollsystem kann in speziellen Zugriffsregeln einfach geprüft werden, ob eine abgefangene Nachricht bereits im Zugriffskontrollsystem überprüft und modifiziert wurde und somit bereits sicher autorisiert ist. Listing 6.10 zeigt, wie eine derartige Regel beispielsweise definiert werden könnte.

```
1  <Rule RuleId="abcdefg" Effect="Permit">
2    <Target/><Condition>
3      <Apply FunctionId="&any-of-any;">
4        <Function FunctionId="&string-equal;"/>
5        <AttributeSelector Category="&message;" Path="/comment()"
           DataType="&string;" MustBePresent="false" />
6        <AttributeDesignator Category="&environment;"
           AttributeId="&digital-signature;" DataType="&string;"
           MustBePresent="false"/>
7      </Apply></Condition></Rule>
```

Listing 6.10: Überprüfung des &digital-signature; XACML Attributs

281

6. Evaluierung

6.1.3.2. Zugriffsrechte mit Bezug auf GetFeature Anfragen

Überprüfung & Modifikation von typeName XML Attributen in GetFeature Anfragen

Die typeName XML Attribute der <Query> Elemente einer GetFeature Anfrage beschreiben die Featureklassen der lesend angefragten Featureinstanzen. Ist ein /GetFeature/Query/@typeName XML Attribut eine kommaseparierte Liste, dann beschreibt das zugehörige <Query> Element eine Join-Anfrage (vgl. 2.3.3.3, S. 47). Durch Bedingungsausdrücke, in denen geprüft wird, ob eine bestimmte Featureklasse im typeName XML Attribut aufgelistet ist, wird der Lesezugriff auf Instanzen dieser Klasse geregelt (z.B. string-contains("Building", "/GetFeature/Query/@typeName"). Die XACML v3.0-konforme Definition eines Zugriffsrechts mit Bezug auf eine bestimmte Featureklasse wird in den Zeilen 7-10 des Listings 6.11 demonstriert.

In Abhängigkeit des Werts eines typeName XML Attributs kann gewünscht sein, dass das entsprechende <Query> Element aus der Anfrage gelöscht wird. Dies kann problemlos durch eine geeignet definierte rewrite Regel realisiert werden. Durch den Bedingungsausdruck einer solchen rewrite Regel wird geprüft, ob die vorliegenden <Query> Elemente typeName XML Attribute mit bestimmten Eigenschaften besitzen. Zudem muss das im <ObligationExpression> Element dieser rewrite Regel festgelegte XSLT Stylesheet dafür sorgen, dass <Query> Elementknoten, die diese Eigenschaften besitzen, nicht in die modifizierte Version der GetFeature Anfrage kopiert werden.

Neben rewrite Regeln, die in Abhängigkeit des typeName XML Attributs bestimmte <Query> Elemente entfernen, kann zudem die Definition von rewrite Regeln gefordert sein, durch die die Werte der typeName XML Attribute modifiziert werden. Wenn über eine rewrite Regel eine oder mehrere Featureklasse(n) aus den typeName XML Attributen gelöscht werden soll(en), müssen über das XSLT Stylesheet dieser Regel auch die <Filter> Elemente der entsprechenden <Query> Elemente geeignet modifiziert werden. In den umgeschriebenen Selektionsprädikaten dürfen keine Variablen mehr existieren, die sich auf die Attribute der entfernten Featureklassen beziehen.

6.1. Nutzung von (Geo)XACML v3.0 im GDI Umfeld

Überprüfung & Modifikation von <PropertyName> Elementen in GetFeature Anfragen

Indem in XACML Regelwerkobjekten Bezüge auf die Daten der Projektionsausdrücke abgefangener GetFeature Anfragen hergestellt werden, kann der Lesezugriff auf Attribute bestimmter Attributklassen gezielt reguliert werden. Listing 6.11 zeigt, wie ein negatives Zugriffsrecht mit Bezug auf eine bestimmte optionale Attributklasse mit den Sprachmitteln der XACML v3.0 Spezifikation beschrieben werden kann. Durch die Zeilen 3-6 wird der Bezug auf /wfs:GetFeature/wfs:Query Elemente hergestellt, durch die Zeilen 7-10 wird die Bedingung beschieben, dass sich die durch das <Query> Element beschriebene Lese-Anfrage auf Instanzen der Gebäude-Featureklasse beziehen muss und über das <Match> Element in den Zeilen 11-14 wird analysiert, ob Attribute der optionalen Preis-Attributklasse angefragt werden.

```
1  <Rule RuleId="abcdefg" Effect="Deny">
2    <Target>
3      <AnyOf>
4        <AllOf>
5          <Match MatchId="&xpath-node-equal;">
6            <AttributeValue DataType="&xpath;"
                 XPathCategory="&message;">
                 /wfs:GetFeature/wfs:Query</AttributeValue>
7            <AttributeDesignator AttributeId="&content-selector;"
                 DataType="&xpath;" Category="&message;"
                 MustBePresent="false"/>
8          </Match>
9          <Match MatchId="&string-equal;">
10           <AttributeValue
                 DataType="&string;">Building</AttributeValue>
11           <AttributeSelector Category="&message;" Path="./@typeName"
                 ContextSelectorId="&content-selector;"
                 DataType="&string;" MustBePresent="false" />
12         </Match>
13         <Match MatchId="&string-equal;">
14           <AttributeValue DataType="&string;">Price</AttributeValue>
15           <AttributeSelector Category="&message;"
                 Path="PropertyName/text()"
                 ContextSelectorId="&content-selector;"
                 DataType="&string;" MustBePresent="false" />
```

6. Evaluierung

```
16      </Match>
17     </AllOf>
18    </AnyOf>
19   </Target>
20  </Rule>
```

Listing 6.11: Beschränkung des Zugriffs auf Preis-Attribute von Gebäude-Featureinstanzen

In Abschnitt 4.4.7 wurde bereits angesprochen, dass die Definition von Zugriffsrechten mit Bezug auf die Daten von Projektionsausdrücken erfordert, dass die abgefangenen Projektionsausdrücke "normalisiert" werden, bevor sie in die XACML Zugriffsentscheidungsanfragen eingefügt werden. Die in der WFS:1.1 Extension des XACML v3.0 OWS Profils definierten Normalisierungsvorschriften sorgen dafür, dass alle angefragten Attributklassen stets explizit aus der im XACML Evaluationskontext enthaltenen Anfrage hervorgehen. Ein Context Handler, der konform zu diesen Vorgaben handelt, sorgt dafür, dass nicht angegebene Attributklassen, die jedoch laut Schema der entsprechenden Featureklasse verpflichtend sind, über entsprechende <PropertyName> Elemente in der Anfrage ausdrücklich erwähnt werden. Existiert kein <PropertyName> Element oder ist der Wert seines Textknotens gleich "*", dann werden alle aktuell in der Featureklasse definierten Attributklassen explizit angefragt. Diese Expandierungen entsprechen dem Verhalten des WFS bei der Verarbeitung von GetFeature Anfragen und begünstigen eine einfache und sichere Definition von Zugriffsrechten mit Bezug auf Projektionsausdrücke in WFS Anfragen.

Anhand von permit/deny Regeln mit Bezug auf <PropertyName> Elemente wird gesteuert, welche Attributklassen von den Subjekten abgefragt werden können. Zu beachten ist, dass über Zugriffsregeln mit Bezug auf die Projektionsausdrücke der GetFeature Anfragen ausschließlich der Zugriff auf Attribute optionaler Attributklassen selektiv reguliert werden kann. Es ist nicht sinnvoll, den Zugriff auf einzelne verpflichtende (engl. mandatory) Attributklassen zu verbieten und gleichzeitig den Zugriff auf andere verpflichtende Attributklassen zu erlauben. Jede Antwort auf eine GetFeature Anfrage wird zu den selektierten Featureinstanzen stets mindestens alle verpflichtenden Attribute enthalten. Zugriffsregeln mit Bezug auf die <PropertyName> Elemente sollten daher den Zugriff auf alle Attribute verpflichtender Attributklassen einer Featureklasse entweder komplett erlauben oder

6.1. Nutzung von (Geo)XACML v3.0 im GDI Umfeld

verbieten. Folglich entspricht ein Zugriffsverbot auf die verpflichtenden Attributklassen einer Featureklasse der vollständigen Beschränkung des Zugriffs auf diese Featureklasse.

Durch rewrite Regeln mit Bezug auf <PropertyName> Elemente von GetFeature Anfragen können zum einen <Query> Elemente in Abhängigkeit der Werte der darunterliegenden <PropertyName> Elemente gelöscht werden. Zum anderen können <PropertyName> Elemente entfernt werden, die optionale Attributklassen adressieren. Dieses Vorgehen impliziert, dass die resultierenden Antworten keine Attribute der Attributklassen enthalten, die durch die eliminierten <PropertyName> Elemente angesprochen wurden. Das Löschen von <PropertyName> Elementen, die sich auf Attributklassen beziehen, die im Schema der Featureklasse als verpflichtend gekennzeichnet sind, ist nicht zielführend, da der WFS die Antwort automatisch um die Instanzen der verpflichtenden Attributklassen ergänzt.

Um den Zugriff auf einzelne Attribute verpflichtender Attributklassen einzuschränken, müssen sich die rewrite Regeln auf die Antwortnachrichten des WFS beziehen und aus diesen die entsprechenden Dateneinheiten löschen. Bei der Definition von Bedingungsausdrücken und Modifikationsanweisungen mit Bezug auf Antwortdaten ist darauf zu achten, dass die modifizierten Antworten weiterhin konform zum Schema der Featureklassen und des WFS bleiben. Zudem ist zu berücksichtigen, dass sich die Bedingungsausdrücke (ohne weitere Maßnahmen) nur auf die sicher in den Antworten enthaltenen Attribute beziehen dürfen – d.h. auf die Instanzen der verpflichtenden Attributklassen.

Sollen Rechte umgesetzt werden, die sich auf nicht sicher in den Antworten enthaltene Daten beziehen, dann kann durch ergänzende anfragebasierte rewrite Regeln erreicht werden, dass die resultierenden Antworten auch eigentlich optionale Attribute sicher enthalten. Bei dieser Verfahrensweise muss über die Modifikationsanweisungen in den antwortbasierten Regeln dafür gesorgt werden, dass der für die Realisierung bestimmter Rechte zusätzlich eingeblendete Datenanteil wieder eliminiert wird.

Alternativ ist folgende Vorgehensweise in vielen Fällen geeigneter, um sicherzustellen, dass alle zur Evaluation der antwortbasierten Rechte benötigten Daten vorhanden sind: Der Context Handler wird über spezielle sog. extend-adr XACML Obligations bei Bedarf damit beauftragt, zusätzlich benötigte Daten über den PIP

6. Evaluierung

einzuholen und den Evaluationskontext um diese zu erweitern (Details s. 6.1.3.3).

Überprüfung & Modifikation von <Filter> Elementen in GetFeature Anfragen

In Kapitel 4 wurde herausgearbeitet, dass durch die Erweiterung von Selektionsausdrücken der Bezug eines Zugriffsrechts auf Features mit bestimmten Eigenschaften hergestellt werden kann. Listing 4.14 in Abschnitt 4.4.6.3 zeigte bereits, wie <Filter> Elemente von GetFeature Anfragen mit den neuen Sprachmitteln der XACML v3.0 Spezifikation und unter Einhaltung der Vorgaben des XACML v3.0 OWS Profils erweitert werden können.

Das Beispiel aus Abschnitt 4.4.6.3 wird nachfolgend etwas modifiziert, um zu verdeutlichen, wie über rewrite Regeln bestimmte Knoten aus einer Nachricht gelöscht werden können (vgl. Listing 6.12) und wie auf Daten beliebiger Kategorien der Zugriffsentscheidungsanfragen im XSLT Stylesheet Bezug genommen werden kann, ohne explizit Argumente an das XSLT Stylesheet zu übergeben (vgl. Listing 6.13).

Um zu demonstrieren, wie Dateneinheiten einer abgefangenen Nachricht gelöscht werden können, wird das in Listing 4.14 abgebildete <xsl:choose> Element (vgl. Z. 40-50) durch das in Listing 6.12 gezeigte <xsl:choose> Element ersetzt. Durch diesen Austausch werden aus den abgefangenen GetFeature Anfragen diejenigen <Query> Elemente entfernt, die alle Versionen der angefragten Gebäudefeatures selektieren (d.h. featureVersion = "ALL"). Das in der rewrite Regel definierte XSLT Stylesheet erreicht folglich, dass die <Query> Elemente mit Bezug auf die Gebäude-Featureklasse aus der GetFeature Anfrage gelöscht werden, wenn ihr featureVersion XML Attribut den Wert "ALL" hat.

```
1  <xsl:choose>
2      <xsl:when
       test="self::node()=$&init-select-node-argument;:xslt-arg-1
       and ./@featureVersion='ALL' ">
3       <!-- do nothing -> i.e. these <Query> elements will be
           deleted -->
4      </xsl:when>
5      <xsl:when
       test="self::node()=$&init-select-node-argument;:xslt-arg-1
       and not(./@featureVersion='ALL' ">
```

6.1. Nutzung von (Geo)XACML v3.0 im GDI Umfeld

```
 6      <xsl:call-template name="modify-query"/>
 7    </xsl:when>
 8    <xsl:otherwise>
 9      <xsl:copy>
10        <xsl:apply-templates select="node()|@*"/>
11      </xsl:copy>
12    </xsl:otherwise>
13  </xsl:choose>
```

Listing 6.12: Fragment eines <xsl:Template> Elements

Eine weitere Änderung der rewrite Regel aus Abschnitt 4.4.6.3 hat zum Ziel, das Prädikat zu modifizieren, um das die Selektionsprädikate abgefangener GetFeature Anfragen u.U. erweitert werden sollen. Statt der Zeilen 28-38 in Listing 4.14 wird nun das in Listing 6.13 definierte Selektionsprädikatfragment per Konjunktion in die /GetFeature/Query/Filter Elemente mit Bezug auf die Gebäude-Featureklasse integriert. Dieses Prädikat sorgt dafür, dass ein Subjekt ausschließlich Gebäudefeatures selektieren kann, die es besitzt. Hervorzuheben ist, dass direkt auf das &subject-id; XACML Attribut der &access-subject; Kategorie der globalen Zugriffsentscheidungsanfrage zugegriffen wird. Alternativ hätte das &subject-id; Attribut per Argument an das XSLT Stylesheet übergeben werden können (vgl. 4.4.6.3).

```
1 <ogc:PropertyIsEqualTo>
2   <ogc:PropertyName>Owner</ogc:PropertyName>
3   <ogc:PropertyName>
4     <xsl:copy-of select
        ="/Request/Attributes[Category="&access-subject;"]/Attri-
5 bute [AttributeId="&subject-id;"]/text()"/>
6   </ogc:PropertyName>
7 </ogc:PropertyIsEqualTo>
```

Listing 6.13: Bedingungsausdruck, der in <Filter> Elemente bestimmter GetFeature Anfragen integriert wird

Bei WFS GetFeature Anfragen bezieht sich der Selektionsausdruck stets auf die Features. Eine Erweiterung der <Filter> Elemente per Konjunktion hat daher ausschließlich den Effekt, den Zugriff auf Features mit bestimmten Eigenschaften einzuschränken. Diese Eigenschaft der WFS GetFeature Anfragen hat zur Folge,

287

6. Evaluierung

dass anfragebasiert keine Zugriffsrechte mit Bezug auf einzelne Attribute mit bestimmten Eigenschaften durchgesetzt werden können. Soll beispielsweise ein Recht realisiert werden, dass einem Subjekt Alice nur dann Lesezugriff auf die optionale Preis-Eigenschaft von Gebäuden mittels GetFeature Anfragen erlaubt, wenn der Preis kleiner als eine Million ist, dann lässt sich dies nicht durch Modifikation der WFS GetFeature Anfrage erreichen.

Der Ausdruck integer-less-than("Building/Price", "1,000,000") sollte nicht per Konjunktion an den Selektionsausdruck der Anfragen angehängt werden, da dadurch ein zu restriktives Recht durchgesetzt wird. Anstatt dass Alice nur das Preis-Attribut der Gebäude mit einem Wert von über einer Million nicht sehen darf, kann sie überhaupt keine Daten mehr zu diesen Gebäuden abfragen. Das Löschen des <PropertyName> Elements, das das optionale Preis-Attribut selektiert, ist ebenfalls zu restriktiv, da dadurch die Preis-Eigenschaft aller Gebäude nicht mehr sichtbar ist.

Rechte dieser Art können anfragebasiert nicht geeignet per rewrite Regeln realisiert werden, da in GetFeature Anfragen keine Projektionsausdrücke mit Bezug auf die angefragten Attributklassen definiert werden können. Müssten diese Rechte nicht für einen WFS, sondern beispielsweise für ein SQL-basiertes DBMS definiert werden, könnten sie durch Erweiterung der SQL select Anfragen um case Konstrukte im Projektionsteil durchgesetzt werden (z.B. SELECT ..., (case when Price < 1,000,000 then Price) FROM Building). Um Rechte dieser Art für WFS Instanzen dennoch umsetzen zu können, müssen antwortbasierte Rechte definiert werden. Hierbei sind die bereits erwähnten Besonderheiten der Definition antwortbasierter Rechte zu berücksichtigen (s. S. 285). Zur Realisierung der im Beispiel geforderten Autorisierungssemantik muss im Bedingungsausdruck der Regel geprüft werden, ob Preis-Attribute von Gebäuden in der Antwort enthalten sind und ob deren Wert größer als "1,000,000" ist (vgl. Listing 6.14).

```
1  <Rule RuleId="abcdefg" Effect="Deny">
2    <Target><AnyOf><AllOf>
3      <Match MatchId="&xpath-node-equal;">
4        <AttributeValue DataType="&xpath;"
           XPathCategory="&message;">
5          /wfs:FeatureCollection/FeatureMember/Building/Price
6        </AttributeValue>
```

6.1. Nutzung von (Geo)XACML v3.0 im GDI Umfeld

```
 7      <AttributeDesignator AttributeId="&content-selector;"
          DataType="&xpath;" Category="&message;"
          MustBePresent="false"/>
 8      </Match>
 9      <Match MatchId="&integer-less-than;">
10        <AttributeValue
            DataType="&integer;">1,000,000</AttributeValue>
11        <AttributeSelector Category="&message;" ... Path="./text()"
            ContextSelectorId="&content-selector;"
            DataType="&integer;"/>
12      </Match></AllOf></AnyOf></Target>
13    </Rule>
```

Listing 6.14: Antwortbasierte Regel mit Bezug auf Preis-Attribute mit bestimmten Eigenschaften

Wird das in Listing 6.14 abgebildete <Target> Element in einer geeignet definierten positiven rewrite Regel verwendet, erhalten anfragende Subjekte modifizierte Antworten, in denen die <Price> Elementknoten der angefragten Gebäudefeatures (oder nur die Textknoten der <Price> Elementknoten) entfernt wurden, wenn ihr Wert größer als eine Million ist. Angemerkt sei, dass die beschriebene antwortbasierte Regel bei fehlenden Preis-Attributen der angefragten Gebäude in den WFS Antworten nicht zur Anwendung kommt und auch nicht kommen muss, um die gewünschte Zugriffsbeschränkung durchzusetzen.

Verdeckte oder transparente Modifikation von GetFeature Anfragen

Durch rewrite Regeln mit Bezug auf GetFeature Anfragen können die von den Subjekten ursprünglich abgesendeten GetFeature Anfragen beliebig verändert werden. In vielen Anwendungsfällen ist gewünscht, dass die Subjekte bei Anwendung dieser rewrite Regeln von den notwendigen Modifikationen ihrer GetFeature Anfragen informiert werden, bevor diese an den WFS weitergeleitet werden. Um dies zu erreichen, müssen die rewrite Regeln mit negativem Vorzeichen definiert werden. Dadurch erhalten Subjekte neben negativen Zugriffsentscheidungen auch modifizierte Anfragen (vgl. S. 280f), die als Vorschläge zu interpretieren sind, wie die ursprünglich abgesendeten, unautorisierten Anfragen in vollständig autorisierte umgeschrieben werden könnten.

6. Evaluierung

6.1.3.3. Zugriffsrechte mit Bezug auf Transaction/Delete Anfragen

Überprüfung von featureType XML Attributen in Transaction/Delete Anfragen

Über das featureType XML Attribut einer WFS Transaction/Delete Anfrage wird spezifiziert, zu welcher Klasse die zu löschenden Features gehören. Durch Bedingungsausdrücke in permit/deny Regeln, die bestimmte Eigenschaften dieser featureType XML Attribute überprüfen, kann somit gesteuert werden, auf welche Featureklassen sich Lösch-Anfragen an einen WFS beziehen können (z.B. stringequal("Building", "/Transaction/Delete/@typeName")).

Neben permit/deny Regeln können auch rewrite Regeln mit Bezug auf featureType XML Attribute der delete Anfragen festgelegt werden. Beispielsweise kann gewünscht sein, die <Delete> Elemente einer Transaction Anfrage an einen WFS zu entfernen, wenn sie sich auf die Gebäude-Featureklasse beziehen.

Überprüfung & Modifikation von <Filter> Elementen in Transaction/Delete Anfragen

Über das /Transaction/Delete/Filter Element können die Features spezifiziert werden, die von einer Lösch-Anfrage an einen WFS betroffen sein sollen. Entsprechend dem Vorgehen bei der Modifikation von <Filter> Elementen in GetFeature Anfragen können auch die <Filter> Elemente von Lösch-Anfragen modifiziert werden, wodurch die löschbare Featuremenge gezielt festgelegt werden kann.

Eine dem Subjekt verborgene Modifikation seiner Lösch-Anfragen, die über positive rewrite Regeln realisiert wird, ist i.d.R. ungeeignet, da das Subjekt in der resultierenden Antwort nicht erfährt, welche Featureinstanzen tatsächlich gelöscht wurden. Es empfiehlt sich daher, negative rewrite Regeln mit Bezug auf delete Anfragen zu definieren. Diese negativen rewrite Regeln bewirken, dass die Subjekte bei nicht vollständig autorisierten delete Anfragen eine Fehlermeldung erhalten, die neben der Benachrichtigung über die negative bzw. ungewisse Zugriffsentscheidung auch die modifizierte und in dieser Form autorisierte delete Anfrage beinhaltet.

In bestimmten Anwendungsfällen ist es erforderlich, den Subjekten direkt mitzuteilen, ob das Löschen bestimmter Featureinstanzen erlaubt ist oder nicht. Dies geht aus den vom Zugriffskontrollsystem erzeugten modifizierten Anfragen nicht

6.1. Nutzung von (Geo)XACML v3.0 im GDI Umfeld

immer unmittelbar hervor. Um ein auf permit/deny-Regeln basierendes Regelwerk zu definieren, das dennoch Zugriffsrechte mit Bezug auf die Eigenschaften der zu löschenden Features unterstützt, kann folgendermaßen vorgegangen werden:

Als Beispiel soll eine permit/deny Regel umgesetzt werden, durch die das Löschen von Gebäude-Featureinstanzen nur dann genehmigt wird, wenn diese in Deutschland liegen. In der geforderten Zugriffsregel muss zunächst geprüft werden, ob es sich bei einer abgefangenen Nachricht um eine WFS Transaction/Delete Anfrage handelt, die sich auf die Gebäude-Featureklasse bezieht (vgl. Listing 6.15, Z. 3-10). Zudem muss im Bedingungsausdruck dieser Regel ein <Apply> Element eingefügt werden, in dem ein <AttributeSelector> Element definiert ist, das aus den <Attributes> Elementen der &response-to-subrequest; Kategorie der Zugriffsentscheidungsanfragen die Location Attribute der zu löschenden Features selektiert.

Da der Context Handler ausgehend von der abgefangenen Transaction Anfrage stets nur ein <Attributes> Element der Kategorie &message; in die Zugriffsentscheidungsanfrage einfügt, wird dieser AttributeSelector zunächst sicher zu Indeterminate evaluieren. Über einen speziellen Mechanismus[3] – vergleichbar dem XACML Missing-Attribute Mechanismus (s.[Ris10a, Z. 3609ff]) – wird der Context Handler über <Obligation> Elemente gezwungen, den PIP damit zu beauftragen, weitere Daten zu den zu löschenden Featureinstanzen anzufordern.

Diese Beauftragung wird über sog. extend-adr XACML Obligations realisiert (s. Z. 22-39 in Listing 6.15). Bei Eingang der in Listing 6.15 beschriebenen extend-adr XACML Obligation erzeugt der Context Handler – anhand des in der Obligation enthaltenen XSLT Stylesheets – aus der abgefangenen delete Anfrage eine GetFeature Anfrage. Durch diese GetFeature Anfrage werden die Location Attribute der zu löschenden Features selektiert. Das XSLT Stylesheet sorgt u.a. dafür, dass das typeName XML Attribut und das <Filter> Element der delete Anfrage in die dynamisch generierte GetFeature Anfrage integriert werden. Der Context Handler leitet diese GetFeature Anfrage an den PIP weiter, der sie wiederum an den WFS sendet (s. Z. 36-38 in Listing 6.15). Nachdem die Antwort des WFS über den PIP an den Context Handler übergeben wurde, sorgt dieser dafür, dass die zusätzlich angefragten Daten zu den zu löschenden Featureinstan-

---

[3]Der Mechanismus wurde dem XACML TC vorgestellt und wird derzeit diskutiert (s. z.B. Mail-Threads ab http://lists.oasis-open.org/archives/xacml/201103/msg00059.html.). Zudem wird dieser Mechanismus aktuell im Rahmen des OWS-8 Projektes evaluiert.

6. Evaluierung

zen unterhalb des <Content> Elements der &response-to-subrequest; Kategorie in den Evaluationskontext eingefügt werden. Dieses Verhalten wird über die &target-category; und &target-type; XACML Attribute der extend-adr XACML Obligation gesteuert (vgl. Z. 30-35 in Listing 6.15).

```
1  <Rule RuleId="abcdefg" Effect="Permit" >
2    <Target><AnyOf><AllOf>
3      <Match MatchId="&xpath-node-equal;">
4        <AttributeValue DataType="&xpath;"
           XPathCategory="&message;">
           /wfs:Transaction/wfs:Delete</AttributeValue>
5        <AttributeDesignator AttributeId="&content-selector;"
           DataType="&xpath;" Category="&message;"
           MustBePresent="false"/>
6      </Match>
7      <Match MatchId="&string-equal;">
8        <AttributeValue
           DataType="&string;">Building</AttributeValue>
9        <AttributeSelector Category="&message;" Path="./@typeName"
           ContextSelectorId="&content-selector;"
           DataType="&string;" MustBePresent="false" />
10     </Match>
11   </AllOf></AnyOf></Target>
12   <Condition>
13     <Apply FunctionId="&all-of;">
14       <Function FunctionId="&contains;"/>
15       <AttributeValue DataType="&geometry;">
16         <gml:Polygon>...<!-- area of Germany --></gml:Polygon>
17       </AttributeValue>
18       <AttributeSelector Category="&response-to-subrequest;"
           Path="/FeatureCollection/FeatureMember/Building/Location/
19 Polygon" DataType="&geometry;" MustBePresent="true"
           IndeterminantHandler="&extend-adr-obligation;"/>
20     </Apply>
21   </Condition>
22   <ObligationExpressions>
23     <ObligationExpression ObligationId="&extend-adr-obligation;">
24       <AttributeAssignmentExpression
           AttributeId="&xslt-to-generate-pip-request;">
25         <AttributeValue DataType="&xslt;">
26           <xslt:transform
               xmlns:xslt="http://www.w3.org/1999/XSL/Transform">
```

6.1. Nutzung von (Geo)XACML v3.0 im GDI Umfeld

```
27        ...<!-- a xslt style sheet that transforms the
              intercepted /transaction/delete Element into a
              /GetFeature/Query Element that selects the
              location attributes of the features to be deleted
              -->
28        </xslt:transform>
29      </AttributeValue>
30    </AttributeAssignmentExpression>
31    <AttributeAssignmentExpression
          AttributeId="&target-category;">
32      <AttributeValue
          DataType="&string;">&response-to-subrequest;</Attri-
33 buteValue>
34    </AttributeAssignmentExpression>
35    <AttributeAssignmentExpression AttributeId="&target-type;">
36      <AttributeValue DataType="&string;">&content-element;
        </AttributeValue>
37    </AttributeAssignmentExpression>
38    <AttributeAssignmentExpression AttributeId="&service-url;">
39      <AttributeDesignator Category="&recipient-subject;"
          AttributeId="&service-url;" DataType="&string;"
          MustBePresent="true"/>
40    </AttributeAssignmentExpression>
41    </ObligationExpression>
42  </ObligationExpressions>
43 </Rule>
```

Listing 6.15: Steuerung des PIP über eine extend-adr XACML Obligation

Im Anschluss an die über das Regelwerk gesteuerte Erweiterung des Evaluationskontexts sendet der Context Handler die erweiterte Zugriffsentscheidungsanfrage erneut an den PDP. Aufgrund der zusätzlich eingefügten Informationen kann die Zugriffsregel aus Listing 6.15 nun vollständig evaluiert werden. Mittels des geschilderten Mechanismus wurden die zur Berechung der Zugriffsentscheidung zusätzlich benötigten Informationen eingeholt, sodass die vorliegende Transaction/-Delete Anfrage ohne begleitende Modifikationen direkt mit "Permit" oder "Deny" beantwortet werden kann.

Angemerkt sei, dass der geschilderte extend-adr XACML Obligation Mechanismus unabhängig von der vorliegenden Interaktion verwendet werden kann und eine generisch verwendbare Technik darstellt, um Evaluationskontexte beliebig

6. Evaluierung

um zusätzliche <Content> oder <Attribute> Elemente zu erweitern.

6.1.3.4. Zugriffsrechte mit Bezug auf Transaction/Update Anfragen

Eine Update-Anfrage kann als eine Kombination einer Lösch- und einer Einfüge-Anfrage aufgefasst werden. Bei der Definition von Zugriffsrechten mit Bezug auf Update-Interaktionen sind daher die in den Abschnitt 6.1.3.1 und 6.1.3.3 erwähnten Aspekte zu berücksichtigen.

Das typeName XML Attribut einer Transaction/Update Anfrage legt fest, welcher Featureklasse die vom Update betroffenen Features angehören. Über Bedingungsausdrücke, die sich auf die typeName XML Attribute von Transaction/Update Anfragen beziehen, lässt sich daher steuern, wer die Instanzen welcher Featureklassen updaten darf. Indem /Transaction/Update/Property/Name/text() Knoten in den Regelwerksobjekten referenziert und mit anderen Werten abgeglichen werden, wird festgelegt, welche Attributklassen von den Transaction/Update Aktionen betroffen sein können. Durch die Definition von Modifikationsanweisungen mit Bezug auf die <Filter> Elemente der Transaction/Update Anfragen kann darüber hinaus die Menge der veränderbaren Featureinstanzen gezielt eingeschränkt werden. Anhand von Bedingungsausdrücken, die sich auf die /Transaction/Update/Property/Value Elemente beziehen, werden zudem gewisse Eigenschaften von den Attributen gefordert, die die vorhandenen Attribute ersetzen sollen oder neu einzutragen sind. Durch die Definition von Modifikationsanweisungen mit Bezug auf /Transaction/Update/Property/Value Elemente können zusätzlich bestimmte Veränderungen an den neu einzutragenden Attributwerten umgesetzt werden.

Über die in Listing 6.16 abgebildete positive permit/deny Regel wird sichergestellt, dass bei einem Update der Preis-Attribute von Gebäude-Featureinstanzen die neuen Werte stets größer als 0 sind.

```
1 <Rule RuleId="abcdefg" Effect="Deny">
2   <Target><AnyOf><AllOf>
3     <Match MatchId="&xpath-node-equal;">
4       <AttributeValue DataType="&xpath;"
          XPathCategory="&message;">
          /wfs:Transaction/wfs:Update</AttributeValue>
5       <AttributeDesignator AttributeId="&content-selector;"
```

6.1. Nutzung von (Geo)XACML v3.0 im GDI Umfeld

```
               DataType="&xpath;" Category="&message;"
               MustBePresent="false"/>
 6          </Match>
 7          <Match MatchId="&string-equal;">
 8             <AttributeValue
               DataType="&string;">Building</AttributeValue>
 9             <AttributeSelector Category="&message;" Path="./@typeName"
               ContextSelectorId="&content-selector;"
               DataType="&string;" MustBePresent="false" />
10          </Match>
11          <Match MatchId="&integer-less-than;">
12             <AttributeValue DataType="&integer;">0</AttributeValue>
13             <AttributeSelector Category="&message;"
               Path="Property[./Name/text()='Price']/Value/text())"
               ContextSelectorId="&content-selector;"
               DataType="&integer;" MustBePresent="false" />
14          </Match>
15       </AllOf></AnyOf></Target>
16    </Rule>
```

Listing 6.16: Zugriffsregel mit Bezug auf Transaction/Update Anfragen

6.1.4. Zugriffsrechte mit Bezug auf WMS 1.3 Nachrichten

Die Beispiele in diesem Abschnitt zeigen, wie Zugriffsrechte mit Bezug auf bestimmte WMS Anfragen formuliert werden können. In Abschnitt 6.1.1 (bzw. in der Tabelle B.1 in Anhang B) wurde bereits festgelegt, dass abgefangene GetMap Anfragen im Beispielszenario stets in Form von XACML Attributmengen in den XACML Zugriffsentscheidungsanfragen beschrieben werden. Die Abbildung dieser Anfragen erfolgt in Abhängigkeit ihrer ursprünglichen Kodierung entweder konform zu den Vorgaben der Requirement Klasse &xop;/RC/1.7(WMS:1.3) oder der Requirement Klasse &xop;/RC/1.8(WMS:1.3) des XACML v3.0 OWS Profils und seiner WMS:1.3 Extension.

6.1.4.1. Zugriffsrechte mit Bezug auf GetMap Anfragen

In diesem Abschnitt wird am Beispiel des GetMap Anfragetyps demonstriert, wie Zugriffsrechte mit Bezug auf OWS Anfragen definiert werden können, die durch ei-

6. Evaluierung

ne Menge von <Attribute> Elementen in XACML Zugriffsentscheidungsanfragen repräsentiert sind.

Listing 6.17 zeigt eine negative permit/deny Regel, durch die Subjekten der Zugriff auf einen WMS verboten wird, wenn sie über GetMap Anfragen den Layer "VIP-Locations" anfragen. Dies wird durch die im Bedingungsausdruck dieser Regel beschriebene Überprüfung des &request; und &layer; XACML Attributs erreicht (vgl. Z. 3-6 und 7-10). Da das &layer; XACML Attribut eine kommaseparierte Liste aus Bezeichnern für Layer darstellt, muss das &layer; XACML Attribut über die Funktion &string-contains; mit dem Literal "VIP-Locations" abgeglichen werden.

```
<Rule RuleId="abcdefg" Effect="Deny">
  <Target><AnyOf><AllOf>
    <Match MatchId="&string-equal;">
      <AttributeValue DataType="&string;">GetMap</AttributeValue>
      <AttributeDesignator AttributeId="&request;"
          Category="&message;" DataType="&string;"
          MustBePresent="false"/>
    </Match>
    <Match MatchId="&string-contains;">
      <AttributeValue
          DataType="&string;">VIP-Locations</AttributeValue>
      <AttributeDesignator AttributeId="&layers;"
          Category="&message;" DataType="&string;"
          MustBePresent="false"/>
    </Match>
  </AllOf></AnyOf></Target>
</Rule>
```

Listing 6.17: Zugriffsregel mit Bezug auf GetMap Anfragen

In Listing 6.18 ist ein Bedingungsfragment abgebildet, um das die in Listing 6.17 definierte Regel erweitert werden könnte. Es setzt durch, dass GetMap Zugriffe auf den "VIP-Location" Layer ausschließlich dann verboten werden, wenn sie sich auf ein Gebiet innerhalb Deutschlands beziehen. Hierzu wird geprüft, ob die GML-kodierten Repräsentationen der BBOX Attribute in den XACML Zugriffsentscheidungsanfragen Rechtecke beschreiben, die innerhalb eines Polygons liegen, welches das deutsche Staatsgebiet repräsentiert.

6.1. Nutzung von (Geo)XACML v3.0 im GDI Umfeld

```
1 <Match MatchId="&contains;">
2   <AttributeValue DataType="&geometry;">
3     <gml:Polygon ...>...<!-- area of Germany --></gml:Polygon>
4   </AttributeValue>
5   <AttributeDesignator AttributeId="&bbox;"
        DataType="&geometry;" Category="&message;"
        MustBePresent="false"/>
6 </Match>
```

Listing 6.18: Fragment eines Bedingungsausdrucks einer Zugriffsregel mit Bezug auf GetMap Anfragen

Bei der Definition von rewrite Regeln mit Bezug auf GetMap Anfragen bietet es sich an, die &layers; und/oder &bbox; Attribute der abgefangenen GetMap Anfragen zu modifizieren. Die Veränderung von OWS Anfragen, die in Form von <Attribute> Elementen in XACML Zugriffsentscheidungsanfragen repräsentiert sind, wird in Abschnitt 6.1.4.2 demonstriert. An dieser Stelle sei nur darauf hingewiesen, dass in der WMS 1.3 Spezifikation festgelegt ist, dass in einer GetMap Anfrage ausschließlich ein rechteckiger Raumausschnitt selektiert werden kann. Aus diesem Grund müssen auch modifizierte &bbox; Attribute wieder Rechtecke beschreiben. Diese Eigenschaft der Anfragesprache des WMS führt zu Einschränkungen der definierbaren Rechte und zwingt die Administratoren u.U. dazu, vom minimalistischen Rechtevergabeprinzip abzuweichen.

Wenn ein Subjekt beispielsweise eine Karte zu einem bestimmten rechteckigen Raumausschnitt sehen möchte und zugleich eine Zugriffsbeschränkung innerhalb eines bestimmten polygonförmigen Gebiets besteht, dann kann der Wert des modifizierten &bbox; Attributs nur ein möglichst großes Rechteck sein, das in der Schnittmenge des vom Subjekt spezifizierten BBOX Gebiets und der Fläche des Polygons liegt.

Der WMS Working Group des OGC, die aktuell an der WMS 2.0 Spezifikation arbeitet, wurde der Vorschlag unterbreitet, beliebige polygon- oder kreisförmige Geometrien zur Spezifikation des Raumausschnitts zu unterstützen. Dadurch könnte z.B. ein Subjekt über ein BoundingGeometry KVP eine Karte abfragen, die exakt das deutsche Staatsgebiet zeigt. Zudem könnten die Werte dieser BoundingGeometry KVPs bzw. XACML Attribute über rewrite Zugriffsregeln, durch

6. Evaluierung

die der Zugriff auf bestimmte Gebiete eingeschränkt werden soll, in beliebige Polygone umgeschrieben werden.

Zum GetMap Anfragetyp ist abschließend anzumerken, dass er keine Projektionsausdrücke unterstützt. Wird allerdings ein WMS eingesetzt, der konform zur Styled Layer Descriptor (SLD) Spezifikation ist [Lup07], frägt dieser gezielt Attribute von einem WFS an und stellt diese gemäß der von Nutzer spezifizierten kartographischen Signatur dar. Zugriffsrechte mit Bezug auf Attributklassen und -instanzen können in diesen Fällen daher über Referenzen auf geeignete Datenelemente der SLD Dokumente hergestellt werden. Alternativ könnte auch die Kommunikation des WMS mit dem WFS kontrolliert werden.

6.1.4.2. Zugriffsrechte mit Bezug auf GetFeatureInfo Anfragen

Am Beispiel der GetFeatureInfo Anfrage wird demonstriert, wie OWS Anfragen, die über <Attribute> Elemente in XACML Zugriffsentscheidungsanfragen repräsentiert werden, modifiziert werden können. Listing 6.19 zeigt eine negative rewrite Regel, durch die der Wert der feature_count Attribute der abgefangenen GetFeatureInfo Anfragen auf "2" gesetzt wird, wenn er zuvor größer als "2" war.

```
1  <Rule RuleId="abcdefg" Effect="Deny">
2    <Target><AnyOf><AllOf>
3      <Match MatchId="&string-equal;">
4        <AttributeValue
           DataType="&string;">GetFeatureInfo</AttributeValue>
5        <AttributeDesignator AttributeId="&request;"
           Category="&message;" DataType="&string;"
           MustBePresent="false"/>
6      </Match>
7      <Match MatchId="&string-contains;">
8        <AttributeValue
           DataType="&string;">VIP-Locations</AttributeValue>
9        <AttributeDesignator AttributeId="&query_layers;"
           DataType="&string;" Category="&message;"
           MustBePresent="false"/>
10     </Match>
11     <Match MatchId="&integer-less-than;">
12       <AttributeValue DataType="&string;">2</AttributeValue>
```

6.1. Nutzung von (Geo)XACML v3.0 im GDI Umfeld

```
13        <AttributeDesignator AttributeId="&feature_count;"
              DataType="&string;" Category="&message;"
              MustBePresent="false"/>
14      </Match></AllOf></AnyOf>
15    </Target>
16    <ObligationExpressions>
17      <ObligationExpression ObligationId="&rewrite-obligation;"
              FulfillOn="Permit">
18        <AttributeAssignmentExpression
              AttributeId="&xslt-rewrite-stylesheet;">
19          <AttributeValue DataType="&xslt;">
20            <xsl:stylesheet ...>
21              <xsl:template match="node()|@*">
22                <xsl:choose>
23                  <xsl:when
24 test="self::node()=/xacml:Request/xacml:Attributes[Category=
25 '&message;']/Attribute[AttributeId='&feature_count;']/Attribute-
26 Value/text()" ...>
27                    <!-- set 2 as default value -->
28                    <xsl:text>2</xsl:text>
29                  </xsl:when>
30                  <xsl:otherwise>
31                    <xsl:copy>
32                      <xsl:apply-templates select="node()|@*"/>
33                    </xsl:copy>
34                  </xsl:otherwise></xsl:choose></xsl:template>
35            </xsl:stylesheet>
36          </AttributeValue>
37        </AttributeAssignmentExpression>
38        <AttributeAssignmentExpression
              AttributeId="&adr-representation-to-map;"
              Category="&obligation;">
39          <AttributeValue
              DataType="&string;">&attribute-set-based;</Attribute-
40 Value>
41        </AttributeAssignmentExpression>
42      </ObligationExpression>
43    </ObligationExpressions>
44 </Rule>
```

Listing 6.19: Rewrite Regel mit Bezug auf feature_count Argumente von GetFeatureInfo Anfragen

6. Evaluierung

6.1.5. Zugriffsrechte mit Bezug auf SOS 1.0 Nachrichten

In den nachfolgenden Abschnitten wird gezeigt, wie Zugriffsrechte mit Bezug auf bestimmte SOS Anfragen formuliert werden können.

6.1.5.1. Zugriffsrechte mit Bezug auf GetObservations Anfragen

Über den von einem SOS angebotenen GetObservation Anfragetyp können Subjekte bestimmte Messwerte von Sensoren abfragen. Die Zugriffsregel in Listing 6.20 zeigt, wie ein Bezug auf die offering, observedProperty und responseMode Argumente von GetObservation Anfragen hergestellt werden kann. Die beschriebene Regel gestattet den Zugriff, wenn mit einem SOS über GetObservation Anfragen interagiert wird, deren offering, observedProperty und responseMode Argumente die Werte "pollution-offering", "AggregateChemicalPresence" und "inline" haben (vgl. Z. 7-10, 11-14 und 15-18 in Listing 6.20)

```
<Rule RuleId="abcdefg" Effect="Permit">
    <Target><AnyOf><AllOf>
        <Match MatchId="&xpath-node-equal;">
            <AttributeValue DataType="&xpath;"
                XPathCategory="&message;">/sos:GetObservation</AttributeValue>
            <AttributeDesignator AttributeId="&content-selector;"
                DataType="&xpath;" Category="&message;"
                MustBePresent="false"/>
        </Match>
        <Match MatchId="&string-equal;">
            <AttributeValue
                DataType="&string;">&pollution-offering;</AttributeValue>
            <AttributeSelector Category="&message;"
                Path="sos:offering/text()"
                ContextSelectorId="&content-selector;"
                DataType="&string;" MustBePresent="false"/>
        </Match>
        <Match MatchId="&string-equal;">
            <AttributeValue
                DataType="&string;">&AggregateChemicalPresence;</AttributeValue>
            <AttributeSelector Category="&message;"
```

6.1. Nutzung von (Geo)XACML v3.0 im GDI Umfeld

```
              Path="sos:observedProperty/text()"
              ContextSelectorId="&content-selector;"
              DataType="&string;" MustBePresent="false"/>
16        </Match>
17        <Match MatchId="&string-equal;">
18          <AttributeValue DataType="&string;">inline</AttributeValue>
19          <AttributeSelector Category="&message;"
              Path="sos:responseMode/text()"
              ContextSelectorId="&content-selector;"
              DataType="&string;" MustBePresent="false"/>
20        </Match>
21     </AllOf></AnyOf></Target>
22 </Rule>
```

Listing 6.20: Zugriffsregel mit Bezug auf bestimmte GetObservation Anfragen

Bei einem SOS erfolgt die Definition von einfachen Selektionsprädikaten über die Elemente <sos:eventTime>, <ogc:BBOX> und <sos:Result>. Über diese Elemente werden unterschiedliche Typen von Selektionsprädikaten definiert, die sich auf raumabhängige, zeitabhängige oder sonstige Attribute der Features bzw. Observations beziehen.

Durch das in Listing 6.21 abgebildete <Condition> Element wird die Anwendbarkeit der in Listing 6.20 dargestellten Regel verfeinert. Das Listing demonstriert, wie Bedingungen mit Bezug auf die <sos:eventTime> und <ogc:BBOX> Elemente der GetObservation Anfragen definiert werden können. Fügt man dieses <Condition> Element in die Zugriffsregel aus Listing 6.20 ein, können Subjekte die Konzentration chemischer Stoffe in der Luft nur dann abfragen, wenn sich die entsprechenden Messstationen in Deutschland befinden (s. Z. 3-8). Zudem muss gelten, dass die Messwerte vor mehr als einem Jahr erhoben wurden (d.h. currentdate - 1 year) > samplingTime-end – s. Z. 9-16).

301

6. Evaluierung

```
1  <Condition>
2    <Apply FunctionId="&and;">
3      <Apply FunctionId="&contains;">
4        <AttributeValue DataType="&geometry;">
5          <gml:Polygon ...>...<!-- area of Germany --></gml:Polygon>
6        </AttributeValue>
7        <AttributeSelector Category="&message;"
             Path="/sos:GetObservation/sos:featureOfInterest/ogc:BBOX
             [ogc:PropertyName/text='gml:location']/gml:Envelope"
             DataType="&geometry;" MustPresent="false"/>
8      </Apply>
9      <Apply FunctionId="&all-of;">
10       <Function FunctionId="&dateTime-greater-than;"/>
11       <Apply FunctionId="&dateTime-subtract-dayTimeDuration;">
12         <AttributeDesignator Category="&environment;"
             AttributeId="&current-dateTime;"
             DataType="&dateTime;" MustPresent="false"/>
13         <AttributeValue
             DataType="&dayTimeDuration;">P1Y</AttributeValue>
14       </Apply>
15       <AttributeSelector Category="&message;"
             Path="/sos:GetObservation/sos:eventTime/ogc:TM_During
             [ogc:PropertyName/text()='om:samplingTime']/gml:Time-
16  Period/gml:endPosition/text()" DataType="&dateTime;"
             MustPresent="false"/>
17     </Apply>
18   </Apply>
19 </Condition>
```

Listing 6.21: Raum- und zeitabhängige Bedingungen mit Bezug auf GetObservation Anfragen

Anzumerken ist, dass auch bei GetObservation Anfragen – vergleichbar zur Situation beim GetFeature Anfragetyp – die Mächtigkeit der in den Anfragen definierbaren Selektionsausdrücke sowie ihr ausschließlicher Bezug auf Features bzw. Observations möglicherweise nicht ausreichend ist, um bestimmte Arten von Zugriffsrechten anfragebasiert durchzusetzen. Ist dies der Fall, müssen Zugriffsrechte antwortbasiert festgelegt werden. Hierbei ist zu berücksichtigen, dass Subjekte zwischen verschiedenen Varianten wählen können, wie sie die Messwerte erhalten. Zur Option stehen die "inline", "resultTemplate", "out-of-band" und "attached" Varianten (Details s. [NP07]). Bei der Festlegung antwortbasierter Rechte sind diese verschiedenen Fälle geeignet zu berücksichtigen. Beispielsweise kann durch eine anfragebasierte Regel erzwungen werden, dass der Wert des responseMode Arguments der GetObservation Anfragen verpflichtend "inline" lauten muss (vgl. Z. 15-18 in Listing 6.20), um eine einfache Definition ausdruckstarker antwortbasierter Regeln zu ermöglichen.

6.1.5.2. Zugriffsrechte mit Bezug auf RegisterSensor und InsertObservation Anfragen

Ein SOS bietet neben den Schnittstellen zum Zugriff auf die von Sensoren bereitgestellten Messwerte zusätzlich zahlreiche Funktionalitäten, mit denen Sensordatenbereitsteller einer SOS Instanz neue Sensoren und Observations hinzufügen können (s. [NP07, Kaptel 9]).

In einer RegisterSensor Anfrage wird u.a. festgelegt, welcher Sensor einem SOS hinzugefügt werden soll. Dieser ist in Form eines SensorML oder TML Dokuments beschrieben. Durch die Definition von Zugriffsregeln mit Bezug auf RegisterSensor Anfragen und die Daten der Sensorbeschreibungen lassen sich diverse Zugriffsrechte festlegen. Wenn der SOS die Definition von Referenzen auf SensorML oder TML Dokument in RegisterSensor Anfragen gestattet, dann sorgt ein Context Handler, der in diesen Fällen entsprechend der Vorgaben der Requirement Klasse &xope;/ERC/SOS:1.0/800 handelt, für die Dereferenzierung dieser Referenzen (Details. s. [Her11b, Her11a]).

Die InsertObservation Operation ist konzeptuell sehr ähnlich zu einer Transaction/Insert Anfrage an einen WFS. Das in Abschnitt 6.1.3.1 geschilderte Vorgehen kann daher in etwas angepasster Weise auch bei der Definition von Zugriffsrechten mit Bezug auf InsertObservation Anfragen angewendet werden.

6.1.6. Zugriffsrechte mit Bezug auf WPS 1.0 Nachrichten

Über einen WPS können Subjekte vorprogrammierte Prozesse zur Verarbeitung von Geodaten aufrufen. Hierzu müssen Execute Anfragen an einen WPS gesendet werden, in denen u.a. die Argumente für die aufzurufenden geospezifischen

6. Evaluierung

Prozesse – entweder direkt oder per Referenz – enthalten sind. In den resultierenden Antwortnachrichten des WPS werden die Berechnungsergebnisse ebenfalls entweder direkt oder per Referenz zurückgegeben.

Die Requirement Klassen &xope;/ERC/WPS:1.0/700 und &xope;/ERC/WPS:1.0/800 der WPS Extension des XACML v3.0 OWS Profils beschreiben, wie ein Context Handler mit Referenzen in Execute Anfragen und den resultierenden Antworten umgehen muss. Wenn beispielsweise Zugriffsrechte mit Bezug auf die u.U. per Referenz übergebenen Aufrufargumente zu definieren sind, muss der Context Handler konform zu den Vorgaben der Requirement Klasse &xope;/ERC/WPS:1.0/800 implementiert und konfiguriert werden. Dies garantiert, dass in den Anfragen enthaltene Referenzen auf die Argumente aufgelöst werden und die Argumente stattdessen direkt in die XACML Zugriffsentscheidungsanfragen integriert werden. Dank dieses Verhaltens des Context Handlers ist es den Administratoren möglich, unabhängig von der Art der Argumentübergabe stets Zugriffsrechte mit Bezug auf die Daten der Argumente zu definieren.

Listing 6.22 zeigt eine Zugriffsregel, die Subjekten den Zugriff auf einen WPS über Execute Anfragen gestattet, wenn sich die Anfragen auf den &getBuildingsWithinDistanceDisasterArea; Prozess beziehen (s. Z. 3-10). Zudem wird durch die Regel geprüft, ob dieser Prozess mit einem Polygon-Argument aufgerufen wird, das ein Katastrophengebiet innerhalb Deutschlands beschreibt (s. Z. 11-16). Um die Definition von antwortbasierten Zugriffsrechten mit Bezug auf die zurückgegebenen Gebäudefeatures zu vereinfachen, wird zusätzlich erzwungen, dass die im angefragten Umkreis liegenden Gebäudefeatures direkt in der Antwort enthalten sind. Um dies zu erreichen, müssen in den Execute Anfragen /wps:Execute/wps:ResponseForm/wps:ResponseDocument/Output/@asReference XML Attribute enthalten sein, die den Wert "false" haben (s. Z. 17-18).

```
1  <Rule RuleId="abcdefg" Effect="Permit">
2    <Target><AnyOf><AllOf>
3      <Match MatchId="&xpath-node-equal;">
4        <AttributeValue DataType="&xpath;"
          XPathCategory="&message;">/wps:Execute</AttributeValue>
5        <AttributeDesignator AttributeId="&content-selector;"
          DataType="&xpath;" Category="&message;"
          MustBePresent="false"/>
6      </Match>
```

```
 7   <Match MatchId="&string-equal;">
 8     <AttributeValue DataType="&string;">
       &getBuildingsWithinDistanceDisasterArea;</AttributeValue>
 9     <AttributeSelector Category="&message;"
       Path="ows:Identifier/text()"
       ContextSelectorId="&content-selector;"
       DataType="&string;" MustBePresent="false"/></Match>
10   <Match MatchId="&contains;">
11     <AttributeValue DataType="&geometry;">
12       <gml:Polygon>...<!-- area of Germany --></gml:Polygon>
13     </AttributeValue>
14     <AttributeSelector Category="&message;"
       Path="DataInputs/Input[Identifier='DisasterArea']/Data/-
15     Polygon" ContextSelectorId="&content-selector;"
       DataType="&geometry;" MustBePresent="false"/></Match>
16   <Match MatchId="&string-equal;">
17     <AttributeValue DataType="&string;">false</AttributeValue>
18     <AttributeSelector Category="&message;"
       Path="/Execute/ResponseForm/ResponseDocument/Output/-
19     @asReference" ContextSelectorId="&content-selector;"
       DataType="&string;" MustBePresent="false"/>
20 </Match></AllOf></AnyOf></Target></Rule>
```

Listing 6.22: Zugriffsregel mit Bezug auf bestimmte WPS Execute Anfragen

6.2. Nutzung des ebenenbasierten Administrationsmodells im GDI Umfeld

In diesem Abschnitt wird verdeutlicht, wie ein LAM-konformes, XACML v3.0-basiertes Administrationssystem in eine GDI integriert und dort genutzt werden kann. Abschnitt 6.2.1 beschreibt, wie die unter 6.1.1 eingeführte GDI um ein LAM-konformes Administrationssystem erweitert werden kann. Im Anschluss werden die Möglichkeiten, die dieses Administrationssystem bietet, anhand zahlreicher Beispiele aufgezeigt (vgl. 6.2.2).

6.2.1. Erweiterung der GDI des Beispielszenarios

Die in Abschnitt 6.1.1 vorgestellte GDI des Beispielszenarios wird im Folgenden um ein LAM-konformes, XACML v3.0-basiertes Administrationssystem erweitert. Bei der Einführung eines derartigen Administrationssystems ist zunächst zu bestimmen, wie viele Ebenen benötigt werden und welche Rechtemodelle, Dienste, Container, PEPs, PDPs und PAPs auf den verschiedenen Ebenen zum Einsatz kommen sollen (vgl. Abbildung 6.2).

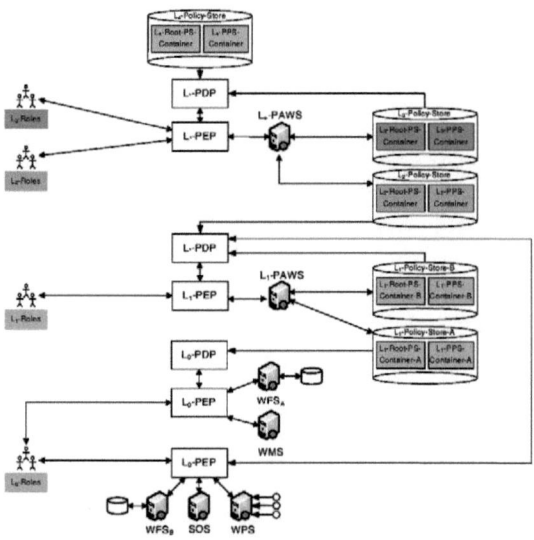

Abbildung 6.2.: Das Administrationssystem der GDI des Beispielszenarios

Die im Beispielszenario gewählte Architektur des Administrationssystems demonstriert, dass das LAM eine flexible Wiederverwendbarkeit und Verteilbarkeit der Komponenten eines Administrationssystems unterstützt. Nachdem festgelegt wurde, welche Komponenten im Administrationssystem existieren sollen, müssen diese gemäß den Vorgaben des LAM konfiguriert werden. Durch geeignete Konfiguration wird beispielsweise sichergestellt, dass über die existierenden E_0-Dienste nur E_0-Container zugreifbar sind (vgl. Forderung 7.1 des LAM – s. S. 228), dass die

6.2. Nutzung des ebenenbasierten Administrationsmodells im GDI Umfeld

verwendeten PAP Komponenten nicht auf die E_0-Container zugreifen können (vgl. Forderung 7.2 des LAM – s. S. 228) und dass die eingesetzten PDP Komponenten ihre Wissensbasen nicht aus E_0-Containern beziehen (vgl. Forderung 2.3 des LAM – s. S. 226).

Im Beispielszenario wird davon ausgegangen, dass die in der GDI eingesetzten XACML Context Handler abgefangene PAWS Anfrage- oder Antwortnachrichten entsprechend der Vorgaben der Conformance Klassen &xop;/RC/1.2, &xop;/RC/1.3(&PAWS;) und &xop;/RC/1.9(&PAWS;) des XACML v3.0 OWS Profils v1.0 und der PAWS Extension in die Zugriffsentscheidungsanfragen integrieren (s. [Her11a, Her11f]).

6.2.2. Definition der Regelwerke auf den verschiedenen Ebenen

Nachdem die genannten Festlegungen getroffen und die Komponenten des Administrationssystems LAM-konform konfiguriert wurden, kann mit dem Entwurf der Wissensbasen auf den verschiedenen Ebenen begonnen werden. Startpunkt ist die Definition der Wissensbasis der obersten Ebene n.

Ebene 4

Im Administrationssystem des Beispielszenarios ist die Ebene 4 die oberste administrative Ebene. Wie bereits in Abschnitt 5.3.4.4 erläutert, kann auf der obersten Ebene n ein weitestgehend generisch definierbares, LAM-konformes E_n-Regelwerk verwendet werden. Im Beispielszenario wird davon ausgegangen, dass ein solches E_4-Regelwerk vor Inbetriebnahme des Administrationssystems in den E_4-Root-PS-Container und den E_4-PPS-Container eingetragen wird.

Das E_4-Regelwerk setzt durch, dass die E_3-Rolle **crud-L3-Right-Master** auf der Ebene 3 nur LAM-konforme Aktionen durchführen kann. Die E_3-Rolle crud-L3-Right-Master kann somit über den E_+-PAWS nur LAM-konforme E_3-Regelwerke definieren. Diese Tatsache stellt sicher, dass auf den darunterliegenden Ebenen ebenfalls nur LAM-konforme Interaktionen stattfinden und somit auch nur LAM-konforme E_2- und E_1-Regelwerke entstehen können. Im E_4-Regelwerk ist zudem festgelegt, dass über die E_3-Rolle **read-L3-Policy** lesend auf E_3-Regelwerke zugegriffen werden kann. Diese E_3-Rolle ermöglicht den Administratoren der E_2-

6. Evaluierung

Regelwerke, die sie betreffenden E_3-Rechte abzufragen.

Ebene 3

Über die E_3-Rolle crud-L3-Right-Master werden zum einen E_3-Rechte definiert, durch die die administrativen Aufgaben bzw. Rechte auf der Ebene 2 – in Abhängigkeit der E_0-Dienstklassen – auf verschiedene E_2-Rollen aufgeteilt werden. In die beiden E_3-Container werden hierzu vier E_3-RPS Elemente und die dazugehörigen E_3-PPS Elemente eingetragen, die sich auf die E_2-Rollen

- **crud-L2-Right**$_{\text{L1-crud-WFS}}$
- **crud-L2-Right**$_{\text{L1-crud-WMS}}$
- **crud-L2-Right**$_{\text{L1-crud-SOS}}$ und
- **crud-L2-Right**$_{\text{L1-crud-WPS}}$ beziehen.

Jede dieser E_2-Rollen darf E_2-Rechte in E_2-Root-PS Container und E_2-PPS-Container eintragen, lesen, updaten und löschen, wenn diese sich auf das Einfügen, Lesen, Updaten oder Löschen von E_1-Rechten beziehen, durch die die Zugriffe auf die Dienste der Dienstklasse geregelt werden, für die diese E_2-Rolle zuständig ist. Das E_3-Regelwerk gestattet daher beispielsweise nur dann eine Einfüge-Aktion der E_2-Rolle crud-L2-Right$_{\text{L1-crud-WFS}}$, wenn diese Rolle ein E_2-Recht eintragen möchte, durch das einer E_1-Rolle das Einfügen, Lesen, Updaten oder Löschen von E_1-Rechten erlaubt oder verboten wird, die sich auf eine der beiden WFS Instanzen beziehen.

Über die E_3-Rolle crud-L3-Right-Master wird zudem die E_2-Rolle **read-L2-Policy** definiert, die lesend auf das gesamte E_2-Regelwerk zugreifen darf. Diese E_2-Rolle ist für die Administratoren der E_1-Regelwerke vorgesehen und ermöglicht ihnen, die sie betreffenden E_2-Rechte zu erfragen.

Zuletzt wird über die E_3-Rolle crud-L3-Right-Master die Definition der E_2-Rolle **crud-L2-Right**$_{\text{L1-read}}$ inklusive ihres Privilegs in das E_3-Regelwerk eingetragen. Durch die Aktivierung dieser E_2-Rolle haben die Administratoren der E_1-Regelwerke die Möglichkeit, E_2-Rechte in das E_2-Regelwerk einzutragen, durch die bestimmten E_1-Rollen ein Lesezugriff auf bestimmte Teile des E_1-Regelwerks gestattet wird. Die Unterstützung dieser E_2-Rolle ermöglicht, dass die Administratoren der Ebene 1 geeignete E_1-Rollen festlegen können, anhand

6.2. Nutzung des ebenenbasierten Administrationsmodells im GDI Umfeld

derer die auf Ebene 0 aktiven Subjekte die sie betreffenden E_1-Rechte (und nur diese) abfragen können.

Ebene 2

Das E_2-Regelwerk wird über die E_2-Rollen crud-L2-Right aufgebaut. Im Beispielsszenario werden im E_2-Regelwerk die Privilegien der E_1-Rollen

- crud-L1-Right$_{\text{WFS-A,Building}}$
- crud-L1-Right$_{\text{WFS-A,Street}}$
- crud-L1-Right$_{\text{WFS-B-POI}}$
- crud-L1-Right$_{\text{WMS-A}}$
- crud-L1-Right$_{\text{SOS-B}}$
- crud-L1-Right$_{\text{WPS-B}}$
- read-L1-Right$_{\text{L0-Role-CITIZEN}}$ und
- read-L1-Right$_{\text{L0-Role-GDI-STAFF}}$ definiert.

Die den ersten sechs der oben aufgelisteten E_1-Rollen zugewiesenen Privilegien erlauben das Einfügen, Lesen, Updaten und Löschen von E_1-Rechten, die sich auf eine bestimmte E_0-Dienstinstanz und ggf. auf eine bestimmte Featureklasse beziehen (vgl. tiefgestellter Teil des Rollennamens). Diese im E_2-Regelwerk definierte, disjunkte horizontale Aufteilung der administrativen Aufgaben bzw. Rechte auf Ebene 1 verfolgt zum einen das Ziel, den E_1-Rollen isolierte sowie ausreichend kleine und somit handhabbare Aufgabenbereiche zuzuteilen. Zum anderen geben die E_2-Regeln Muster für die einfügbaren E_1-Regelwerksobjekte vor. Wie unter Abschnitt 5.2.2.3 ausführlich erläutert wurde, tragen diese XML-Muster zur Vereinfachung der Definition interoperabler E_1-Rechte bei.

Über die E_2-Rolle crud-L2-Right$_{\text{L1-read}}$ werden die E_1-Rollen read-L1-Right$_{\text{L0-Role-CITIZEN}}$ und read-L1-Right$_{\text{L0-Role-GDI-STAFF}}$ definiert. Die E_1-Rolle read-L1-Right$_{\text{L0-Role-CITIZEN}}$ darf die Privilegien abfragen, die der E_0-Rolle CITIZEN zugewiesen werden. Über die E_1-Rolle read-L1-Right$_{\text{L0-GDI-staff}}$ kann hingegen lesend auf die Definitionen der Privilegien der GDI-BY- und GDI-BW-spezifischen E_0-Rollen zugegriffen werden.

6. Evaluierung

Ebene 1

Die Administratoren auf der Ebene 1 nutzen die zur Verfügung stehenden E_1-Rollen, um die beiden E_1-Regelwerke aufzubauen. Die E_1-Regelwerke sorgen dafür, dass auf jeden E_0-Dienst über maximal drei verschiedene E_0-Rollen zugegriffen werden kann, denen unterschiedlich mächtige Privilegien zugeteilt sind. Über die E_0-Rolle CITIZEN sind nur einige wenige Interaktionen mit zwei E_0-Diensten der GDI möglich. Einen deutlich umfangreicheren Interaktionsraum bieten die GDI-BY- und GDI-BW-spezifischen E_0-Rollen. Jede der GDI-BY-E_0-Rollen hat ein entsprechendes Pendant in der Menge der GDI-BW-E_0-Rollen. Diese Paare sind semantisch sehr ähnlich und unterscheiden sich lediglich darin, dass den GDI-BY-E_0-Rollen nur Aktionen auf Featuredaten, Layerausschnitten oder Observations innerhalb Bayerns erlaubt sind, während die GDI-BW-E_0-Rollen die gleichen Aktionen nur auf Featuredaten, Layerausschnitten oder Observations innerhalb Baden-Württembergs ausführen dürfen. Beispielsweise können über die E_0-Rolle GDI-BY-WFS-A-ADMIN nur Gebäude und Straßenfeatures, die innerhalb Bayerns liegen, eingefügt, upgedatet und gelöscht werden. Im Gegensatz dazu können über die E_0-Rolle GDI-BW-WFS-A-ADMIN nur Gebäude und Straßenfeatures, die innerhalb Baden-Württembergs liegen, eingefügt, upgedatet und gelöscht werden.

In der unten stehenden Auflistung sind die im E_1-Regelwerk definierten Privilegien der verschiedenen E_0-Rollen informell beschrieben. Eine (Geo)XACML v3.0-konforme Formulierung der beiden E_1-Regelwerke findet sich unter: "www.geoxacml.com/phd/examples".

Unter dieser URL sind auch die oben vorgestellten E_2- und E_3-Regelwerke in XACML v3.0-kodierter Form abgelegt. Bei den online verfügbaren E_x-Regelwerken wurde folgende Strategie zur Umsetzung der geforderten Autorisationssemantiken angewendet: Die Administratoren werden in bestimmten Situationen dazu "gezwungen", zunächst einige Regelwerksobjekte einzufügen, die bestimmte Muster erfüllen, bevor sie unterhalb dieser die eigentlich gewünschten Regelwerksobjekte in das Regelwerk integrieren können. Dieses Vorgehen ermöglicht, dass bestimmte Eigenschaften der in die E_x-Regelwerke einfügbaren E_x-Rechte durchgesetzt werden können.

- **GDI-BY-WFS-A-USER (GDI-BW-WFS-A-USER)**
  Der E_0-Rolle GDI-BY-WFS-A-USER (GDI-BW-WFS-A-USER) wurde von

6.2. Nutzung des ebenenbasierten Administrationsmodells im GDI Umfeld

den E_1-Rollen crud-L1-Right$_{WFS-A}$,Building und crud-L1-Right$_{WFS-A}$,Street gestattet, über GetFeature Zugriffe auf den WFS$_A$ zuzugreifen, wenn diese nur Features der Klasse Building oder Street selektiert, die zudem innerhalb Bayerns (Baden-Württembergs) liegen.

- **GDI-BY-WFS-A-ADMIN (GDI-BW-WFS-A-ADMIN)**
  Die E_0-Rolle GDI-BY-WFS-A-ADMIN (GDI-BW-WFS-A-ADMIN) darf über Transaction/insert, Transaction/delete und Transaction/update Anfragen auf den WFS$_A$ zugreifen, wenn sich diese Anfragen auf Features der Klasse Building oder Street beziehen, die zudem innerhalb Bayerns (Baden-Württembergs) liegen.

- **GDI-BY-SOS-USER (GDI-BW-SOS-USER)**
  Die E_0-Rolle GDI-BY-SOS-USER (GDI-BW-SOS-USER) darf über die GetObservations Funktionalität auf Observations vom Typ "AggregateChemicalPresence" des "pollution" Offerings des SOS zugreifen, wenn diese in einer Messstation innerhalb Bayerns (Baden-Württembergs) erfasst wurden.

- **GDI-BY-WFS-B-USER (GDI-BW-WFS-B-USER)**
  Der E_0-Rolle GDI-BY-WFS-B-USER (GDI-BW-WFS-B-USER) wurde von der E_1-Rolle crud-L1-RightWFS-B gestattet, über GetFeature Zugriffe auf den WFS$_B$ zuzugreifen, wenn diese nur Features der Klasse POI selektieren, die zudem innerhalb Bayerns (Baden-Württembergs) liegen.

- **GDI-BY-WFS-B-ADMIN (GDI-BW-WFS-B-ADMIN)**
  Die E_0-Rolle GDI-BY-WFS-B-ADMIN (GDI-BW-WFS-B-ADMIN) darf über Transaction/insert, Transaction/delete und Transaction/update Anfragen auf den WFS$_B$ zugreifen, wenn sich diese Anfragen auf Features der Klasse POI beziehen, die zudem innerhalb Bayerns (Baden-Württembergs) liegen.

- **GDI-BY-WMS-USER (GDI-BW-WMS-USER)**
  Über die E_0-Rolle GDI-BY-WMS-USER (GDI-BW-WMS-USER) kann nur auf den Layer AerialPhotograph zugegriffen werden. Zudem muss der über das BBOX KVP selektierte Raumausschnitt innerhalb Bayerns (Baden-Württembergs) liegen.

6. Evaluierung

- **GDI-BY-WMS-DM-ACTOR[4] (GDI-BW-WM-DM-ACTOR)**
  Über die E_0-Rolle GDI-BY-WMS-DM-ACTOR (GDI-BW-WMS-DM-ACTOR) kann ausschließlich auf die Layer DisasterAreas und InjuredPersons zugegriffen werden. Zudem muss der über das BBOX KVP selektierte Raumausschnitt innerhalb Bayerns (Baden-Württembergs) liegen.

- **GDI-DE-WPS-USER**
  Über die E_0-Rolle GDI-DE-WPS-USER kann uneingeschränkt auf den WPS zugegriffen werden.

- **CITIZEN**
  Über die CITIZEN E_0-Rolle können folgende Interaktionen getätigt werden: Zum einen können Gebäudefeatures vom WFS_A selektiert werden, deren Besitzer dem anfragenden Subjekt entspricht. Zum anderen kann der Layer AerialPhotograph vom WMS abgefragt werden, wenn der BBOX Parameter ein Gebiet beschreibt, das im Umkreis von 500 Metern um den aktuellen Standort des Subjekts liegt.

---

[4]DM-ACTOR = Abk. für Akteur im Katastrophenmanagement (engl. disaster management actor)

7. Zusammenfassung und Ausblick

Dieses Kapitel fasst die Ergebnisse der vorliegenden Arbeit zusammen (s. 7.1) und stellt einige interessante Themengebiete vor, die in weiterführenden Forschungsarbeiten detaillierter betrachtet werden sollten (s. 7.2).

7.1. Zusammenfassung

Im Rahmen dieser Arbeit wurde am Beispiel von Geodateninfrastrukturen aufgezeigt, wie die Ressourcen serviceorientierter Architekturen vor unautorisierten Zugriffen geschützt und die hierfür benötigten Zugriffskontrollsysteme administriert werden können.

Nach einem Überblick über die relevanten Grundlagen aus dem SOA- und GDI-Umfeld wurde ein Klassifikationsschema für Zugriffsrechtemodelle erarbeitet. Für jede Kategorie der Taxonomie wurden die bekanntesten Rechtemodelle vorgestellt und ihre charakteristischen Eigenschaften erläutert.

Es folgte eine ausführliche Darstellung der in der Praxis existierenden Anforderungen an Zugriffskontrollsysteme für GDIs. Basierend auf den Ergebnissen dieser Anforderungsanalyse wurde diskutiert, welche der zuvor vorgestellten Rechtemodellklassen geeignet sind, um die in GDIs durchzusetzenden Autorisationssemantiken zu beschreiben. Es konnte gezeigt werden, dass weder SAR-, noch View-, noch Tagging-basierte Modelle den Anforderungen genügen. Stattdessen muss in einem Zugriffskontrollsystem für eine GDI ein hybrides Rechtemodell eingesetzt werden, das die Konzepte von regel-, rewrite-, und rollenbasierten Rechtemodellen in sich vereint.

7. Zusammenfassung und Ausblick

Im Anschluss wurde ausführlich analysiert, wie das geforderte hybride Rechtemodell und das zugehörige Evaluationskontextmodell durch Modifikation und Erweiterung des XACML v2.0 Standards implementiert werden können. Die erarbeiteten Lösungen wurden dem OASIS XACML TC vorgestellt und sind in die neue XACML v3.0 Spezifikation, das XACML v3.0 Multiple Decision Profile und das XACML v3.0 Hierarchical Resource Profile eingeflossen. Zudem resultierten die Forschungsergebnisse im OGC GeoXACML Standard und im XACML v3.0 OGC Web Service Profile inklusive seiner OWS-spezifischen Extension Dokumente.

Basierend auf den genannten Spezifikationen lassen sich leistungsfähige, dezentrale und interoperable Zugriffskontrollsysteme für GDIs und beliebige SOAs einfach realisieren. Diese Systeme ermöglichen die Durchsetzung feingranularer, raumbezogener und kontextabhängiger Rechte, die sich auf Subjekte, Ressourcen und Aktionen mit bestimmten Eigenschaften beziehen. Dadurch dass diese Zugriffskontrollsysteme die PAMAP-Strategie unterstützen, können sie nicht nur ein Alles-oder-nichts-Prinzip verfolgen, sondern bei Bedarf zumindest den autorisierten Anteil eines Interaktionswunsches berechnen und zulassen.

Kapitel 5 beschäftigte sich mit der Frage, wie umfangreiche, komplexe und verteilte (Geo)XACML v3.0-kodierte Regelwerke geeignet administriert werden können. Nach der Beschreibung, welche Funktionalitäten Administrationsdienste zur Pflege dieser Regelwerke anbieten müssen, wurde erläutert, dass aus diversen Gründen ein Bedarf an Zugriffskontrollsystemen für diese Administrationsdienste besteht. Administrationssysteme für Regelwerke müssen folglich aus einer Menge von Administrationsdiensten und Zugriffskontrollsystemen bestehen, um die Wissensbasen von Zugriffskontrollsystemen adäquat verwalten zu können.

Um den Aufbau dieser Administrationssysteme zu vereinfachen, wurde das LAM, ein ebenenbasiertes Administrationsmodell, entwickelt. Anhand der Vorgaben des LAM können flexible und leistungsfähige Administrationssysteme für Zugriffskontrollsysteme realisiert werden. LAM-konforme Administrationssysteme unterstützen die Definition von Rechten, durch die die möglichen Interaktionen mit Administrationsdiensten gesteuert werden. Über diese Rechte lassen sich die administrativen Rechte bzw. Aufgaben sowohl horizontal als auch vertikal auf verschiedene administrative Rollen aufteilen. Zudem ermöglichen die klaren Festlegungen des LAM, beliebig konkrete Muster für Regelwerksobjekte auf den verschiedenen Ebenen festzulegen, wodurch sich die Definition von Zugriffsrechten deutlich verein-

7.2. Ausblick

facht. Indem die administrativen Rechte bzw. Aufgaben geeignet verteilt werden, möglichst restriktive aber dennoch ausreichend flexible Muster für Regelwerksobjekte vorgegeben werden und die von den Administrationsdiensten zur Verfügung gestellten Schnittstellen genutzt werden, kann eine sichere und handhabbare Verwaltung der Wissensbasen von Zugriffskontrollsystemen großer serviceorientierter Architekturen erreicht werden.

Abschließend wurde in Kapitel 6 anhand zahlreicher Beispiele demonstriert, wie das in Kapitel 4 herausgearbeitete hybride, XACML-basierte Rechtemodell und das in Kapitel 5 eingeführte ebenenbasierte Administrationsmodell im GDI Umfeld eingesetzt werden können, um die identifizierten Anforderungen zu erfüllen.

7.2. Ausblick

In den nachfolgenden Abschnitten werden zwei interessante Themengebiete angesprochen, die in weiterführenden Arbeiten detaillierter zu untersuchen sind.

7.2.1. Analyse und Optimierung (Geo)XACML v3.0-kodierter Regelwerke

Die Schnittstellen des in Abschnitt 5.3.2.2 vorgestellten Administrationsdiensts wurden generisch definiert. Dadurch können über analyze Anfragen an einen XACML-PAWS – in Abhängigkeit der Fähigkeiten der Implementierung – komplexe Analysen auf den Elementen (Geo)XACML-kodierter Regelwerke durchgeführt werden. Zur Realisierung dieser Analysefunktionalitäten bietet es sich an, (Geo)XACML-kodierte Regelwerkobjekte in semantisch äquivalente Ausdrücke eines geeigneten Logikkalküls zu übersetzen (z.B. Constraint-Kalküle, Beschreibungslogiken oder Prädikatenlogik). Nach dem Wechsel der Repräsentationsform können die in der (oder den) verwendeten Logik(en) geltenden Schlussregeln genutzt werden, um neue Informationen über die in einem Regelwerk definierten Rechte abzuleiten. Beispielsweise kann geschlussfolgert werden, dass bestimmte Regeln nie erfüllbar sind, im Konflikt mit anderen Regeln stehen oder redundant sind.

7. Zusammenfassung und Ausblick

Werden die Schlussregeln nicht nur auf den Aussagen angewandt, die sich aus der Transformation der Regelwerke ergeben haben, sondern zusätzlich auf den Sätzen, die bestimmte Annahmen oder Fakten über bzw. zu den Daten der Subjekte, Ressourcen und Umgebungszustände beschreiben, dann lassen sich zahlreiche weitere Behauptungen und Eigenschaften der Regelwerkobjekte formal beweisen.

Um eine logikbasierte Analyse (Geo)XACML-kodierter Regelwerke zu unterstützen, sind u.a. die nachfolgend aufgelisteten Forschungsfragen detailliert zu untersuchen:

- Welche Logikkalküle eignen sich für welche Analysen?

- Wie drückt man (Geo)XACML v3.0-kodierte Regelwerke mit dem Vokabular des gewählten Kalküls aus?

- Wie lassen sich verschiedene Logikkalküle geeignet kombinieren, um mächtigere Schlussfolgerungen zu ermöglichen?

- Welche Einschränkungen der definierbaren E_x-Regelwerkobjekte sind über E_{x+1}-Regelwerke durchzusetzen, um ein effizientes Schließen über den Regelwerken zu garantieren?

- Welche ebenenübergreifenden oder change-impact Analysen lassen sich realisieren?

- u.v.m.

Im Rahmen der Arbeit bereits durchgeführte Analysen zu den aufgelisteten Themengebieten haben ergeben, dass sowohl die Einbindung generischer Theorembeweiser (z.B. Isabelle [NWP02]) als auch die Verwendung geeigneter Constraint-basierter Schließverfahren inklusive zugehöriger Relationenalgebren[1] [LM94] vielversprechende Ansätze sind, um bestimmte Eigenschaften (Geo)XACML v3.0-kodierter Regelwerkobjekte formal zu verifizieren.

Relationenalgebren bieten sich an, da die Mehrheit der in XACML und GeoXACML definierten Funktionen als qualitative binäre Relationen über unendlichen Domänen interpretiert werden können. Die semantisch zusammengehörenden Relationsmengen haben zudem die Eigenschaft, paarweise disjunkt

---
[1] Nicht zu verwechseln mit der im Datenbankumfeld verwendeten relationalen Algebra.

7.2. Ausblick

und gemeinsam vollständig zu sein – d.h. zwischen zwei Entitäten kann genau eine Relation gelten. Darüber hinaus kann das Ergebnis der Komposition von Relationen basierend auf der eindeutig festgelegten Semantik der (Geo)XACML Funktionen und der in den Spezifikationen definierten Domänen ihrer Argumente berechnet bzw. bewiesen werden.

Auf Grundlage der ermittelten Kompositionstabellen können zahlreiche Analysefunktionen einfach realisiert werden. Nachdem das in den Regelwerken vorliegende Wissen über geeignet partitionierte Constraintmengen beschrieben wurde, kann anschließend mit Hilfe geeigneter Algorithmen (z.b. dem Path-Constistency Algorithmus) und unter Ausnutzung der Kompositionstabellen einfach entschiedenen werden, ob die Variablen so belegt werden können, dass alle Constraints erfüllt werden.

Verwendet man die oben skizzierte Strategie, um die Erfüllbarkeit von Konjunktionen von (Geo)XACML Regelwerksobjekten zu ermitteln, so müssen aufgrund der Charakteristika der zeit- und raumbezogenen Funktionen der XACML bzw. GeoXACML Spezifikation einige Besonderheiten beachtet werden. Um beispielsweise die Kompositionstabelle für die topologischen Funktionen des GeoXACML Standards zu berechnen, müssen das von GML 2 oder GML 3 verwendete Geometriemodell und die in der Simple Feature Spezifikation festgelegte Definition der Relationen im Detail berücksichtigt werden. Hierfür sind existierende Kalküle (z.b. der Region Connection Calculus [RCC92]), auf deren Basis die Kompositionstabelle berechnet wird, geeignet zu erweitern.

Nachdem geeignete Logiken entwickelt und die Kompositionstabellen für die einzelnen Relationsmengen berechnet wurden, könnte im Anschluss untersucht werden, wie sich die unterschiedlichen Relationsmengen untereinander beeinflussen und in welchem Zusammenhang die boolschen und skalaren Funktionen der (Geo)XACML Spezifikation stehen. Wenn diese Beziehungen bei der Konzeption der Analysealgorithmen berücksichtigt werden, lässt sich die Qualität der Schlüsse u.U. verbessern. Beispielsweise bestehen zwischen den topologischen Relationen und den length und area Funktionen der GeoXACML Spezifikation Beziehungen, die bei Konsistenzanalysen von Regelbedingungen genutzt werden können, um zusätzliche Erkenntnisse zu gewinnen (z.B. [(Area$_A$ within Area$_B$) $\wedge$ (Area$_B$ within Area$_C$) $\wedge$ (size(Area$_A$) > size(Area$_C$))] $\Rightarrow$ inconsistency).

7. Zusammenfassung und Ausblick

Ein weiterer Forschungsbereich, der bei der Verwendung von Relationenalgebren und qualitativer Constraint-Kalküle intensiv untersucht werden sollte, ist das Laufzeitverhalten der Path-Constistency u.ä. Algorithmen. Hierbei stellt sich beispielsweise die Frage, wie die Menge der möglichen Relationskompositionen und Regelgeometrien über geeignet definierte E_{x+1} Regelwerke sinnvoll eingeschränkt werden kann, damit die zu lösenden Entscheidungsprobleme stets in der Komplexitätsklasse P liegen.

Nachdem für einen XACML-PAWS ein geeignetes logikbasiertes Analysemodul entwickelt wurde, sind auf Basis der unterstützten Analysefunktionen geeignete Methoden zur Optimierung und Umstrukturierung der Regelwerksobjekte zu realisieren. Beispielsweise sollten redundante Teile in den Bedingungsausdrücken zusammengefasst oder – wenn möglich – eliminiert werden. Zudem ist die Struktur des letztendlich von einem PDP verwendeten Regelwerksbaumes aus laufzeittechnischen Gesichtspunkten zu optimieren. Ziel ist es, den durch den Zugriffskontrollprozess verursachten mittleren zeitlichen Mehraufwand soweit wie möglich durch geeignete Regelwerksbaumstrukturen zu minimieren. Hierbei sind neben allgemeingültigen Optimierungskriterien auch anwendungsfallspezifische Aspekte, wie z.B. die Anzahl und Art der Regeln und das Zugriffsverhalten der Nutzer, zu berücksichtigen.

7.2.2. Benutzerschnittstellen für Administrationsdienste

Zur Administration der Regelwerke von Zugriffskontrollsystemen werden Administrationsdienste benötigt. In dieser Arbeit wurden die Schnittstellen des XACML Policy Administration Web Service beschrieben (vgl. 5.3.2.2), über die sich XACML-kodierte Regelwerke geeignet definieren und verwalten lassen. Passend zu den Schnittstellen des verwendeten Administrationsdiensts ist eine Client-Komponente zu entwickeln, die den Administratoren eine geeignete graphische Benutzeroberfläche bietet. Die GUI sollte unterschiedlich detaillierte Sichten auf bereits definierte Regelwerksobjekte bereitstellen und ein komfortables Editieren der Regelwerke ermöglichen.

7.2. Ausblick

Um die Administratoren bei der Definition von Zugriffsrechten für Geo Web Services und Geodaten geeignet zu unterstützen, sollte die Client-Komponente zusätzlich einige spezielle Funktionen anbieten. Beispielsweise ist es hilfreich, die Geometrien raumbezogener Zugriffsregeln (ggf. neben den zu schützenden Geodaten) in thematischen Karten zu visualisieren. Die Definition raumbezogener Regeln kann außerdem erleichtert werden, indem neu zu definierende Regelgeometrien direkt "in" diese Karten gezeichnet werden können oder zusätzliche Layer geladen werden können, deren Features als neue Regelgeometrien selektierbar sind.

Dank der Unterstützung verschiedener Visualisierungsformen der Regelwerksobjekte kann bei Bedarf von syntaktischen Details der XACML-kodierten Regelwerke abstrahiert werden, was deren Lesbarkeit verbessert. Allgemein gilt, dass eine leicht verständliche Darstellung der Regelwerke und intuitiv verwendbare und veredelnde Eingabemasken zur Vereinfachung der administrativen Arbeiten beitragen und somit die Qualität der Regelwerke erhöhen.

Im Rahmen der Entwicklung einer Client-Komponente muss zudem eingehend betrachtet werden, wie – basierend auf den in E_x-Regelwerken der verschiedenen Ebenen definierten XML-Mustern – geeignete GUIs und Direktive erzeugt werden können. Vorstellbar ist beispielsweise, dass ein Administrator nach Aktivierung einer bestimmten E_x-Rolle eine dynamisch angepasste GUI bereitgestellt bekommt, in der die Vorgaben der für diese E_x-Rolle geltenden E_{x+1} Rechte berücksichtigt sind.

Geeignete Client-Komponenten zur Präsentation, Eingabe und Modifikation von Regelwerksobjekten sind insbesondere vor dem Hintergrund wichtig, dass auch Mitarbeiter ohne spezielle IT-Kenntnisse (z.B. Personaler) für die Vergabe und formale Definition von Rechten verantwortlich sein können.

Literaturverzeichnis

[ACD+08] ARDAGNA, Claudio A.; CREMONINI, Marco; DE CAPITANI DI VIMERCATI, Sabrina u. a.: Privacy-enhanced Location-based Access Control. In: GERTZ, M. (Hrsg.); JAJODIA, S. (Hrsg.): *The Handbook of Database Security: Applications and Trends.* Springer, 2008, S. 531–552

[ADF+03] ALTINEL, Mehmet; DIAO, Yanlei; FRANKLIN, Michael J. u. a.: Path Sharing and Predicate Evaluation for High-Performance XML Filtering. In: *ACM TRANS. DATABASE SYST* 28 (2003)

[And05a] ANDERSON, Anne: Core and hierarchical role based access control (RBAC) profile of XACML v2.0 / Organization for the Advancement of Structured Information Standards (OASIS). 2005. – OASIS Standard. – http://docs.oasis-open.org/xacml/2.0/access_control-xacml-2.0-rbac-profile1-spec-os.pdf

[And05b] ANDERSON, Anne: Hierarchical resource profile of XACML v2.0 / Organization for the Advancement of Structured Information Standards (OASIS). 2005. – OASIS Standard. – http://docs.oasis-open.org/xacml/2.0/access_control-xacml-2.0-hier-profile-spec-os.pdf

[And05c] ANDERSON, Anne: Multiple resource profile of XACML v2.0 / Organization for the Advancement of Structured Information Standards (OASIS). 2005. –
OASIS Standard. – http://docs.oasis-open.org/xacml/2.0/access_control-xacml-2.0-mult-profile-spec-os.pdf

[BBC+10] BERGL, Anders; BOAG, Scott; CHAMBERLIN, Don u. a.: XML Path Language (XPath) 2.0 (Second Edition) / World Wide Web Consortium (W3C). 2010. – W3C Recommendation. –

http://www.w3.org/TR/2010/REC-xpath20-20101214/

[BFP03] BERTINO, Elisa; FERRARI, Elena; PROVENZA, Loredana: Signature and Access Control Policies for XML Documents. In: SNEKKENES, Einar (Hrsg.); GOLLMANN, Dieter (Hrsg.): *LNCS: Computer Security – ESORICS*. Springer. Bd 2808, 2003

[BGZ96] BUNGARZ, Hans-Joachim; GRIEBEL, Michael; ZENGER, Christoph: *Einführung in die Computergraphik: Grundlagen, Geometrische Modellierung, Algorithmen*. 1. Auflage. Vieweg+Teubner, 1996

[Bib75] BIBA, Kenneth J.: Integrity Considerations for Secure Computer Systems. 1975. – MITRE Technical Report 3153

[Bis09] BISKUP, Joachim: *Security in Computing Systems - Challenges, Approaches and Solutions*. Springer, 2009

[BL73] BELL, Elliott; LAPADULA, Leonard J.: Secure Computer Systems: Mathematical Foundations. 1973. – MITRE Technical Report 2547

[BL75] BELL, Elliott; LAPADULA, Leonard J.: Secure Computer Systems: Unified Exposition and MULTICS Interpretation. 1975. – MITRE Technical Report 2997

[BLFM05] BERNERS-LEE, Tim; FIELDING, Roy; MASINTER, Larry: Uniform Resource Identifiers (URI): Generic Syntax / The Internet Engineering Task Force (IETF). 2005. – IETF RFC 3986 Standard. – http://www.ietf.org/rfc/rfc3986.txt

[BPM04] BIRON, Paul V.; PERMANENTE, Kaiser; MALHOTRA, Ashok: XML Schema Part 2: Datatypes (Second Edition) / World Wide Web Consortium (W3C). 2004. – W3C Recommendation. – http://www.w3.org/TR/2004/REC-xmlschema-2-20041028/

[BPT+11] BOLEY, Harold; PASCHKE, Adrian; TABET, Said u.a.: Schema Specification of RuleML 1.0 / Open Geospatial Consortium (OGC). 2011. – Proposal for W3C Recommendation. – http://ruleml.org/1.0/

[BR07] BOTTS, Mike; ROBIN, Alexandre: OpenGIS Sensor Model Language

Literaturverzeichnis

(SensorML) Implementation Specification, Version 1.0.0 / Open Geospatial Consortium (OGC). 2007. – OGC Implementation Standard. – http://portal.opengeospatial.org/files/?artifact_id=21273

[BS10] BICHLER, Martin; SETZER, Thomas: Orchestrierung von Web-Services. In: *Enzyklopädie der Wirtschaftsinformatik. Vierte Auflage*, 2010

[Bun06] BUNDESAMT FÜR SICHERHEIT IN DER INFORMATIONSTECHNIK (BSI): SOA-Security-Kompendium Version 2.0 / Bundesamt für Sicherheit in der Informationstechnik (BSI). 2006. – BSI Studie. – https://www.bsi.bund.de/SharedDocs/Downloads/DE/BSI/SOA/SOA-Security-Kompendium_pdf.pdf

[Bun09] BUNDESMINISTERIUM DER JUSTIZ: *Gesetz über den Zugang zu digitalen Geodaten (Geodatenzugangsgesetz - GeoZG)*. 2009. – http://bundesrecht.juris.de/bundesrecht/geozg/gesamt.pdf

[CA08] CHUN, Soon A.; ATLURI, Vijayalakshmi: Geospatial Database Security. In: GERTZ, M. (Hrsg.); JAJODIA, S. (Hrsg.): *Handbook of Database Security: Applications and Trends*. Springer, 2008, S. 247–266

[CCL+02] COX, Simon; CUTHBERT, Adrian; LAKE, Ron u. a.: OpenGIS Geography Markup Language (GML) Implementation Specification, Version 2.1.2 / Open Geospatial Consortium (OGC). 2002. – OpenGIS Implementation Specification. – http://portal.opengeospatial.org/files/?artifact_id=20509

[CCM+01] CHRISTENSEN, Erik; CURBERA, Francisco; MEREDITH, Greg u. a.: Web Services Description Language (WSDL) 1.1 / World Wide Web Consortium (W3C). 2001. – W3C Note. – http://www.w3.org/TR/2001/NOTE-wsdl-20010315

[CHv+05] CLEMENT, Luc; HATELY, Andrew; VON RIEGEN, Claus u. a.: Universal Description, Discovery and Integration v3 (UDDI) Specification / Organization for the Advancement of Structured Information Standards (OASIS). 2005. – OASIS Standard. – http://www.oasis-open.org/committees/uddi-spec/doc/spec/v3/uddi-v3.0.2-20041019.htm

Literaturverzeichnis

[CK06] CRAMPTON, Jason; KHAMBHAMMETTU, Hemanth: Delegation in Role-Based Access Control. In: GOLLMANN, Dieter (Hrsg.); MEIER, Jan (Hrsg.); SABELFELD, Andrei (Hrsg.): *Computer Security - ESORICS*. Bd. *4189*. Springer, 2006 (Lecture Notes in Computer Science)

[Cla01] CLARK, James: *TREX - Tree Regular Expressions for XML*. Thai Open Source Software Center, 2001. - http://www.thaiopensource.com/trex/

[CM01] CLARK, James; MAKOTO, Murata: *RELAX NG Specification*. Organization for the Advancement of Structured Information Standards (OASIS), 2001. – Committee Specification. – http://www.oasis-open.org/committees/relax-ng/spec-20011203.html

[CMR+07] CHINNICI, Roberto; MOREAU, Jean-Jacques; RYMAN, Canon A. u. a.: *Web Services Description Language (WSDL) Version 2.0 Part 1: Core Language* / World Wide Web Consortium (W3C). 2007. – W3C Recommendation. – http://www.w3.org/TR/2007/REC-wsdl20-20070626

[Con01] CONTENTGUARD, Inc.: *eXtensible rights Markup Language, Version 2.0*. 2001. – Forschungsbericht. – http://www.xrml.org/

[DDS+02] DAMIANI, Ernesto; DE CAPITANI DI VIMERCATI, Sabrina; SAMARATI, Pierangela u. a.: A fine-grained access control system for XML documents. In: *ACM Trans. Inf. Syst. Secur.* 5 (2002)

[de 02] DE LA BEAUJARDIERE, Jeff: *Web Map Service Implementation Specification. Part 2: XML for Requests using HTTP POST* / Open Geospatial Consortium (OGC). 2002. – OpenGIS Discussion Paper. – https://portal.opengeospatial.org/files/?artifact_id=1118

[de 06] DE LA BEAUJARDIERE, Jeff: *OpenGIS Web Map Server Implementation Specification, Version 1.3.0* / Open Geospatial Consortium (OGC). 2006. – OGC Implementation Specification. – http://portal.opengeospatial.org/files/?artifact_id=14416

[DF03a] DIAO, Yanlei; FRANKLIN, Michael: Query processing for high-volume XML message brokering. In: *Proceedings of the 29th international conference on Very large data bases - Volume 29*, VLDB Endowment, 2003

Literaturverzeichnis

[DF03b] DIAO, Yanlei; FRANKLIN, Michael J.: High-Performance XML Filtering: An Overview of YFilter. In: *IEEE Data Engineering Bulletin* 26 (2003), S. 41–48. – http://www.cs.umass.edu/yanlei/publications/filtering-overview.pdf

[DFP+08] DE CAPITANI DI VIMERCATI, Sabrina; FORESTI, Sara; PARABOSHI, Stefano u. a.: Access Control Models for XML. In: GERTZ, M. (Hrsg.); JAJODIA, S. (Hrsg.): *Handbook of Database Security: Applications and Trends*. Springer, 2008, S. 27–54

[DFS08] DE CAPITANI DI VIMERCATI, Sabrina; FORESTI, Sara; SAMARATI, Pierangela: Recent Advances in Access Control. In: GERTZ, M. (Hrsg.); JAJODIA, S. (Hrsg.): *Handbook of Database Security: Applications and Trends*. Springer, 2008, S. 1–26

[Dia05] DIAO, Yanlei: *Query Processing for Large-Scale XML Message Brokering*. Berkley, USA, University of California, Diss., 2005

[Eck09] ECKERT, Claudia: *IT-Sicherheit*. 6. Auflage. Oldenbourg, 2009

[Eur08] EUROPÄISCHE UNION: INSPIRE Network Services Architecture / INSPIRE Network Services Drafting Team. 2008. – Forschungsbericht. – http://inspire.jrc.ec.europa.eu/reports/ImplementingRules/network/-D3_5_INSPIRE_NS_Architecture_v3-0.pdf

[Eur09] EUROPÄISCHEN UNION: *VERORDNUNG (EU) Nr. 268/2010*. Amtsblatt der Europäischen Union, 2009. – http://eur-lex.europa.eu/LexUriServ/LexUriServ.do?uri=OJ:L:2010:083

[FHH+09] FAUST, T.; HESS, D.; HÖHNE, A. u. a.: Die Geodateninfrastruktur Baden-Württemberg im nationalen und europäischen Kontext. In: *zfv Zeitschrift für Geodäsie, Geoinformation und Landmanagement*, 2009, S. 187–200

[FJKS09] FICHTINGER, A.; JAENICKE, K.; KRAUT, V.; SCHILCHER, M.: INSPIRE für Entscheidungsträger / Runder Tisch Geoinformationssysteme e.V. 2009. – Forschungsbericht. – http://www.rtg.bv.tum.de/images/stories/downloads/projektarbeit-/projekte_topaktuell/INSPIREGMES/inspire_broschre_v3.pdf

Literaturverzeichnis

[FJO04] FORNEFELD, Martin; JAENICKE, Kathrin; OEFINGER, Peter: Nutzen von Geodateninfrastrukturen. 2004. – Forschungsbericht. – https://www.geoportal.nrw.de/application-informationen/gdi/gdinrw

[FK92] FERRAIOLO, David; KUHN, Richard: Role-Based Access Control. In: *15th NIST-NCSC National Computer Security Conference*, 1992, S. 554–563

[GHL+07] GUDGIN, Martin; HADLEY, Marc; LAFON, Yves u. a.: SOAP Version 1.2 (Second Edition) / World Wide Web Consortium (W3C). 2007. – W3C Recommendation. – http://www.w3.org/TR/soap12

[GW10] GREENWOOD, Jim; WHITESIDE, Arliss: OGC Web Services Common Standard, Version 2.0.0 / Open Geospatial Consortium (OGC). 2010. – OGC Implementation Standard. – http://portal.opengeospatial.org/files/?artifact_id=38867

[HB04] HAAS, Hugo; BROWN, Allen: W3C Web Services Glossary / World Wide Web Consortium (W3C). 2004. – W3C Technical Report. – http://www.w3.org/TR/2004/NOTE-ws-gloss-20040211

[Her05] HERRMANN, Jan: *Entwicklung und Implementierung einer raumbezogenen Zugriffskontrolle für Geo Web Services.* München, Deutschland, Technische Universität München, Diplomarbeit, 2005

[Her06] HERRING, John R.: OpenGIS Implementation Specification for Geographic information – Simple feature access – Part 1: Common architecture / Open Geospatial Consortium (OGC). 2006. – OpenGIS Implementation Specification. – http://portal.opengeospatial.org/files/?artifact_id=18241

[Her07] HERRMANN, Jan: *Geo Web Services und Zugriffskontrolle im Katastrophenmanagement.* München, Deutschland, Ludwig-Maximilians-Universität München, Diplomarbeit, 2007

[Her09a] HERRMANN, Jan: *Change Requests on the Hierarchical and Multiple Resource Profile of XACML 3.0 commitee draft 1.* 2009. – http://markmail.org/message/xalya55dyjd53521

Literaturverzeichnis

[Her09b] HERRMANN, Jan: *Change Requests on the XACML 3.0 commitee draft 1*. 2009. – http://markmail.org/message/e5kieivrrfsvkegj

[Her11a] HERRMANN, Jan: XACML v3.0 OGC Web Service Profile Version 0.8.0 / Open Geospatial Consortium (OGC). 2011. – OGC Implementation Standard, Document stage: Working Draft. – http://portal.opengeospatial.org/modules/files/details.php?m=files&artifact_id=40621

[Her11b] HERRMANN, Jan: XACML v3.0 OGC Web Service Profile Version 0.8.0 – Extension SOS:1.0 Version 0.8 / Open Geospatial Consortium (OGC). 2011. – OGC Implementation Standard, Document stage: Working Draft. – http://portal.opengeospatial.org/modules/files/details.php?m=files&artifact_id=40621

[Her11c] HERRMANN, Jan: XACML v3.0 OGC Web Service Profile Version 0.8.0 – Extension WFS:1.1 Version 0.8 / Open Geospatial Consortium (OGC). 2011. – OGC Implementation Standard, Document stage: Working Draft. – http://portal.opengeospatial.org/modules/files/details.php?m=files&artifact_id=40621

[Her11d] HERRMANN, Jan: XACML v3.0 OGC Web Service Profile Version 0.8.0 – Extension WMS:1.3 Version 0.8 / Open Geospatial Consortium (OGC). 2011. – OGC Implementation Standard, Document stage: Working Draft. – http://portal.opengeospatial.org/modules/files/details.php?m=files&artifact_id=40621

[Her11e] HERRMANN, Jan: XACML v3.0 OGC Web Service Profile Version 0.8.0 – Extension WPS:1.0 Version 0.8 / Open Geospatial Consortium (OGC). 2011. – OGC Implementation Standard, Document stage: Working Draft. – http://portal.opengeospatial.org/modules/files/details.php?m=files&artifact_id=40621

[Her11f] HERRMANN, Jan: XACML v3.0 OGC Web Service Profi-

Literaturverzeichnis

le Version 0.8.0 - Extension XACML-PAWS:1.0 Version 0.8 / Open Geospatial Consortium (OGC). 2011. - OGC Implementation Standard, Document stage: Working Draft. - http://portal.opengeospatial.org/modules/files/details.php?m=files&artifact_id=40621

[HK00] HADA, Satoshi; KUDO, Michiharu: XML access control language Specification / IBM Research Laboratory. 2000. - IBM Specification. - http://www.trl.ibm.com/projects/xml/xacl/xacl-spec.html

[HM08] HERRMANN, Jan; MATHEUS, Andreas: Geospatial eXtensible Access Control Markup Language (GeoXACML), Version 1.0 / Open Geospatial Consortium (OGC). 2008. - OGC Implementation Standard. - http://portal.opengeospatial.org/files/?artifact_id=25218

[HM09] HERRMANN, Jan; MATHEUS, Andreas: OWS-6 GeoXACML Engineering Report / Open Geospatial Consortium (OGC). 2009. - OGC Public Engineering Report. - http://portal.opengeospatial.org/files/?artifact_id=34976

[HM11] HERRMANN, Jan; MATHEUS, Andreas: Geospatial eXtensible Access Control Markup Language (GeoXACML), Version 3.0 / Open Geospatial Consortium (OGC). 2011. - OGC Implementation Standard, Document stage: Working Draft. - http://portal.opengeospatial.org/modules/files/details.php?m=files&artifact_id=44601

[Hub02] HUBER, Ulrich: *Das Referenz-Geoinformationssystem "Nationalpark Bayerischer Wald", eine fachübergreifende Forschungsplattform für die Geoinformatik*. München, Deutschland, Technische Universität München, Diss., 2002

[Hue11] HUEY, Patricia: Oracle Database Security Guide 11g Release 1 (11.1). 2011. - Oracle Documentation. - http://download.oracle.com/docs/cd/B28359_01/network.111/b28531.pdf

[Int86] INTERNATIONAL STANDARDS ORGANIZATION (ISO): ISO 8879:1986

Literaturverzeichnis

Information processing - Text and Office Systems - Standard Generalized Markup Language (SGML) / International Standards Organization (ISO). 1986. – Forschungsbericht

[Int04] INTERNATIONAL COMMITTEE FOR INFORMATION TECHNOLOGY STANDARDS: Information technology - Role Based Access Control (RBAC) / InterNational Committee for Information Technology Standards (INCITS). 2004. – ANSI/INCITS Standard. – http://profsandhu.com/journals/tissec/ANSI+INCITS+359-2004.pdf

[Int06] INTERNATIONAL STANDARDS ORGANIZATION (ISO): ISO/IEC 19757-3:2006 Information technology - Document Schema Definition Language (DSDL) - Part 3: Rule-based validation – Schematron / International Standards Organization (ISO). 2006. – Forschungsbericht. – http://standards.iso.org/ittf/PubliclyAvailableStandards/c040833_-ISO_IEC_19757-3_2006(E).zip

[Int08] INTERNATIONAL STANDARDS ORGANIZATION: Information technology – Database languages – SQL – Part 3: Call-Level Interface (SQL/CLI) / International Standards Organization (ISO). 2008. – ISO Standard

[Kay07] KAY, Michael: XSL Transformations (XSLT) Version 2.0 / World Wide Web Consortium (W3C). 2007. – W3C Recommendation. – http://www.w3.org/TR/2007/REC-xslt20-20070123/

[KE04] KEMPER, Alfons; EICKLER, André: *Datenbanksysteme - Eine Einführung, 5. Auflage*. Oldenbourg, 2004

[Koo10] KOORDINIERUNGSSTELLE GDI-DE: Architektur der Geodateninfrastruktur Deutschland. 2010. – Beschluss. – http://www.gdi-de.org/download/AK/A-Konzept_v2_100909.pdf

[Lam74] LAMPSON, Butler W.: Protection. In: *ACM Operating System Review*, Vol. 8, 1974, S. 18–24

[Lan06] LANDESAMT FÜR VERMESSUNG UND GEOINFORMATION BAYERN: Geodateninfrastruktur in Bayern – Ein pragmatisches Konzept. 2006. – Forschungsbericht. – http://www.gdi.bayern.de/file/pdf/48/GDI_BY_Konzept.pdf

Literaturverzeichnis

[LLL+04] LUO, Bo; LEE, Dongwon; LEE, Wang-Chien u. a.: QFilter: fine-grained run-time XML access control via NFA-based query rewriting. In: *Proceedings of the thirteenth ACM international conference on Information and knowledge management*. New York, NY, USA, 2004 (CIKM '04). – ISBN 1–58113–874–1, S. 543–552

[LLR10] LEVINSON, Rich; LOCKHART, Hal; RISSANEN, Erik: XACML v3.0 Hierarchical Resource Profile Version 1.0 / Organization for the Advancement of Structured Information Standards (OASIS). 2010. – OASIS Committee Specification. – http://docs.oasis-open.org/xacml/3.0/xacml-3.0-hierarchical-v1-spec-cs-01-en.pdf

[LM94] LADKIN, Peter B.; MADDUX, Roger D.: On Binary Constraint Problems. In: *Journal of the ACM* 41 (1994), S. 435–469

[LR05] LAKE, Ron; REED, Carl: GML Point Profile / Open Geospatial Consortium (OGC). 2005. – OGC Discussion Paper. – http://portal.opengeospatial.org/files/?artifact_id=11606

[Luo02] LUO, Bo: *XML Access Control in Native and RDBMS-Supported XML Databases*. Pennsylvania, USA, The Pennsylvania State University, Diss., 2002

[Lup07] LUPP, Markus: Styled Layer Descriptor profile of the Web Map Service Implementation Specification, Version 1.1.0 (revision 4) / Open Geospatial Consortium (OGC). 2007. – OGC Implementation Specification. – http://portal.opengeospatial.org/files/?artifact_id=22364

[LW88] LOCHOVSKY, Frederick H.; WOO, Carson C.: Role-based security in data base management systems. In: *on Database Security: Status and Prospects*. Amsterdam, The Netherlands, The Netherlands, 1988, 209–222

[Mak01] MAKOTO, Murata: *RELAX (Regular Language description for XML)*. Information Technology Research and Standardization Center (INSTAC), 2001. – http://www.xml.gr.jp/relax/

[Mat05] MATHEUS, Andreas: *Declaration and Enforcement of Access Restrictions for Distributed Geospatial Information Objects*. München, Deutsch-

Literaturverzeichnis

land, Technische Universität München, Diss., 2005

[MCP+06] MALER, Eve; COWAN, John; PAOLI, Jean u. a.: Extensible Markup Language (XML) 1.1 (Second Edition) / World Wide Web Consortium (W3C). 2006. – W3C Recommendation. – http://www.w3.org/TR/2006/REC-xml11-20060816

[MLM+06] MACKENZIE, Matthew; LASKEY, Ken; MCCABE, Francis u. a.: Reference Model for Service Oriented Architecture 1.0 / Organization for the Advancement of Structured Information Standards (OASIS). 2006. – OASIS Standard. – http://www.oasis-open.org/committees/download.php/19679/soa-rm-cs.pdf

[Mos05] MOSES, Tim: eXtensible Access Control Markup Language (XACML) Version 2.0 / Organization for the Advancement of Structured Information Standards (OASIS). 2005. – OASIS Standard. – http://docs.oasis-open.org/xacml/2.0/access_control-xacml-2.0-core-spec-os.pdf

[Neb04] NEBERT, Douglas D.: The SDI Cookbook, Version 2.0 / Global Spatial Data Infrastructure Association. 2004. – Forschungsbericht. – http://www.gsdi.org/docs2004/Cookbook/cookbookV2.0.pdf

[Nee09] NEEDHAM, Paul: *Oracle Label Security with Oracle Database 11g Release 2*. ORACLE White Paper, 2009. – http://www.oracle.com/technetwork/database/options/label-security/index.html

[NGG+07] NADALIN, Anthony; GOODNER, Marc; GUDGIN, Martin u. a.: WS-SecurityPolicy 1.2 / Organization for the Advancement of Structured Information Standards (OASIS). 2007. – OASIS Standard. – http://docs.oasis-open.org/ws-sx/ws-securitypolicy/200702/ws-securitypolicy-1.2-spec-os.pdf

[NP07] NA, Arthur; PRIEST, Mark: OpenGIS Sensor Observation Service, Version 1.0 / Open Geospatial Consortium (OGC). 2007. – OGC Implementation Standard. – http://portal.opengeospatial.org/files/?artifact_id=26667

[NWP02] NIPKOW, Tobias; WENZEL, Markus; PAULSON, Lawrence C.: *Isabel-*

331

Literaturverzeichnis

le/HOL: a proof assistant for higher-order logic. Springer, 2002

[Ope09] OPEN GEOSPATIAL CONSORTIUM (OGC), POLICY SWG: The Specification Model – A Standard for Modular specifications, Version 1.0.0 / Open Geospatial Consortium (OGC). 2009. – OGC Policy Standard. – https://portal.opengeospatial.org/files/?artifact_id=34762

[Opi08] OPINCARU, Cristian: *Service Oriented Security Architecture*. München, Deutschland, Universität der Bundeswehr München, Diss., 2008

[OSZ06] OH, Sejong; SANDHU, Ravi; ZHANG, Xinwen: An effective role administration model using organization structure. In: *ACM Trans. Inf. Syst. Secur.* 9 (2006), Mai, S. 113–137

[Por05] PORTELE, Clemens: OpenGIS Geography Markup Language (GML) Encoding Standard, Version 3.2.1 / Open Geospatial Consortium (OGC). 2005. – OpenGIS Standard. – http://portal.opengeospatial.org/files/?artifact_id=20509

[QK08] QI, Naizhen; KUDO, Michiharu: Access Control Policy Languages in XML. In: GERTZ, M. (Hrsg.); JAJODIA, S. (Hrsg.): *Handbook of Database Security: Applications and Trends*. Springer, 2008, S. 55–72

[RCC92] RANDELL, David A.; CUI, Zhan; COHN, Anthony G.: A Spatial Logic based on Regions and Connection. In: *Proceedings 3rd International Conference on Knowledge Representation and Reasoning*, 1992, S. 165–176

[Ree05] REED, Carl: The OGC Abstract Specification Topic 0: Abstract Specification Overview, Version 5 / Open Geospatial Consortium (OGC). 2005. – OGC Specification. – http://portal.opengeospatial.org/files/?artifact_id=7560

[Ris10a] RISSANEN, Erik: eXtensible Access Control Markup Language (XACML) Version 3.0 / Organization for the Advancement of Structured Information Standards (OASIS). 2010. – OASIS Committee Specification. – http://docs.oasis-open.org/xacml/3.0/xacml-3.0-core-spec-cs-01-en.pdf

Literaturverzeichnis

[Ris10b] RISSANEN, Erik: XACML v3.0 Core and Hierarchical Role Based Access Control (RBAC) Profile Version 1.0 / Organization for the Advancement of Structured Information Standards (OASIS). 2010. – OASIS Committee Specification. – http://docs.oasis-open.org/xacml/3.0/xacml-3.0-multiple-v1-spec-cs-01-en.pdf

[Ris10c] RISSANEN, Erik: XACML v3.0 Multiple Decision Profile Version 1.0 / Organization for the Advancement of Structured Information Standards (OASIS). 2010. – OASIS Committee Specification. – http://docs.oasis-open.org/xacml/3.0/xacml-3.0-multiple-v1-spec-cs-01-en.pdf

[RN04] RUELLAN, Hervé; NIELSEN, Henrik F.: SOAP 1.2 Attachment Feature / World Wide Web Consortium (W3C). 2004. – W3C Recommendation. – http://www.w3.org/TR/2004/NOTE-soap12-af-20040608/

[Sav03] SAVAGE, Ron: *BNF Grammar for ISO/IEC 9075:1992 - Database Language SQL (SQL-92)*. 2003. – http://savage.net.au/SQL/sql-92.bnf

[SBM99] SANDHU, Ravi; BHAMIDIPATI, Venkata; MUNAWER, Qamar: The ARBAC97 model for role-based administration of roles. In: *ACM Trans. Inf. Syst. Secur.* Vol. 2 (1999), S. 105–135

[Sch07] SCHUT, Peter: OpenGIS Web Processing Service, Version 1.0.0 / Open Geospatial Consortium (OGC). 2007. – OpenGIS Standard. – http://portal.opengeospatial.org/files/?artifact_id=24151

[SLJ02] SRIVASTAVA, Yu T.; LAKSHMANAN, Divesh; JAGADISH, H. V.: Compressed Accessibility Map: Effcient Access Control for XML. In: *Proceedings of the 28th international conference on Very Large Data Bases*, 2002, 478–489

[TLB+06] TOBIN, Richard; LAYMAN, Andrew; BRAY, Tim u. a.: Namespaces in XML 1.1 (Second Edition) / World Wide Web Consortium (W3C). 2006. – W3C Recommendation. – http://www.w3.org/TR/2006/REC-xml-names11-20060816

[TMB+04] THOMPSON, Henry S.; MALONEY, Murray; BEECH, David u. a.: XML Schema Part 1: Structures (Second Edition) / World Wide Web Consortium (W3C). 2004. – W3C Recommendation. –

Literaturverzeichnis

http://www.w3.org/TR/2004/REC-xmlschema-1-20041028/

[Vre05a] VRETANOS, Panagiotis A.: OpenGIS Filter Encoding Implementation Specification, Version 1.1.0 / Open Geospatial Consortium (OGC). 2005. – OGC Implementation Specification. – http://portal.opengeospatial.org/files/?artifact_id=8340

[Vre05b] VRETANOS, Panagiotis A.: OpenGIS Web Feature Service Implementation Specification, Version 1.1.0 / Open Geospatial Consortium (OGC). 2005. – OGC Implementation Specification. – http://portal.opengeospatial.org/files/?artifact_id=8339

[Vre06] VRETANOS, Panagiotis A.: Geography Markup Language (GML) simple features profile / Open Geospatial Consortium (OGC). 2006. – OpenGIS Implementation Specification. – http://portal.opengeospatial.org/files/?artifact_id=15201

[W3C04] W3C ARCHITECTURE WORKING GROUP: Web Services Architecture Requirements / World Wide Web Consortium (W3C). 2004. – W3C Working Group Note. – http://www.w3.org/TR/wsa-reqs/#id2604831

[WF04] WALMSLEY, Priscilla; FALLSIDE, David C.: XML Schema Part 0: Primer (Second Edition) / World Wide Web Consortium (W3C). 2004. – W3C Recommendation. – http://www.w3.org/TR/2004/REC-xmlschema-0-20041028/

[Whi07] WHITESIDE, Arliss: OGC Web Services Common Specification, Version 1.1.0 with Corrigendum / Open Geospatial Consortium (OGC). 2007. – OGC Implementation Specification. – http://portal.opengeospatial.org/files/?artifact_id=20040

A. Entity Definitionen

In Listing A.1 werden XML Entities definiert, die in der vorliegenden Arbeit verwendet wurden.

```
1  <!DOCTYPE Rule[
2  <!ENTITY access-subject
      "urn:oasis:names:tc:xacml:1.0:subject-category:access-subject">
3  <!ENTITY acc-sub
      "urn:oasis:names:tc:xacml:1.0:subject-category:access-subject">
4  <!ENTITY action-id
      "urn:oasis:names:tc:xacml:1.0:action:action-id">
5  <!ENTITY adr-representation-to-map
      "&xop-urn-prefix;attribute-category:message">
6  <!ENTITY AggregateChemicalPresence
      "urn:ogc:def:property:MyOrg:AggregateChemicalPresence">
7  <!ENTITY all-of "urn:oasis:names:tc:xacml:1.0:function:all-of">
8  <!ENTITY and "urn:oasis:names:tc:xacml:1.0:function:and">
9  <!ENTITY any-of "urn:oasis:names:tc:xacml:1.0:function:any-of">
10 <!ENTITY any-of-any
      "urn:oasis:names:tc:xacml:1.0:function:any-of-any">
11 <!ENTITY attribute-set-based
      "urn:ogc:doc:is:x3op:1.0:attribute-value:attribute-set-based">
12 <!ENTITY bbox "urn:ogc:doc:is:x3op:1.0:attribute:BBOX">
13 <!ENTITY citizenship
      "urn:use-case-specific-ns:attribute:citizenship">
14 <!ENTITY contains
      "urn:ogc:def:function:geoxacml:1.0:geometry-contains">
15 <!ENTITY content-based
      "urn:ogc:doc:is:x3op:1.0:attribute-value:content-based">
16 <!ENTITY content-element
      "urn:ogc:doc:is:x3op:1.0:attribute:content-element">
17 <!ENTITY content-selector
      "urn:oasis:names:tc:xacml:3.0:content-selector">
```

A. Entity Definitionen

```
18 <!ENTITY content-selector-xslt-argument
    "urn:mydomain:content-selector-xslt-argument">
19 <!ENTITY current-dateTime
    "urn:oasis:names:tc:xacml:1.0:environment:current-dateTime">
20 <!ENTITY current-location
    "urn:use-case-specific-ns:attribute:current-location">
21 <!ENTITY dateTime "http://www.w3.org/2001/XMLSchema#dateTime">
22 <!ENTITY dateTime-greater-than
    "urn:oasis:names:tc:xacml:1.0:function:dateTime-greater-than">
23 <!ENTITY dateTime-subtract-dayTimeDuration "urn:oasis:names:tc:
24   xacml:3.0:function:dateTime-subtract-dayTimeDuration">
25 <!ENTITY dayTimeDuration
    "http://www.w3.org/2001/XMLSchema#dayTimeDuration">
26 <!ENTITY deny-overrides "urn:oasis:names:tc:
27   xacml:3.0:policy-combining-algorithm:deny-overrides">
28 <!ENTITY dig-signature
    "urn:ogc:doc:is:x3op:1.0:attribute:dig-signature">
29 <!ENTITY email-text "urn:example:send-to">
30 <!ENTITY environment
    "urn:oasis:names:tc:xacml:3.0:attribute-category:environment">
31 <!ENTITY extend-adr-obligation
    "urn:ogc:doc:is:x3op:1.0:attribute:extend-adr-obligation">
32 <!ENTITY feature_count
    "urn:ogc:doc:is:x3op:1.0:attribute:FEATURE_COUNT">
33 <!ENTITY geometry "urn:ogc:def:dataType:geoxacml:1.0:geometry">
34 <!ENTITY getBuildingsWithinDistanceDisasterArea
    "urn:MyOrg:wps-process:getBuildingsWithinDistanceDisasterArea">
35 <!ENTITY init-select-node-argument
    "urn:use-case-specific-ns:attribute:init-select-node-argument">
36 <!ENTITY integer "http://www.w3.org/2001/XMLSchema#integer">
37 <!ENTITY integer-equal
    "urn:oasis:names:tc:xacml:1.0:function:integer-equal">
38 <!ENTITY integer-greater-than
    "urn:oasis:names:tc:xacml:1.0:function:integer-greater-than">
39 <!ENTITY integer-less-than
    "urn:oasis:names:tc:xacml:1.0:function:integer-less-than">
40 <!ENTITY ip-adress "urn:ogc:doc:is:x3op:1.0:attribute:ip-address">
41 <!ENTITY layers "urn:ogc:doc:is:x3op:1.0:attribute:LAYERS">
42 <!ENTITY mem-recipient-host
    "urn:use-case-specific-ns:attribute:mem-recipient-host">
43 <!ENTITY message "&xop-urn-prefix;attribute-category:message">
44 <!ENTITY multiple-content-selector
    "urn:oasis:names:tc:xacml:3.0:multiple:content-selector">
```

```
45 <!ENTITY myLoopVar "urn:example:myLoopVar">
46 <!ENTITY not "urn:oasis:names:tc:xacml:1.0:function:not">
47 <!ENTITY obligation
      "urn:ogc:doc:is:x3op:1.0:attribute-category:obligation">
48 <!ENTITY only-one-applicable "urn:oasis:names:tc:
49    xacml:1.0:policy-combining-algorithm:only-one-applicable">
50 <!ENTITY os-recipient-host
      "urn:use-case-specific-ns:attribute:os-recipient-host">
51 <!ENTITY permit-overrides "urn:oasis:names:tc:
52    xacml:3.0:policy-combining-algorithm:permit-overrides">
53 <!ENTITY policy-comb-deny-overrides "urn:oasis:names:tc:
54    xacml:1.0:policy-combining-algorithm:deny-overrides">
55 <!ENTITY query_layers
      "urn:ogc:doc:is:x3op:1.0:attribute:QUERY_LAYERS">
56 <!ENTITY recipient-subject
      "urn:oasis:names:tc:xacml:1.0:subject-category:recipient-
      subject">
57 <!ENTITY request "urn:ogc:doc:is:x3op:1.0:attribute:REQUEST">
58 <!ENTITY response-to-subrequest
      "urn:ogc:doc:is:x3op:1.0:attribute-category:response-to-
      subrequest">
59 <!ENTITY rewrite-obligation
      "urn:ogc:doc:is:x3op:1.0:obligation-id:rewrite-obligation">
60 <!ENTITY role "urn:oasis:names:tc:xacml:2.0:subject:role">
61 <!ENTITY rule-comb-deny-overrides "urn:oasis:names:tc:
62    xacml:1.0:rule-combining-algorithm:deny-overrides">
63 <!ENTITY send-email-to "urn:example:send-email-to">
64 <!ENTITY service-type
      "urn:ogc:doc:is:x3op:1.0:attribute:service-type">
65 <!ENTITY service-url
      "urn:ogc:doc:is:x3op:1.0:attribute:service-url">
66 <!ENTITY string "http://www.w3.org/2001/XMLSchema#string">
67 <!ENTITY string-contains
      "urn:oasis:names:tc:xacml:3.0:function:anyURI-ends-with">
68 <!ENTITY string-equal
      "urn:oasis:names:tc:xacml:1.0:function:string-equal">
69 <!ENTITY string-not-equal
      "urn:oasis:names:tc:xacml:3.1:function:string-not-equal">
70 <!ENTITY string-one-and-only
      "urn:oasis:names:tc:xacml:1.0:function:string-one-and-only">
71 <!ENTITY subject-id
      "urn:oasis:names:tc:xacml:1.0:subject:subject-id">
72 <!ENTITY target-category
```

A. Entity Definitionen

```
       "urn:ogc:doc:is:x3op:1.0:attribute:target-category">
73  <!ENTITY target-type
       "urn:ogc:doc:is:x3op:1.0:attribute:target-type">
74  <!ENTITY xacml2 "urn:oasis:names:tc:xacml:2.0:policy:schema:os">
75  <!ENTITY xacml3 "urn:oasis:names:tc:xacml:3.0:core:schema:wd-17">
76  <!ENTITY xop "http://www.opengis.net/doc/IS/X3OP/1.0">
77  <!ENTITY xop-urn-prefix "urn:ogc:doc:IS:X3OP:1.0:">
78  <!ENTITY xpath
       "urn:oasis:names:tc:xacml:3.0:data-type:xpathExpression">
79  <!ENTITY xpath-node-equal
       "urn:oasis:names:tc:xacml:3.0:function:xpath-node-equal">
80  <!ENTITY xslt "urn:ogc:doc:is:x3op:1.0:dataType:xslt">
81  <!ENTITY xslt-rewrite-stylesheet
       "urn:ogc:doc:is:x3op:1.0:attribute:xslt-rewrite-stylesheet">
82  <!ENTITY xslt-to-generate-pip-request
       "urn:ogc:doc:is:x3op:1.0:attribute:target-category">
83  ]>
```

Listing A.1: Entity Definitionen

B. Konfiguration der Context Handler des Beispielszenarios

&message-type;	&service-url;	Requirements Class set
{ &request;, &response;}	{http://domainA.com/wfs, http://domainB.com/wfs}	{ &xop;/RC/1.2, &xop;/RC/1.3(&WFS:1.1;), &xop;/RC/1.4(&WFS:1.1;), &xop;/RC/1.9(&WFS:1.1;), &xop;/RC/1.11(&WFS:1.1;)
&request;	http://domainA.com/wms	{ &xop;/RC/1.7(&WMS:1.3;), &xop;/RC/1.8(&WMS:1.3;), &xop;/RC/1.11(&WMS:1.3;)
{&request;, &response;}	http://domainB.com/sos	{ &xop;/RC/1.2, &xop;/RC/1.3(&SOS:1.0;), &xop;/RC/1.4(&SOS:1.0;), &xop;/RC/1.9(&SOS:1.0;), &xop;/RC/1.11(&SOS:1.0;) &xope;/ERC/SOS:1.0/800
{&request;, &response;}	http://domainB.com/wps	{&xop;/RC/1.2, &xop;/RC/1.3(&WPS:1.0;), &xop;/RC/1.9(&WPS:1.0;), &xop;/RC/1.11(&WPS:1.0;), &xope;/ERC/WPS:1.0/800
{ &request;, &response;}	{http://any.com/lplus-PAWS, http://any.com/L1-PAWS}	{&xop;/RC/1.2, &xop;/RC/1.3(&PAWS;), &xop;/RC/1.9(&PAWS;), &xop;/RC/1.11(&PAWS;)}

Tabelle B.1.: Konfiguration der Context Handler des Beispielszenarios

C. Beispiel einer XACML v3.0 Zugriffsentscheidungsanfrage

Die in Listing C.1 abgebildete SSME-Modell-konforme Zugriffsentscheidungsanfrage beschreibt folgendes Szenario: Ein Nutzer mit aktivierter &citizen; Rolle, deutscher Staatsbürgerschaft und einem aktuellem Aufenthaltsort innerhalb Deutschlands, möchte zu einem bestimmten Zeitpunkt in einer gewissen Katastrophenlage auf einen bestimmten WFS zugreifen, der auf einem Server mit bestimmter Hardware- und Softwareausstattung läuft.

```
1  <Request ...>
2    <Attributes Category="&access-subject;">
3      <Attribute AttributeId="&role;" IncludeInResult="false">
4        <AttributeValue
             DataType="&string;">&citizen;</AttributeValue>
5      </Attribute>
6      <Attribute AttributeId="&citizenship;"
           IncludeInResult="false">
7        <AttributeValue DataType="&string;">german</AttributeValue>
8      </Attribute>
9      <Attribute AttributeId="&current-location;"
           IncludeInResult="false">
10       <AttributeValue DataType="&geometry;"><gml:Point ...>
11       ...<!-- a place in Munich --></gml:Point></AttributeValue>
12     </Attribute>
13   </Attributes>
14   <Attributes Category="&recipient-subject;">
15     <Attribute AttributeId="&ip-adress;" IncludeInResult="false">
16       <AttributeValue
             DataType="&string;">123.123.123.123</AttributeValue>
17     </Attribute>
18     <Attribute AttributeId="&os-recipient-host;"
```

C. Beispiel einer XACML v3.0 Zugriffsentscheidungsanfrage

```xml
                    IncludeInResult="false">
19             <AttributeValue DataType="&string;">windows</AttributeValue>
20         </Attribute>
21         <Attribute AttributeId="&mem-recipient-host;"
                    IncludeInResult="false">
22             <AttributeValue
                    DataType="&integer;">1.000.000.000</AttributeValue>
23         </Attribute>
24         <Attribute AttributeId="&service-url;"
                    IncludeInResult="false">
25             <AttributeValue
                    DataType="&string;">http://domainA.com/wfs</Attribute-
26 Value>
27         </Attribute>
28         <Attribute AttributeId="&service-type;"
                    IncludeInResult="false">
29             <AttributeValue
                    DataType="&string;">&WFS-1.1;</AttributeValue>
30         </Attribute>
31     </Attributes>
32     <Attributes Category="&message;">
33         ...<!-- a <Content> element or <Attribute> element set based
                    representation of the intercepted OWS message -->
34     </Attributes>
35     <Attributes Category="&environment;">
36         <Content>
37             <EnvironmentState>
38                 <disasters>
39                     <disaster>
40                         <type>fire</type>
41                         <startTime>2011-02-01T09:23</startTime>
42                         <endTime>2011-02-02 T11:16</endTime>
43                         <spatialExtend>
44                             <gml:Polygon
                                    xmlns:gml="http://www.opengis.net/gml/3.2">
45                                 ...<!-- area affected by disaster -->
46                             </gml:Polygon>
47                         </spatialExtend>
48                     </disaster>
49                     ...<!-- further ongoing or previous disaster events-->
50                 </disasters>
51             </EnvironmentState>
52         </Content>
```

```
53      <Attribute AttributeId="&current-dateTime;"
            IncludeInResult="false">
54        <AttributeValue
            DataType="&dateTime;">2011-02-04T12:28</AttributeValue>
55      </Attribute>
56    </Attributes>
57 </Request>
```

Listing C.1: SSME-Modell-konforme XACML v3.0 Zugriffsentscheidungsanfrage

i want morebooks!

Buy your books fast and straightforward online - at one of world's fastest growing online book stores! Environmentally sound due to Print-on-Demand technologies.

Buy your books online at
www.get-morebooks.com

Kaufen Sie Ihre Bücher schnell und unkompliziert online – auf einer der am schnellsten wachsenden Buchhandelsplattformen weltweit! Dank Print-On-Demand umwelt- und ressourcenschonend produziert.

Bücher schneller online kaufen
www.morebooks.de

VDM Verlagsservicegesellschaft mbH
Heinrich-Böcking-Str. 6-8   Telefon: +49 681 3720 174   info@vdm-vsg.de
D - 66121 Saarbrücken   Telefax: +49 681 3720 1749   www.vdm-vsg.de

Printed by Books on Demand GmbH, Norderstedt / Germany